KB198600

제나라는 어디로 사라졌을까

제나라는
어디로
사라졌을까

 춘추오패의 우두머리, 제나라의 번영과 몰락

장웨이 지음 | 이유진 옮김

글항아리

이 책을 갖게 되신 것을 축하드립니다.
시간이 되신다면 평온한 마음으로 끝까지 찬찬히 읽어보셨으면 합니다.
우리가 살고 있는 이 요란스러운 세계에서, 이 책은
진정 우리의 생명을 촉촉이 적셔주고 우리의 영혼을 위로해주는
지혜로운 안내자가 되어줄 것이기 때문입니다.

방심이란?

향기로운 마음, 즉 '방심芳心'이라고 하면 으레 사랑스러운 여인을 떠올리게 된다. 이제 막 소녀에게서 움트기 시작한 사랑의 마음이 연상된다. 특별한 순간 그녀의 마음에서 뿜어나오는 향기야말로, 한창 사랑에 빠진 남자가 그 향기에 취하여 비틀대고 머리가 멍해지도록 만들 수 있는 것이다. '방심'은 정말로 이렇게 할 수 있는 것 같다. 방심은 한 남자가 스스로 빠져나오지 못할 상황에 빠져들도록 만들 수 있다. 그는 너무 행복해서 죽을 것 같거나 아니면 너무 고통스러워서 죽을 것 같은 극치의 감정에 도달한다. 이것이야말로 진정한 행복이자 자기 자신조차 잊게 만드는 절절한 갈망이다. 바로 이때 그는 죽음의 위기가 닥칠지라도, 그 어떤 어려움과 위험을 만날지라도 결코 마다하지 않는다. 이런 상황을 직접 경험해보지는 않았을지라도 충분히 상상하고 이해할 수 있을 것이다.

한 사람을 깊이 사랑하면 사랑의 회답을 갈망하게 된다. 이 회답은 상호적인 것으로, 서로의 관계가 점차 뜨거워지고 명확해지면 자연스럽게 상대방의 방심을 얻게 된다.

그렇다면 '방심'이란 소녀의 마음, 뜨거운 사랑의 마음인가? 남자가 상상하고 기대하는 두근두근 고동치는 마음인가?

두 사람은, 애정이 담긴 눈길을 주고받은 순간부터 평생 서로가 백년해로하기까지 그 사이에 많은 단계를 거쳐야 하고 많은 변화를 겪는다. 처음에 얻은 그 '마음'이 얼마나 오래 향기를 유지할 수 있을지는 미지수이고, 비밀이자 문제이다. 정말 그렇다. 일찍이 삶과 죽음 사이를 왔다 갔다 하게 만들었던 '방심'을 평생 유지할 수 있다면 서로에게 얼마나 큰 행복이겠는가! 물론 이것은 인생의 가장 큰 과욕이다.

일반적으로 말해, 여자는 마음이 끌리는 남자를 만났을 때 사랑의 마음이 싹트기 마련이다. 남자의 경우도 마찬가지이다. 서로 알게 되었을 때부터 여러 번의 만남이 이루어지기까지, 눈빛을 보내거나 말을 건넨다. 이렇게 연애는 시작된다. 이때 두 사람은 얼굴이 붉어지고 귀밑이 화끈거리면서 상대방의 이름만 들어도 부끄러움을 감추지 못한 채 어찌할 바를 모르고 쩔쩔맨다. 만약 많은 사람들 속에서 그(그녀)의 눈빛이 전해지면, 숨기기 어려운 당황스러움과 달콤함에 온몸이 떨려오고 그야말로 버텨낼 재간이 없어지고 만다. 만약 이 시기에 두 사람이 어쩔 수 없이 헤어지게 된다면, 두 사람은 낮이나 밤이나 상대방을 그리워하게 마련이다. 상대방의 일거수일투족이 마치 눈앞에 있는 듯 똑똑히 보이고, 얼마나 멀리 떨어져 있든 그 무엇도 둘 사이를 막지 못한다. 가장 불가사의한 것은 그녀(그)의 냄새마져도 마치 그녀(그)의 몸매와 얼굴처럼 또렷하게 얼굴 앞으로 휙 스쳐 지나간다는 것이다.

이것은 바로 사랑의 냄새이다. 그것은 먼 곳에서도 전해진다. 천리만리 먼 거리라 할지라도 이 냄새를 막을 수 없다. 물론 이 냄새는 극도의 그리움이 만들어낸 것으로, 생각과 마음이 비강에서 반응하여 만들어낸 착각이다. 하지만 이것은 우리가 하나의 단어를 이해하고, 그 유래를 명확히 알 수 있도록 도와준다. 즉 사랑에 빠진 마음을 왜 향기로운 마음, 즉 '방심'이라고 부르는지 알 수 있도록 해준다. 본래 마음에는 정말로 냄새가 있는 것이다. 사랑에 빠진 마음은 정말로 향기롭다.

사람들은 여인을 꽃에 비유하기 때문에 '방심'이라는 말을 습관적으로 여인에게만 사용한다. 그러나 사실 남녀를 막론하고 깊은 사랑에 빠져든 순간이라면, 그 마음에서는 사방으로 향기가 넘쳐흐른다. 여기에는 아무런 이견이 없을 것이다.

나이 든 사람이 자신의 청춘을 회상할 때면 으레 연애하던 장면 속에 머물게 마련이다. 평생 동안 많은 일을 겪었고 또 많은 일을 망각했지만, 뜨겁게 사랑하던 광경만은 끝내 잊을 수 없는 것이다. 그에게는 그때의 모든 것들이 너무나 또렷하다. 그때의 그 마음이 곧 튀쳐나올 것 같다. 달빛 아래 숲속에서 묵묵히 서로를 바라보면서 뭔가 말할 듯하다가 그만두는 바로 이런 순간이다. 기억을 좀더 이어가면 더 구체적으로 사귀는 광경이 펼쳐지는데, 모든 것이 더욱 명료해진 이후의 이야기들이다. 마침내 서로 하나가 되어 함께 지내게 된다. 오랫동안 마음속에 쌓아두었던 사랑의 불길이 바로 이때 맹렬하게 타오른다.

「자연의 매혹」, 해초방解楚方, 원(1321), 대영박물관.
방심은 부드럽지만 그러면서도 세상에서 가장 큰 뜨거움을 배태하고 있다. 이것은 꽃망울이 막 터져서 꽃이 가장 화려하게 피어나기 직전의 순간에 비유할 수 있을 것이다.

물론 각자 쌓아둔 양이 다르기 때문에 불타는 시간도 같지 않다. 하지만 얼마나 오래 타든, 또 얼마나 맹렬하게 타든, 결국엔 조금씩 식는다. 많은 사람들이 분명 이런 과정을 겪었다. 불탄 뒤에는 재가 되어 꺼지는 때가 오기 마련이다. 재 아래에 불씨가 있어서 바람이 불면 다시 한번 불꽃이 일어날 수 있다고 말하는 사람도 있을 것이다. 맞는 말이다. 하지만 맹렬하게 활활 타오르던 최초의 상황은 다시 오지 않을 것이다.

톨스토이 전기에 따르면, 팔십 고령의 톨스토이는 부인과 의견이 다르고 성격이 맞지 않아서 끊임없이 말싸움을 했다고 한다. 한번은 너무 심하게 다툰 두 사람이 며칠씩이나 서로 상대조차 하지 않고 팽팽히 맞섰다. 톨스토이는 부인보다 나이가 한참 많았다. 큰오빠나 아버지뻘이었던 그는 절대 부인에게 질 수 없었다. 그런데 어느 날 밤중에 노인은 정말 더 이상 참을 수가 없었다. 그는 부인이 있는 방의 문을 두드렸다. 문이 열리자마자 그는 사과하며 용서를 빌었다. 그는 이날 저녁에 두 사람이 처음 사랑하던 때의 광경을 회상했다고 말했다. 그는 이 말을 하면서 눈물을 주룩주룩 흘리며 아내를 꽉 껴안았다.

이날 밤 노인은 그 옛날의 향기를 다시 맡는 듯했다. 그 향기는 옅어지고 바로 사라졌을 테지만 그가 눈물을 흘리면서 아내의 방문을 두드리러 가도록 하기에는 이미 충분했다.

우리는 짐작할 수 있다. 소위 '방심'이란, 사랑이 막 싹튼 순간부터 두 사람이 서로 매료되어 맹렬하게 타오르기 전까지의 시간이라는 것을 말이다. 그 시간은 매우 짧을 수도 있고 아주 길 수도 있다. 누군가 질문을 던질 것이다. "그 시간이 과연 아주 길 수 있을까?" 이 질문에 대한 답을 내리기 전에 이성적인 추론을 해보는 것도 괜찮을 것이다. 마음을 가연물이라고 상상하자. 그것의 향기는 몇 차례 발화점에 근접하긴 했지만 결국은 타오르지 않았기 때문에 여전히 존재할 수 있는 것이다. 이것이 얼마나 고도의 통제력을 요하는지 알 수 있을 것이다. 그런데 이것이 가능한 것일까? 정말 필요한 것일까?

우리 모두는 안다. 두 마음이 활활 타오르기 직전이야말로 생명의 특수한 단계라는 것을 말이다. 이 단계에 있는 생명이야말로 가장 행복할 뿐만 아니라 가장 큰 장력張力과 창조력을 지니고 있다. 말로 설명할 수 없는 무궁한 힘이 그 안에 내포되어 있으며, 무한한 가능성이 잠재되어 있다. 이 특수한 단계는 마음을 가장 흥분시키는 순간이자 일생에서 가장 눈부시고 가장 잊을 수 없는 단계이다.

하지만 그것은 결국 타오르고자 한다.

방심은 부드러운 것이지만 세상에서 가장 큰 뜨거움을 배태하며 축적하고 있다. 이 맹렬함과 뜨거움을 표현하기 위하여, 잠재된 온갖 것들이 당사자조차도 놀랄 일들을 매번 만들어낸다. 그때마다 그 많은 노래와 눈물, 그 많은 질주와 간구, 끝없는 호소, 밤의 불면이 용솟음쳐서는 서툴고 어눌한 사람조차도 시인으로 변모하게 한다.

사랑하는 마음을 꽃에 비유하는 것은 그야말로 정확하기 그지없다. 꽃망울이 막 터져서 꽃이 피었다가 지는 것은 사람의 일생과 꼭 같다. 막 피어나려는 꽃봉오리는 아름다운 꽃으로 흐드러지게 피어나 마침내 자신의 절정에 도달한다. 그리고 최후에는 천천히 시들다가 우수수 떨어지고 만다.

「호석화훼도湖石花卉圖」, 문숙文俶, 명, 상해박물관.
사랑의 냄새, 그것은 먼 곳에서도 전해진다. 천리만리 먼 거리라 할지라도 이 냄새를 막을 수 없다. 물론 이 냄새는 극도의 그리움이
만들어낸 것으로, 생각과 마음이 비강에서 반응하여 만들어낸 착각이다.

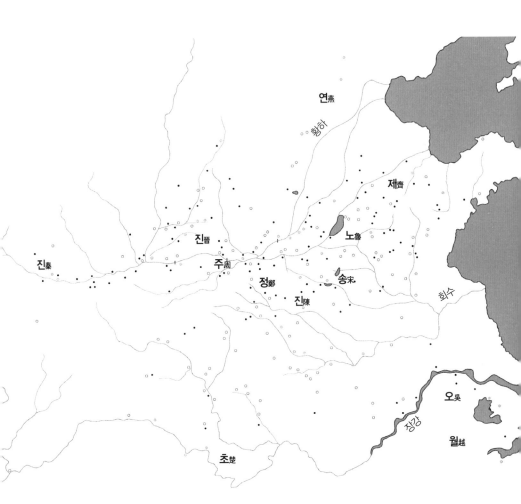

춘추시대 지도

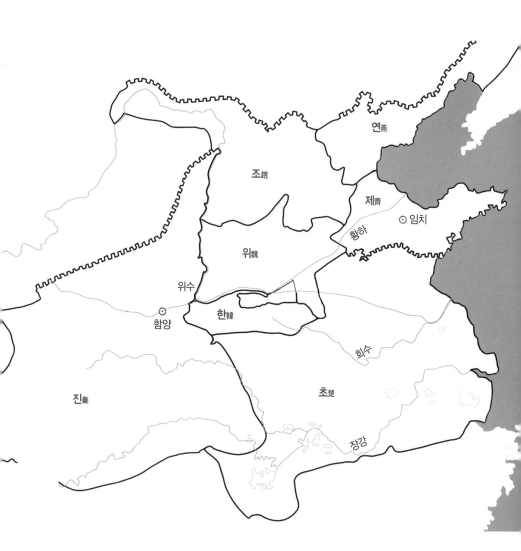

연燕

조趙

제齊

⊙ 임치

위魏

황하

위수

함양

한韓

회수

진秦

초楚

장강

제1장

오랜 연애와 같은 인생,
고대의 지자
사람과 향기로운 풀
꺼지지 않는 연단 화로
제나라의 괴인
서복
동쪽을 향하다

오랜 연애와 같은 인생

사람이 한평생 사는 날은 3만 일 정도이다. 과연 긴 것일까, 짧은 것일까? 어려운 걸까, 쉬운 걸까? 아마도 각자 느끼는 게 다르겠지만, 인간이란 총총히 지나가는 나그네라는 말에 대체로 동의할 것이다. 그런데 3만 일 남짓의 나날이 빠르게 휙 지나간다 하더라도 그 날들을 살아가는 것은 결코 쉽지 않다. 우리 모두의 인생은 내용이 풍부하고 리드미컬한 대본과 같다. 결코 아무런 볼거리 없이 건조하지는 않을 것이다. 성공하든 실패하든, 사람이 이 세상에 산다는 것은 사실 누구에게나 길고 긴 괴로운 연애와 같다. 이 세상과 서로 알게 되어 함께 지내면서, 처음엔 보는 것 모두 신기하다가 나중엔 더 이상 놀랄 것도 없어진다. 그 안에는 흥미진진한 몰입, 억제할 수 없는 뜨거운 구애, 격렬하고 가혹한 충돌이 들어 있다. 그 뒤로 조금씩 적막해지다가 최후의 이별에 이른다. 바로 이런 과정이다.

물질세계는 인간이 살아가도록 해준다. 인간은 평생 물질을 추구하며 이제껏 이것을 멈춘 적이 없다. 인간은 온갖 방법으로 물질을 추구한다. 그리고 그로 인해 만족하고 기뻐하기도 하며, 고통스러워하고 실망하기도 한다.

인간에게는 이 변화무쌍한 물질세계에 있는 모든 것이 신기하다. 궁극적으로 이 세계를 얻고자 하는 것이 바로 인간의 꿈이다. 어떤 사람들에게는 세상의 물질이 단지 약탈의 대상이다. 그들이 보기에 세상의 물질은 피동적이며 굼뜨고 마음이 없다. 어떻게 물질에 마음이 있겠는가? 돌과 물, 나무와 모래, 황금, 집…… 이런 것들에 마음이 있다고 들어본 적이 없는 것이다. 당연히 보통 사람들이 생각하기에 심장은 쿵쿵 뛰는 생리적 기관이다. 하지만 옛사람들은 심장이 생각할 수 있다고 여겼다. "마음으로 생각하면 일이 이루어진다"는 말처럼, 심장은 생각할 수 있는 것이었다. 그런데 현대과학은 그러한 심장의 기능을 부정했다. 오로지 뇌만이 생각할 수 있는 기관이라고 한다. 우리가 평소에 말하는 마음이란, 당연히 생명의 개성과 의지 같은 정신적 범주를 가리키는 것이다.

물질세계는 어느 정도 인간의 지배를 받기 때문에 인간의 흔적이 남게 된다. 흙은 파헤쳐지고 산은 깎이고 바다는 메워진다. 그것들은 기본적으로 피동적이다. 명확하고 정확한 거절이나 반대의 목소리가 없는 까닭에 우리는 그것들을 죽은 것으로 간주한다. 생명의 숨결도 없고 기쁨과 분노의 지각도 없는 것처럼 말이다.

인간은 물질을 점유하고자 하는 욕망뿐만 아니라 물질에 대한 애정도 갖고 있다. 대자연을 좋아하고, 어떤 물건에 의지하고, 한 줄기 강과 산을 그리워하듯 어느 한 장소를 그리워하기도 한다. 고향을 떠나 외지에 사는 사람은 늘 고향 집을 그리워한다. 그곳의 사람을 그리워하고 그곳의 나무와 흙과 우물, 모든 자연환경을 그리워한다. 그의 이런 감정은 비록 소박하지만, 자신도 모르는 사이에 주위의 세계를 자신과 평등하게 대하고 있는 것이다. 마치 친구나 동료와의 관계처럼 말이다. 또한 거기에는 그의 진심이 담겨 있다. 바로 이런 마음이 있다면, 물질세계를 무턱대고 점유하거나 정복할 리는 없을 것이다.

시간이 지나면 우리는, 이 물질세계에는 인간과 서로 다른 생활 방식이 있음을, 그들에게도 사실 마음이 있음을 발견하게 될 것이다. 하지만 그들의 표현 방식은 인간과 다르고, 그들이 내는 소리도 인간과 다르다. 그들의 거절과 반항은 사실 우리 모두에게 낯설지 않다. 그것은 더욱 거대하고 무시무시할 수도 있다. 그것은 산을 밀어내고 바다를 뒤집어엎는 저항할 수 없는 힘을 지니고 있다. 우리 주위에 있는 이 무심한 세계가 일단 노하면 포악함과 잔혹함의 극치를 느끼게 만들 수도 있다. 보아하니 이 물질의 세계가 무심한 것이 아니라 우리 자신이 무심한 것이다. 우리가 너무나 무정하게 그들을 대했기 때문에 그들이 이토록 분노를 가득 품고 잔혹해진 것이다.

인간이 이 세계를 얻고자 한다면, 궁극적으로는 이 세계의 마음을 얻어야 한다. 마치 연인을 대하듯이 구애하고 애틋이 사랑하며 조심스럽게 함께하고 사귀라. 이때 '그것'은 '그녀' 혹은 '그'가 되어야 하며, 절대 거칠고 경솔하게 대해선 안 된다. 일단 점유욕과 탈취욕과 약탈욕이 생겨나면 모든 것이 상당히 위험해진다. 우리는 안다. 연애에서 가장 아름답고 감동적이며 가장 잊을 수 없고 창조적 영감으로 충만한 시기는, 서로가 자제하면서 서로를 끌어당기는 단계임을 말이다. 인간은 이 단계를 보호하고 유지하기 위한 방법을 강구해야 한다. 그 시기를 더 길게 끌면 끌수록 좋다. 큰 지혜를 지닌 사람은 사랑하는 상대와 평생 이러한 관계를 유지하고자 손님을 대하듯 서로 존경하며 지낸다.

점유와 약탈뿐 아니라 격렬한 불타오름도 피해야 한다. 과도한 맹렬함은 정상적인 상태가 아니며, 그것이 남기는 것은 단지 식어버린 재뿐이기 때문이다. 정복자와 난폭자는 결국 자신이 가장 가련한 사람이 되었음을 발견하게 된다. 그는 아무것도 가진 것 없이 고독한 허탈 속에서 되는 대로 살아갈 수밖에 없으며, 그의 말로는 상상한 것보다도 훨씬 더 끔찍할 것이다.

인간은 평생을 물질 속에서 살아간다. 그렇게 내내 살아가다가 종결점에 이른다. 인생의 모든 것은 주위의 물질세계로부터 비롯된다. 인간은 살아가면서 그것에서 벗어날 수는 없다. 원하든 원치 않든 그것과 함께 살아가야 한다. 인간이 태어나 '그' 혹은 '그녀'와 사귀면서 생명끼리의 상호 끌림이 생겨난다. 인간은 마지막 순간에 알게 된다. 본디 세계의 모든 것은 생명이 있음을, 마음이 있음을 말이다. 이 마음이야말로 약탈하거나 점유해서는 안 되며 마음껏 희롱해서도 안 되고 단번에 재가 되도록 태워버려서도 안 된다.

마음이 오래도록 향기를 유지할 수 있도록 하라.

고대의 지자

고대의 지자智者란 '고사高士'라고도 불리는 사람들이다. 고사라고 하면 이름난 은사, 한가하고 돈이 있는 지식인, 뜻을 이루지 못한 관리나 은자 등을 떠올리게 된다. 이런 사람들 중에도 정말 지자가 있을 수 있다. 그들은 인생의 요동 속에서 심한 기복을 겪었고 많은 독서를 했기 때문에 특별한 깨달음을 얻었을 것이다. 그러나 근본적으로 말하자면, 진정한 지자는 노동과 분리되지 않은 지식인 계층이다. 이런 사람들이야말로 가장 건강한 인물이며 문화의 전승자이자 실천가이다. 그들은 문화의 가장 소중한 부분은 물론 그것의 유래와 정수까지 알고 있으며, 생활 속에서 끊임없이 그 문화를 창조하고 이어나간다.

사람은 일단 노동으로부터 분리되면 아둔해진다. 여기서 말하는 노동이란 육체노동을 가리킨다. 정신노동 역시 노동이긴 하나 사지의 근육을 움직이는 노동과는 큰 차이가 있다. 정신노동은 생명에 관한 다양한 문제들을 해결하지 못한다. 문을 닫은 채 계속해서 머리를 사용하면, 뇌는 민첩해질 수 있겠지만 기혈의 흐름은 도리어 방해를 받고 근육 역시 뻣뻣해져 위축되고 만다. 반면 지혜가 번뜩이는 사상은 육체노동 속에서 조금씩 생겨난다. 그것은 한 사람이 이 물질세계를 직접 어루만질 때 비로소 생겨나는 깨달음이다. "노동하는 인간이 가장 슬기롭다"는 말은 사물의 진정한 이치를 표현하고 있는데, 여기서의 노동은 바로 육체노동을 가리킨다.

단지 육체노동자일 뿐 축적된 전통문화를 충분히 받아들이지 않은 사람이라면, 그저 평범한 군중에 머물 뿐 걸출한 지자가 되기는 어렵다. 걸출한 지자는 산과 물을 사랑하고 자연을 사랑하며 전원생활을 좋아하고 고된 노동을 두려워하지 않는 동시에 사색과 깨달음을 그만두지 않는다. 생각은 어렵지 않지만 깨달음은 비교적 어렵다. 이러한 깨달음이 불교에서 말하는 '개오開悟'처럼 현묘하지 않을 수도 있다. 하지만 이러한 깨달음은, 말로는 설명할 수 없는 내면의 느낌을 통해 얻은 것이다. 어떤 문제에 골몰하여 그 생각만 하다보면 머리가 아파져서 결국 생각을 멈추게 된다. 일단 생각을 멈추면 낯선 이치들을 깨달을 수 있게 된다. 이 이치들은 평범한 사상이 아니라 인간의 문제, 인생의 문제를 해결할 수 있는 것들이다. 일반적인 인생의 괴로움과 어려움은 바로 그러한 문제들을 해결하지 못할 때 조금씩 쌓이게 되는 것이다.

지자는 좋은 생활 방식을 선택하여 쭉 견지해가기 때문에 지자가 될 수 있는 것이다. 선택 자체가 일종의 지혜인 셈이다. 바로 이러한 지혜가 그를 인도하여 그가 다른 방식의 길을 걸어가도록 해준다. 그가 더욱 깊이 더욱 철저히 이 길을 걸어간 끝에 마침내 일반인이 절대 도달하지 못할 곳까지 이르게 된다면 그를 지자라고 할 수 있다. 생활 속에서 각 사람의 존재가 갖는 차이는 확실히 크다. 역사적으로 볼 때, 성인聖人은 확실히 존재했지만 당시 사람들이 모두 그를 성인으로 인정했던 것은 아니다. 오랜 시간이 흘러야만, 수많은 세대에 걸쳐 수백 년이 흘러야만, 사람들의 감정이 비로소 차분해질 수 있다. 무엇인가에 얽매이지 않을 수 있는 이때가 되면 사람들은 제대로 생각할 수 있게 된다. 가까이 있는 자극과 열기가 사라진 다음에야 비로소 성인을 인정할 수 있게 되는 것이다.

인성이란 매우 기괴한 것이라서, 가까이에 있는 것에 대해서는 늘 트집을 잡고 불편한 마음을 갖고서 배척하게 된다. 아주 가까이에 있는 걸출한 인물의 경우, 기껏해야 어느 정도 겨우 인정을 받을 수 있는 것만으로도 상당히 괜찮은 편이다. 더 많은 경우에는 도리어 심하게 거부당하고 고통을 받으면서 평생 역경으로 가득한 삶을 살게 마련이다. 이런 예는 셀 수 없을 정도로 많다. 공자孔子의 일생이 어땠는지 모두들 알고 있을 것이다. 그가 바쁘게 뛰어다니며 고생했던 것, 죽음의 위협을 여러 번 겪었던 것에 대해 말하자면, 그야말로 한마디 말로는 할 수 없을 정도이다. 우리가 지금 '지자'를 언급할 때에는, '옛날'에 이러이러했음을 말할 수밖에 없다. 그 이유는, 마음을 불편하게 하는 질투의 불길이 꺼지고 한때의 후련함과 그 밖의 다른 이유들로 인해 더 이상 괜한 성질을 부리지 않게 될 때에야 비로소 문제를 명확히 이야기하기 쉬워지고 토론도 더 편해지며, 각자의 본래 면모를 제대로 볼 수 있게 되기 때문이다.

"인자仁者는 산을 좋아하고 지자는 물을 좋아한다"는 말은, 오랜 동안의 관찰과 경험과 시간을 통해 도출된 결론이다. 고대에 뛰어난 지혜를 지녔던 사람들은 으레 산과 물을 찾아가서 살았다. 그들은 맑은 샘물을 마시고 땅에서 나는 곡식을 먹으면서 지나친 식욕을 부리지 않고 소박한 자연과 신선함만을 구했다. 부패한 먹을거리는 그들뿐 아니라 일반인도 먹을 리 없겠지만, 일반인은 음식 외의 다른 많은 부패한 것들의 존재는 알아채지 못한다. 물과 공기와 먹을거리에는 아주 신선한 것과 그다지 신선하지 않은 것, 그리고 부패하기 시작한 것 등 몇 가지 등급이 있다. 지자는 이상의 것들이 입과 몸으로 들어갈 때 극히 민감하고 까다로워진다. 그들은 모두 육체노동을 열렬히 사랑한다. 그들의 근육과 뼈는 강건하고도 부드러우며, 손발을 움직이기에 적합하도록 편안한 옷을 입는다. 입과 몸으로 들어가는 것을 선택하는 데 있어서 이렇다면, 귀와 눈에 들어가는 것에 대해서도 당연히 마찬가지일 것임을 상상할 수 있다. 『고사전高士傳』에는 허유許由라는 사람이 나오는데, 그는 좋지 않은 말을 듣자 강가로 달려가서 귀를 깨끗이 씻었다고 한다. 이는 아마도 어느 정도 과장된 기록일 것이다. 하지만 이 이야기는 진실한 마음, 지향점, 인생의 지혜를 말하고 있다. 이런 것들을 요구하는 것이 지나치게 가혹한 듯 보이지만 사실은 굉장히 소박한 것일 수도 있다.

　지자는 모든 측면에서 간단함을 추구하며 '덜어내기'를 통해 살아간다. 그는 인생의 길에서 무언가를 끊임없이 보태거나 쌓지 않는다. 그렇게 하면 뜻대로 길을 걸을 수 없기 때문이다. 귀를 씻는 것도 일종의 덜어내기이다. 불결한 것을 씻어냄으로써 마음의 홀가분함을 얻는다. 신선한 음식 역시 일종의 덜어내기이다. 부패하고 묵은 것이 몸속에 쌓이지 않도록 함으로써 육체의 가뿐함을 얻는다. 지자는 물론 많은 책을 읽는 사람이지만 그 읽기는 결코 글자로 적힌 것에만 국한되지 않는다. 읽기 위하여 날마다 죽간과 종이를 들추는 것이 아니다. 그에게는 읽기의 방법이 굉장히 다양해서 천지만물이 모두 책이다. 노동이야말로 바로 책장을 넘기는 것이요, 호미로 땅을 고르고 김을 매는 것은 글쓰기요, 모를 솎아내는 것은 그야말로 글자를 깎아내는 것과 같다. 만족스럽게 가꿔서 푸르게 빛나는 전원은 당연히 아름다운 문장으로 간주된다. 이것은 단지 교묘한 비유가 아니다. 감정을 지닌 사람의 마음은 분명 그럴 것이다.

상해서 쉰내가 나는 공기와 음식과 사람을 지자는 멀리한다. 그의 속 깊은 응시의 눈길이 어찌 쉰 것을 향하겠는가! 이것은 군중에 대한 오만한 행위가 아니라, 생명의 가치를 아끼는 한 개인의 소박한 태도이다. 떠남과 거절과 선택은, 그가 자신의 생활을 새롭게 짜는 방법일 따름이다. 그는 가까이할 만한 것들을 가까이하며 평범 속으로 들어간다. 거기에도 더불어 지낼 무리가 있으니, 그는 결코 고독하지 않다.

함께할 사람조차 없을 정도의 고상함이나 이해할 수 없을 정도의 심오함은 지자의 생존 양상이 아니다. 지자는 가능한 한 여유로우며 만족할 줄 알아 즐겁다. 또한 그에게는 일상의 노동이 있다. 끊임없이 따낼 과일과 끊임없이 사귈 친구가 있고 입에 풀칠하기에 충분한 물질적 수확이 있다. 지자의 소박한 일상은 대부분의 사람의 대단한 날들과는 많이 다르다. 대단한 날들이 도리어 고독이라면, 소박한 일상은 자족과 즐거움과 충만함이다. 과도함이 없는 소박한 일상은 자연을 해치지 않으며 자연과 서로 의지한다. 이것이 바로 서로를 사랑하는 전원의 감각이다.

아직 공업화되지 않았던 고대였던 만큼, 그들이 낙후한 농경사상을 지녔던 것이라고 탓할 수 없다. 그 당시에 농경과 전원의 목가적 생활은, 객관적인 실재였으며 확실히 존재했던 행복이었다. 또한 이후에 상당히 많은 현대인들이 그런 생활을 간절히 추구하게 되었다. 하지만 안타깝게도 그런 생활을 얻기란 쉽지 않다. 서로 다른 생활 방식은 서로 다른 인격과 품성을 길러낸다. 고대의 지자는 입·귀·코·혀 등 몸의 수많은 측면에서 신선하고 깨끗한 것을 추구했다. 이는 생명의 법칙과 현대과학에도 부합하는 것이었다.

사람과 향기로운 풀

『초사楚辭』를 읽어본 사람은 거기에 나오는 향초들의 아름다운 세계를 잊지 못할 것이다. 온몸에 향기로운 풀과 싱싱한 꽃을 두른 시적 화자는 자신의 그러한 상태를 미의 극치로 여긴다. 이는 인격과 바른 몸가짐의 상징이자 비유이기도 하다. 『시경詩經』에도 유사한 내용이 많이 나온다. 시인은 꽃을 달고 꽂고 있을 뿐만 아니라 꽃잎에 맺힌 이슬을 마시고 꽃잎을 먹는다. 꽃이라는 것이 얼마나 깨끗하고 고귀한 생명인지 짐작할 수 있을 것이다.

현대인은 실내에 꽃꽂이를 해두기도 하고, 사랑과 존경의 의미를 전하기 위해 커다란 장미 한 다발을 바치곤 한다. 음식에서도 향기 좋은 식물은 빠져서는 안 될 양념이다. 어떤 지역에는 국화를 먹거나 꽃봉오리차를 마시는 습관이 아직도 남아 있다. 이것은 고대로부터 전해 내려온 기풍으로서, 사람과 향초가 불가분의 관계임을 말해준다. 하지만 현대의 온실 화원은, "들판 가득 알록달록한 꽃과 풀이 모두 나를 둘러싸고 있는" 고대의 상황과 매우 다르다. 오늘날 꽃이란 그저 약간의 성의 표시를 위한 격식화된 장식에 불과하다. 또한 그것은 상품화·공업화된 시대에 대량생산 방식으로 생산된 상품의 일종에 불과할 뿐이다.

옛사람들은 훨씬 더 많이, 그리고 더 심한 정도로 자연의 향기에 깊이 빠져들었다. 그들은 오늘날 사람들이 이해하기 어려운 상태까지 이르도록 자연의 향기에 몰입했다. 굴원屈原과 공자 모두 난초를 지극히 높이 평가했으며, 도연명陶淵明은 국화를 많이 심었다. 옛사람이 꽃과 관련하여 남긴 기록은 셀 수 없을 정도로 많다. 그들은 재배 방법을 비롯해 꽃들의 서로 다른 특성과 자태까지도 상세하게 기록했다. 어떤 사람은 편안한 거처를 떠나 황량한 산비탈 아래로 이사하기도 했는데, 창문을 열고 난초를 감상하기 위해서였다. 북송의 임포林逋는 "성긴 그림자 맑은 물 위에 드리우고, 은은한 향기 황혼의 달빛 아래 떠도네"라는 시구를 쓴 유명한 시인이다. 그는 평생 매화와 학에 빠져서 살았다. 그는 고산孤山에 초막을 짓고 처자도 없이 지내면서 "매화가 아내이고 학이 아들"이라고 여겼다. 생각해보라. 이사라는 것은 신중을 기해야만 하는 일로, 번거로울 뿐만 아니라 일상생활의 편리함에 영향을 끼치게 마련이다. 그렇기 때문에 꽃에 이끌려서 이사까지 한다는 것이 여간해서는 보기 힘든 경우라는 것을 충분히 짐작할 수 있을 것이다. 문제는 고대에 이런 사람들이 일일이 꼽을 수 없을 정도로 많았다는 사실이다. 꽃을 좋아해 온 집안 식구를 데리고 산속 황야로 옮겨온 경우도 부지기수였다. 그들은 모두 꽃 마니아였고, 이러한 마니아 기질은 가족 모두를 함께 행동하

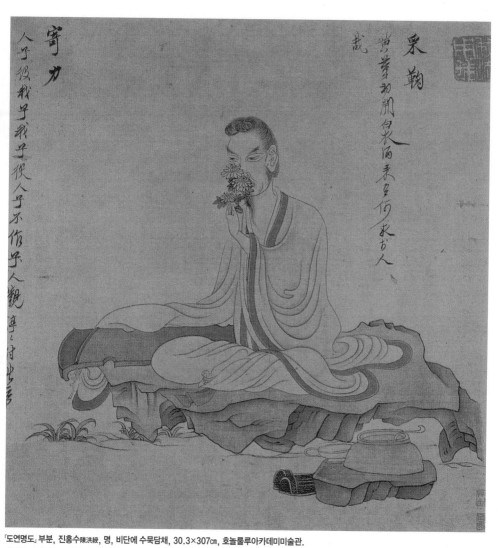

「도연명도」 부분, 진홍수陳洪綬, 명, 비단에 수묵담채, 30.3×307㎝, 호놀룰루아카데미미술관.
가난은 인격의 높고 낮음을 결정하는 중요한 이유가 되지 못한다. 도연명은 먹을 것이 없어 굶주릴 때에도 국화를 사랑했다.

「고산에서
학을 놓아주다
孤山放鶴」,
전 홍득구洪得龜,
17세기,
비단에 수묵,
74.5×38cm,
국립중앙박물관.

북송의 임포는 평생 매
화와 학에 빠져서 살
았다. 그는 고산孤山에
초막을 짓고 처자도 없
이 지내면서 "매화가
아내이고 학이 아들"
이라고 여겼다.

도록 설득할 정도로 대단한 것이었다. 도시를 떠나 한 뙈기의 밭을 일구어서 겨우겨우 생계를 꾸려나간 이유가 단지 창문을 열면 보이는 꽃핀 들판의 풍경 때문이라니, 오늘날에는 도저히 이해할 수 없는 일이다.

그들은 꽃의 기질과 향기가 사람과 깊은 연관을 맺고 있다고 믿었기 때문에 온갖 수를 짜내 꽃과의 특별한 접촉 방식을 만들어냈다. 냄새를 맡고 먹는 것은 물론, 꽃을 보는 특수한 방법도 깨우쳤다. 즉 가늘게 실눈을 뜨고서 조심스럽게 꽃을 바라본다. 혹여나 눈빛에 여린 꽃잎이 다치기라도 할까봐 눈빛을 가만가만 꽃 위로 흘려보낸다. 이와 동시에 마음속에서는 일종의 흡입력이 넘쳐흐른다. 이는 꽃의 열정과 깨끗한 아름다움을, 눈길을 따라서 몸속으로 빨아들이는 힘이다. 물론 이것은 단지 상상일 뿐이지만 이런 식의 상상은 오래 지속되었고 수신의 방법이 되기도 했다.

이뿐만이 아니다. 오랜 세월 꽃과 더욱 친밀하게 지내면서, 갖가지 꽃의 특성과 기능은 물론이고 꽃의 품성까지도 꿰뚫게 되었다. 마치 서로의 성격을 일찌감치 아주 잘 알고 있는 친구처럼 말이다. 그들은 서로 다른 화초는 각각 다른 곳에다 두었다. 혹은 대청에 혹은 복도 앞에, 혹은 침실에 혹은 문밖에 두었다. 어떤 것은 시야의 범위 안에, 어떤 것은 후각의 범위 안에 두었다. 또 어떤 나무의 열매 껍질은 가을이 되면 바람 속에서 듣기 좋은 소리를 내는데, 이런 나무는 집 앞뒤로 심기 마련이었다.

옛사람들은 화초로 각종 향낭을 만들어서 몸에 걸치거나 책상 위에 두었다. 이것은 최고의 손기술이자 성정을 도야하고 주변의 내음을 바꾸는 방법이기도 하다. 좋은 향기가 어디에든 있게 되고, 게다가 사람과 장소와 시간에 따라서 그 향기가 달라지니 그야말로 미묘한 일이다. 공간 전체가 화초 내음으로 꽉 들어차게 되면, 이 공간에서 활동하는 사람은 화초의 세계 속에서 오가면서 화초의 호흡을 들이마신다. 현대의 기술로 만든 가장 고급스러운 향수는 화학적인 합성을 통해서가 아니라 화초에서 직접 추출하여 만든 것이다. 화초의 엑기스를 뽑아내어 농축한 것이라고 할 수 있다. 그렇지만 여기에는 향낭을 만드는 즐거움이 빠져 있다. 직접 화초를 따서 그것을 적절히 배합하는 즐거움이 없는 것이다.

그 옛날 사람들이 화초로 만든 각종 향은 이루 헤아릴 수 없을 만큼 많고 그 방법 역시 말로 설명할 수 없을 정도로 섬세하고 뛰어나다. 향연고와 향 막대를 비롯해 향과자에 향갑까지 있었다. 단향檀香·정향丁香·목향木香·유향乳香·사향麝香은 가장 흔히 사용되었던 것들이고, 복란馥蘭·곽향藿香·감송甘松·백향柏香·백지白芷·운향芸香·대황大黃 역시 많이 사용되었다. 향과자를 만들 때에는 벌꿀과 감람나무의 기름을 사용한다. 어떤 향과자는 사자처럼 생긴 맹수 산예狻猊나 토끼 모양으로 만들기도 한다. 그런가 하면 은은한 향기가 천천히 밖으로 나오도록 귀여운 작은 동물 모형 속에다 화초를 넣어두는 경우도 있다. 향기를 좋아하는 사람은 단 하루도 향기 없이는 살 수 없다고 생각하는데, 그들의 거처는 하루 종일 꽃향기로 덮여 있게 마련이다.

화초를 먹는 것은 더욱 중요한 일이다. 차와 간식으로 만들어져 식용되는 꽃이 얼마나 많은지 모른다. 장미꽃잎을 넣은 죽, 잣을 넣은 과자,

향주머니.

옛날 사람들이 화초로 만든 각종 향은 이루 헤아릴 수 없을 만큼 많고 그 방법 역시 말로 설명할 수 없을 정도로 섬세하고 뛰어나다.
금박과 자수로 화려하게 장식한 위의 귀주머니는 조선 말기에 유행한 것으로 향을 넣거나 주머니 역할을 대신하기도 했다.

송홧가루를 넣어 만든 경단, 오동나무 씨앗이 들어간 수프, 심지어는 송진을 달여서 보신용 환을 만들기도 한다. 화초의 뿌리줄기와 잎은 모두 접시 위에 올려지는 음식으로, 일반 곡식에 비해서 훨씬 진귀한 섭생과 보양 음식이다. 사람들은 일찌감치 그것의 기능을 믿었으며, 그러한 기능이 생리적 범주를 초월하여 보다 높은 정신적인 측면에서 자기 자신을 보충해줄 수 있음을 인정했다.

화초에 대한 이러한 신뢰와 끌림이 한적하고 부귀한 사람에게만 해당되는 것은 결코 아니다. 또한 먹고 입고 사는 데 아무 걱정도 없는 놈팡이에게만 해당되는 것은 더더욱 아니다. 이와는 정반대로, 부지런히 노동하는 사람이야말로 산과 들에서 나는 산물과 가까워질 기회를 더 많이 가질 수 있으며 더 깊이 있게 몸으로 체득할 수 있는 법이다. 심지어 어떤 이는 평생 가난한 상태로 지내기도 했는데, 도연명은 배고픔을 참아내야 했을 때에도 국화를 사랑할 줄 알았다. 빈부는, 중국의 옛사람들이 인격의 높고 낮음을 평가하는 기준이 되지 않았다. 또한 그들은, 부유하면서도 어질지 않음은 가난하되 예를 좋아하는 것만 못하다고 여겼다. 물질적인 탐욕이 지니고 있는 부식성에 대한 경각심이 일찍이 존재했던 것이다. 따라서 꽃을 사랑한다는 것은 단지 속세를 초월한 여유로운 마음을 나타내는 것이 아니었다. 오히려 이와 반대로, 꽃에 대한 사랑은 그들의 참된 마음과 성품을 투영하고 드러내는 것이었다.

소박하고 섬세한 생활은 돈으로 살 수 있는 것이 결코 아니다. 수많은 경우에 돈은 도리어 자연스러운 인성을 몰아내어 건강하지 못하게 만든다. 대자연의 향기는 마치 화초들에 집중되어 구현되어 있는 듯하지만,

꽃을 사랑한다는 것은 단지 속세를 초월한 여유로운 마음을 나타내는 것이 아니었다. 오히려 이와 반대로, 꽃에 대한 사랑은 그들의 참된 마음과 성품을 투영하고 드러내는 것이었다.

실상 그것은 만물 가운데 널리 스며들어 있다. 관건은 인간의 눈이 그것을 보아낼 수 있느냐, 인간의 후각이 그것을 맡아낼 수 있느냐, 인간의 손과 발이 그것에 가까이 다가갈 수 있느냐 하는 것이다. 인간과 자연의 세계, 그리고 인간과 모든 물질의 관계는 첫사랑과 같아야 한다. 즉 어느 정도 자제된 깊은 사랑, 그리고 신뢰와 염려가 요구된다. 강한 생명은 반드시 강한 욕망을 지니게 마련이다. 서로 다른 사람, 서로 다른 민족, 서로 다른 시대는 욕망의 표현과 배출 방식이 서로 다르기 때문에 최후의 결과 역시 달라진다. 인간은 화초의 향기에 대한 신비한 동경을 품고 있지만 인간은 꿀벌이 아니다. 꿀벌에게 꽃은 보다 실질적인 용도가 있지만, 인간에게 있어서 꽃은 보다 많은 경우 정신적인 측면의 성장에 도움을 준다. 따라서 자연계 안의 갖가지 꽃과 풀과 나무에 대한 인간의 끌림은 자세히 살펴볼 만한 현상이다.

꺼지지 않는 연단 화로

인간의 조급함, 불안, 히스테리는 주변 세계를 심각하게 파괴하고 자신의 평화와 안녕까지도 망가뜨린다. 이들 병의 근원에 대해 어떤 사람이 말하길, 그것은 생명에 대한 마음 졸임에서 상당 부분 유래하는 것이라고 한다. 그리고 이러한 마음 졸임은 이 세계에 대한 관찰에서 유래한다고 한다. 즉 모든 물질, 마음 없는 모든 것들이 인간보다 더 오랜 수명을 가지고 있음을 발견하기 때문이다. 산과 바다는 말할 것도 없고 나무와 집과 의자, 자기가 직접 만들어낸 물건까지도 인간의 수명을 훨씬 뛰어넘는다. 인간의 삶이란 본디 이처럼 연약하고 짧다. 이로 인해 인간은 엄청난 당혹감과 잔혹함을 느끼게 된다. 어떻게 이것을 기꺼이 받아들일 수 있겠는가! 당연히 해결책을 찾으려 했다. 결과적으로 수천 년이나 방법을 찾아봤지만 별다른 수가 없었다. 하지만 인간은 운명을 받아들이길 원치 않았기에 이 반복되는 고통을 이어나갔다.

종교는 인간의 삶과 죽음을 해석하고 위로하면서 인생의 고통을 감소시켜준다. 그래서 종교는 영원히 사라질 리 없다. 종교에 대한 회의와 혐오가 심한 사람도 있지만, 그럼에도 종교는 생명이 이어지듯 이어져나갈 것이다. 종교는 인간이 무엇인가 이루고자 노력하는 또 다른 측면을 나타내는 것이지, 되는 대로 그저 따르겠다는 것은 결코 아니다. 종교는 인간이 끝없이 아득한 생명을 우러러보는 방법인 것이다.

인간이 고개를 숙이고 내려다본다면, 산천과 대지와 바다에 도움을 청하게 된다. 이러한 방법은 더욱 현실적이고도 친근하다. 그래서 약초학을 비롯해 더욱 급진적이고도 정도가 심한 불로장생술, 단약을 만드는 비법 등 생명을 유지하기 위한 여러 가지 방법이 생겨났다. 훤한 대낮, 은밀한 구석에 장생불사의 단약을 만들기 위한 화로가 설치되었던 것이다. 이 화로는 수천 년 전부터 지금까지 꺼지지 않고 있다. 단지 단약을 만드는 방식이 변하고 화로의 형태가 많이 달라졌을 뿐이다.

제왕처럼 고대에 권력을 장악하고 있던 이들에게는 단약 만드는 일에 몰두한 시기가 있기 마련이었다. 그들은 방사의 오묘한 현담玄談을 맹신하고 불로장생을 갈망했다. 그리하여 그들은 신선과 친분을 맺고자 했다. 단약을 만드는 전문가들은 제왕의 측근이 되었다. 그들 중에서 어떤 사람들은 정말로 능력이 있었을 것이다. 그들이 완전히 사기꾼이었던 것은 결코 아니다. 단약이 신체 건강에 도움이 되느냐 하는 것은, 단약이 불로장생의 신비한 효능을 가지고 있느냐 하는 것과는 또 다른 문제이다. 단약의 기운을 견디지 못하고 죽거나 단약의 독에 중독되었던 제왕에 관한 기록은 의심의 여지가 없는 사실이다. 단약에 대한 논쟁이 고

「선인채지도仙人採芝圖」, 장승업, 19세기, 비단에 담채, 100.5×27㎝, 선문대박물관.
폭포 옆 물가에 신선이 영지靈芝와 약초가 담긴 바구니를 들고 지팡이를 짚은 채 서 있다. 옛사람들은 영험하다는 식물로 병을 치료하고 스스로의 몸을 다스렸다. 이것은 기술이 지배하는 오늘날의 사람들과 옛사람들의 습관 중 가장 큰 차이라고 할 수 있다.

대에만 있었던 것은 아니다. 오늘날에도 너무나 평범한 비타민제를 둘러싸고 쟁론이 넘쳐난다. 비타민제로 수명을 연장할 수 있다고 하는 사람이 있는가 하면 도리어 해로운 점이 너무 많다고 하는 사람도 있다. 요컨대 단약에 대한 기나긴 실험 과정이 있어왔는데, 이것은 종합적으로 고찰해야 할 사물이므로 당장 결론짓기 어렵고 애태워도 소용없다.

고대에 단약을 만들던 사람과 단약을 복용하던 사람은 대부분 사고 능력이 건전하고 비교적 똑똑한 이들이었다. 비록 그 가운데에는 너무 성급하게 성과를 얻고자 한 이들도 있었지만 전반적으로 보면 그들은 결코 황당무계한 사람들이 아니었다. 화초류를 합성하여 알약·가루약·고약을 만들던 것에서 발전하여, 화로를 이용해 광물을 녹여서 화학변화를 일으킴으로써 단약을 만들어내게 된 것은 장수를 위한 양생의학에 있어서 성격상 큰 변화를 가져온 일이었다. 중국 고대 의약은, 상당 부분 이성이 아닌 감성에서 유래했으며 이성 사유가 아닌 이미지 사유가 주도적인 기능을 발휘했다. 예를 들어 어떤 식물이나 사물을 보았을 때 그것이 마음에 들고 모양이 좋아서 즐거움을 주고 연상 작용을 일으키면, 그것을 가져와 시험 삼아 먹어보았다. 겨울에도 푸른 것은 추위를 막는 데, 큰바람 속에서도 똑바로 서 있는 것은 풍을 예방하는 데 사용되었다. 이런 식으로 시도하다보면 정말로 효과가 있을 때도 있었다.

상상은 이미지와 떨어질 수 없는데, 이미지 사유는 인간의 사고를 아득히 먼 곳까지 이끌어갈 수 있다. 의술의 시조는 점차 온갖 풀들을 맛보게 되었다. 전설에서 신농神農처럼 구체적으로 언급된 이들은, 사실 무수히 많은 사람의 총체적 역량이자 오랜 시간의 누적일 것이다. 시간

神農氏 神農氏

千方頭著虛實表裏起沉疴

百草偏嘗寒熱溫平通造化

性辨藥嘗氏農神

신농씨神農氏

신농은 직접 여러 풀을 맛보고 약물을 만들어 사람들을 치료했다. 중국 고대신화에서 농업과 의약을 발명했으며 쟁기와 보습 등 농기구를 만들어 사람들에게 경작하는 법을 가르친 제왕으로 꼽히는 신농은 사실 무수히 많은 사람들의 총체적 역량이자 오랜 시간의 누적일 것이다.

의 한계는 한 개인이 지닌 지혜의 크기와는 또 다른 문제이다. 한 개인의 생명은 결국 유한하다. 하지만 천만인의 생명이 연속되고 집중되면 그 역량 역시 커진다. 개체의 생명으로서는 이 거대한 성과를 이해하기 어려울 것이다.

연단술사는 영롱한 송진, 매끄러운 옥돌, 반짝이는 금, 심지어는 땅에 떨어지면 구슬처럼 되는 수은까지도 녹여냈다. 그들은 이처럼 아름다운 사물은 반드시 완벽하고도 신비한 효능을 가지고 있을 것이라 믿었다. 결과적으로, 순조로울 때도 있었고 때로는 생각과 달리 중독되어 죽는 일도 생겼다. 당시에는 화학 지식이 없는 상태에서 화학 반응을 일으키는 위험한 일을 시도했기 때문에 결국 화로가 폭발하기도 하고 가스에 중독되어 눈·귀·코·입의 일곱 구멍으로 피를 쏟는 일도 있었다. 단약을 만들면 연단술사에게 먼저 기회가 돌아갔다. 그가 복용하고서 며칠이 지나도 무사하며 다리가 가뿐하고 눈에서 빛이 나는 느낌이 들면 대업을 완수한 것으로 간주했다. 최종 결과는 좀더 장기적인 관찰을 필요로 했다. 당시에는 화학 실험도 흰쥐 실험도 없었다. 그저 사람들이 많이 먹고 일정 시간 동안 견뎌내면 되는 것이었다. 마치 생명을 가지고 장난하는 것처럼 보이지만 달리 더 좋은 방법이 없었다.

오늘날에는 의화학 실험 및 약물의 독성을 테스트하는 방법도 생겨났다. 하지만 이것은 옛날에 비해 약간 진보한 것에 불과하며, 이로움과 해로움에 대한 더 심층적인 인식은 아직 먼 훗날을 기다려야만 한다. 이 과정은 끝이 없는 것이다. 화학 합성을 통해 만들어진 약품은, 말하자면 모양과 기능이 다른 단약의 일종인 것이다. 그것들은 현대의 화로에서 대량생산 방식으로 생산된 것으로, 그 생산량은 일반인의 집까지 들어갈 수 있을 정도로 충분하다. 그중에서도 최신의 가장 신비로운 단약은 여전히 일반인에게 돌아가지 않는다. 이런 상황은 고대와 비교해보아도 그다지 다르지 않다.

단약을 구하고자 했던 제왕들 중에서 가장 유명한 이는 아마도 진시황秦始皇일 것이다. 그는 엄청난 에너지를 지닌 인물로서 중국 통일이라는 큰 성취를 거두었다. 따라서 그는 더욱더 불로장생을 추구했으며 이에 관한 문제에 더욱 깊이 몰두했다. 중국을 통일하자 온갖 인재들을 찾는 일 역시 용이해졌다. 특히 단약을 만들고 불로장생을 이야기하는 인물도 수두룩했다. 동쪽 해변 출신의 방사들은 장안長安으로 들어가기만 하면 일시에 몸값이 갑절로 뛰었다. 후대의 기록에 나오는 이들의 평판은 매우 나빠서 전문 사기꾼으로 말해지지만 실은 그렇지 않다. 진시황 같은 인물들이 결코 그렇게 호락호락 속아 넘어갈 사람은 아니었다. 당시에 그들이 마주했던 이는 사기꾼이 아닌 과학기술자 집단이었다. 가장 최신의 최첨단 과학기술은 그것을 받아들일 수 있는 마인드와 용기를 절실히 필요로 한다. 이것은 예나 지금이나 통하는 이치이다. 완전무결하고 확실하고 실패할 우려가 없어야만 새로운 것을 시도할 수 있는 것이라면 누구도 감히 그것을 보증할 수 없는 법이다. 과학은 실패를 허용한다. 그것도 여러 차례의 실패, 가장 엄청난 실패를 허용한다. 걸출한 재능과 웅대한 계략을 지닌 진시황이 이를 몰랐을 리가 없다.

방사들 중에는 정치적인 포부를 품고 있는 인물들도 분명 있었다. 이는 자연스러운 일로서, 모든 방사가 순수한 전문가였던 것은 아니다. 정

진시황, 서안 병마용박물관.
진시황의 성씨인 영嬴은 동쪽 연해 지역에서 유래하였다. 만년에 진시황이 계속해서 동쪽으로 향했던 것은, 삼신산과 불로장생을 찾겠다는 염원과 더불어 본향으로 돌아가고픈 혈연의 힘이 작용했기 때문이었을 것이다.

치적인 포부를 품고 있던 이들만이 진시황에게 위험한 존재였다. 그래도 대다수의 방사는 온 마음을 다해 장생의 방법을 추구했다. 동쪽의 기술과 깨달음을 보유한 그들은 진시황을 위해 힘쓰고자 했다.

제나라의 괴인

방사와 신선술사는 주로 제齊나라에서 왔다. 제나라에 대해 말하자면 한 바탕 긴 이야기를 필요로 한다. 제나라는 그야말로 매우 특별한 곳이기 때문이다. 제나라의 국경선은 계속 바뀌었는데, 국세의 강약에 따라 확장되기도 하고 축소되기도 했지만 기본적으로는 오늘날 산동山東반도 일대였다. 서쪽으로 제남濟南, 남쪽으로 태산泰山에 이르렀고, 교래하膠萊河 이동이 배후지였다. 제나라의 수도는 오늘날의 임치臨淄 일대로, 북쪽으로 멀지 않은 곳에 바다가 있고 영토의 삼면이 바다로 둘러싸여 있어서 물고기와 소금을 얻기 쉬워 풍요로웠다. 또한 망망대해와 가까웠기 때문에 국민의 성격과 사고방식이 내륙 사람들과는 상당히 달랐다.

제나라 서쪽 변경에 이웃하고 있던 나라는 노나라이다. 노나라에는 바다가 없었기 때문에 풍습과 기질 역시 제나라와 많이 달랐다. 노나라 출신인 성인 공자는 생전에 많은 곳을 분주히 돌아다니면서 많은 제후

공자의 고향 노나라가 내려다보이는 첨노대瞻魯臺.

국의 배후지를 가보았다. 하지만 그는 제나라의 심장부, 즉 교래하 이동 지역은 가본 적이 없었다. 그 당시 방사들이 가지고 있던 비장의 능력은, 바로 공자가 말하고자 하지 않았던 '괴력난신怪力亂神'이었다. 제나라의 대학자 추연鄒衍에게서 영감을 얻은 방사들은 그의 '대구주大九州' 설을 받아들여 실천했다. 그들은 바다 밖 세상을 찾기를 꿈꾸었으며 그곳에 정말로 신선이 살고 있다고 여겼다. 방사들의 주요 집결지는 지금의 봉래蓬萊 · 용구龍口 · 내주萊州 일대 및 동쪽 곤륜산崑崙山과 영성榮城곶 등이었다. 방사들 가운데 많은 이들은 신기루를 직접 보았기 때문에 신선과 관련된 이야기를 할 때 확신에 차서 말할 수 있었다. 연해 지역이었던 만큼 고기 잡는 이들이 많았고 각종 바다고래를 자주 목격했으며, 직접 가보고 살핀 섬들도 많았고 구비로 전승되는 이야기도 많았다. 이런 모든 것이 한데 뒤섞여 해안 지역 사람들 특유의 상상력과 사유 방식을 형성했다.

내륙 사람들이 보기에 방사들은 모두 괴상한 사람들이었다. 멀리 함양咸陽에 있던 진시황 등이 처음 그들을 보고서 놀라지 않았다고는 할 수 없을 것이다. 방사들은 선단仙丹을 휴대하고 있었으며 신선을 찾기 위한 계책을 품고 있었다. 이것들은 인생의 근본과 관련되어 있는 커다란 문제였으니, 어찌 진시황의 호기심과 동경을 불러일으키지 않을 수 있었겠는가? 진시황에게 그저 몽상일 뿐이었던 불로장생이 불현듯 가능한 것이 되었으니, 그가 불로장생을 시도해보고자 한 것은 너무나 자연스러운 일이었다. 윗사람이 좋아하는 것은 반드시 아랫사람이 따라하는 법, 순식간에 함양성은 제나라 방사들로 넘쳐났다. 그들은 화려한 동쪽

「봉래선도도蓬萊仙島圖」, 원강袁江, 1768년, 160×96.8㎝, 북경고궁박물원.
진시황이 불로초를 찾아 선남선녀를 보냈다는 일화로 유명한 봉래산의 정경을 그린 것이다. 봉래산에 대해서는 이태백도 "큰 거북아! 삼신산 싣고 떠나가지 말지니, 내가 봉래산 꼭대기에 오르려 하나니"라고 노래했다.

의 비단을 걸치고서 세상에서 가장 부유한 대상인과 함께 진나라 도성
으로 들어왔다. 방사들이 진나라로 들어온 것은 역사상 중요한 사건이
었다. 이는 결국 중국 역사상 더 큰 사건인 분서갱유焚書坑儒를 초래한다.

　일반적으로 말하자면, 진시황이 방사들에게 속은 뒤 격노하여 분서
갱유가 일어났고 이로 인해 결국 전제통치를 공고히 하고 사상의 통제를
고수할 수 있었다. 그런데 다른 한편으로 보자면, 이것은 동과 서의 문
화적 대충돌이기도 했다. 연해와 내륙의 차이는 너무나 컸다. 제나라는
부유하고 호화롭고 개방적이었지만 군사적으로는 도리어 진나라에 패
했다. 제나라 사람들의 우월감은 방사들에게 집중되어 구현되었는데,
이 괴인들이 함양에 왔을 때 어떤 태도를 보였을지 미루어 짐작할 수 있
을 것이다. 부유하고 개방적인 곳에 살던 사람이, 농업을 근본으로 하는
서쪽에 왔을 때에는 감추기 어려운 오만함을 갖게 마련이고, 이러한 오
만함은 불가피하게 다른 사람들을 자극했다. 괴인의 장생 이론과 신선
담론이 사람들을 매료시키긴 했지만, 아직 대다수 사람은 그들과 소통
하기 어려웠던 까닭에 그들의 말을 한바탕 헛소리로 여기기 십상이었다.
민주가 무엇인지 전혀 알지 못하던 봉건 도시에서 괴인을 다루는 방법으
로, 살해는 가장 간단한 선택이었다.

　놀라서 달아난 방사도 있었고 죽임을 당한 방사도 있었으며 여전히 관
망하던 이들도 있었다. 그런데 바로 이 시각, 괴인들의 본거지인 멀리 제
나라 동쪽 연해 지역에서는 더욱 큰 음모와 계획이 움트고 있었다. 결국
지리환경이 문화 전통을 결정하고, 이러한 전통이 오래 지속되면서 대
표 인물들을 배출하게 되는 것이다. 제나라가 통치체제에 있어서는 진

나라에 의해 멸망당했지만 제나라의 문화 풍습은 수천 년이 지난 오늘날에도 여전히 존재하고 있으니, 한창때 어떠했을지는 두말할 나위도 없을 것이다. 제나라 도성에서부터 동쪽 배후지에 이르는 일대의 풍요롭고 번창했던 기상을 사람들은 언제나 그리워한다.

제나라가 어떻게 강성해지고 부유해졌는지는 토론해볼 만한 문제이다. 전반적으로 보자면 다음의 사실을 인정할 수 있을 것 같다. 만약 제나라가 동쪽의 내萊나라를 병탄함으로써 동해 지역을 판도에 넣지 않았다면 제나라가 그처럼 강대해지는 것은 불가능했을 것이다. 동쪽을 차지하고 있던 내나라는 비단업의 최초 발상지이자 제철술을 발명했고, 세계에서 가장 큰 식량 창고와 가장 많은 준마를 보유하고 있었으며, 논벼를 최초로 재배한 나라이기도 하다. 이곳은 '동이東夷'라고도 불린다. 기록에 따르면 내나라는 제나라 양공襄公 6년에 멸망당했다. 하지만 내나라는 결코 여기서 끝나지 않고 계속 동쪽으로 옮겨가서 역사상 '동래東萊'라고 하는 나라가 되었다. 대다수 전문가는 동래의 수도가 오늘날의 용구시 귀성촌歸城村이라고 하는데, 그곳에는 지금까지도 고성古城 유적지가 남아 있다. 어찌되었든 제나라가 최후에 내나라를 완전히 차지함으로써 동쪽 연해 지역은 제나라의 가장 중요한 경제구역이 되었고, 그 덕분에 제나라는 천하에 제일가는 부국이 될 수 있었다.

제나라의 산수를 고찰해야만 그 독특한 문화를 이해할 수 있을 것이다. 제나라 문화는 중국 북방문화 가운데 가장 예사롭지 않은 갈래로서, 지금까지도 보존되어오긴 했지만 유가儒家문화와 서쪽의 농경문화가 주류가 되는 바람에 그 면모가 이미 흐릿해지고 있다. 지형적으로 제나라는 바다 쪽으로 길게 뻗어 있는 뿔처럼 생겼으며, 일본 열도와 요동반도 및 한반도와 서로 마주하고 있다. 산동반도 위쪽 부분은 서하棲霞의 아산牙山, 영성의 곤륜산, 용구의 내산萊山, 청도靑島의 노산嶗山, 내주의 역산嶧山 등 숲이 우거진 여러 산들이 위치해 있다. 이렇게 특별한 지형과 지세가 문화의 주름을 형성했고, 바로 이 안에서 온갖 기이한 인물들이 배출되었다. 도교는 이곳에서 가장 좋은 생존 기반을 찾아냈다. 도교의 도사인 구처기丘處機는 서하 빈도濱都에서 출생했는데, 이곳에는 그가 생활하고 포교하던 자취가 지금도 남아 있으며 유명한 도교 승지인 태허궁太虛宮도 아직 남아 있다. 내주의 철사산鐵槎山, 청도의 노산, 영성의 곤륜산 등도 모두 도교에서 매우 중요한 장소들이다.

서쪽 사람들이 보기에 괴상한 사람들이 제나라 동쪽에서는 전혀 이상하지 않았다. 진시황이 거리낌 없이 방사들을 죽이던 그 시기, 동쪽 연해 지역에서는 여전히 많은 방사들이 활동하고 있었다. 진시황은 분서갱유 이후 동쪽으로 순행하다가 제나라 낭야琅琊 일대에서 또다시 방사들을 죽였다. 계속 동쪽을 향해 나아가던 진시황이 방사들의 근거지에 근접할 즈음, 불로장생의 신선술을 말하면서 감히 진시황을 만나길 청하는 이가 있었다.

서복

아무것도 두려워하지 않는 담력으로 천고에 이름을 남긴 그는 바로 서복徐福이다. 『사기史記』를 비롯한 정사에는 '서불徐市'로 기록되어 있는데, 후에 무슨 영문에서인지 '서복'으로 통용되었다. 아마도 후세 사람이 그가 성공적으로 진시황을 속이고 탈출하는 데 성공한 것에 착안하여, 어쨌든 제나라를 위해 원한을 쏟아냈으니 결국 큰 복을 쌓은 것이라 여겼던 것이리라. 서복의 수완과 속셈이 평범하지 않았음을 알 수 있다.

서복이 제나라 해변의 방사라는 데에는 아무런 이견이 없다. 논쟁이 되는 것은 그의 구체적인 관적貫籍과 최후의 출항지이다. 어떤 사람은 그가 교동膠東반도 남쪽 출신이라 하고, 또 어떤 사람은 그가 봉황액蓬黃掖, 즉 지금의 용구 일대 사람이라고 한다. 출항지에 대해서 말하자면, 고대 항해학의 각도에서 볼 때 용구나 봉래만에서 바다를 건너, 먼저 요동반도에 도착한 뒤 다시 일련의 섬들을 따라 동쪽으로 갔을 것이다. 그래야

산동성 연대 앞바다. ⓚ

망망대해와 접해 있던 제나라에서는 단약을 만들고 불로장생을 이야기하는 방사들이 수두룩했다. 이 동쪽 해변 출신의 방사들은 신기루를 직접 보았기 때문에 확신에 차서 신선에 관해 말할 수 있었다. 이들 가운데, 아무것도 두려워하지 않는 담력으로 진시황을 속이고서 삼천 명의 동남동녀를 데리고 탈출에 성공했던 인물이 바로 서복이다.

만 계속해서 풍랑을 피하고 물을 보충하여, 최종적으로 한반도나 일본에 도착할 수 있었을 것이다. 당시의 항해 조건으로는 그럴 수밖에 없었을 것이다. 서복이 출항한 시기는 콜럼버스에 비해 1700여 년이나 이른 때였기 때문이다. 따라서 이것은 중국 항해사에 있어서 대사건이라 할 수 있다. 비록 처음에는 단지 신선을 찾고 선약을 구한다는 것을 구실로 삼았지만, 결국엔 여러 측면에서 역사적으로 큰 의미를 남겼다.

서복은 진시황의 신임을 얻어야 했기에 죽음을 무릅쓰고서라도 그럴 듯한 거짓말을 둘러대야 했다. 예전의 방사들도 여러 차례 시도했지만 결국 참수되고 말았다. 진시황은 장성長城을 쌓고 육국六國을 평정했으며, 문자를 비롯해 수레바퀴의 폭과 도량형을 통일했다. 그가 한 일은 모두 전무후무한 대사업이자 실로 엄청난 기획이었다. 이런 그였으니, 아무 이야기나 늘어놓는 해변 지역의 괴인들을 멋대로 죽이는 것쯤은 굉장히 사소한 일이었을 것이다. 그런데 이제 문제가 약간 달라졌다. 진시황은 이미 나이가 들어 쇠약해졌고 남은 날이 많지 않다는 것을 자각하고 있었다. 영웅적인 기개는 남아 있었지만 과거만큼은 아니었다. 그가 여러 차례 동쪽을 순시한 주요 목적 가운데 하나는 바로 신선이 출몰한다는 바다를 직접 보기 위함이었다. 그가 마음속으로 바라는 것은 여전했다. 그것은 가장 중요한 일, 바로 불로장생이었다.

예전에도 진시황은 단약을 꽤 많이 복용했다. 아마도 어느 정도 효과는 있었을 테지만 효능이 오래가지는 않았다. 도가 방술의 영향을 받은 그는 불가사의한 건강법들을 모두 시도해보았다. 어떤 책에 따르면 그가 심지어 채음보양採陰補陽의 방중술까지도 받아들였다고 한다. 모든 극단

도교의 수련과 팔괘八卦가 새겨진 도기.

적인 방법을 시도해보았지만 노쇠의 발걸음을 멈추게 할 수는 없었다. 그렇기에 더욱 확고한 결단을 내려야 했다. 그의 건강 상태와 나이를 고려해봤을 때, 함양에서 교동의 해변까지 수레를 타고 달려가는 것이 얼마나 먼 거리의 고달픈 여정이었을지 상상해보라. 하지만 그에게 이것은 사신死神과의 경주나 마찬가지였다. 그래서 이번에 그가 서복과 함께 신산神山을 찾는 일에 대해 이야기를 나누게 되었을 때, 마음속에 큰 희망을 품었던 것이다.

　서복은 여러 차례 바다로 나가 멀리 항해한 경력이 있었을 뿐만 아니라 대구주설 및 방사들의 여러 기술에도 정통했다. 게다가 그는 상당히 빼어난 표현력을 가지고 있었던 것이 분명하다. 지금까지도 교동에는 "황현黃縣 사람의 말재간"이라는 말이 유행하는데, 이 지역 사람들이 유난히 말을 잘하고 보통 사람을 뛰어넘는 설득력을 지니고 있다는 뜻이다. 서복은 진시황에게 신선을 찾는 일의 어려움과 여러 가지 애로사항을 말했다. 바다에는 커다란 상어가 길을 막고 있기 때문에 신선이 살고 있는 섬에 도무지 가까이 갈 수 없다는 것이었다. 서복은 단번에 성공하려면, 곤란과 위험을 충분히 고려해서 반드시 주도면밀하고 치밀하게 준비해야 한다고 여겼다. 그는 더욱 견고한 함선을 만들고 거대한 선단을 꾸려 최고의 궁수를 배치하고 오곡과 온갖 장인과 삼천 명의 동남동녀童男童女를 배에 실을 것을 제의했다.

　선단과 곡식 그리고 무장을 제의한 것은 지금 생각해도 이해가 되지만, 그렇게 많은 동남동녀를 데려가고자 한 것은 이해하기 쉽지 않다. 이민 혐의가 이처럼 명백했음에도 진시황은 어째서 알아채지 못했을까? 왕은 뜻밖에도 두말없이 허락했다. 그는 넓은 지역에서 용모가 아리따운 동남동녀를 찾도록 명령했다. 이에 대해 오늘날 어떤 사람이 꽤 설득력 있는 추론을 내놓았다. 즉 당시에 서복은 제사를 이유로 황제를 설득했다는 것이다. 신에게 도움을 청하는 위대하고 장엄한 임무인 만큼 매우 특별한 의식이 필요하니 적당한 때에 가장 성대한 인간 희생 제의를 올려야 한다고 말했다는 것이다. 서복은 바다의 신에게 성대한 예물을 바친다는 것을 핑계로 기어이 삼천 명의 청춘을 바다로 데려갔다. 이는 그야말로 대담한 계획이었다. 하지만 그는 정말로 성공을 거두었다.

진시황은 아마도 서복의 말이 얼마나 진실한지 검증했을 것이다. 기록에 따르면 진시황은 직접 사람들을 이끌고 바다를 따라 옛 황현에서부터 동쪽에 이웃한 복산福山까지 쭉 걸었고 다시 영성의 성산成山까지 갔다. 그리고 직접 활을 쏘아 커다란 상어를 죽이기도 했다. 이 일은 상어의 존재와 그것이 길을 막는다는 말을 믿어 의심치 않게 만들었다. 이 동쪽 순행에서 그는 상어를 쏘았을 뿐만 아니라 용구의 내산에도 올랐다. 내산은 당시의 명산으로, 그 위에는 월주月主가 안거한다 하여 월주사月主祠가 세워져 있었다. 진시황은 월주에게 제사를 올린 다음 일주日主에게도 제사를 올렸다. 일주는 영성의 성산 꼭대기에 안거하는데, 그곳은 최동단으로 태양이 가장 먼저 밝아오는 곳이다.

진시황은 제왕의 자리에 오르자 태산에 올라가 성대한 봉선封禪 의식을 거행했다. 이로써 볼 때 진시황이 얼마나 신을 경외했는지 알 수 있을 것이다. 그의 행위가 현대인에게는 다소 우매해 보이기도 하고, 시간 낭

태산 정상의 옥황정玉皇頂, 산동성 태안泰安.

"공자소천하처孔子小天下處" 석비.
공자가 태산에 오른 뒤 천하가 작다는 것을 알게 된 곳이라는 의미이다.

비처럼 여겨지기도 한다. 사실 제왕이건 평민이건, 경외하는 대상이 있는 것은 없는 것보다 낫다. 경외는 자신의 행위를 제약하고 내면을 가다듬게 해준다. 경외심이 없는 개인과 집단은 무시무시하게 마련이다. 서복은 진시황의 경외심을 이용했다. 그리고 서복 역시 경외심이 충만한 사람이었다. 지금의 교동 일대에는 그 옛날 서복이 바다로 나가 제사를 지냈다는 장소가 여러 곳 있다. 또한 서복이 선단을 이끌고 바다로 나가기 전에 기도의식을 거행했던 것과 관련된 기록도 전해진다. 방사들은 본래 귀신에 대해 말했는데, 그들에게 이것은 책략이 아닌 진실한 인식, 즉 일종의 세계관이었다. 바다 깊은 곳에서 출현하는 신기루 현상과 끝이 없는 바다는 그들에게 무궁한 상상과 신비의 대상이었다.

서복은 제나라가 숨겨둔 학자였을 것이라고 추측하는 사람도 있다. 즉 서복은 은밀히 진나라와 대립했던 대표 인물이며, 사람들의 눈과 귀를 가리기 위하여 그가 방사의 신분을 이용했을 뿐이라는 것이다. 또한 서복이 배에 태웠던 이들은 주로 사상가와 정치인이었는데 기술자로 위장했을 뿐이라는 것이다. 이런 추측도 물론 성립할 수 있다. 분서갱유 사건이 발생한 이후 학술사상가들은 각지로 흩어졌고 그들에게 닥친 생존 압력은 매우 컸을 것이다. 진나라의 문화와 정치의 중심은 함양에 있었는데, 그 위력은 서쪽에서 동쪽으로 갈수록 점차 줄어들었다. 이에 더 많은 이단 인사들이 동이, 즉 교래하 이동의 해안 지역으로 흘러들어갔다. 하지만 이곳 역시 그들에게는 장기적인 대책이 아니었기에 얼마 안 있어 해외 이민이라는 문제가 생길 수밖에 없었다.

아마도 두 번째 동쪽 순행에서 진시황은 낭야를 지나며 많은 방사와

「심연의 악귀들」(총 8폭 중 4폭), 국립민속박물관.
화면을 가득 메운 해안가의 거친 파도와 그 위를 나는 신선들, 물 위를 걷는 의인화된 동물들이 어우러져 한바탕 난리를 치르는 장면이 묘사되어 있다. 옛 방사들은 신선에 대해 말하곤 했는데, 이것은 책략이 아니라 그들이 진실로 믿는 세계관을 나타내는 것이었다.

유생을 죽였을 것이다. 이 대량 학살이 발생한 시점과 장소는 매우 위협적이고도 자극적이었다. 따라서 서복이 사람들을 이끌고 탈출하는 것은 매우 긴박한 일이 되었다.

결국 서복은 탐색 성격의 출항을 두세 차례 시도한 뒤 마지막엔 드디어 성공했다. 정사의 기록에 따르면, 그의 거대한 선단은 일본 열도로 갔고 넓은 땅을 얻은 뒤 스스로 왕이 된 서복은 다시는 돌아오지 않았다고 한다. 오늘날에도 한국의 제주도 등지에는 서복과 관련된 흔적이 남아 있으며, 일본에는 더 많은 흔적이 여러 곳에 남아 있고 서복이 상륙했다는 기념지도 여러 곳에 있다. 한 개인이 이렇게 왕이 되었고, 게다가 많은 장인과 3000명의 동남동녀를 데리고 갔던 것이다. 이는 후대 사람들의 선망과 상상을 불러일으키기에 충분했으니, 서'불'이 서'복'으로 바뀐 것도 자연스러운 일이라 하겠다.

신선들만 건널 수 있다는 선인교仙人橋.

일찍이 제나라 환공이 패자가 된 뒤에 가장 하고 싶어 했던 일이 바로 태산에서 봉선 의식을 거행하는 것이었다. 망망대해와 접해 있던 제나라 사람들의 기질은 노나라 사람들과 상당히 달랐다. 제나라 사람들은 신선의 존재를 정말로 믿었다.

동쪽을 향하다

진시황은 마지막 동쪽 순행에서 여러 가지 큰일을 완수했다. 그 가운데 가장 중요한 것은 물론 서복의 선단을 파견한 일이었다. 동쪽 연해 지역을 시찰하며 보았던 바다 풍경의 아름다움과 기이함은 처음부터 진시황을 깊이 매료시켰다. 그렇지 않았다면 그가 그렇게 계속 먼 길을 떠났을 리가 없다. 그는 이미 여행길의 피곤함을 감당하기 어려운 상태였다. 당시에 그의 나이는 오십 정도에 불과했지만 오십 년 동안 그가 한 일은 평범하지 않았다. 너무나 많은 큰일들은 그의 수명을 단축시키기에 충분했다. 옛사람들의 수명은 지금 사람들보다 한참 짧았지만, 그들이 일을 이루는 데 있어서 시간은 충분했던 것 같다. 역사를 고찰하는 많은 사람이 보기에 이것은 놀라운 일이다. 고대인들에 비해 오늘날의 사람들은 성숙이 매우 더딜 뿐만 아니라 성취 역시 훨씬 못 미치기 때문이다. 수명에 대해서 어떤 사람이 추론하길, 지금 사람들이 오래 살 수 있는 것은 주로 약의 발전과 생명의 법칙에 대한 인식의 향상 때문이라고 한다. 즉 '단약 제조'는 아직도 유용한 셈이다. 현대의 연단 화로는 여전히 활활 타오르고 있다. 차이가 있다면, 지금의 화로는 수천 년의 개조를 거쳐 이제 더 이상 산야에 설치할 필요가 없게 되었다는 것이다.

한편 색다른 견해도 있다. 즉 우리가 살고 있는 이 지구의 회전 속도가 점점 빨라지기 때문에 계산상 우리의 칠팔십 년은 옛날 사람들의 육칠십 년에 상당하므로, 전체적으로 수명은 별 차이가 없다는 것이다. 비록 현대과학이 지구 자전의 속도가 전보다 확실히 빨라졌음을 측량을 통해 단정하긴 했지만, 이러한 견해는 단지 상상일 뿐이다.

어찌됐든, 최후에 동쪽에서 함양으로 가던 길에 진시황은 그야말로 숨이 넘어갈 지경이 되었다. 진시황과 동행하던 승상 이사李斯와 대내총관大內總管 조고趙高 두 중신은 그의 양팔과 같은 존재였다. 진시황은 그들과 동행하면서 모든 국가 대사를 의논하여 처리할 수 있었다. 그들이 돌아오던 길 역시 바다 근처였는데, 대략 발해만을 따라 서쪽을 향해 빙 돌아갔다. 제왕의 마음은 보통 사람의 마음과 달랐다. 진시황을 만족시킬 수 있었던 것, 그로 하여금 동경하도록 만든 것은 가장 광대하고 웅대한 것들이었다. 그리하여 그는 고산준령이나 광활한 평원에 마음이 끌렸고, 하늘과 맞닿은 망망대해를 보면 더욱 감개무량해했다. 진시황의 만년은 바다와 떼어놓기 어려운 인연을 맺고 있었다. 이것은 여러 측면에서 해석할 수 있겠지만, 제왕의 인격이나 기질과 깊은 관계가 있다.

사구沙丘 일대, 즉 오늘날의 하북성河北省에 있는 어느 모래사장에 이르렀을 즈음, 진시황의 생명은 종점에 이르렀다. 그는 동쪽 순행 길에 죽었다. 이것은 아마 그 자신조차 예상 못했던 일일 것이다. 장생을 구하기 위해 온 것이었는데 도리어 집으로 돌아갈 시간조차 없었으니, 그에게 시간은 이렇게 갑자기 종결되었다. 마치 지구가 회전을 멈춘 것처럼 순행의 행렬은 거대한 공포로 뒤덮였다. 수행하던 문무대신이 얼마나 두려웠을지 상상할 수 있을 것이다. 그들 가운데 이사와 조고는 당황하여 어찌할 바를 몰랐다. 그들은 황제가 죽은 진상을 가리기 위하여, 무더운 날씨의 시체 악취에 비밀이 탄로날까봐 왕의 수레에다 생선과 새우를 가득 채웠다. 이렇게 해서 수레 가득 썩어 문드러진 생선과 새우가 진시황 최후의 여정을 함께했다.

진시황의 일생에서 가장 긴박하고 잊을 수 없는 경험들은 모두 동쪽과 연결되어 있었다. 먼저 진시황의 성씨와 관련하여, 그 근원을 추적하면 그의 조상이 사실 동쪽 바다 사람이라고 하는 이도 있다. 영嬴씨 성은 동쪽 연해 지역에서 유래했는데, 이는 혈연적인 정체성과 관련된 것이기에 서쪽 위하渭河 유역의 제왕에게 결코 사소한 일이 아니었다. 진나라 군사가 동쪽을 향해 쳐들어오면서 성을 공격하고 토지를 약탈할 때, 진시황의 속마음은 매우 복잡했을 것이다. 본향을 공격하러 간 대가는 정말 너무나 컸다. 그러나 결국엔 제왕의 통일 대업이니, 일단 시작한 이상 다시는 멈출 수 없었다.

만년에 그가 먼 길과 육체의 쇠약함에도 아랑곳하지 않고 계속해서 동쪽을 향했던 것은, 삼신산三神山과 불로장생을 찾겠다는 생각에 이끌렸기 때문이기도 하지만 아마도 더 심층적인 혈연의 힘 때문이었을 것이다. 본향으로 돌아가고자 하는 기괴한 숙명이 작용했을 것이다. 통일의

진시황릉에서 발견된 병사 도용. 중국의 역대 황제 중 불로장생의 꿈을 가장 강렬히 좇던 인물은 진시황이다. 그의 권력은 무덤까지 이어졌고, 어마어마한 병마용들이 순장품으로 발굴되었다. 병마용들은 살아생전 진시황의 욕망에 다름 아니다.

대업이 완성된 이후 이미 평정된 육국의 재부와 진기한 것들은 모두 함양으로 집중되었다. 이때 그를 가장 놀라고 기쁘게 만드는 것은 역시 제나라였다. 제나라의 문화를 비롯해 그곳에서 나는 물품들, 이 동쪽 대국의 모든 것은 사람들로부터 찬탄을 자아냈다. 비단, 준마, 가장 예리한 보검, 황금과 백은, 특이한 옷차림, 늘씬하고 아름다운 제나라 여인들……. 제나라의 연해 일대는 미녀가 많기로 이름난 곳이었다. 맑은 눈과 하얀 이의 여인들은 피부에서부터 말하는 어조까지 내지와 매우 달랐다. 오래전 진시황이 아내로 맞았던 제비齊妃는 바로 제나라 사람으로, 진시황이 가장 총애한 여인이다. 그들 사이에서 태어난 영민하고 준수한 아들이 바로 부소扶蘇이다.

제나라 도성 임치의 번영에 대해서는 수많은 사람들이 말한 바 있다. 그곳에는 천하에서 가장 많은 부상富商, 가장 긴 상가, 가장 큰 축구장, 그리고 천하에 명성이 자자한 직하학궁稷下學宮, 매력적인 소악韶樂 연주, 기예와 몸을 파는 가희들이 있었다. 이전에는 이것들 모두가 소문으로만 들었던 것들이었다. 동쪽으로 장사하러 가는 사람과 사신으로 나가는 관리를 제외한 대다수의 장안 사람에게는 이것들 모두가 말로만 전해 듣던 단계에 머물러 있었던 것이다. 우연히 장안과 함양에 온 제나라 사람들은 이런 기이한 이야기를 더욱 심화시켰다. 이곳에 온 사람들 중에 가장 많은 부류는 비단상인과 소금상인이었고 그다음이 바로 유학 온 각 부류의 인사들, 특히 신비로운 방사들이었다.

임치에서 동쪽으로 300리를 가면 동이 내나라의 경계로 들어서게 되는데, 이곳이야말로 제나라 배후에 숨겨진 신비의 땅이었다. 끝없이 넓은 비옥한 땅이 바다와 이어져 있고 바다는 또 아득한 곳과 이어져 있었으며, 가장 괴이하고 이해하기 어려운 일들이 이 일대에서는 자주 발생했다. 그 가운데 헤아릴 수 없을 정도로 많은 이야기는 물론 신선 이야기였다. 그것은 바닷가에 사는 사람이 다른 기이한 세계와 왕래한 기록으로, 사람과 신의 분계선이 바로 이곳이었다. 진나라는, 위하의 대평원에 비옥한 농지가 펼쳐져 있었지만 바다와 비교하면 아무것도 아니었다. 까마득한 바다, 그 가운데 아물거리는 섬, 끝없이 펼쳐진 자욱한 안개, 그곳의 모든 것은 미지수였다. 도달할 수 없는 그곳에 관한 모든 것에 대해서는 방사들이 하는 이야기를 듣는 수밖에 없었다. 진시황은 만년에 접어들수록, 제나라가 비록 무력으로 정복되긴 했지만 그 안에 있는 진정한 비밀은 전혀 열리지 않았음을 점점 더 깨닫게 되었다. 그곳에는 더 정복해야 할 수많은 것들이 아직 그를 기다리고 있었다.

그런 까닭에 진시황 만년에, 동쪽을 향한 여정이 펼쳐졌다. 그 당시의 수레로 서쪽에서 동쪽으로 가는 데 드는 시간과 정력은 오늘날로서는 정말 상상할 수 없을 정도였다. 대체 어느 정도의 고집스런 마음과 거대한 끌림이 있었기에 연로한 제왕이 이 무시무시한 여정을 감행했는지는 후대 사람들의 추측으로 남아 있을 뿐이다. 이렇게 그는 여정에 올랐다. 그것도 연속으로 세 차례나. 만약 최후에 사구에서의 죽음이 그를 막지만 않았더라면, 그는 이 여정을 얼마나 더 되풀이했을까? 어느 누구도 예측할 수 없다.

진시황은 죽었다. 그의 시신은 함양으로 옮겨져 위하의 대평원에 묻혔다. 오늘날까지도 그의 거대한 능은 완전히 발굴되지 않았기 때문에

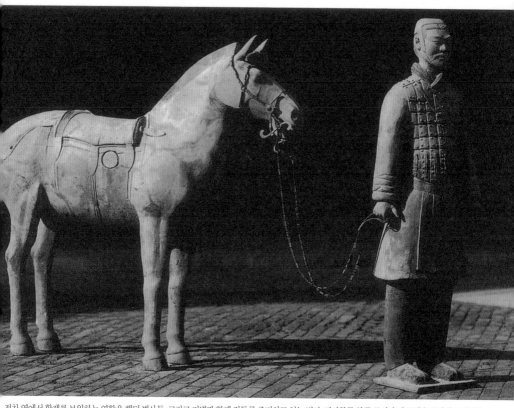
전차 옆에서 황제를 보위하는 역할을 했던 병사들, 그리고 기병과 함께 전투를 준비하고 있는 병사. 진시황릉 한쪽 구석만 발굴했을 뿐인데도 깜짝 놀랄 만한 규모의 병마용이 발견되었다.

오늘날의 사람들 역시 그것의 거대한 규모를 알지 못한다. 진시황 최후의 지하궁전이 어떻게 생겼는지 모르는 것이다. 단지 아주 작은 한구석만 발굴했을 뿐인데, 사람들을 깜짝 놀라게 만든 엄청난 규모의 병마용兵馬俑이 발견되었다. 이 도용陶俑들은 투구와 갑옷을 걸치고 있으며 얼굴빛은 엄숙하고 경건하다. 이들은 위엄 있게 아득히 먼 방향을 바라보고 있다.

그것은 바로 동쪽, 즉 제나라 방향, 망망대해가 있는 방향이다.

제2장

옛 등주
평온의 힘
익살꾼들
휘돌아다니다
많은 여우들
큰 새 한 마리
바닷가의 다섯 친
동래와 서래

옛 등주

진시황이 한결같이 찾고자 했던 삼신산은 방장方丈 · 영주瀛州 · 봉래蓬萊
이다. 후세 사람들은 '봉래'만 가지고 선경仙境을 가리키는 대명사로 사
용한다. 옛 등주登州의 치소治所가 있던 곳을 '봉래'라고 했는데, 이는 후
에 봉래현이 되었다가 다시 봉래시가 되었다. 봉래와 '금황현金黃縣'은 이
웃하고 있었고, 등주의 치소는 봉래현과 금황현 접경지대에 있었다. 사
실 이 두 현은 오랜 기간 하나로 합쳐져 있었고 지형도 서로 비슷하며 민
간 풍속과 말의 억양까지도 같다. '금金'이라는 글자가 토지의 풍요로움
을 잘 말해주는데, 이곳은 바다 가까이에 있어 그 이점을 충분히 누렸으
며 토지가 비옥하고 물산이 풍부했다. 옛날 여기서 황금이 나지는 않았
고 인근의 초원시招遠市에서 많은 황금이 나왔다. 초원시는 지금까지도
중국 제일의 황금 생산지이다. 역사적으로 보자면, 등주에는 특별히 큰
자연재해도 없었고 그런대로 살아가기 무난한 편이었다. 선기仙氣가 감

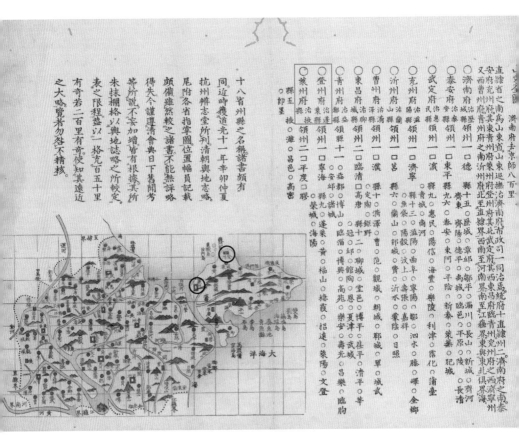

十八省州縣之名稱諸書頗有
同治時穫道光十一年辛卯仲夏
杭州辨志堂所刊清朝輿地略。
尾附各省指掌圖位置幅員記載
頗備雖然較之諸書不能無詳略
得失今謹遵清會典下舊聞考
等所說不妄加增皆有根據其所
朱抹欄格以與地誌略之所較定。
表之限程盖以一格克百五十里
有奇若二百里有奇使知其遠近
之大略覽者勿咎不精核。

濟南府去京師八百里
直隸之南為山東巡撫治濟南布政司一統府十直隸州二濟南府之南為泰安府其東武定府臨青州府登州府之南沂州府其北西與河南界南與江蘇界西北武定府臨海又曹州府之南青州府之北俱海州

○武定府　治惠民　領州一濱　縣九
惠民　青城　陽信　海豐　利津　霑化　蒲臺　濱城

○濟南府　治歷城　領州一德　縣十五
歷城　章邱　鄒平　淄川　長山　新城　齊河　齊東　濟陽　禹城　臨邑　長清　陵縣　德平　平原

○泰安府　治泰安　領州一東平　縣六
泰安　萊蕪　新泰　肥城　東阿　平陰

○青州府　治益都　領州一莒　縣十一
益都　博山　臨淄　博興　高苑　樂安　壽光　昌樂　臨朐　安邱　諸城

○兗州府　治滋陽　領州一濟寧　縣十
滋陽　曲阜　寧陽　鄒　泗水　滕　嶧　汶上　陽穀　壽張

○沂州府　治蘭山　領州一莒　縣六
蘭山　郯城　費　蒙陰　沂水　日照

○曹州府　治菏澤　領州一濮　縣十
菏澤　單　城武　曹　定陶　鉅野　鄆城　觀城　朝城　范

○東昌府　治聊城　領州一高唐　縣十
聊城　堂邑　博平　茌平　清平　莘　冠　館陶　恩　夏津　武城

○萊州府　縣五
○兗州府
○青州府
　接　○濰　○昌邑　○高密
卽墨

산동전도.
오른쪽 위 표시된 부분에 등주와 내주가 보인다. 지도에 동그랗게 표시한 곳 중 위가 등주이고 아래가 내주이다.

도는 바다가 바로 옆에 있기 때문에 유명한 신기루 현상도 이 일대에서 종종 발생했다. 그리고 마침내 1980년대 중반에, 이곳에서 발생한 신기루가 한 방송국 기자에 의해 촬영되었다. 이로써 신선의 흔적은 더 이상 입으로 전해지는 것에만 머물지 않고 영원한 자취를 남기게 되었다.

어떤 사람은 이곳이 바다에 있는 삼신산과 가장 가까워 신선을 찾으러 떠나기에 편리했기 때문에 '봉래'라는 이름을 얻게 되었을 것이라고 추측한다. 전설에 나오는 팔선八仙도 처음에 바로 여기서 바다를 건넜다. 그때 그들이 머물며 쉬었던 곳이 오늘날 그 유명한 봉래각이라는 누각이다. 누각에 서면 그 앞이 바로 바다이다. 바다의 빛은 짧은 시간 안에도 끊임없이 변화한다. 푸른 파도가 만리를 넘실대며 저 멀리 있는 섬까지 또렷이 보일 때면, 섬들이 비단 띠처럼 가물가물 이어져 마치 바다에 흩어져 있는 마을 같다. 가장 가깝고 큰 섬은 장도長島인데, 바닷가 사람들이 가장 먼저 실지탐사를 했던 곳이기도 하다. 사람들이 장도로 이주해 살기 시작한 지 수백 년이 지난 오늘날, 이 커다란 섬은 번창한 도시로 변했다. 장도 사람들의 억양은 등주 사람들과 완전히 똑같고 풍속도 같다. 최초로 이주했던 사람들은 그 당시에 분명 신선을 찾고자 하는 꿈을 꾸었을 것이다. 정착한 이후로는 점차 현실 속으로 돌아갔을 테지만 말이다.

등주 일대는, 제나라가 내萊나라를 멸망시키기 이전에 내나라의 심장이라고 할 만큼 중요한 지역이었다. 만약 고고학자들이 말하는 귀성歸城의 옛 성터가 정말로 내나라가 동천한 이후의 도성이었다면, 옛 등주의 전신은 일국의 도읍과 지척의 거리에 있었던 셈이다. 중국 최초의 제철

「팔선도八仙圖」, 전 맹영광孟永光, 청, 비단에 수묵, 각 43.5×25.8㎝.

여기엔 네 명만 실었지만, 총 네 폭에 여덟 명의 신선이 그려졌다. 팔선은 도교에서 숭배되는 8명의 신선으로 자신의 육신을 잃어버려 쇠지팡이에 호리병을 차고 거지의 몸을 빌렸다는 이철괴李鐵拐, 죽은 자를 살리는 부채를 들고 있는 종리권鍾離權, 불로장생의 비법을 가진 장과로張果老, 세상의 악을 무찌르는 여동빈呂洞賓, 복숭아를 먹고 선녀가 되었다는 하선고何仙姑, 술 마신 뒤 학을 타고 하늘로 올라간 남채화藍菜和, 퉁소를 잘 부는 한상자韓湘子, 도는 하늘이요 하늘은 바로 자기 자신이라고 한 조국구曹國舅를 가리킨다.

봉래각, 산동성 연대. ⓡ
제나라의 번영을 떠받치고 있던 곳이 바로 바다에 접한 귀퉁이에 있는 옛 등주 지역이었다. 오늘날 봉래라 부르는 옛 등주 지역은 방사들의 근거지이 자 도가의 명승지이기도 했다. 전설에 나오는 여덟 신선도 바로 이곳 봉래 일대에서 바다를 건너 삼신산을 향해 갔다고 한다. 그때 그들이 머물며 쉬었 던 곳이 오늘날 그 유명한 봉래각이다.

술, 비단 방직, 논벼의 재배가 바로 이곳에서 시작되었다. 바다에 접한 귀퉁이에 있는 이 작은 곳이 뜻밖에도 중국 농공업 현대화의 요람이었다니, 정말로 불가사의하다. 만약 그 당시 제나라가 이곳을 자신의 판도에 넣지 않았다면 세상을 놀라게 할 정도로 번영하지는 못했을 것이다. 굳이 비유를 들자면, 그 당시 다른 지역 사람들이 임치성臨淄城에 들어가는 것은 마치 오늘날 제3세계 사람이 맨해튼에 가는 것과 같았다고 할 수 있다. 이처럼 엄청난 제나라의 번영을 떠받치고 있던 곳이 바로 옛 등주 지역이었다.

등주는 확실히 인간과 신이 합류하는 곳이었다. 기괴한 전설과 자취가 많고 신선술과 불로장생을 이야기하는 사람도 많았기 때문에, 등주는 방사들의 근거지 및 도가의 명승지가 되었다. 물론 황당무계한 말이긴 하지만, 많은 신선들이 아직도 이곳 민간에 섞여 산다고 말하는 사람마저 있다. 전설에 등장하는 불로장생의 인물은 성도 있고 이름도 있으며 관적이 분명하다. 또한 누군가 그를 본 적이 있다느니, 지금 뭘 하며 먹고산다느니 등등의 이야기도 있다. 전설에서 이런 사람들은 모두 우연히 불로장생의 음식을 먹고 이 세상에 영원히 머물게 되었다고 한다. 그런데 이런 결과가 그들에게 즐거운 것은 결코 아니었다. 인생은 쉽지 않고 오래 사는 것 역시 나름의 번뇌가 있기 때문이다. 이곳은 풍요로운 지역으로, 역사상 천하에 내로라하는 대부호들을 배출했다. 따라서 세월과 더불어 누적된 진귀한 보물이 세상에 모습을 드러내기도 한다. 지금까지도 이곳 민간에서 소장하고 있는 이름난 서화와 보석류는 그 명성이 멀리까지 자자하다. 그래서 이곳은 사방의 골동품 수집가들이 가장

「방거도권紡車圖卷」, 작자미상, 비단에 채색, 26.1×69.2㎝, 북경 고궁박물원.
등주는 비단 방직이 시작된 곳이었다. 그 외 논벼 재배나 제철술도 바로 이곳에서 발원했다.

많이 찾아오는 곳이기도 하다. 내나라에서 가장 좋은 보검이라고 전해
지던 것이 몇 년 전 이곳에 모습을 드러낸 적이 있는데, 아쉽게도 나타
났다가 금방 사라지고 말았다.

　옛 등주에 관한 극작품은 한둘이 아니지만 보고 듣기에 가장 좋은 것
은 정파程派의 명극 〈쇄린낭鎖麟囊〉이다. 이 극은 청옌추程硯秋의 부탁으
로 웡어우훙翁偶虹이 민간에 전해지던 실제 이야기에 근거하여 개편한
작품인데, 그 이전에도 이 이야기를 다룬 사람이 있었다. 극의 내용은
이렇다. 옛 등주에 설薛씨 성의 부호가 살았는데, 그의 딸이 시집가던 길
에 큰비를 만나게 되었다. 그녀는 춘추정春秋亭이라는 정자에서 비를 피
하다가, 역시 시집가던 길의 어떤 여인을 알게 되었다. 너무도 가난한 이
여인이 가엾게 울자 부호의 딸은 보물이 가득 든 쌈지주머니를 냉큼 그
녀에게 내주었다. 선물을 받은 가난한 여인은 내주로 시집갔는데, 내주
는 등주의 서쪽으로 이웃하고 있던 곳이다. 몇 년 후 등주에 홍수가 나
는 바람에 부호 설씨는 집과 가족을 모두 잃고 말았다. 그가 그토록 애
지중지하던 딸 설상령薛湘靈도 구걸하며 떠돌다가 내주로 오게 되었다.
다행히도 그녀는 그곳에서 노盧씨 성의 부호에게 도움을 받게 되었다. 그
런데 뜻밖에도 이 부호의 아내가 바로 춘추정에서 그녀로부터 큰 선물
을 받았던 여인이었다. 이렇게 해서 두 여인은 금란지교를 맺게 되었다고
한다.

　만약 설상령의 선물이 없었더라면 내주의 노씨도 번성할 수 없었을 것
이다. 그것은 일반적인 증여가 아니라 사람들이 믿을 수 없을 정도로 엄
청난 것이었다. 설상령이 가난한 여인에게 내준 주머니는 찬란히 빛나는

보물로 가득했다. 야명주, 자색을 띤 황금비녀, 순금 목걸이, 보석 비녀와 팔찌 등 백만금에 달하는 그 값어치는 그것을 받은 사람이 반평생 걱정 없이 먹고살기에 충분했다. 이 이야기는 결코 평범하지 않지만 옛 등주에서 있었던 일이기에 믿지 않을 수 없다. 이곳은 그야말로 부호가 나올 만한, 그리고 통 큰 행동을 가능하게 만드는 토양을 갖추고 있었다. 설씨 성의 부호가 애지중지했던 딸은 마음에서 연민이 생기자 백만금의 보물을 선뜻 내주었던 것이다. 이로써 그녀의 호탕함과 큰 배포를 알 수 있다. 그것을 받은 사람은 놀라 당황했지만, 준 사람은 오히려 마치 아무 일도 없었다는 듯이 태연했다. 이 이야기는 그토록 많은 사람들의 호기심을 불러일으켰으며 대대로 사람들은 무릎을 치면서 탄복하고 칭찬했다. 이는 이야기 자체의 매력과 더불어 정파 예술의 아름다움 때문이다.

옛 등주를 배경으로 한 대표적인 공연예술로서, 〈쇄린낭〉에는 지방문화의 운치가 은근히 담겨 있으며 그 뿌리 역시 깊고 의미심장하다. 이에 대해 곰곰이 음미할 필요가 있다. 여기에는 동쪽의 물의 기운, 신선의 기운, 옛 등주의 화려하고 부유한 기운이 들어 있다. 바로 이런 기질 덕분에 제나라가 가장 강성했던 시기에 임치성이 주도적인 지위를 차지할 수 있었던 것이다. 하지만 제나라의 쇠락과 더불어 이러한 기질도 점차 방종하고 사치스럽고 황음무도한 부패한 기운으로 변질되어버렸다. 요컨대 어떤 예술이든 그 근원은 복잡하고 유구하기 마련이다. 강줄기에 비유하자면, 우리는 단지 그 하류의 큰물만 볼 뿐 저 먼 곳에 있는 산자락 속으로 단숨에 거슬러 올라가지는 못한다. 그런데 저 먼 곳이야말로 강의 발원지이다.

평온의 힘

전설에 따르면, 여덟 명의 신선이 깨달음을 얻어 득도한 뒤에 봉래 일대에서 구름을 타고 바다를 건너 삼신산을 향해 표연히 가버렸다고 한다. 이 이야기는 사실 제나라 사람들의 최고의 삶의 이상, 즉 하루빨리 신선이 되고자 하는 데에서 기원한 것이다. 수련과 명상, 그리고 단약에 몰두함으로써 마침내 성공하여 속세를 벗어나 신선들의 세계로 옮겨가는 것, 이것이 바로 많은 이들이 꿈에도 그리던 일이었다. 이는 서복徐福이 진시황에게 유세遊說할 때 제시했던 견해와도 일치하는 것이었다. 서복은 생각 속에서 그리고 현실 속에서도 몇 차례 시도하다가 최후에는 정말로 거대한 선단을 이끌고서 망망대해로 나가 다시는 돌아오지 않았다.

교동에서 바다에 이르는 많은 지역들에서는, 은자들이 고요히 수련하는 곳들을 오늘날에도 찾아볼 수 있다. 그곳은 이름난 도관과 사찰인 경우도 있고, 깊은 산 외진 곳이거나 동굴인 경우도 있다. 이 지역들에는 내나라 옛 지역의 유풍이 지금까지도 전해지고 있다. 민간에 보존된 각종각양의 수양법, 수신과 양생에 관하여 은밀히 전해진 각종 비방, 온갖 형태의 약들을 좋아하는 사람들이 오늘날에도 여전히 많다. 이런 전통은, 농사일을 하면서 의료업무까지 병행하던 1970년대 농촌의 적각의생赤脚醫生 제도와 결합되기도 했다. 당시에는 침 하나와 한 줌 약초의 단출함을 어디서나 볼 수 있었으며, 이는 심오하고 기묘한 수련법과 더불어 사용되었다. 때로는 박수와 무당 역시 적각의생이었고, 농촌에서는 태극권 수련자와 무술인을 어디서나 만날 수 있었다. 시장에서 채소 파는 보잘것없이 생긴 늙은 농부가 절묘한 기술을 지닌 경우도 있었다. 그는 어느 순간 갑자기 일어나 순간의 적막이 흐른 뒤에 사람들 앞에서 팔을 높이 쳐들어 돌을 쪼갤 수도 있었다.

내나라 땅에는 일찍이 민간의 선방禪房이 널리 퍼져 있었다. 물론 그곳들은 이름을 숨기고 있었으며, 평온의 수행을 실천할 수 있는 곳으로 믿어졌다. 많은 사람들이 알고 있듯이, 평온해야만 내재적 역량이 조금씩 쌓이고 불어날 수 있다. 마치 모래구덩이에 물이 차오르듯 천천히 소리 없이 가득 차는 것이다. 어떤 사람은 하루의 분주함이 지난 한가한 틈에, 구들바닥에 가부좌를 틀고 앉아서 두 눈을 가늘게 뜨고 두 손을 무릎 위에 가볍게 올린 채 천천히 길게 호흡한다. 이런 모습은 흔한 것이었고, 이는 지금까지도 그곳 사람들에게는 피곤을 푸는 방법이자 익숙한 모습이다. 내나라 사람들은 이천여 년 전에 동쪽 바다로 많이 이주했다. 그래서 일본과 한국 등지에는 책상다리를 하고 앉는 사람들이 교동처럼

竹篆蒲團淨

以水單提直指任騰

趣香細澄觀空法一

穗縷消一穗升

「노향관공법도爐香觀空法圖」, 김홍도, 18세기, 종이에 담채, 21.5×27.2㎝, 선문대박물관.
한 승려가 가부좌를 틀고 조용히 명상을 즐기고 있다. 한켠에 한 줄기 향이 피어오르는 것이 눈에 띈다. 내나라에는 이런 방법으로 평온의 수행을 하는 이들이 많았고, 이것은 동양에서 널리 수행했던 방법이기도 하다.

많이 있으며 여러 가지 풍속과 기질도 교동 지역과 매우 비슷하다.

평온의 방식, 그리고 역량을 진작시키는 평온의 기능은 제나라 동쪽 방사들이 발견하고 전파한 것이다. 이러한 방식은 후에 불교의 선禪과 융합되어 양자가 완벽하게 접목되었다. 평온은 일종의 문화로서, 사람들의 일상생활과 행위 방식 및 각종 예술에 매우 큰 영향을 미쳤다. 평온할 수 있는 사람은 일반적으로 대단한 역량을 갖춘 사람, 적어도 모종의 큰 에너지가 잠재된 사람으로 볼 수 있다. 이런 사람들은 신체 능력이나 사상 면에서 일반인을 뛰어넘는다.

옛날 사람들의 다도, 바둑, 거문고 연주는 모두 평온이라는 과제를 근본으로 삼아 의미심장한 명상의 의미를 표현해냈다. 자연스러움이 몸에 밴 노인을 만나게 된다면, 그가 차의 맛을 음미하고 바둑을 두는 모습을 보라. 혹은 그가 연주하는 거문고 소리를 들어보라. 밖으로 드러나는 꾸밈이란 없고, 막힌 데 없이 편안한 느낌을 주며 매우 평온하다는 것을 발견하게 될 것이다. 이러한 생활 태도는 매우 우아하면서도 소박하고 조금의 가식도 없다. 무술 역시 이러하다. 예리한 몸동작은 모두 호흡과 배합되어, 침착한 호흡 사이에서 리듬감 있게 전개된다. 이러한 동動과 정靜의 결합에서 조금이라도 흐트러짐이 생긴다면 완전히 망가지고 만다.

대시인 두보杜甫의 명작, 「공손대낭의 제자가 추는 검무를 보고觀公孫大娘弟子舞劍器行」는 명인의 제자가 추는 검무를 보고 쓴 시이다. 춤의 대가 공손대낭은 당나라 현종玄宗 때의 궁정 예인으로, 검무에 가장 뛰어난 인물이었다. 검무를 출 때에는 군복을 제대로 갖춰 입어야 했다. 공손대

「옥천자다도축玉川煮茶圖軸」, 정운붕丁雲鵬, 명, 종이에 채색, 138×64㎝, 북경고궁박물원.
다도는 마음을 평온하게 다스려줘 옛사람들은 차를 몸과 마음을 다스리는 하나의 중요한 수단으로 삼았다. 그림은 한 문인이 은거하며 차를 즐기는 모습이다.

낭의 춤추는 기교가 너무도 절묘하여 사람들은 감탄해 마지않았다. 두보가 말하길, 당시 초서草書의 대가 장욱張旭은 공손대낭의 검무를 본 뒤 갑자기 깨달음을 얻어 서법에 큰 진전이 있었다고 한다. "옛날 공손씨라고 하는 아름다운 여인이 있었는데, 그녀가 검무를 추기만 하면 사방을 뒤흔들었지. 산처럼 모여든 구경꾼들이 놀라 얼굴빛이 변하고 천지는 그로 인해 오래도록 들썩거렸다네." 대시인의 글보다 더 절묘한 언어는 없을 것이다. 무한한 상상의 여지를 남기는 이 구절에서 묘사하고 있는 장면은, 독자마다 제각기 무궁한 상상의 나래를 펼치도록 한다. 문장에 과장이 있긴 하지만 이렇게 묘사했기에 조금이라도 실감할 수 있는 것이다. 결국엔 그래도 소박한 표현이다. 두보는 그녀의 빛나는 보검이 마치 영웅 후예后羿가 아홉 개의 해를 쏘아 떨어뜨리는 것 같고, 힘찬 자태는 마치 비룡을 몰아 하늘에서 빙빙 돌며 나는 것 같다고 했다. 또 "춤추기 시작할 땐 번개가 쏟아지듯, 멈출 땐 강과 바다의 물빛이 응집되듯" 한다고 했다. 극도의 격렬함과 거침에서 일순간 물이 멈추는 고요함에 이르기까지, 그 리듬 및 동과 정은 얼마나 대단한가! 이 과정에는 분명 춤추는 이의 호흡까지 어우러져 있으며, 시인은 그녀의 비범한 실력과 침착한 마음을 표현했다.

평온의 대척점에는 조급함이 있다. 조급함은 쫓아가고자 하는 욕망에서 비롯된다. 평온은 생명의 힘이자 생명의 예술이다. 이러한 문화 토양에서 자라난 완미함은 뼛속 깊은 곳까지 평온하다. 경극京劇을 예로 들자면, 징과 북 소리가 천지를 뒤흔들지만 사람들에게 주는 전체적인 느낌은 역시 평온이다. 극에 나오는 이의 자태, 운율, 대사, 음악은 모두

「화산의 다섯 신선이 바둑을 두다華山五老圖」, 진홍수, 명, 비단에 채색.
옛사람들은 바둑을 마음을 수양하는 하나의 방법으로 삼았다. 바둑은 또한 허허롭고 아득한 천상에서 신선들이 즐
겨하던 놀이이기도 했다.

고요히 멀리 초탈한 느낌을 안겨준다. 중국의 옛 시와 아름다운 문장도 모두 그렇다. 무대 위 극 대본의 대사와 노래이든, 책상과 머리맡에서 읽는 글이든 간에, 거기에는 혹은 여린 혹은 또렷한 숨고르기가 내재되어 있다. 이러한 숨고르기는 호흡을 위해 준비된 것으로, 예술 창조자의 침잠沈潛의 흔적이다. 바로 이때 평온은 어느 곳에나 존재하는 것이 된다. 무대 위 인물의 동작 하나하나, 가사와 음악, 그리고 문자들 사이에서도 평온이 흘러나오게 된다.

서양의 예술은 딱히 어떻다고 말하기 어렵지만 동양의 예술은 확실히 그렇다. 희극과 시문뿐 아니라 회화와 서예 역시 전체적인 경향은 '정'이다. 그 중에서도 최상급이라면, 평온의 풍격을 지니지 않은 것이 없다. 왁자지껄한 것은 좀더 통속적인 예술인 경우가 많지만, 웃기고 농담하는 기예라 할지라도 극치에 도달하면 사람들에게 평온함을 준다.

옛사람들이 큰일을 도모하려 할 때에는, 먼저 목욕을 하고 옷을 갈아입은 뒤 향을 피우고 재계하는 의식을 가졌다. 이것은 상대적으로 현실 속에서 벗어난 공간에 자신을 위치지음으로써 세속의 근심으로부터 벗어나 침잠을 구하고자 하는 것, 즉 평온하기 위함이었다. 이렇게 해야만 역량을 얻을 수가 있기 때문이다. 피상적인 역량이 아닌 일종의 내재적 역량 말이다. 이러한 역량이 있다면, 어떤 곳에 있든 어디에도 기대지 않고 굳건할 수 있다. 또한 이동하거나 떠나갈 때에도 한 걸음 한 걸음 착실히 내딛을 수 있다. 알 듯 모를 듯한 선성禪性이 많은 사람의 일상생활을 이렇게 꿰뚫고 있는 것이다. 그것은 내나라 사람들의 풍속이 되어 널리 전해졌고, 오늘날까지도 교동 지역에서는 이러한 것을 볼 수 있다.

익살꾼들

고대에는 익살스러운 인물들이 많았다. 그들이 너무 재미있었기 때문에 그와 관련된 기록도 많다. 그 가운데 가장 유명한 이는 아마도 순우곤淳于髡과 동방삭東方朔을 꼽을 수 있을 것이다. 그들은 모두 제나라 사람이었다. 순우곤은 동래東萊 사람이고, 동방삭은 제나라 서북쪽 연해 지역 사람이다. 바닷바람이 넓은 옷소매를 스치는 곳에 살았던 그들은 행동이 건들건들했고 그다지 단정하지 않았다. 그들은 진지한 말은 별로 하지 않았으며 어떤 문제에 대해 이야기할 때면 곧잘 비유를 들었다. 들어보면 그다지 엄밀한 논리도 없고 걸핏하면 "내가 듣자 하니" 이러이러하다는 식이었다. 이런 식의 말은 정말 근거가 있어야 하는 것이 아니라서 더 자유로이 자신의 의견을 표현할 수 있었다. 또한 굳이 구체적으로 증명해야 할 책임이 있는 것도 아니기 때문에 말하거나 일할 때 여러모로 편리했다. 그들이 하는 말은 제멋대로 지껄이는 것처럼 들렸으며 심지어는 경박하여 우스꽝스럽게 보이기도 했다. 하지만 그들의 말은 강력한 내재적 논리를 갖추고 있었다.

　권세를 지닌 왕 같은 인물을 상대로 이들이 자신의 포부를 펼치고 영향력을 행사하기 위해서는 확실한 설득력을 갖추어야만 했다. 상대방을 설득시키는 방법에 있어서, 이들은 노魯나라의 공자나 그의 제자들과는 매우 달랐다. 공자 역시 유머가 많은 사람이었을 것이다. 똑똑한 이라면, 내면의 세계 역시 매우 풍부하기 마련이므로 분명 아주 재미있고 따분하지 않을 것이기 때문이다. 하지만 공자는 어쨌든 예법을 매우 중시했던 사람으로, 많은 상황에서 사당의 규범을 준수해야 했다. 공자와 관련된 유명한 말이 있는데, "공자께서는 괴력난신怪力亂神에 대해 말하지 않으셨다"라고 한다. 공자가 지나치게 엄숙한 사람은 결코 아니었지만 기록상으로 볼 때 그는 왕 앞에서 철저히 예의를 차렸다. 언행에 절도가 있었던 공자였기에 세상을 깜짝 놀라게 할 정도로 특이한 말은 남기지 않았다. 또한 그에게는 우스꽝스러운 익살기 같은 것도 없었다.

　그러나 제나라의 순우곤과 동방삭 같은 이들은 이인夷人의 야성을 지니고 있었다. 그들은, "바닷가에서 온 손님이 영주瀛洲에 대해 이야기하길, 안개 자욱하여 그곳 찾기는 정말 어렵다고 하네"라는 시구처럼 바다의 향취를 지니고 있었다. 순우곤은 걸핏하면 비유를 들었으며 말할 때면 늘 농담을 했다. 그래서 그는 후세에 골계의 대가로 알려졌다. 사실 그는 가장 생동적인 언어 방식을 통해 다른 이를 설복하고 사리를 밝혔다. 그의 언어 기교는 남보다 뛰어났으며 때로는 무미건조한 설교보다 훨씬 더 효력이 있었다. 순우곤은 제나라의 정무를 주관하고 있던 재상

克
復
侍
顔

顔
淵
問
於
子
曰
克
己

復
禮
為
仁
一
日
克
己

復
禮
天
下
歸
仁
焉
為

仁
由
己
而
由
人
乎
哉

顔
淵
曰
請
問
其
目
子

「극기복례의 도리를 안회에게 전하다克復侍顏」, 작자미상, 1742년, 종이에 담채, 33×54㎝, 국립중앙박물관.

옛사람에게 빈곤함은 결코 예를 벗어나는 경망스러움의 핑계가 되지 못했다. 공자 역시 『논어』에서 안회에게 "자기를 이기고 예로 돌아오는 것이 인이다. 만일 사람이 하루라도 자기를 이기고 예로 돌아온다면 그 영향으로 온 세상 사람들이 다 인으로 돌아올 것이다"라고 하였다. 이러한 공자였건만, 그 역시 유머가 많은 사람이었을 것이다.

추기鄒忌에게 다음과 같이 매우 흥미로운 조언들을 한 적이 있다. "대추나무로 만든 굴대에 돼지기름을 바르는 것은 그것을 잘 돌아가게 하기 위한 것이지만, 만약 굴대 구멍이 네모나다면 돼지기름을 아무리 바른들 돌아가지 않는 법입니다." "여우가죽으로 만든 옷이 헤졌다고 하더라도 누런 개가죽으로 기울 수는 없겠지요?" 이처럼 순우곤은 식물과 동물의 비유를 통해 간언을 올렸고 사람을 쓰는 것에 관한 심오한 도리를 말함으로써 추기를 탄복하게 만들었다. 제나라가 위魏나라를 치려고 했을 때, 순우곤은 제나라 왕에게 이렇게 말했다. "제나라와 위나라 가운데 한 나라는 세상에서 가장 빨리 달리는 개이고, 다른 한 나라는 가장 교활한 토끼입니다. 그런데 개와 토끼가 산을 세 바퀴 돌고 다시 다섯 차례나 산을 오르락내리락하다가 결국엔 두 마리 모두 기진맥진하여 지쳐서 죽고 말았습니다. 바로 이때 한 농부가 다가오더니 개와 토끼를 자루에 담아갔습니다. 지금 옆에서 기다리고 있는 진나라와 초楚나라는 바로 이 농부입니다. 그들은 지금 죽은 개와 토끼를 담아가길 기다리는 중입니다." 순우곤의 이 비유를 들은 제나라 왕은 두려워졌다. 그리고 위나라를 치려던 계획을 즉시 중단했다.

동방삭 역시 왕과 대신들 앞에서 마치 희극 배우처럼 재치 있는 말들을 자주 쏟아내어 사람들을 포복절도하게 만들었다. 그는 순우곤처럼 행운아가 아니었다. 그는 단지 권력의 장식물에 불과했고 조정의 어떤 이는 그를 농신弄臣으로 여기기까지 했다. 이로 인해 그의 마음에는 커다란 비애가 생겨났다. 익살꾼들에게는 출세와 침몰이라는 두 가지 종류의 다른 결말이 있었다. 후세의 전설에 따르면, 뜻을 펼치지 못해 우울했던 동방삭은 여전히 익살스러웠고 마지막엔 아예 신선이 되어 아득한 곳으로 돌아갔다고 한다. 민간에서 그는 만담 예술의 비조가 되었는가 하면, 사방으로 구걸하러 다니는 거지들의 신이 되기도 했다.

제나라 방사들의 거침없는 언어 풍격은 오래도록 영향을 미치면서 문화와 정치 및 일상생활 속으로 파급되어 스며들었고, 모종의 지역적인 성격을 형성했다. 만약 서복에게 일반인을 뛰어넘는 상상력과 언변이 없었다면, 그가 어찌 그 큰 규모의 선단을 데리고 진시황의 눈앞에서 몰래 달아날 수 있었겠는가? 지금도 교동반도 지역에는 이런 말이 전해온다. "내주 사람의 꿍꿍이속, 황현 사람의 입, 봉래 사람의 다리." 내나라의 가장 대표적인 지역성인 '꿍꿍이속'은 영악함, '입'은 뛰어난 언변, '다리'는 분주한 발걸음을 가리킨다. 이 세 가지를 갖추고 있다면 아무리 큰 일이라도 성공시킬 수 있을 것이다. 영악함, 언변, 행동의 과감함과 용기라는 측면에서 보자면, 내이萊夷 지역 즉 제나라 동쪽 사람들은 확실히 보통 사람들보다 한 수 위였다. 이러한 특징은 놀랍게도 예로부터 지금까지 쭉 이어져 내려왔다.

교동 사람들처럼 말 잘하는 이를 묘사할 때, 죽은 사람도 말로 살려낼 수 있다고 표현한다. 분명 그렇다. 정서적으로 마음을 움직이고 이성적으로 이치를 설명하는 동시에 이로운 점을 끊임없이 말해대는, 장중하고도 해학적인 바닷가 유세객 앞에서 설득되지 않고 견딜 수 있는 사람은 정말로 드물었다. 기록에 따르면, 민국民國 시기 어떤 우스갯소리의 주인공이 바로 황현 사람이었다고 한다. 그 사람은 양梁씨였다. 그는 정권 고위층 인사를 찾아가 자신의 능력을 보여주고 싶어했다. 그가 왜 갑

「동방삭투도상東方朔偸桃像」, 당인唐寅, 명.

자기 그런 기이한 생각을 했는지는 알 수 없다. 볼품없는 용모에 왜소하고 구부정한 그는 글을 좀 아는 일개 농부에 불과했다. 이런 그가 뜻밖에도 엄청난 파란을 불러일으켰다고 한다. 그는 지방 관리를 통해 자신의 큰 뜻을 상부에 전달했다. 외세의 침략을 막아내는 데 자신의 엄청난 재산을 바치고 싶다는 것이었다. 뜻이 분명한 그의 말에 결국 모두가 감동했고, 마침내 그는 정말로 국민당 정부의 초청을 받아 수도로 가게 되었다. 부장부터 최고 집권자까지 직접 나서 그를 만나 대화를 나누며 정성껏 대접했다. 엄청난 재산을 바치겠다는 농부의 말은 결과적으로 농담이었을 뿐이다. 부유한 지역에서 오긴 했지만 정작 그 자신은 가난뱅이였다.

이 실화는 단지 익살극이 아니다. 그 안에는 깊이 생각할 거리가 함축되어 있다. 어떤 사람은 이 사건을 통해 당국의 어리석음을 비웃으면서, 가장 중요한 다음 두 가지 요소는 도리어 망각하거나 간과해버린다. 첫째, 옛 내나라 지역은 예로부터 평범하지 않은 곳으로서 익살꾼들을 자주 배출했다. 남다른 상상력과 언변을 지닌 이들을 보통 사람은 도저히 당해낼 수 없었다. 둘째, 옛 등주 지역에서는 부유하고 권세 있는 이들이 배출되었다. 그들 가운데에는 한 나라에 견줄 만한 부를 지닌 명문귀족도 결코 드물지 않았다. 바로 이 두 가지 요소가 있었기 때문에 그 노련한 관리와 정부 요인들이 이 황당한 연극에 처음부터 끝까지 놀아날 수 있었던 것이다.

제나라 사람 순우곤과 동방삭, 그리고 안영晏嬰은 모두 유머러스하고 똑똑한 데 있어서 대표적인 인물들이다. 나라를 다스리는 큰일 앞에서,

능력 있는 왕 앞에서, 그들은 상당히 익살맞은 비유를 통해 권유하는 방식을 사용했지만 그들 마음속에는 선비의 충성과 신의가 자리 잡고 있었다. 말을 하면 반드시 신용을 지키고 행동하면 반드시 결과를 이루어내는 태도와 품성이 자리 잡고 있었던 것이다. 하지만 폭군으로 인한 절망 앞에서, 그들의 행동은 종종 서복과 같은 방사들처럼 남을 능가하는 지혜로써 사기극을 연출하는 방식으로 표출되기도 했다. 그들은 먼저 탁월한 언변으로 상대의 마음을 움직인 뒤 대담한 행동으로 실행에 옮겼다. 수천 년 이래, 바다가 하늘과 접해 있고 신기루 현상이 자주 발생하는 이 제나라 동쪽의 기묘한 환경 속에서 뛰어난 재능을 지닌 많은 인재들이 배출되고 배양되었다. 그들의 발자취는 세상에 널리 퍼졌고, 그들의 자취가 남겨진 곳마다 재미있는 이야기들이 생겨났다.

휘돌아다니다

교동반도 동쪽의 원주민은 내이萊夷 사람으로 불린다. 이들의 내력에 대해서는 심혈을 기울여 추측해야 한다. 고고학자들의 견해에 따르면, 그중의 일부 내지 대부분은 아주 먼 옛날 바이칼호 이남에서 이 광대한 교동반도 지역으로 왔으며 용맹한 유목민족에 속한다. 그 당시 요동반도 이남의 노철산老鐵山 해협에는 아직 침몰 현상이 일어나지 않았다. 즉 옛 등주와 동북 지역 사이에는 커다란 수역水域이 존재하지 않았기 때문에 당시에는 육지로 서로가 통해 있었다. 그들은 남에서 북으로 혹은 북에서 남으로 자유롭게 돌아다녔다. 그리고 최종적으로 혹한지대에서 줄곧 남하하여 사계절이 분명하고 토지가 비옥한 교동반도 지역에 정착했다. 새로운 지리환경 속에서, 준마를 몰던 민족은 점차 마음을 다잡고서 뽕나무 심고 농사지으며 정밀농업의 초창자가 되었다. 같은 시기 다른 지역의 것들과 비교했을 때, 이곳에서 출토된 도기陶器가 세상에서 가장 정교하고 아름답다는 것이 고고발굴을 통해 계속해서 증명되었다. 그들은 이곳에서 내나라를 세웠다. 가장 흥성했던 시기의 내나라 영토는 매우 광활했다. 오늘날의 교동반도 동쪽을 포괄했을 뿐만 아니라 서쪽으로는 황하黃河에 이르고 남쪽으로는 태악泰岳에 이르렀다. 이는 후에 제나라가 가장 강성했을 때의 강역과 거의 맞아떨어진다.

융적戎狄이 동진하던 과정에서, 내나라에는 종종 예기치 않은 사건들이 발생했다. 잔혹한 전쟁을 여러 번 겪는 동안, 원래 연합 관계에 있던 부족들의 배반 행위까지 발생하면서 영토가 조금씩 줄어들었고 결국 교동반도 부분만 남게 되었다. 가장 위급하던 시기에 내나라의 최정예 인재들이 노철산 해협을 지나 북상했던 것은, 아마도 민족의 대이주를 위한 선발대로서의 사전 준비였을 것이다. 물론 이상의 추측은 후대 사람들이 고고자료에 근거한 것으로, 일반적인 상상에 비해 좀더 실증적인 것에 불과하다.

어찌됐든 간에 내나라 사람들은 안분지족하는 유형이 아니었다. 이점에서 내나라 사람들은 일반적인 농경민족과는 달랐다. 유목하던 야성이 그들의 혈관 속에 잠복되어 있다가 자극을 받으면 바로 뛰쳐나와서 그 옛날 휘돌아다니던 습관을 회복했다. 그래서 많은 세대가 흐른 뒤, 교동반도에서 출생한 사람들이 선조의 내력을 일찌감치 잊어버렸을 때조차도 핏줄의 힘은 여전히 작용하고 있었다. 이것은 마치 어떤 사람이 밤에 자주 같은 꿈을 꾸는데, 꿈결에서 깨어난 뒤에도 그것이 꿈이 아니었으면 하는 것은 물론 꿈속의 모든 것이 정말로 너무나 익숙하기 때문에 가본 적도 없는 꿈의 장소가 언젠가 정말로 갔던 곳인 듯한 느낌이 드

나라가 가장 흥했을 때의 내나라 영토는 광활했다. 특히 서쪽으로는 황하에까지 이르렀는데, 그곳은 중국 역사문화의 중심지이다. 황하는 총 길이가 5464킬로미터이고, 강 유역 면적만 7524만 킬로미터에 달한다. 이 도판은 비석에 새겨진 황하의 지도를 탁본으로 뜬 명대의 유물인데, 중국에서 현존하는 가장 오래된 황하 수리공정도이다.

는 것과 같다. 이런 상황은 아마도 핏줄의 작용, 핏줄의 기억 때문일 것이다.

내이 사람들의 준마는 훗날 많이 줄었고, 누구나 말을 탈 수 있었던 것은 결코 아니다. 그러나 멀리 떠나고 싶은 마음은 모두에게 있었다. 역사서를 펼쳐보면, 이곳의 많은 남녀가 사방팔방에 도달했음을 발견하게 될 것이다. 그들 중 일부는 비범한 행위로 인해 마침내 역사에 이름을 남기기도 했다. 진나라가 중국을 통일하자, 도성은 더 이상 임치가 아닌 저 멀리에 있는 함양이었다. 서쪽 성곽 함양은 바닷가 사람들에게 너무나 멀고도 낯설었지만, 그 옛날 임치를 휘돌아다녔던 것처럼 그들은 난관을 두려워하지 않고 냉큼 먼 길을 쭉 지나 함양에 이르렀다. 그들은 어린아이처럼 늘 호기심이 가득했다. 그들은 정치와 경제의 중심지를 직접 보고 싶어 했고, 과연 거기서 영향력을 행사할 수 있을지, 어떤 것들을 어느 정도 변화시킬 수 있을지 궁금해 했다.

그 결과, 제나라 방사들이 대거 서쪽으로 들어왔고 제나라 상인들이 함양의 길거리에 자주 나타났다. 이는 그 당시에 상대적으로 폐쇄적이었던 진나라에게 적지 않은 충격이었다. 역사서의 기록에 따르면, 그들 가운데 많은 이들이 진나라의 정치에 직접적으로 영향을 끼쳤다. 정권을 쥐고 있던 인물들과의 접촉이 잦았고, 심지어는 진시황과도 밀접한 관계를 맺었다. 이로써 한동안 그들의 말이 전폭적으로 수용되기도 했다. 내이 사람들은 휘돌아다니는 게 습성이었고 제멋대로 놀고자 하는 마음도 매우 강했다. 그런데 내이 사람들의 이런 기질은, 순수한 농경국가이자 엄격한 형법을 고수한 진나라 사람들의 기질과 충돌을 빚었다.

섬서성의 황토고원.
서쪽 진나라의 자연환경은 풍요로운 자연의 혜택을 누릴 수 있었던 동쪽 제나라와는 전혀 달랐다. 진나라가 위치하고 있던 곳은 황토고원이었다. 화려한 동쪽의 비단을 걸치고서 진나라 도성으로 들어온 방사들은 결국 분서갱유를 초래하게 된다. 이것은 동서의 문화적 대충돌이기도 했다. 연해와 내륙의 차이는 너무나 컸다. 부유하고 개방적인 곳에 살던 이들은 농업을 근본으로 하는 서쪽 사람들과 근본적인 소통이 불가능했다.

그러므로 후에 발생했던 분서갱유 사건 역시 정치적인 배경에서만 그 원인을 찾으면 안 된다. 거기에는 비록 미미하지만 직시해야 할 문제가 있다. 그것은 바로 바닷가 사람들과 서쪽 사람들 간의 기질의 충돌이다.

가만히 있고자 하지 않으며 호기심 많고 활달한 동시에 야심이 넘치는 것, 이것이 바로 제나라 동쪽 사람들의 특징이라고 할 수 있다. 이런 특징은 이후에 정말로 제나라 문화와 정치에 영향을 미쳤는데, 제나라의 정치관과 문화관은 죄다 내이 사람의 것이라고 말할 수 있을 정도이다. 제나라의 왕자부터 대신들에 이르기까지 모두가 그런 품성을 지니고 있었다. 그들의 넓은 옷소매가 펄럭이는 모습은 마치 바닷바람이 스쳐 지나가는 것 같았다. 그들은 높은 지위에 있을지라도 언행이 매우 가벼웠으며, 때로는 매우 충동적이었고 행동도 늘 과장되었다. 이웃에 있던 작은 노나라와 비교했을 때 제나라는 물기가 지나쳤다. 제나라는, 흙에 근본을 둔 노나라의 탄탄함과는 거리가 멀었다. 제나라는 그다지 진중하지 않았다고 할 수 있다. 제나라는 갈수록 놀이터처럼 되었으며, 법률과 기율과 예의가 엄정한 나라는 아니었다. 물론 이것은 훗날의 제나라에 해당하는 것이다. 즉 제나라 환공桓公과 위왕威王 이후, 민왕閔王에 이르렀을 때의 상황이다.

근대에 있었던 위대한 일로 동북삼성의 개발이 있다. 이는 길고도 험난하기 그지없는 과정이었으므로 간단하게 뭉뚱그려 말하기 어렵다. 하지만 부인할 수 없는 사실은, 시작에서나 마지막에서나 가장 많이 앞장서서 갔던 이들은 바로 제나라 동쪽, 즉 고대에 동래東萊라고 불리던 지역의 사람들이었다는 것이다. 좀더 구체적으로 말하자면, 그들은 바로 오늘날 교동반도 지역의 사람들이었다. 그들이 바다를 건너 처음으로 동북의 광활한 땅을 밟은 이후 이러한 행렬은 세대를 이어가며 지속되었고, 이 방대한 규모의 이민 활동은 꼬박 두 세기가 넘도록 이어졌다. 동북과 교동반도 지역의 관계를 탐색하는 데 있어서, 만약 우리가 이보다 더 이른 시기의 씨족의 핏줄과 문화에서 해답을 찾고자 한다면, 노철산 해협이 침몰하기 이전의 이야기들을 떠올리게 될 것이다. 교동반도 사람들보다도 동북을 더 잘 알고 더 그리워하는 이는 없을 것이라고 말할 수 있다. 그곳은 바로 그들 선조가 일찍이 반복하여 지나다녔던 드넓은 공간이다.

그들은 북쪽뿐 아니라 동쪽으로도 갔다. 동쪽의 끝없이 넓은 바다가 앞길을 막았지만 오히려 이 때문에 더 많은 상상을 불러일으켰다. 조선업이 발달한 이후 동래의 어업은 국내 제일이었다. 그런데 배로도 도달할 수 없는 먼 곳은 환상에 기댈 수밖에 없었다. 신기루란 단지 먼 곳의 모습이 투사된 것이라 하더라도, 그들은 더 먼 곳에 분명 신선의 땅이 있을 거라 생각했다. 후에 직하학궁稷下學宮에서 명성이 자자했던 추연鄒衍은 제나라의 귀족 집안 출신이다. 그의 가장 유명한 학설인 '대구주'설에서는, 음양오행을 토대로 한 자연학설의 이론 틀을 제시했다. 그런데 이 학설은 도가와 다른 점이 있었다. 추연이 보기에, 중국은 하나의 '소구주'로서 세계의 작은 부분일 뿐이었다. 중국은 단지 천하의 81분의 1을 차지하고 있다는 것이다. 추연이 이런 비율을 대체 어떻게 추산했는지는 논외로 하더라도, 그의 개방적인 우주관은 정말로 사람을 탄복하게 만든다. 그는 중국 밖에 구주가 있고, "큰 바다가 그 바깥을 둘러싸고 있다"라고 여겼다. 이 방대하고 낭만적인 생각을 누구나 다 인정했던 것은 결코 아니다. 역시 제나라 사람이었던 유협劉勰은 『문심조룡文心雕龍』에서, "추연의 학설은 구상이 거창하고 문장이 웅장하다"라고 평가했다. 여기서 "구상이 거창하고" "문장이 웅장하다"라고 한 것은 폄하의 의미이다. 하지만 사실대로 말하자면 이는 제나라 사람, 특히 내나라 사람의 어떤 특징을 언급한 것으로 볼 수도 있다.

지금도 일본과 한반도를 돌아다니다보면, 그 지역에서도 제나라 동쪽에서 온 사람들의 흔적을 발견할 수 있다. 사방을 휘돌아다니던 민족은 신기한 것들을 많이 발견했다. 그들은 이리저리 구경하고 돌아다니면서 끊임없이 새로운 기회를 찾았다. 그들은 주로 상업적인 기회, 그리고 비옥한 토지와 장엄하고 아름다운 산과 강을 찾아다녔다. 만약 정치에 종사할 기회가 주어져서 사회와 민중을 다스릴 수 있었다면, 그들은 서슴없이 재능을 나타냈을 것이다.

많은 여우들

포송령蒲松齡은 전형적인 제나라 사람이다. 그는 삶의 대부분의 시간을 임치에서 보냈다. 그의 출생지는 임치현 포가장蒲家莊이다. 이 마을 동쪽 끝 저지대에는 지금도 샘물이 있고, 샘물 옆에는 오래된 큰 버드나무 한 그루가 있다. 그래서 이곳을 유천柳泉이라고도 한다. 포송령이 전한 여우 이야기는, 그야말로 사람들의 입에 자주 오르내렸으며 전무후무하다고 할 수 있다. 그 이전에 이토록 뛰어난 여우 이야기는 없었으며 그 이후로도 다른 사람은 여우 이야기를 쓰지 않는 것이 최선이었으니, 더 이상 새로운 내용이 나올 것이 없었기 때문이다. '창작했다'고 하지 않고 '전했다'고 한 까닭은 『요재지이聊齋志異』의 기록의 강점을 강조하고 싶어서이다. 이 책은 민간 이야기를 총수집한 것으로, 주요 주제는 동물이다. 수집자 포송령의 개인적인 재능과 문학적인 소양에 대해서는 물론 의심할 필요가 없다. 기록의 정확함과 생동감, 문장의 멋과 군더더기 없

포송령, 산동성 치박淄博 포송령 기념관.

포송령이 『요재지이』에서 전한 여우 이야기는 전무후무하다고 할 정도로 뛰어나다. 포송령은 전형적인 제나라 사람으로, 제나라 동쪽 연해 일대에는 불가사의한 것들에 대해 이야기하는 것이 전통으로 이어져 내려왔다. 울창한 삼림, 끝없이 펼쳐진 넓은 황야, 망망한 바다를 배경으로 살아가던 이들은 대자연의 표정을 섬세히 살폈다. 오늘날까지도 여우 이야기가 가장 많은 곳이 바로 이곳 옛 등주 일대이다.

는 깔끔함은 이 책이 후세에 전해지며 불후의 작품으로 남을 수 있었던 중요한 조건들이다.

제나라 지역, 특히 동쪽 연해 일대에는 불가사의한 것들에 대해 이야기하는 사람들이 많았다. 그리고 이는 전통으로 이어져 내려왔다. 이러한 풍습은 몇몇 개인의 역량으로 이루어질 수 있는 것이 아니라 자연 지리환경에 의해 생겨나고 변천한 것이다. 이곳 곳곳에 있는 울창한 삼림에서는 동물들이 분주히 돌아다니고, 끝없이 펼쳐진 넓은 황야는 바다에 이어져 있다. 이렇게 다양하고 광활한 배경에서 생존하는 사람들은 곳곳에서 대자연의 표정을 살피게 된다. 새와 원숭이의 울음소리, 바닷바람의 울부짖음은 사람의 심금을 울린다. 불가사의한 사람과 일, 그저 미신이기만 한 것은 아닌 기이한 체험들이 이곳에서는 갈수록 더 많이 전해졌다.

여우가 꾀 많은 동물의 으뜸이라는 데에는 이론의 여지가 없다. 여우의 아리따움 역시 모두가 인정하는 바이다. 하지만 여우가 정말 사람의 모습으로 둔갑해서, 사람과 농담을 한다든가 심지어는 부부가 된다든가 하는 것처럼 세상 사람들의 생활에 깊숙이 관여할 수 있는지에 대해서는 현대인 대다수가 부정적인 태도를 지니고 있다. 그렇지만 민간에 깊숙이 들어가서 과거의 특정한 역사 시기를 이해한다면, 아마도 상황이 매우 달라질 것이다. 백분의 팔십에 해당하는 시골 노인들은, 여우가 분명 기이한 재능을 가지고 있어서 사람의 모습으로 둔갑할 수 있다고 지금까지도 여전히 믿고 있다. 여우가 마침내 인간과 결혼하여 자식까지 낳았다는 이야기는 아무래도 신중하게 대할 필요가 있겠다. 어쨌든 대체로는 여우가 사람의 말을 하고 사람과 어느 정도 왕래한다고 여기고 있음은 논쟁할 필요가 없는 문제이다.

이런 인식이 가능하기 위해서는, 과거의 시골로 즉 대자연이 풍성하고 왕성하던 시기로 돌아가야 한다. 후에 도시가 끊임없이 생겨나고 집들이 빼곡히 들어서면서, 늙은 여우가 생존할 기회가 사라졌음은 물론이고 평범한 여우조차 희귀해졌다. 동물 역시 인간과 마찬가지로, 평범하지 않은 여우는 '무리' 속에서 생겨난다. 만약 그 수량이 급격히 감소하면 근본적으로 '무리'가 형성될 수 없는데, 큰 능력을 지닌 개체가 어떻게 단독으로 나타날 수 있겠는가? 이는 당연한 이치이다. 어쨌든 제나라 동쪽 내이 지역에서는 여우에 관한 이야기가 꽤 여러 해 전까지만 해도 상당히 넘쳐났다. 게다가 그 이야기들 가운데 어떤 것들은 사실임을 증명할 수 있는 증거까지 있다. 즉 사건이 생겨난 시간과 지점 및 목격자의 성명까지 모두가 확실하다.

이러한 배경이 바로 포송령의 여우 이야기책이 생겨날 수 있었던 근원이다. 후대 사람들, 특히 문체학자들은 항상 포송령의 글에서 '폐단과 부패를 풍자한다'라는 정치적 의미를 분석해내고자 한다. 그런데 그들은 포송령이 한결같이 이야기에 흥미를 지니고 있다는 점은 완전히 간과하고 만다. 이것은 바람직하지 않다. 포송령은 일단 그 이야기들을 믿었다. 호기심과 애착심이 있었기에 그가 그 이야기들을 기록하여 전했던 것이다. 바로 이러한 믿음과 확신이 있었기 때문에 흥미진진하게 기술할 수 있었다. 그가 미심쩍어하면서 어느 정도 유보적인 태도를 보였던 것은, 단지 몇몇 이야기들에 아주 약간의 흔적만 남아 있을 뿐이다.

心肝生服治妖魅干燒

雄狐糞燒之辟溫疫惡

有毒主女子絶産陰痒

補虛勞治惡瘡疥作曘

『식물본초』에 실린 여우.
옛날에 여우는 사람과 어느 정도 왕래를 하는 동물이었기에 여우에 관한 수많은 이야기들이 전해온다. 하지만 오늘날엔 여우가 희귀해졌다. 그에 따라 기이한 재능을 가진 비범한 여우도 당연히 나올 수 없는 것이 오늘날의 현실이다.

산동성 치박에 있는 포송령의 옛 집.

기록자는 기존의 이야기를 빌려 논의를 전개하면서 거기에다 자신의 마음을 잠시 의탁하기도 한다. 충분히 그럴 수 있다. 그런데 문제는 후대 사람들이 그것을 해석할 때 발생한다. 즉 공명심이 너무 강하게 작용하는 바람에, 특정한 주제의식을 가지고 작품을 해석하려는 고질병이 도지고 만다. 사실 예로부터 지금까지 대작가들이 그토록 큰 성취를 이룰 수 있었던 것은 바로 지속적이고도 소박한 흥취 덕분이다. 생활에 대한 흥취, 아기자기한 것들에 대한 흥취가 멈출 수 없는 극도의 흥미를 유발했던 것이다. 작품과 작가를 평론하는 이는 작가 자신처럼 편안한 상태일 수가 없다. 계급투쟁의 활시위가 너무 팽팽한 탓에, 항상 행간에서 더 많은 무엇인가를 찾아내고자 하기 때문이다. 그런데 실제로는 별 특별한 것도 없다. 이야기는 단지 이야기이고, 여우가 사람으로 둔갑한 것은 여우가 사람으로 둔갑한 것일 뿐이다. 그 속으로 빠져들어 제대로 감상할 수 있는지, 한바탕 즐길 수 있는지 하는 것들이야말로 독자들에게 가장 중요한 것이다.

오늘날까지도 여우 이야기가 가장 많은 곳은 교동의 봉래·황현·액현掖縣 세 곳이다. 이곳은 바로 옛 등주 일대이다. 이 일대의 남쪽에는, 내산萊山·아산牙山·잠산蠶山 등 이름난 큰 산들이 자리 잡고 있다. 북쪽은 구릉 지대와 평원이다. 용구(황현)는 산지와 구릉과 평원의 면적이 거의 각각 삼분의 일씩 차지하며, 섬 두 개와 반도 하나가 더 있다. 교동에는 이와 비슷한 지형과 지세의 특징을 지닌 곳이 많다. 민국 이전의 교동에는 숲이 울창했다. 그보다 더 이른 시기에는 야생의 기운이 넘쳐나서 그야말로, "사람이 새와 짐승과 벌레와 뱀을 감당할 수 없었다"는 옛 기록과 같은 느낌이 감돌았다. 1940년대 초까지만 해도 이곳에서는 사람이 동물과 왕래한 괴이한 전설이 어디서나 넘쳐났다. 정말로 동물들을 쫓아내고 동시에 그들의 이야기 역시 사라져버린 시기는 최근 이십 년뿐이다. 이는 바로 동쪽 연해 지역의 도시화가 가속화된 시기이기도 하다.

요정으로 둔갑한 여우는 '호선狐仙'이 되기도 한다. 호선은 신선의 일종으로, 그 지위는 물론 보통 사람보다 높다. 그래서 과거에 교동반도 사람들은 호선을 경건하게 모셨다. 그리고 무슨 일이 생기면 호선의 위패를 찾아가 기도를 드리곤 했다. 신선에 대한 관념에 있어서 이곳은 그 뿌리가 깊다. 이곳에서는 신 다음이 바로 신선이었다. 교동반도의 전통 관념에 따르면, 각종 동물들의 경험과 덕행이 일정 기준에 도달하면 신선이 될 수 있었다. 물론 가장 많이 신선이 되었던 것은 사람이고, 그다음이 여우였다. 때로는 족제비도 신선이 되었다. 그런데 족제비는 단지 절반짜리 신선만 될 수 있었다. 일반적으로 족제비의 덕행은 그다지 높지 않아 여우에 한참 못 미쳤다. 이런 갖가지 완고한 인식은 해양의 어업 전통에 뿌리를 내리고 있었다. 또한 그 인식은 바다안개가 자욱하게 끝없이 펼쳐진 바다의 거대한 배경과 하나로 연결되어 있었다.

여우 이야기가 이처럼 널리 퍼져 있다는 것은 사실상 이 땅의 생존 상황을 반영하는 것이기도 하다. 동물은 대자연이 파견한 사자이다. 대자연의 거대한 몸에서 나온 민첩한 손발인 동물은 끊임없이 이곳저곳을 긁적이고 어루만진다. 동물이 인간의 가려운 곳을 건드리면 인간은 기뻐한다. 이들 동물 신선에 대해 말하는 사람들은 계층을 막론하고 흥이

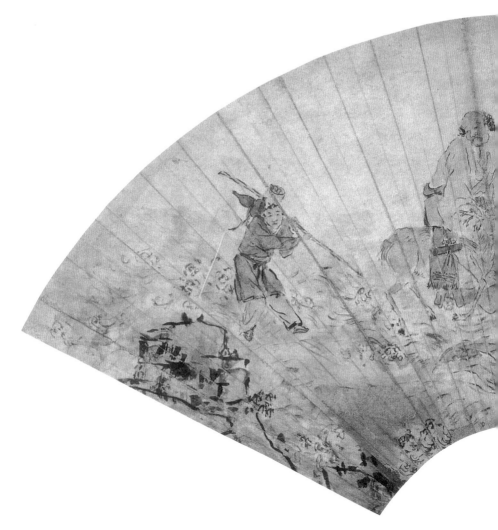

「신선도해도神仙渡海圖」, 이인상, 18세기, 종이에 수묵담채, 26.5×69.5㎝, 삼성미술관 리움.

春潮圖 5

鴉窩凌碎
凌岑章脫
西郊
興太祝面
圆弓埂千
歎小草
立朝暎
雪句衰
不自憐予

나서 확신에 차 이야기한다. 그들이 가장 보고 싶어 하지 않은 것은 듣는 이들의 의심스런 표정이다. 그 이야기들의 진실성을 인정하는 것은, 그 지역의 우월함과 한 수 높음을 인정하는 것과 마찬가지이기 때문이다. 그들은 마치 이렇게 말하는 것 같다. 여우가 없는 곳은 언급할 가치가 없는 곳이라고. 우리 이곳에는 여우가 변신한 미녀가 많은데 당신들은 부럽지 않은가라고.

어찌 부럽지 않을 수 있겠는가? 이 오래된 이야기가 단지 책에 기록된 것이고 입으로 전해지는 것일 뿐 현실에서는 근본적으로 존재하지 않는다면, 어쨌든 유감스러울 것이다.

포송령의 책에서 여우는 인간에게 거의 아무런 해도 끼치지 않는다. 이것은 바로 대자연이란 신뢰할 만하며, 신선과 동물이 참여하는 생활이야말로 풍부하고 다채롭다는 것을 말해준다. 또한 그의 책은 제나라, 특히 교동반도야말로 여우의 고향임을 우리가 잊지 않도록 늘 일깨워준다.

큰 새 한 마리

인간과 네발짐승의 공통점은 이 땅 위에서 분주하게 돌아다닐 수 있다는 것이다. 물고기는 바다와 호수에서 노닐고, 인간은 어쩌다가 그것을 배울 수도 있다. 하지만 어쨌든 인간이 하늘을 날 수는 없다. 공중에서 훨훨 나는 새의 자유로움을 인간은 부러워한다. 인간의 꿈 가운데 하나는 새처럼 공중에서 나는 것이다. 옛날에 정말로 어떤 사람은 새를 모방해서 몸에다 날개와 꼬리를 묶고서 한참을 푸드덕거렸지만 결국엔 날아오르지 못했다. 또 어떤 사람은 절벽 위에서 날아오르려고 했지만 결국 떨어져 다치고 말았다.

제나라 동쪽은 바닷가 지역인데다가 강과 늪도 많기 때문에 이제껏 각종 조류의 천당이었다. 내나라 지역에는 해오라기·고니·백조 등 대형 조류들이 가장 많았다. 이곳 사람들은 새와 함께 지내는 시간이 많았고 그 관계 역시 내지 사람들과는 달랐다. 이곳에서는 새들이 사람들 시야에 빈번히 나타났고, 오랜 시간이 지나면서 사람들의 생활과 관념에도 영향을 미쳤다. 이곳 사람들은 모두 자연스럽게 새들에 대해 자주 이야기하게 되었고 새들과 관계를 맺게 되었다. 국가의 흥망을 좌지우지하는 큰일들이 때로는 놀랍게도 새와 관련되어 있는 경우도 있었다.

익살스러운 순우곤이 제나라 위왕과 나누었던 유명한 이야기가 있다. 이 이야기는 중요할 뿐만 아니라 큰 새 한 마리와도 관련되어 있다. 역사에 영원히 기록되어 전해지는 이 이야기의 내용은 다음과 같다. 주색에 빠져 있던 위왕 앞에서 순우곤이 히히 웃으며 말했다. "우리나라에 큰 새 한 마리가 있는데, 왕궁에 웅크리고 있으면서 삼 년 동안 날지도 않고 울지도 않습니다. 왕께서는 이 새가 무엇을 하고자 한다고 생각하십니까?" 위왕은 이 말을 듣고서 그가 자신을 풍자하는 것임을 알아채고 이렇게 대답했다. "그 새는 날지 않으면 그만이지만 날았다 하면 하늘 높이 날아오르고, 울지 않으면 그만이지만 울었다 하면 사람을 놀라게 할 것이다!" 위왕은 똑똑하고 기지가 있었다. 또한 그는 이 대답을 통해 마음속에 감춰져 있던 큰 뜻을 말했던 것이다.

이후의 상황은 모두가 알고 있듯이, 위왕은 자신의 기대를 저버리지 않았다. 그가 제나라를 다스릴 때 나라는 번영기로 접어들었다. 바로 이때가 제나라 역사상 가장 강대했던 시기 가운데 하나였다.

그 당시 제나라는 초나라와 우호적인 외교관계를 맺는 일이 가장 중요했다. 가장 강대했던 위나라에 공동으로 대응하기 위하여, 제나라 위왕은 언변이 뛰어난 순우곤을 초나라에 사신으로 특별 파견했다. 그리고 국가 간 예물로 큰 새 한 마리를 준비했다. 그것은 고니였다. 순우곤은 커다란 새장에 고니를 담아 성문을 나갔다. 그런데 멀리 가지 않아 새를 날려 보내고 말았다. 초나라 왕을 알현했을 때 그는 단지 빈 새장만 들고 있었다. 순우곤은 이렇게 말했다. "제나라 왕께서 저를 보내시면서 대왕께 고니를 바치라고 하셨습니다. 그런데 강을 건널 때 새가 너무나 목말라 하는 것을 차마 두고 볼 수가 없어서 물을 마실 수 있도록 새장에서 꺼내주었습니다. 그런데 그만 뜻밖에도 고니가 새장에서 나오자마자 날아가버렸습니다. 저는 대왕께 죄송하고 부끄럽고 송구하여 정말 죽고 싶었습니다. 하지만 또 생각해보니, 사람들이 쑥덕거릴 것 같았습니다. 대왕께서 새 한 마리 때문에 저를 죽게 만들었다고 사람들이 말한다면, 대왕과 저의 명성에 모두 좋지 않을 것이라는 생각이 들었습니다. 게다가 그것은 단지 날개 달린 것에 불과하니, 제가 몰래 그냥 한 마리 사버리면 최선이지 않았겠습니까? 하지만 만약 정말 그렇게 했다면 대왕을 기만하는 것이지 않겠습니까? 저는 다른 나라로 도망가 몸을 피하고 싶었지만, 양국의 우호라는 큰일을 망칠까 두려웠습니다. 그래서 이렇게 와서 사죄드리고 모든 것을 사실대로 말씀드릴 수밖에 없었습니다. 대왕께서 마음 내키시는 대로 저를 벌하신다 하더라도 달게 받겠습니다!"

순우곤의 말은 진실하고도 재미있었다. 결국 초나라 왕은 감동을 받아서 그를 탓하지 않은 것은 물론 큰 상까지 내렸다.

이 외교 이야기를 오늘날에 보자면 재미있기도 하고 좀 이상하기도 하다. 이상한 사람이 큰 새라는 괴상한 예물을 가져오다니. 제나라에는 고니가 많았지만 초나라에는 많지 않기 때문에 국가 간의 예물이 될

「가을 풍경 속 새」(부분), 김득신, 17세기, 비단에 수묵담채, 67×36㎝, 국립진주박물관.

제나라 동쪽은 바닷가 지역인데다 강과 늪도 많았기에 각종 조류의 천당이었다. 제나라 위왕이 이웃 나라와 외교관계를 잘 맺기 위해 준비했던 선물도 다름 아닌 고니였다.

수 있었다. 여기서 사람들은 중국의 자이언트판다를 떠올릴 것이다. 판다는 진귀하고 구하기 어렵기 때문에 중국이 자주 외국에다 성대하게 선물로 보내곤 한다. 그런데 판다는 어쨌든 곧 멸종될 동물인데다 크기도 크기 때문에 국가 간 예물이라 하더라도 한 번 보낼 때 최소 한 쌍만 보내면 분량 역시 충분해 보인다. 하지만 당시 제나라에는 고니가 굉장히 많았기 때문에 그것은 그저 새 한 마리에 불과했다. 그러니 고니 한 마리를 보내는 것은 예물로서 너무 부족하다는 느낌이 들 수밖에 없다. 하지만 다른 측면에서 보자면 고니는 귀중한 새이다. 우아한 생김새에 아름다운 아가씨처럼 조용하고 매처럼 당당하여, 그야말로 날았다 하면 하늘 높이 날아오르고 울었다 하면 사람을 놀라게 한다. 고니가 나타내는 상징적인 의미는 매우 심오한 것이었을 것이다.

『장자莊子』의 들머리에는 더욱 기이한 이야기가 실려 있다. 북쪽 바다에 곤鯤이라는 물고기가 있는데, 그 크기가 너무나 커서 몇천 리에 달하는지 알 수 없다. 이 물고기가 별안간 붕鵬이라는 새로 변하는데, 이것 역시 너무나 커서 그 등이 몇천 리에 달하는지 알 수 없다. 붕이 힘차게 높이 날아오르면, 그 날개는 마치 하늘에 드리운 구름과 같았다. 여기에서 말한 '북쪽 바다'란 일반적으로 아주 먼 극지를 말한다. 하지만 여기에 나오는 큰 새는 아마도 근처의 발해만渤海灣에서 영감을 받았을 것이다. 창공에서 날아다니는 커다란 새는 사람들에게 무한한 상상을 불러일으켰을 것이다. 확실히 그것은 무한한 자유와 원대함을 나타낸다. 그래서 옛사람들은 '홍곡지지鴻鵠之志', 즉 기러기와 고니의 뜻이라는 말로써 위대한 사람을 형용했다.

내나라에는 새에 관한 전설이 굉장히 많았다. 예를 들면, 도관에서 자주 차를 마시던 도사 두 명이 어느 날 한 쌍의 큰 잿빛 두루미로 변해 공중으로 날아갔다고 한다. 또 다른 예를 들면, 도를 닦던 사람이 죽는 순간 큰 새 한 마리가 구름을 뚫고 서쪽으로 날아갔는데 그 아래 있던 사람들이 모두 그 새가 날개를 푸드덕거리는 소리를 들었다고 한다. 또 어떤 책의 기록에 따르면, 귀족 형제의 사이가 갑자기 틀어졌는데 그 이유가 매 한 마리를 서로 차지하기 위해서였다고 한다.

내나라 일대에서의 새와 사람의 관계는 확실히 그 뿌리를 탐색해볼 만한 가치가 있다. 내나라 일대의 고고발굴을 통해 발견된 정교하고 아름다운 도기들에는 새 무늬가 장식되어 있거나 그릇 자체가 새의 형태로 만들어져 있다. 내이 부락은 큰 새를 자신들의 토템으로 삼았다. 그 당시 동이의 한 군주가 노나라를 방문했을 때, 노나라 귀족이었던 숙손소자叔孫昭子가 그에게 물었다. "듣자 하니 귀국에서는 새의 이름을 관직의 명칭으로 삼는다던데 어찌된 일이지요?" 군주가 대답했다. "우리 선조께서 즉위하셨을 때 마침 봉새가 날아왔기 때문에 새로써 일을 기록하고 새의 이름을 관직의 명칭으로 삼게 되었던 것이오." 이 대답 속에서 사람들이 가장 재미있게 여기는 것은 이 나라의 역법을 관장하는 관리, 백성을 다스리는 관리, 수공업을 관장하는 관리, 농사를 관장하는 관리 등 4대 부류의 관직이 모두 새로써 명칭을 삼았다는 점이다. 봉새·제비·두견이·메추라기·꿩 등이 각각 춘분·추분·하지·동지·입춘·입하를 관장하고, 가마우지와 새매는 군사와 법률을 관장했다.

동래東萊족 자체가 바로 방대한 '새' 집단이었다. '이夷'라는 글자가 '연

「패랭이꽃과 제비」, 김식, 17세기, 비단에 수묵담채, 24.4×16.1㎝, 국립중앙박물관.

「늦가을의 살찐 메추라기」, 최북, 18세기, 비단에 수묵담채, 18.2×23.8㎝, 고려대박물관.
내나라 일대에서 새와 사람은 독특한 관계를 맺었음이 분명하다. 특히 관직명에는 모두 새의 이름이 붙여졌는데, 봉새·제비·두견이·메추라기·꿩 등이 각각 춘분·추분·하지·동지·입춘·입하를 관장했다.

燕'의 고대방언이었다고 하는 사람도 있다. 상고시대 바닷가 지역은 확실히 새들의 천국이었다. 이곳은 온갖 새들이 훨훨 날아다니던, 새소리 가득한 생기 넘치는 새들의 세계였다.

바닷가의 다섯 신

제나라의 가장 중요한 여덟 신은 각각 천주天主·지주地主·병주兵主·음주陰主·양주陽主·월주月主·일주日主·사시주四時主이다. 이 여덟 신은 지위고하를 막론하고 제나라 경내의 사방팔방에 흩어져 있다. 이 신들은 주로 바닷가에 분포되어 있다는 점에서 진나라의 신과 많이 다르다. 여덟 신 가운데 다섯은 발해와 황해黃海 근처 동쪽 반도에 거한다. 즉 음주는 오늘날 내주에 속하는 삼산도三山島, 양주는 연대煙臺 지부산芝罘山, 월주는 용구 내산, 일주는 영성 성산, 사시주는 교남시膠南市 낭야琅琊에 거한다.

이것은 구름과 안개가 아득히 피어오르는 바닷가 환경이 신의 탄생과 거류에 가장 유리하다는 것을 말해준다. 바다와 밀접히 연결된 사유가 제나라의 종교생활을 주도했다. 이러한 사유는 바로 내나라 사람들이 가지고 있던 전통으로서, 서쪽 내륙 지역과는 매우 달랐다. 한 지역의 사람들이 어떤 문제를 고려할 때는 아무래도 환경의 영향을 받게 마련이다. 눈을 뜨면 바로 바다가 보이는 곳에서는, 끝없는 바다가 오래도록 사상의 중심이 될 수밖에 없었으며 수많은 환상도 그로부터 생겨났다. 동쪽 사람들로서는 신선의 출몰과 신기루를 분리해서 생각할 수 없었다. 그들 생각에 신선은 바다 깊은 곳에서 오는 것이 확실했다. 또한 육지까지 오는 데 걸리는 시간이 길건 짧건 간에, 어쨌든 이곳을 둘러보러 신선이 찾아온다고 생각했다. 그래서 바닷가 육지 위에는 신선의 사당이 있는데, 이것은 신선의 행궁行宮인 셈이다. 아마도 오랜 동안의 관찰을 거친 뒤에, 이 다섯 개의 행궁이 동쪽 반도에 위치하게 되었을 것이다.

예를 들어 일주가 있는 성산은 교동반도의 최동단에 있는 암석이 돌출한 곳으로, 해가 가장 일찍 밝아오는 장소이다. 양주·음주·사시주·월주는 모두 바다에서 비교적 가까운 곳에 있다. 이는 분명 그곳 사람들이 신선의 여행과 관련된 여러 가지 사항들에 대해 주도면밀하게 생각한 결과일 것이다. 그들은 신선들의 먼 여정과 그로 인한 피로 등의 문제를 생각했을 것이고, 뭍에 오른 신선들이 다시 한참을 가서야 쉴 수 있도록 하고 싶지는 않았던 것이다. 그리고 또 하나 가장 중요한 문제는, 신선들이 거처하기에 좋은 장소를 찾는 것이었다. 신선들이 보고 마음에 드는 곳이어야 했기에 당연히 그곳에서 자연풍광이 가장 좋은 장소를 찾고자 했다.

지금 보기에도 동쪽 반도의 이 다섯 곳은 신선들이 거처하기에 아주 훌륭하다. 바다와 가까워서 여정에 오르기도 편리하다. 바닷가 사람들은, 신선이 바다에서 왔으니 수로로 가는 것이 분명 더 익숙하고 편할 것이라고 여겼던 것이다. 각 사당은 자연지리적인 우위를 갖추고 있다. 어떤 것은 숲이 울창한 큰 산에 세워져 있고, 어떤 것은 수증기가 피어오르는 반도에 세워져 있다. 어느 곳이든 사람들이 계속 머물고 싶어 할 만한 환경으로, 신선들도 분명 좋아할 것이다. 바다와 하늘이 한빛인 아득한 세계에서 온 이 신선들은 인간세상과 소통하는 밀사로서, 한 국가와 민족의 흥성과 번영을 지켜주는 희망이다. 사람들의 모든 미래는 바로 이 신선들에게 의탁되어 있었다. 사람들은 대대로 온 힘을 다해 신선과 관계 맺는 방식을 찾았다. 그래서 각종 제사 의식이 생겨났고, 신선을 모시는 공양과 종교적 수행이 생겨나게 되었다.

왕과 그의 백성들은, 국가를 다스리거나 노동을 마친 뒤에 많은 시간을 들여 신선을 경배했다. 어떤 종교인들은 여가시간이 아닌 생의 대부분의 시간을 오로지 신선과 가까이하는 데 사용했다. 그들은 전문적으로 신선을 받들고 신선을 찾고자 했던 이들로서, 한 민족의 신선 전문가였다. 이런 전문가는 반도 동쪽에 가장 많았다. 그 이유는 바로 이곳이 환경적으로 뛰어난 조건을 갖추고 있었기 때문이다. 이 일대는 신선과 가까이 있었고 신선이 많았다. 이곳 사람들은 장기간 바다와 왕래했기 때문에 일반 어민들도 저마다의 특별한 경험을 갖고 있었으며, 일자무식의 촌사람들도 신기루의 환영에 대해 말할 수 있었다. 이런 것들 대부분이 신선과 관련된 것이었으므로, 이곳 사람들은 신선에 대해 잘 알 수 있는 유리한 조건을 갖추고 있었던 셈이다.

이로써 볼 때, 방사를 대량으로 배출한 제나라 동쪽 지역에서 최고의 권위를 지닌 신선학설이 형성된 것은 필연적인 일이었다. 이 종교 관념은 일국의 정치·경제·문화에 엄청난 영향을 미쳤을 것이다. 신선학설은 동쪽에서 서쪽으로 쭉 퍼져나가면서 최종적으로는 서쪽 함양에 도달했다. 진시황은 중국을 통일한 이후 엄격한 법률을 시행하여 법으로 나라를 다스리면서 많은 방면에서 획일적이었다. 그가 사상을 심하게 억압하며 문화 독재를 행했음에도, 유독 종교 신앙 방면에서는 그렇지 않았던 것은 바로 신선사상 때문이었다. 진시황은 동쪽 반도에서 쇄도해온 신선사상을 거부할 수 없었다. 비록 그가 훗날 분노하여 신선술을 말하는 방사와 유생을 대량으로 생매장하긴 했지만, 최후에 가서는 결국 손을 들고 투항할 수밖에 없었다. 그리고 그는 천릿길도 멀다 하지 않고 직접 수레에 올라 동쪽 바닷가로 신선을 찾으러 갔다.

세 차례에 걸친 진시황의 동쪽 순행과 관련된 기록에는 먼저 내산 월주사를 참배하러 간 여정이 나온다. 이밖에도 진시황은 성산 일주와 낭야 사시주를 참배했다. 이로써 볼 때 진시황이 제나라 여덟 신의 정당성을 결코 의심하거나 부정하지 않았음을 알 수 있다. 동쪽을 순행하기 전, 중국을 통일한 지 삼 년이 지났을 시점에 진시황은 태산에서 하늘의 신에게 봉제封祭를 올리고 양보梁父에서 땅의 신에게 선제禪祭를 올렸다. 양보는 바로 제나라 여덟 신의 하나인 '지주'를 대표하는 곳이다. 역대 제왕들은 모두 봉선封禪 의식을 행하고자 했다. 하지만 진시황 이전에는 여러 가지 이유로 아무도 실현하지 못했다. 태산과 양보는 모두 제나라 경내에 있었다. 제나라 환공桓公이 패자가 된 뒤에 가장 하고 싶어 했던 일이 바로 태산과 양보에서 봉선 의식을 거행하는 것이었다. 하지만 이는 상국相國 관중管仲의 반대에 부딪히고 말았다. 관중이 반대한 이유가 아주 흥미롭다. 관중이 말하길, 봉선을 행할 수 있는 고대의 성왕에게는 15가지의 상서로운 조짐이 나타났다고 했다. 예를 들면 옛날에는 동해에서 비목어比目魚가 나타났고 서해에서 비익조比翼鳥가 나타났지만, 지금은 이런 것들이 나타나지도 않는데 어떻게 봉선을 행할 수 있냐는 것이었다. 결국 환공은 주저하면서 그 일을 이루지 못했다. 비익조가 어떤 것인지 우리는 알 수 없다. 비목어 역시 오늘날 해양 생물학상의 어류는 분명 아닐 것이다. 그것들의 출현은 분명 매우 드문 일이었을 것이다.

동쪽 반도의 신선 전통은 그 역사가 유구하다. 또한 그것은 특정한 문화의 토양이 되었다. 전국戰國시대의 방사부터 후대의 도교에 이르기까지, 이곳은 줄곧 신선문화가 가장 번영하고 흥성한 지역이었다. 왕중양王重陽은 섬서陝西 일대에서 전진교全眞敎를 창시했지만 장족의 발전을 거두지는 못한 채, 최후에는 종남산終南山에서 수도하던 초가집을 어쩔 수 없이 불태우고 동쪽 교동반도로 가서 등주 일대에 뿌리를 내렸다. 그리고 교동반도 출신의 구처기丘處機가 전진교를 전면적인 번영의 시기로 이끌었다. 이로써 볼 때 교동반도야말로 인간과 신이 빈번히 왕래하던 곳으로, 오묘한 사상과 신선의 일은 모두 이곳에서 전개해나가는 것이 여러모로 용이했음을 알 수 있다.

백운관白雲觀.

도교 북파北派를 대표하는 전진교全眞敎의 총본산이다. 당 현종玄宗 때의 천장관天長觀이 전신인데, 금金나라 때 태극궁太極宮으로 이름이 바뀌었다가 원나라 때 구처기(호는 장춘자長春子)가 이곳에 머물게 되면서 장춘관長春觀으로 다시 이름이 바뀌었다. 백운관이라는 이름은 명나라 때에 붙여진 것이다.

동래와 서래

오늘날까지도 교동의 용구 사람들은 어떤 이들을 '서래西萊 사람'이라고 부르곤 한다. 용구 사람들은 발음만 듣고서도 쉽사리 서래 사람임을 알아낸다. 서래 사람이라는 말에는 배척의 의미가 짙게 배어 있다. 사실 원류를 따지자면, 서래는 제나라에 의해 동쪽으로 내몰리기 이전 시기에 내나라가 가장 흥성하고 발달했던 단계에 존재했다. 그 당시 내나라는 국토의 면적에 있어서도 제나라의 전성기에 비해서 조금도 밀리지 않았다. 서래의 북부는 바다로 이어지고, 남쪽은 거萬나라와 접하고 있었으며, 서남부는 내천萊芊을 포함하고 있었다. 서래의 수도는 대략 교래膠萊 평원의 치하淄河 유역 중하류에 있었다. 후에 강姜씨가 산동반도 동쪽에 봉해졌는데, 이때는 서주西周가 안정되어 변경을 개척하던 중요한 단계였다. 강씨가 처음 산동반도로 왔을 때에는 그야말로 기반을 마련할 방도가 없었다. 토지는 협소하여 겨우 노나라 서쪽과 반도 사이의 좁은 틈에서 살아가야 했다. 생존하기 위해서는 어쩔 수 없이 강대한 내나라와 잘 지내야 했다. 처음에 강씨 제나라는 내나라 사람들의 모든 풍속과 습관을 존중하면서 절대 그들의 비위를 건드리거나 언짢게 하지 않는 등 많은 부분에서 타협했다. 내나라는 동쪽의 가장 풍요로운 평원에서 대대로 오래도록 지내왔는데, 그곳은 물산이 풍부하고 자연조건이 가장 뛰어난 지역이었으며 농업기술이 선진적이고 수공업도 매우 발달했다. 이는 모두 서주가 따라갈 수 없는 것들이었다.

제나라가 내나라와 투쟁하며 경쟁할 수 있게 된 것은 한참 후의 일이다. 양국이 대치했던 기간은 꽤 길다. 내나라와 제나라가 영구營丘를 쟁탈하기 위해 벌인 전쟁은 역사에 기록되어 전해진다. 영구는 치하 유역에 있었던 것으로 추측되는데, 아마도 당시 내나라 도성이었거나 아니면 서쪽에 있던 중요 도시였을 것이다. 영구의 소유주가 바뀐 것은 내나라와 제나라의 투쟁에 있어서 커다란 사건이었다. 양공襄公 6년에 제나라가 내나라를 멸한 것은, 바로 내나라가 영구를 잃고 동쪽으로 이주하기 시작한 것을 의미하는 사건이었다. 이 전투로 인해 내나라의 국력은 심각한 손실을 입었다. 하지만 나라가 완전히 사라질 지경은 아니었다. 내나라는 '아兒'라는 지역으로 옮겨갔다. 많은 전문가들은 오늘날 용구시 남쪽에 있는 '귀성歸城'이라는 촌락이 '아'라고 판정했으며, 이곳에는 상당한 고고학적 근거도 존재한다. 현재의 귀성 고성 유적지에는 판축법版築法으로 쌓아올린 높은 성벽이 남아 있다. 이곳은 내나라가 동천한 이후의 도성 유적지로 여겨진다.

이렇게 해서 용구는 내나라가 동천한 이후의 수도가 되었다. 동천 이후의 내나라를 동래라고 한다. 그리고 동천 이전의 내나라 시기는 이에 대응하여 '서래'라고 한다. 용구 사람들이 보기에, 서래는 실패한 역사이고 동래야말로 내나라가 기반을 확고히 하고 다시 흥성하게 된 기점이다. 또한 바로 이 과정에서 귀성이 한 나라의 수도가 되었던 것이다. 사실상 반도 동쪽의 봉래·황현·액현 일대는 동천 이전부터 줄곧 내나라의 중심이었다. 바로 이곳에서, 서쪽으로는 황하 동안東岸 일대의 광대한 지역을 통솔할 수 있었고 동쪽으로는 최동단의 넓은 바닷가 토지와 연결되어 있었다. 제나라의 동진으로 인해 내나라는 부득이하게 자신들의 가장 전통적인 강역 안으로 축소될 수밖에 없었으며, 귀성을 중심으로 새로운 수도를 건립하게 된 것이다. 동래는 동천 이후의 산물인 동시에 내나라가 전통 영역으로 돌아가게 된 기점이기도 하다. 이전에 내나라가 치하 유역에 수도를 정했던 것은, 아마도 순전히 판도를 확장하고 영토를 제어하고자 했기 때문이었을 것이다.

동래는 내나라의 경제·문화·정치의 중심이었을 뿐만 아니라 후에 제나라가 강성하고 번영하게 된 원동력이었다. 이 바닷가의 어산물과 소금의 혜택, 상업과 수공업과 농업의 번영이 없었더라면 제나라는 패자가 될 만한 실력을 갖출 수 없었을 것이다. 중화문명의 기나긴 형성 과정에 대해 이야기할 때, 이전에는 중원문화를 과도하게 언급하면서 도리어 중화문명의 다양성을 간과했다. 무엇보다도 그 다양성 안에는 발달한 동이문화가 포함되어 있다. 고고학적으로 알 수 있는 사실은 내나라, 특히 동래는 문화의 축적에 있어서 중원지역보다 훨씬 앞섰으며 그 시기도 훨씬 이르다는 것이다. 용산龍山문화 시기에 동래의 도기 제조술은 천하

제일이었다고 할 수 있다. 당시의 '단각도蛋殼陶'는 박태고병배薄胎高柄杯의 경우, 배 부분의 두께가 겨우 0.5밀리미터이고 주둥이 부분은 그 두께가 1밀리미터의 3분의 1도 되지 않는다. 이처럼 얇은 기물은 현대 기술이라 하더라도 그대로 따라 만들기가 결코 쉽지 않다. 이러한 도기는 형태와 기술에 있어서 전 세계 상고시대 도기예술의 정화라고 할 수 있다. 작업 과정에서 당시 내나라에는 이미 물레를 사용하는 기술이 보편적으로 보급되어 있었는데, 이는 질적·양적인 비약이었다. 어쨌든 도기의 과학성, 예술성, 다양성 등의 여러 방면에서 내나라의 도기는 중국 신석기 말기의 최고 수준을 대표한다. 고고발견에 따르면, 일찍이 칠천 년 전에 내이 사람들은 이미 반도 동쪽에서 유구한 문화를 창조했다. 내이의 고문화는 나름대로의 발전 순서가 있었으며 중원의 고문화에도 깊은 영향을 주었다. 그 영향은 동쪽에서 서쪽으로 전해졌으며, 상·주 시기까지 쭉 이어졌다. 이로써 내이문화가 중원에 끼친 영향이 얼마나 뚜렷한지를 알 수 있다. 이곳의 도문陶文은 중국의 가장 오래된 문자로 공인되었으며, 상대商代의 갑골문甲骨文보다도 일천여 년이나 앞선다.

이로써 볼 때 이전에 형성되었던 전통 관념, 즉 중원이야말로 중화민족 문화의 요람이라는 생각은 단편적이고 부정확한 것이다. 다민족국가인 중국에서 문화란 많은 종족이 융합하여 이룬 것이다. 동쪽의 내이는 자신의 찬란한 문화를 가진 방대한 부족이었다. 또한 내이는 일찍이 중화의 유구한 문명에 탁월한 공헌을 했으며 중화문명의 가장 중요한 원류 가운데 하나이다.

대체로 이렇게 말할 수 있을 것이다. 동래는 제나라가 내나라를 반도 동쪽으로 몰아낸 이후의 시기이다. 물질과 문화의 발전이라는 측면에서 보자면, 이 시기에는 쇠락의 징조가 나타나지 않았다. 제나라의 판도는 영구에서의 전투로 인해 확대되었지만, 내나라는 자신의 전통 영역으로 돌아가 새로이 견고해지고 발전하는 단계로 진입했다. 내나라는 결국 전田씨 제나라와의 끊임없는 제휴와 마찰을 통해 물질과 문화의 두 가지 측면에서 제나라와 한층 더 융합되었다. 이로써 제나라는 세상에서 가장 강성한 나라가 되었다. 제나라는 자신의 동쪽 지역을 제어하는 데 줄곧 어려움을 겪었던 것 같지만, 이 시기에 제나라 판도는 내나라가 가장 흥성했을 때와 비슷해졌다. 역사 기록에 따르면, 제나라는 동천 이후의 내나라와는 결코 격렬한 교전을 벌이지 않았으며, 모든 대전투는 서부와 남부 및 서북부의 제후국들 사이에서 발생했다. 이 시기에는 내나라와 제나라가 정치적·문화적으로 고도로 융합되어, 동래는 제나라의 가장 부유한 배후지가 되었다고 할 수 있다. 동래는 제나라 부강의 근본이었다. 제나라 전체의 흥성의 길에서 동래는 결정적인 역할을 했다.

서래는 반도 동쪽 사람들이 내나라가 동천하기 이전을 가리킬 때 사용하는 호칭이다. 동래는 황현(용구)을 문화와 정치의 중심으로 삼았던 시기이다. 동래의 지리적 개념은, 대체로 오늘날 연대·위해威海·청도青都 세 개의 도시에 해당하며 요동반도의 일부분이 포함되기도 한다. 내나라에서 발달했던 수공업과 상업, 특히 염업과 제철업과 정밀농업, 그리고 서부 지역과는 완전히 다른 발전 관념 등은 모두 제나라의 가장 기본적인 특징이 되었다. 어떠한 내용과 특징이 동래에 속하는 것이고 어떤 것들이 제나라 자체의 것인지, 후대로 올수록 명확히 나누기가 더욱 어렵다. 만약 제나라가 명목상 내나라를 대신한 것이라고 한다면, 내나라는 정치와 문화에 있어서 전면적으로 제나라를 바꾸어놓았다. 바로 이러한 전면적인 변화야말로 제나라에 근본적인 영향을 미쳤으며 제나라 미래의 운명을 결정했다.

제3장

바둑의 형세가 좋지 않다
잠식과 천년고
부끄러움
소매 안에 물건을 넣다
천년선
허망한 미식

바둑의 형세가 좋지 않다

전해지기로, 예로부터 동래에는 바둑과 거문고의 고수들이 많았고 검무에 능한 뛰어난 인재들도 있었다고 한다. 전설에 따르면, 바닷가에서 가장 유명한 바둑기사가 하루 종일 바둑판 하나와 바둑통 두 개를 앞에 놓고 고수들이 대국하러 오기를 조용히 기다렸다고 한다. 이런 이가 있다는 소식을 듣고 여기저기서 사람들이 찾아와서는 그와 바둑을 몇 판씩 두었다. 사람들이 모두 말하길, 이 노인의 바둑 기술이 최고에 달해 그를 이길 수 있는 사람은 아마도 없을 것이라고 했다. 하지만 나중에야 사람들은, 노인이 이겼는데도 기뻐하지 않고 도리어 긴 탄식을 내쉴 때가 있음을 알게 되었다. 본래 노인은 바둑에서 이기려고만 한 것이 아니라 보기에도 좋은 바둑 형세를 만들고자 했던 것이다. 판이 끝나는 시점에, 바둑 형세가 보기에 좋지 않으면 바둑에서 진 것보다도 더 유감스러워했다. 바둑에서 이기고 바둑 형세도 보기에 좋다면 그에게 가장 기쁜 일이었던 것이다. 졌지만 바둑 형세가 좋다면 그래도 괜찮았다. 가장 엉망인 것은 보기 싫은 바둑 형세가 나왔을 때이다. 이때에는 이기든 지든 실망스러운 일이었다.

대체 어떤 바둑 형세라야 보기에 좋은 것인지 제삼자로서는 알 도리가 없다. 그 노인이 바둑 형세를 중시한 것은 바둑을 두는 전 과정을 중시한 것이다. 이는 각각의 모든 부분을 중시하는 것이지 단지 결과만을 보는 것이 아니다. 결과란 단지 전체 사건의 한 구성 부분일 뿐이며, 결과가 다른 부분들을 대체하지는 못한다. 이러한 풍격과 습관은 결국 많은 사람들에게 영향을 끼쳤다. 제나라뿐 아니라 주변 국가들, 심지어는 오늘날 해외에까지 영향을 미쳤다. 가장 뛰어난 바둑기사는 바둑 형세를 따지고 거기에 몰입한다. 그저 승리만을 단편적으로 추구하는 사람들은 급이 비교적 낮은 이들이다.

전해지기로는, 그 내나라 노인은 바둑의 형세를 너무나 중시한 나머지 연신 지고 말았다고 한다. 허영에 찬 사내아이들도 노인에게 몰려와서 바둑 몇 판을 이긴 뒤 오만해져서는 사방에 자랑하고 다녔다. 그런데 그들은 노인이 바둑에서 지면 질수록 오히려 더 기뻐하는 것을 발견했다. 한참이 지난 뒤에야 이런 상황에 미묘한 변화가 생겨났다. 노인은 바둑알을 내려놓을 때 거의 생각하지도 않고 두 눈을 가늘게 뜬 채로 재빨리 손을 움직였다. 노인은 더 이상 바둑판을 자세히 분석하지 않는 듯했지만 도리어 십중팔구 이기는 것이었다. 이런 식의 대국이 계속되었고, 얼마나 많은 사람들이 그에게 졌는지 모른다. 모두들 그제야 노인의 기술이 이미 최고의 경지에 도달했음을 확실히 알게 되었다. 그는 바둑을 둘 때 더 이상 계산하지 않고 마음속에 있는 보기 좋은 바둑 형세를 향해 곧장 나아갔다. 그리고 마치 따뜻한 햇볕과 비와 이슬 아래에서 한 송이 꽃이 자연스럽게 피어나는 것처럼 상황에 따라 자연스럽게 그 형세가 바둑판 위에 펼쳐졌다. 이상적인 바둑 형세가 이루어지면 한 판의 바둑도 완성되었다. 노인의 눈에는 단지 아름다운 바둑 형세가 있을 뿐이며 승패는 알지 못한다. 노인은 만면에 미소를 띠고 종결된 바둑판을 바라본다. 그는 이 순간 누가 이기고 누가 졌는지, 관심도 없고 알지도 못한다. 단지 이 바둑의 형세가 보기 좋다는 것을 알 뿐이다. 바로 이 때문에 그는 만족스럽고 기쁘다.

세상의 많은 일들이 내나라 노인의 이 바둑 한 판과 같다. 그 안에 담긴 이치는 사실 모두 같은 것이다. 수단과 결과, 이 양자의 관계는 내나라 사람의 바둑 한판에 명백히 표현되어 있다. 최종 승리를 위하여 그 어떤 수단과 방법도 가리지 않는 사람이 바둑 형세의 미추를 신경 쓸 리가 있겠는가? 아름다움을 극도로 추구하며 의리를 지키려는 관념은, 생활에 굉장한 영향을 미칠 뿐만 아니라 뿌리가 깊고 튼튼한 문화가 되어 한 시대의 정치와 경제의 틀을 바꿀 수도 있다.

사람들이 귀에 익을 정도로 많이 들었을 송宋나라 양공襄公의 전쟁 이야기는 오늘날 보기에 재미있고도 우습다. 초나라가 송나라를 공격하러 오자, 송나라 양공은 나라를 지키기 위해 직접 군대를 이끌고 나갔다. 그날 동틀 무렵 초나라 군대가 강을 건너기 시작하자 어떤 이가 양공에게 건의했다. 적군이 반쯤 건너왔을 때 그들을 치면 분명 승리할 수 있다고 말이다. 그러자 양공이 말했다. "상대가 강을 건널 때 그들을 친다면 어찌 인의로운 군사라 하겠는가!" 초나라 군대가 모두 강을 건넌 뒤 신을 치기 시작할 때 누군가 또 양공에게 권했다. "상대가 진을 치고 있는 북새판을 틈타 우리가 돌격해야 합니다." 양공은 그를 말리며 말했다. "상대가 아직 진을 다 치지도 않았는데 우리가 공격한다면 이 역시 인의로운 군사라 할 수 없도다!" 양공은 적군이 완전히 포진할 때까지 기다렸다가 전쟁의 시작을 선포했다. 그는 전투 내내 선봉에 서서 싸우면서 가장 앞장서서 적진의 중앙으로 돌진했고 중상을 입었으면서도 두려움 없이 용감했다.

이 이야기에 나오는 송나라 양공은 후대 사람들에 의해 '얼간이'로 칭해진다. 그런데 바로 이 '어리석은' 사람이 그 당시에 매우 약했던 송나라를 춘추春秋시대 오패五覇의 하나로 이끌었다. 이 이야기는 그야말로 우리를 깊이 각성하도록 만든다. 송나라 군대가 그 당시 맞닥뜨렸던 것은 기세등등하게 쳐들어오는 적군이었지, 무슨 훈련이나 게임 상황이 아니었다. 생사존망의 긴급한 시점에서 의리를 지키고 전쟁의 규범을 따를 수 있었다는 것은, 인성 가운데 가장 고귀한 측면을 구현한 것이라고 말하지 않을 수 없다. 거짓이 섞일 수 없는 이 절박한 순간에야말로, 인성의 존엄함 혹은 파렴치함이 철저하게 드러난다. 이것은 인간의 용기를 검증하는 또 다른 측면이기도 하다. 즉 이것은 가장 위험한 시각에 마음속의 가치 준칙을 지킬 수 있는지의 여부를 검증하는 것이다. 이는 얼마나 강한 항심恒心을 필요로 하는가! 결과만 따지고 수단은 따지지 않는 인간들은 영원히 이해할 수 없을 것이다.

수단과 결과는 종종 서로를 보완하고 비춘다. 비열한 수단으로 획득한 승리는 종종 부분적인 승리이자 일시적인 승리에 불과하며, 오래 지속되기 어렵다. 비열한 승리의 결말은 최종적인 실패임을 인류의 역사가 증명했고, 이는 결코 드문 일이 아니다. 위대한 문화와 전통이 때로는 정말로 실패를 낳기도 한다. 하지만 이것은 결코 최종적인 결말이 아니다. 앞에서 말했듯이 가장 이상적인 바둑판의 형세란, 아름다운 바둑의 형세와 적시에 다가온 승리가 짝을 이루어 도래하는 것이다.

삶과 죽음 사이에서의 선택은 확실히 한 문화의 역량을 분명하게 드러낼 수 있다. 위대하고 우아한 문화가 지니고 있는 결정력은 항상 불가사의하면서도 극단적인 예를 통해 표출된다. 역사서를 펼쳐보면 사람들은 혜강嵇康이라는 사람을, 그의 '광릉절향廣陵絕響'을 떠올리게 된다. 사형에 처해지기 직전 혜강은 망나니에게 이상한 요구를 했다. 바로 그가 마지막으로 거문고 연주를 할 수 있게 해달라는 것이었다. 혜강은 '광릉산廣陵散'이라는 곡을 연주한 뒤, 이 곡이 이후로는 더 이상 전해지지 않을 것이라 말하고서 침착하게 죽음을 받아들였다. 또 하나의 실화는 좀 더 가까운 시대의 것인데, 바로 청淸나라 말의 담사동譚嗣同에 관한 이야기이다. 그는 무술변법戊戌變法에 참여했던 '무술 육군자六君子' 가운데 한 명이다. 사건이 발생한 이후 이들은 청나라 조정에 의해 잔혹하게 진압되었다. 반란자 일당에 대한 대대적인 체포가 이루어졌을 때, 담사동은 본래 가장 탈출하기 좋은 여건에 있었지만 마지막 순간까지도 탈출을 포기하고 기꺼이 죽음을 받아들였다. 그는 "죽어서 가치가 있으니 통쾌하도다, 통쾌하도다"라고 하면서 자신의 뜨거운 피로써 깊이 잠들어 있는 민족을 깨우고자 했다. 그의 다음 말은 만대에 이르기까지 사람들을 놀

「죽림칠현도竹林七賢圖」,
조석진趙錫晉(1853~1920),
비단에 채색, 147×41㎝,
삼성미술관 리움.
중국 역사에서 서생은 '책벌레'들보
다는 좀더 지혜로웠다. 오늘날 사
람들은 지식인을 곧잘 조롱하지만,
역사에서 '서생'이라 일컬어지는 이
들 지식인이 한 역할은 적지 않았
다. 죽림칠현에 속했던 혜강, 그는
광릉산을 연주하고 죽기를 바랐던
인물로 대표적인 서생으로 꼽힐 수
있을 것이다.

라 떨게 만든다. "각국의 변법은 모두 피를 흘리지 않고서 이루어진 것이 없습니다. 지금 중국에서는 변법을 위해 피를 흘린 사람이 있다는 말을 아직 들어본 적이 없는데, 이 때문에 이 나라가 창성하지 못하는 것입니다. 피를 흘릴 사람이 있어야 한다면 나 담사동으로부터 비롯되길 바랍니다!" 더 가까운 시대의 예로는 취추바이瞿秋白가 있다. 그는 형 집행자 앞에서 "이곳이 아주 좋소"라는 최후의 한마디를 남긴 뒤 인터내셔널가를 부르며 정의를 위해 의연히 죽었다.

인생은 한판의 바둑과 같다. 처음 바둑돌을 내려놓는 순간부터 최후의 마지막까지 어떤 바둑 형세를 남겼는지는, 승부와는 또 다른 문제이다.

간식과 천년고

오늘날 뜻밖의 맞닥뜨림이란, 교통이 발달하지 않은 곳에서나 있을 수 있는 일이다. 옛 등주 지역의 외진 산간이나 시골에서는, 조상들이 버리지 않은 용구들과 그에 상응하는 생활 방식을 지금도 여전히 찾아볼 수 있다. 건강함과 실용성 때문에 그것들이 지금까지도 전해지는 것이다. 이곳에는 50~60년 전까지만 해도 새로 꾸려진 가정마다 정밀하게 만들어진 다단식 서랍장이 있었다. 이 서랍장은 그 집 부부가 백년해로할 때까지 사용하다가 다음 세대에 전해주기 마련이었다. 이 정밀한 서랍장은 대개 가장 뛰어난 장인이 제일 좋은 목재를 써서 만들었다. 주홍색 옻칠을 하거나 원목에 밀랍을 먹여 만든 서랍장의 서랍에는 청동 손잡이가 달려 있고 꽃무늬가 조각되어 있다. 이것은 실용적인 용구이자 공예품이다. 온돌 한쪽 끝에 놓인 서랍장 위에는 수가 놓인 이불이 차곡차곡 개어져 있다.

그 작은 서랍들 속에는 전통 보양식이 들어 있는데, 하루 중 아무 때나 주인이 꺼내 먹을 수 있다. 열매와 씨앗, 꽃봉오리와 잎 등 가장 보편적이고 흔한 산지 음식일 뿐이지만, 그것들이 합성 과정을 거친 뒤 통에 담겨 서랍에 들어가서 일정 시간 숙성을 거치면 집안의 보배가 된다. 인생의 고생스러움과 즐거움은 심신을 강건하게 만드는 동시에 생명을 소모시키기도 하는데, 이 서랍장 안에는 바로 이러한 문제에 대한 이해와 답이 들어 있다. 그 이해와 답은 기나긴 시간 속에서 형성된 것으로, 서랍을 열면 볼 수 있다.

서랍장 안에는 각종 간식이 들어 있다. 옛 등주 사람들은 소나무 씨로 은화 크기의 과자를 만들고, 각종 콩으로 연방蓮房 모양의 떡을 만들고, 살구 씨를 비롯한 여러 가지 과일의 씨앗을 가루로 만들고, 연꽃 씨앗과 백합과 산약山藥을 배합해 달콤한 죽을 만들었다. 회화나무 꽃, 금목서金木犀, 재스민, 장미, 복분자딸기, 야생딸기 등 무수한 종류의 꽃과 열매와 뿌리와 줄기로 만든 제품들은 조상으로부터 전해진 정교한 방법으로 만들어진 것들이다. 그것들을 만드는 데 필요한 것은 인내심이며, 사람들은 그 과정에서 만족을 누렸다. 매번 오디가 익는 여름이 되면, 사람들은 일단 다른 일들일랑 제쳐두고 오디를 대량으로 따서 항아리에 담아 달였다. 잘 달인 뒤 거기에다 대추꽃꿀을 넣으면 오디즙이 된다. 갓 돋아난 여린 찻잎, 육두구肉豆蔲, 감초, 찹쌀, 흑미, 칡뿌리, 말린 귤껍질, 멥쌀, 모과, 아가위, 밤, 백출白朮, 창포 등등 셀 수 없이 많은 것들을 떡으로 만들거나 설탕에 재거나 즙, 가루, 환약으로 만들어서 온돌 위의 다단식 서랍장에 넣어두었다.

옛 등주 사람들은 온갖 식물과 나무, 꽃에서 나는 것들로 먹을 것을 만들어 서랍장 안에 넣어두었다. 사진에서 보듯 회화나무 꽃도 소
중한 재료가 되었다. 이처럼 노동과 수확을 통해 얻은 것들은 오늘날 맛보기 쉽지 않은 것들이다.

농사든 다른 생업이든 모든 수고에는 보상이 필요하다. 노동에 따른 수확이라면, 이 수확은 절묘하게 쓰여야 한다. 현대인이 동물성 단백질을 대량 섭취함으로써 보양하는 것과는 달리, 온돌 위 다단식 서랍장에 담긴 먹을거리는 대부분 산과 들과 밭에서 난 것으로 만들어졌기 때문에 그 효과 역시 확연히 다르다. 살육된 동물의 충동과 에너지는 입과 배를 지나 혈관 속으로 들어가 인체에 쌓이게 된다. 이것이 장기간 축적되면 당연히 그에 따른 결과가 나타나기 마련인 법, 사람은 더 이상 평온과 안정을 누리지 못하게 된다. 반면에 풀과 나무와 씨앗과 열매는, 초조함과 조급함을 진정시켜주고 기나긴 밤 동안 천천히 생명에 영양을 공급한다. 하루 종일 노동하고 배불리 먹고 난 뒤, 밤이나 동틀 무렵에 서랍장에 들어 있는 간식들을 꺼내 먹었던 것이다. 조금 먹든 실컷 먹든 상관없는데, 그 맛과 향기는 매우 좋은 것이라서 산과 평원을 생각하게 만든다. 해와 달 아래, 나무와 농작물 사이, 이러한 광경과 분위기가 사람을 감싸고 있으니 당연히 안정과 건강에 도움이 된다.

노동과 수확, 열매와 꽃의 정수를 한데 모아 쉼터와 이부자리 아래에다 두고서 친형제처럼 가까이 의지하는 것보다 더 행복한 일은 없을 것이다. 교동 바닷가는 바람과 추위와 습기가 심하기 때문에 과거에는 집집마다 대형 온돌을 설치했다. 널찍하고 견고한 온돌 위에다 갈대를 엮어 만든 자리를 깔고, 그 위에 다단식 서랍장 같은 목제 공예품을 두면 어느덧 집 안에 온기가 가득해진다. 근대에 와서 많아진 서양 물건들은 바닷가의 전통 풍격과 다르기 때문에 정취가 충돌할 수밖에 없다. 집 안에 놓인 물품들은 전통식과 서양식이 뒤섞이는 바람에 이도저도 아닌 상태가 되고 말았다. 그 뒤 젊은이들은 새것과 서양 것을 추구하면서 온 돌을 부수고 장을 치워버렸다. 수놓아진 이부자리와 다단식 서랍장 역시 그러한 흐름을 피해가지 못했음은 물론이다. 옛날에는 집집마다 오색 옻칠에 금박과 은박이 더해진 입식 시계가 있었다. 그리고 그 시계 옆에는 자기에 그림을 그려 넣은 모자 통이 놓여 있었다. 이런 것들이 한꺼번에 사라지고 말았다. 모자 통은 처음에는 모자를 올려두는 기물로 사용되었지만 나중에는 일종의 자기 예술이 되었다. 자기 표면에 손으로 그린 화초와 인물 묘사는 비할 데 없이 정교하고 아름답다. 이상하게도 이러한 전통 장식품들이 어느 순간 가장 촌스럽고 가장 보기 싫은 것으로 여겨지면서 젊은이들에게 버림받고 말았다.

다단식 서랍장의 상실은 작은 일일 수도 있겠지만 그 안에 들어 있던 모든 것들이 없어진 것은 큰일이다. 한번 생각해보라. 집집마다 있던 즙과 과자가 사라졌고, 시간이 지나면서 제작 방법마저 사라졌으며, 재료들을 채집하고 달여서 만드는 즐거움까지도 사라졌다. 이와 더불어서 인간의 끈기와 힘, 평온하고 온화한 심리 상태 역시 사라지고 말았다. 아마도 많은 젊은이들은 과거에 대한 노인들의 그리움을 비웃고, 이런 식의 추리를 진부하다고 비아냥거릴 것이다. 하지만 그들은 젊은 나이임에도 기침을 해대고 허리가 시큰거린다고 한다. 바로 이것이 다단식 서랍장의 의미에 대한 가장 훌륭한 답이다. 현대인의 조급함과 불같은 성질 역시 다단식 서랍장을 잃어버린 데 따른 부작용이다. 이렇게 말하는 것이 극단적이긴 한데, 서랍장의 상실이 이처럼 큰 피해를 가져왔음을 말하려는 것이 아니라 전통 관념의 상실에 대해 말하고자 하는 것이다.

즉 전통 관념이 버려지면서 초래된 부작용을 말하고자 하는 것이다.

다단식 서랍장에 들어 있던 것들은 여러 가지인데, 노인들은 그것을 일률적으로 간식이나 천년고千年膏라고 불렀다. 천 년이란 물론 장수의 의미로, 천 년의 전통과 역사의 의미까지 내포하고 있다. 천년고는 문화의 축적 방식이기도 한데, 그 안에는 물질뿐만 아니라 사상까지 들어 있다. 집에서 생활하면서 생명력을 보존한다는 관념은 결코 단순하지 않다. 이러한 관념의 변화는 전체 사회의 행위의 변화를 가져오게 마련이다. 그리고 전체 사회의 행위 방식이 변하면 이 세계 역시 다른 방향으로 나아가게 된다.

나이가 좀 든 교동 사람들은 분명 기억할 것이다. 과거 바닷가 일대에서는 모두 온돌 위에 앉아서 밥을 먹었다. 어느 계절이든, 온돌 위에 밥상을 올려놓고 온 식구가 삿자리에 앉아서 책상다리를 하고 허리를 편 상태에서 밥을 먹었다. 만약 집에 손님이 오면 주인은 손님과 함께 온돌 위에서 밥을 먹고 나머지 식구들은 다른 곳으로 물러나 있었다. 손님은 예의상 통상적으로 다단식 서랍장이 있는 쪽으로 앉았다. 그렇게 하면 포개놓은 수놓은 이부자리에 몸을 기댈 수 있는 것은 물론이고 꽃이 조각된 정교한 서랍장을 돋보이게 할 수도 있었다. 이때의 반찬은 간단할지라도 소박함 속에서 각별한 온정과 열기가 드러난다. 술은 따뜻하게 덥혀야 하고 차갑게 마셔서는 안 된다. 반찬을 담는 그릇은 오지그릇이나 질그릇이어도 되지만 아주 깨끗해야 한다.

이상의 모든 것들이 옛 등주의 풍속이다. 이는 내나라 사람들로부터 전해진 것이다. 내나라는 일찍이 문명이 발전했던 만큼 사람들이 예의를 잘 갖추고 있었다. 그들은 쾌적한 생활을 추구했으며 스스로를 상주고 위로할 줄 알았다. 그들에게 사치와 겉치레의 측면도 있긴 했지만, 이는 대부분 상류층 정치인들에게 국한된 것이었다. 명문 지주들과 부상들 역시 관리들을 따라하고자 했지만 대다수 사람들은 부유해지더라도 여전히 절제된 생활을 하면서 검소한 예법을 중시했다. 경극 〈쇄린낭鎖麟囊〉에 나오는 등주 부호의 집안은 예의와 질서가 있었기에, 천금 같은 아리따운 아가씨가 동정심을 지니고 그토록 의로운 행동을 할 수 있었던 것이다. 이는 분명 평소의 좋은 가정교육, 그리고 인의를 철저히 지키고 강조했던 것과 밀접한 관련이 있다. 과거에 우리는 호족豪族과 의롭지 못한 사람들의 행위에 대해, "하는 말은 전부 인의도덕이나, 남자는 도둑질하고 여자는 매음할 심보"라고 비판했다. 인의도덕을 말하는 것은 좋지만 나쁜 심보는 좋지 않다. 따라서 양자를 일률적으로 비판해서는 안 된다. 양자는 결코 필연적인 관련이 없는 것이기 때문이다.

따뜻한 온돌이 사라졌고 천년고도 사라졌으며 모든 것이 전해지지 않는다. 이것은 길조도 진보도 아니다.

경극 〈쇄린낭〉에 나오는 등주 부호의 집안은 예의와 질서가 있기에 천금 같은 아리따운 아가씨가 동정심을 지니고 그
토록 의로운 행동을 할 수 있었던 것이다.

부끄러움

부끄러움이 무엇인지에 대해서는 아마도 많은 설명이 필요 없을 것이다. 사람이 어떤 상황에서 부끄러워지는지, 그 상황과 반응은 어떤 것인지, 우리는 익숙히 알고 있다. 그런데 냉정하게 생각해본다면, 가장 기본적이고도 흔한 표현의 종류인 부끄러움이라는 것이 과거에 비해 많이 줄었음을 발견할 수 있을 것이다. 부끄러움이 갈수록 줄어들면서, 어떤 사람에게는 부끄러움이 이미 거의 남아 있지 않기까지 하다. 즉 살아가면서 부끄러워할 줄 모르는 사람들이 대거 나타나게 된 것이다. 이것이 대체 생활의 진보인가, 아니면 퇴보인가에 대해서는 자세히 생각해봐야 할 것이다. 부끄러움은, 사람이 태어나면서부터 고통과 기쁨을 느끼고 웃고 우는 것과 마찬가지로 인간의 본능 가운데 하나이다. 하지만 오늘날에는 유독 부끄러움이라는 본능만 급격히 쇠퇴했다. 현대사회에서 부끄러움은 종종 노력을 통해 극복해야 하는 가장 큰 결점의 하나로 인식

된다.

일반적으로 생각하기에 여성 특히 소녀가 가장 부끄러움이 많다. 바로 이 때문에 그녀는 더욱 사랑스러워 보인다. 하지만 현재의 상황은 많이 달라졌고, 이러한 관념에도 변화가 생기고 있다. 많은 여성들이 남성보다 더 대담하거나 적어도 남자만큼 대담하다. 큰길을 걸어가다보면, 여성의 복장이 남성보다 훨씬 더 대담하고 신체 노출도 훨씬 심한데다 전혀 부끄러워하는 기색이 없음을 알 수 있다. 현대화되고 번화한 도시일수록 남녀 모두 더욱 대범해진다. 가슴과 등을 드러낸 복장, 몸에 꽉 끼는 청바지와 짧은 바지, 초미니스커트 등은 모두 번화한 대도시로부터 중소도시와 시골로 전해졌다. 시골 사람들은 도시 아이들이 대범하다는 것을, 특히 도시의 여자 아이들이 더 대범하다는 것을 진작부터 알고 있었다.

현대인은 옛사람들, 특히 옛 여성들의 부끄러움에 대해서 전혀 이해하지 못한다. 심지어는 그런 부끄러움의 상태에 대해 극도의 거부감과 혐오감을 갖는다. 옛날에는 남녀가 서로 내외했으며, 함께 있을 때 한번 쳐다봐서도 안 되었다. 만약 그렇게 하면 무례한 것으로 비쳐졌다. 부부간에도 서로 손님을 대하듯 존경하며 경애했다. 교양과 체통이 있는 집안에서는 부부간에 필수적이고도 적절한 존중과 경애를 지켜나가야 했다. 이는 지금 사람들이 보기에 우습고 허위적인 것이며 진부하고도 번거로운 바보 짓거리이다. 우리는 고대 경극에서 부부가 등장하는 장면을 자주 보게 되는데, 거기에는 부부간의 존경과 사랑이 표현되어 있다. 그들 사이에는 지켜야 할 예절도 많고 호칭에도 신경을 쓴다. 이는 정말

「부담도축負擔圖軸」, 김정표金廷標, 청,
종이에 채색, 146.3×55.3cm,
북경 고궁박물원.
옛사람들은 '부끄러움'을 하나의 예로 삼아, 서
로 손님 대하듯 부부가 대했고 가까운 사이일수
록 존경했다. 그림에서 보듯, 집 안에서 부인이
등불을 밝혀 들고 남편의 귀가를 마중 나오는
평민의 삶에서도 그런 기운이 물씬 풍겨난다.

로 사랑스럽고도 재미있다. 이러한 정경은 희곡뿐 아니라 문학작품에도 많이 기록되고 묘사되어 있다.

통상적으로 사람들은 그것을 단지 예술적 과장이라고 생각한다. 하지만 실제 기록 및 전통의 엄수라는 측면에서 볼 때, 그러한 상황은 확실히 실제로 존재했던 것이다. 또한 어떤 사람들에게는 당연하다고 할 정도의 일상이었음이 분명하다. 예를 지키는 예의와 행위는 부귀한 집 안에서만 따라야 했던 것이 아니었고 귀족만의 생활 방식인 것도 아니었다. 그것은 전통을 지키고자 하는 사람이라면 반드시 실천해야 했던 것이다. "가난하나 예를 좋아한다"는 옛사람들의 주장은 결코 빈말이 아니었다. 가난함은 경망스러움의 이유가 되지 못했다. 또한 손님을 대하듯 서로를 존경하는 데 있어서 반드시 부귀해야 하는 것은 아니었다. 모든 것은 습관과 전통, 문화와 풍격에 의해 결정된다. 가장 귀한 중화의 자원이 거의 사라지고 있는 이때, 전통의 예를 지키는 아름다운 행위가 도리어 남들에게 조롱당할 약점이 되고 말았다.

사회라는 큰 환경과 가정이라는 작은 환경은 서로 긴밀하게 연결되어 있게 마련이다. 가난을 비웃으면서 매음을 비웃지 않는 시대, 실질적으로 성해방을 추구하고 있는 나라에서는 서로 존경하고 사랑하는 일반적인 부부가 있기를 바랄 수 없으며 그러한 윤리질서가 있기를 바랄 수도 없다. 중국 고대문화에서 이성 간의 신중함과 엄격함은 세계적으로 주목을 끄는 부분이다. 이것은 양성 간의 관계를 말한 것이지만, 이는 전면적인 사회 정치 및 정신생활, 전체 사회의 인간관계 및 거기서 확대된 전체 질서를 제약하고 영향을 끼친다. "음심이 만악의 근본"이라는 옛말은, 한 행위의 준칙이 기타 전체의 관계에도 결정적으로 작용한다는 것을 의미한다. 이런 이념이 극단적으로 나아가게 되면 가장 경직되고 가장 어두운 소위 '정절문화'가 생겨나게 되지만 이는 별개의 문제이다.

독일의 대문호 괴테는 『호구전好逑傳』이라는 중국의 언정言情 소설을 본 적이 있었다. 이 소설에는 서로 흠모하는 아름다운 남녀가 함께 깊은 밤 오랜 이야기를 나눈 뒤 옷을 입은 채로 한 침대에 누워 자면서 털끝하나 범하지 않은 이야기가 나온다. 괴테는 이 이야기를 찬미하며 신비한 동방에 대한 상상을 펼쳐나갔다. '중국이라는 곳의 사람들은 그야말로 예의를 숭상하는구나! 그들은 이처럼 자제력이 있고 순결하구나! 그들이 지닌 문화는 정말로 고급스러워서 우리 서양인들이 따라가기는 정말 어려운 것이다.' 괴테는 이러한 남녀관계야말로 사람들이 가장 동경하고 존경하도록 만드는 것이라고 생각했다. 또한 괴테는 그것이 동방민족의 문화로서, 인류 역사상 가장 완벽하고도 신기한 부분이라고 여겼다. 물론 괴테가 상상을 통해 낯선 중국을 더욱 이상화하긴 했지만, 그의 위대한 통찰력은 그가 근본적인 오해의 함정에 빠지지 않도록 했다. 중국의 고대 전통에는 확실히 지켜야 하는 요구 사항이 있었다. 엄격한 남녀의 경계, 이성간의 문화적 제약이 존재했던 것이다.

남녀가 함께 자면서 서로 범하지 않는 상황이 온전히 쌍방의 강한 자제력에서 비롯되는 것은 결코 아니다. 그것은 문화적 구속력에서 비롯된다. 인간의 자제력은 특별한 문화적 배경하에서만 최종적으로 효과를 거둘 수 있다. 인간의 수치감은, 바로 문화전통이 제약하고 있는 경계선을 범했을 때 나타나게 된다. 동일한 상황과 체험일지라도, 부끄러움을 전혀 알지 못하고 그냥 넘어가는 사람이 있는가 하면 부끄러움을 감추지 못하는 사람도 있다. 50~60년 전 교동에서 발생했던 불가사의 한 실화가 있는데, 시집간 지 얼마 되지 않은 젊은 여인이 난처한 장면을 뜻하지 않게 시아버지에게 들키고는 결국 목을 매어 자살한 사건이었다. 이와 비슷한 이야기들이 당시에는 결코 드물지 않았다. 지금 사람들이 이해하기 힘든 점은, 그 난처하다는 것이 그저 그런 별 대단한 것도 아니었다는 사실이다. 이것이 바로 부끄러움의 힘이다. 부끄러움이 커지면 젊은 여인이 스스로 목숨을 끊게 되는 상황까지 발생할 수 있다.

　오늘날 우리는 70~80년 전 지식인 부부의 편지를 읽을 수 있는데, 그 편지에서 보기 드문 온정과 경의를 느낄 수 있다. 그 편지에는 관심과 그리움이 가득하지만 남들에게 거부감을 일으킬 만한 방자함이나 경박함은 전혀 없다. 그 편지는 제삼자가 보아도 특별한 감동을 받게 되는데, 이러한 감동의 힘은 결코 일반적인 정서에서 비롯되는 것이 아니다. 그것은 이성 간의 정으로 충만한 사랑하는 부부간의 존경에서 비롯된, 평범함을 초월한 비범한 풍격이다. 바로 이러한 풍격이야말로 두 사람의 사랑과 정을 약화시키지 않고 더 강하게 만든다.

　예의범절이 무질서에 빠진 혼란한 시대와 사회에서는, 돈과 욕망이 삶의 추진력이 되고 만다. 이런 사회에서 생활하다보면 모든 것이 노골적이기 마련이다. 이성 간에 부끄러움이 드물어졌음은 물론이요, 기타 모든 방면에서도 부끄러움이 사라졌다. 일반적으로 뻔뻔스럽게 간주되는 행동을 도리어 영광으로 여기기도 하고 심지어 그것을 자랑하기도 한다. 남녀 간의 지나친 경계는 불필요하겠지만 이성간의 방자함 역시 삼

가야 한다. 사람에게는 그래도 어느 정도 적당한 부끄러움이 필요하다. 부끄러울 때 붉어지는 얼굴은 결코 보기 싫지 않다. 도리어 더욱 건강하고도 자연스러워 보인다. 현대인은 금욕주의에 콧방귀를 뀌지만 육욕주의는 훨씬 나쁜 것이다. 부끄러움의 보존은 정상적인 인성의 보존이며, 이는 금욕주의와는 대체로 무관하다.

소매 안에 물건을 넣다

우리 같은 현대인은 이해하기 어려운, 그래서 옛것에 통달한 대가를 찾아 문의해야 할 일이 하나 있다. 왜 옛사람들은 늘 소매 안에다 물건을 넣었을까? 소매가 길고 넉넉했다 하더라도, 물건을 넣는 주머니로 쓰기에는 너무 불편하지 않았을까? 게다가 안전하지도 않다. 앞뒤로 손을 흔들면서 길을 가다보면 물건이 땅에 떨어질 것이다. 이로써 판단해볼 때 옛사람들의 옷에는 아마도 주머니가 달려 있지 않기 때문에 물건을 넣어둘 곳이 없었던 것 같다. 이렇게 해서 옷소매의 사용처가 확대되었으며, 옷소매의 용도는 지금보다도 훨씬 중요했을 것이다. 남의 물건을 몰래 가져가는 행태를 고상하게 부르는 말로, 오늘날에도 여전히 "소매 안에 넣어간다"는 표현을 사용한다. 이는 옛사람들이 소매 안에 물건을 넣었던 전통에서 비롯되었음이 분명하다.

옛사람들에게 옷이란, 추위를 막고 몸을 가리는 실용적인 측면보다는 삼상할 만한 예술품의 각도에서 고려해야 할 대상이었다. 그래서 그들은 일반적으로 옷에 주머니를 달지 않았다. 그들이 보기에, 주머니란 그다지 우아하지 않은 헝겊조각을 덧댄 것과 같았을 것이다. 주머니를 보이지 않게 단다고 하더라도, 주머니에 물건을 넣어서 불룩해지면 의상의 조화로운 미관을 해치게 된다. 의상의 유미주의 시대에는 당연히 실용주의를 배척했다. 작은 물건을 가져가야 할 경우엔 그냥 소매 안에다 넣었다. 그런데 문제는 이렇게 하면 손을 흔들면서 걸을 수 없고, 팔짱을 끼거나 뒷짐을 지고서 걸어야 했다. 이렇게 걸으면 황급히 빨리 갈 수가 없다. 이는 당시의 전체적인 생활리듬이나 느릿한 걸음걸이와 들어맞았다. 오늘날 소매 안에 물건을 넣는다는 것은 정말로 불가사의하고 감히 생각조차 할 수 없는 일이다.

소매 안에 물건을 넣었던 시대에는 상대적으로 사람들의 행동이 훨씬 차분했을 것이다. 분주한 걸음걸이와 습관적인 과도한 행동들은 없었을 것이고, 이는 아마도 옛사람들의 일상적인 상황이었을 것이다. 생활에서의 실용주의는 복장의 변천에서 매우 분명하게 나타나는데, 호주머니의 출현이 그 예이다. 오늘날에는 정교하게 만든 양복 위에도 주머니가 많이 달려 있다. 이는 실용적일 뿐만 아니라 장식이기도 하다. 실용 자체가 일종의 아름다움이 된 것이다.

옛사람들이 더 많은 물건을 가지고 가야 했을 때, 소매 안에다 다 넣는 것은 불가능했다. 아마도 옛날에 소매는 단지 오늘날의 호주머니 정도의 역할만 했을 것이다. 소매 안에는 수건이나 종이 같은 작은 물건을 넣었다. 양복의 경우에도 만약 주머니 안에 큰 물건을 넣는다면 옷 모양

새가 이상해지고 말 것이다. 옛사람들은 큰 물건을 우아하게 들고 가고자 할 때, 그것을 자루 안에다 담지 않고 보자기에 쌌다. 장삼을 입고 겨드랑이 밑에 보따리를 끼고서 걸어가는 사람을 5·4 시기까지만 해도 볼 수 있었다. 오늘날에도 몇몇 동양 국가의 전통적인 문인들이 보따리를 끼고서 강단에 올라 강의하는 모습을 자주 볼 수 있다. 이는 촌스럽고 우스운 행동거지로 여겨지지 않을뿐더러 고상함과 우아함의 표현이기도 하다.

물건을 천으로 싸는 것과 자루에 넣는 것은 그 느낌이 다르다. 물건을 싸는 과정에는 세심함과 조심스러움이 깃들어 있지만, 물건을 넣고 담는 것에는 자루만 존재하기 마련이다. 면이나 비단으로 된 네모난 천으로 보자기를 만들어서, 그 가운데에 물건을 두고 보자기의 가장자리 끝을 하나하나 맞추는 것은 아름답고도 자연스러운 동작이다. 보자기로 싸는 것이 소매 안에 물건을 넣는 것과 같은 점은, 보자기 안의 물건 역시 조심스럽게 들고 가야 한다는 것이다. 조금이라도 부주의했다가는 물건을 떨어뜨릴 수 있기 때문이다. 하지만 핸드백이나 자루에 담은 물건은 그럴 위험이 없다. 보자기의 사용은 느릿한 걸음걸이와 마찬가지로, 상대적으로 평화로운 생활리듬과 서로 어울린다는 것을 알 수 있다. 고대의 분위기와 풍조는 이처럼 일거수일투족에 스며들어 있었으며, 그 안에는 시간의 비밀이 담겨 있다. 만약 지금 사람들이 무턱대고 옛사람을 따라하겠다고 기어이 보따리를 들거나 소매 안에다 물건을 넣는다면, 덜렁대다가 그만 그 안에 있는 물건들을 여기저기 떨어뜨리고 말 것이 분명하다. 이는 마치 어떤 사람이 작정하고서 옛날 장삼을 입고 거리에 나산 것처럼, 사람들이 보기에 매우 부자연스럽고 편하지 않을 것이다. 옛사람을 따라하고자 하는 이런 이들은 다른 사람의 느낌을 고려하지 않는다. 그들은 남을 고려하는 예의와 습관을 기르지 못했다. 그들의 핏속으로 전통문화가 흘러들어가지 못했기 때문에 또 다른 종류의 우스꽝스러움이 초래되는 것이다.

기마민족의 복장, 그들이 물건을 휴대하는 습관, 이것들은 필연적으로 농경민족과 많이 다를 수밖에 없다. 말의 속도와 사방으로 내달리는 말의 품성은 말을 타는 사람의 성격을 맹렬하게 만든다. 그들은 빠름을 추구하며 이러한 속성은 생활의 모든 방면에서 드러난다. 튼튼한 가죽 주머니가 없다면 벌판과 들에서 빠른 속도로 달릴 수 없다. 소매 안에 물건을 넣고서 팔짱을 끼거나 뒷짐을 지고 걷는 것 역시 그들의 풍격일 수 없다. 소매라는 것이 오늘날 우리가 보기에는 매우 간단한 것이지만 옛사람들에게는 이처럼 많은 의미가 담겨 있었다. 그것은 실용적이고도 우아하다. 소매와 관련하여 자주 사용되는 전통 어휘에는 과거의 실제 상황들이 반영되어 있다. '수수방관袖手傍觀', '수진袖珍', '소매를 떨치고 가다[揮袖而去]', '영수領袖', '소매 속에 천지를 넣다[袖裏乾坤大]' 등이 그 예이다.

'수진'이란 투박하고 큰 물건과 대응되는 정교하고 작은 물건이다. 그 안에 함축된 또 다른 의미는, 사람들이 그 물건을 매우 친밀하게 여겨 그것을 더욱 좋아하고 늘 손에 지니고 다닌다는 특징이 있다는 것이다. 책을 비롯한 물건들에 일단 '수진'이라는 글자가 붙게 되면, 아름답고 친밀한 성질이 그 물건에 부여된다. 외국인들도 이러한 이치를 알고 있었다. 작은 것에 대한 찬양을 읊은 서양인의 시 중에서 이런 구절이 있다. "작고 정교한 물건, 마음속 깊이 새겨두니 잊기 어렵다네."

옛 등주 사람들에게는 '소매 개[袖狗]'라는 애완견이 있었다. 개의 주인은 외출할 때 이 개를 끌고 나가는 것이 아니라 소매 안에다 넣어서 나갔다. 이 개는 정말로 작은데다가 성격 역시 부끄러움이 많고 내향적이라서 평소에도 주인의 소매 안에 숨어 있기를 좋아한다. 주인은 팔짱을 끼고 걸어가거나 앉아 있을 때에도 수시로 그 개를 손으로 어루만질 수 있으니, 이야말로 진정한 애완동물인 것이다. 하지만 소매 개의 기능은 사실 이에 그치지 않는다. 이 개는 가장 중요한 순간에 주인을 보호하는 역할도 한다. 소매 개가 작긴 하지만 어쨌든 토끼나 고양이가 아닌 개이기 때문에 일단 성질이 났다 하면 얼굴이 험상궂게 변한다. 주인이 침범자를 향해 소매를 치켜들면, 소매 개가 곧장 소매 끝을 딛고 올라서서는 상대의 목을 겨냥하여 갑자기 뛰어올라 상대가 손 쓸 겨를이 없도록 만든다. 옛날에는 정말로 이랬다.

지금도 이렇게 작은 애완동물이 있겠지만 소매 안에 넣고 다니는 경우는 아마 없을 것이다. 사회 풍조가 많이 변했기 때문에 그런 널찍한 소매는 등주 사람들에게서조차 더 이상 찾아볼 수 없게 되었다.

천년선

선지宣紙는 중국이 발명한 특수한 종이다. 선지는 보존하기에 적합하다. 비록 얇고 희고 실처럼 부드럽지만 천 년이 지나도 망가지지 않을 정도로 질기며 결코 약하지 않기 때문에 '천년선千年宣'이라는 미칭을 가지고 있다. 상등 품질의 선지 한 장은, 먹물을 더하지 않고 그저 눈앞에 두기만 해도 훌륭한 감상품이 되어 심신의 기쁨을 얻을 수 있다. 선지의 새하얀 재질과 균일한 결, 상상을 뛰어넘는 부드러움과 강인함, 물과 같은 매끄러움은 사람들이 그것을 손에서 떼어놓을 수 없도록 만든다. 최상의 옛 선지 한 장의 가격이 그토록 비싼 것도 이상하지가 않다. 그것은 정말로 너무나 사랑스럽고 얻기 어려운 것이기 때문이다. 그것 자체에 응집된 전통과 지혜의 아름다움은 어떻게 형용하더라도 지나치지 않을 정도이다.

선지는 사람들이 그림을 그리거나 글씨를 쓰도록 유혹한다. 동시에 다른 한편으로는 그것의 깨끗함과 순결함을 사람들이 차마 더럽히지 못하게 만든다. 선지 한 장이 놓여 있는 것만으로도, 동양 특히 중국의 예술과 중화 전통사상을 대표하기에 충분한 것 같다. 글자 하나 없이 새하얗지만 거기에는 사상과 의미가 충만하니, 그야말로 기묘한 종이인 것이다. 지식인은 종이를 사랑한다. 그중에서도 가장 사랑하는 종이는 선지이다. 글자를 모르는 사람조차도 비단처럼 매끄러운 선지를 아끼고 보호할 것이다.

따라서 사람들은 선지를 망쳐놓는 이를 제일 싫어한다. 그런데 과연 어떤 사람들이 가장 선지를 망쳐놓는 이들일까? 당연히 저 졸렬하고 경박한 '서예가'와 '화가'들이다. 그들에게는 선지를 아낀다는 개념이 전혀 없으며, 새하얀 재질에 대한 경외심도 없다. 그러니 그들이 마음대로 선지를 더럽히는 것도 이상할 게 없다. 특히 현대에 들어와서 어떤 서화인은 갈수록 조급해진 나머지 멋대로 붓을 휘두르며 다작을 추구한다. 그러면서 정밀한 필치는 버려둔 채, '대사의大寫意'니 '문인화文人畵'니 하면서 듣기 좋은 말을 갖다 붙인다. 이처럼 무지막지하게 겁 없이 멋대로 그려댄다면 얼마나 많은 선지를 소모하게 될지, 생각만 해도 정말로 마음이 아프다. 회화란 본래 느림의 예술로, 내면의 세계를 새겨 넣는 방법이다. 이는 대시인 두보杜甫의 말처럼, "닷새에 산 하나, 열흘에 물 한줄기"를 표현하는 것이다. 옛사람은 한 장의 그림을 여러 달에 걸쳐서 그렸다. 그 과정이 바로 일종의 즐거움이었으며 그 결과물 역시 값어치에 부합했다. 원元나라 황공망黃公望의 〈부춘산거도富春山居圖〉는 3년 내내 그린 것이다. 그리고 러시아의 화가 레핀의 〈볼가 강의 배 끄는 인부들〉은 10년

「부춘산거도富春山居圖」, 황공망, 원.
비록 얇고 희고 실처럼 부드럽지만 천년이 지나도 망가지지 않을 정도로 질기며 결코 약하지 않은 것이 중국의 선지宣
紙이다. 그런데 요즘 졸렬한 화가나 서예가들은 이 선지의 귀중함을 모른다. 그 가치를 아는 이는 가령 3년 내내「부춘
산거도」를 그린 황공망과 같은 이일 것이다.

「볼가 강의 배 끄는 인부들」, 레핀, 1873년, 캔버스에 유채, 131.5×281cm, 국립러시아박물관.

에 걸쳐 그린 것이다. 이는 거장의 기개와 생명의 인내력이란 어떤 것인지를 이해할 수 있게 해준다. 옛사람이 미친 듯 빨리 그림을 그리는 것은 단지 어쩌다 있는 일이었다. 그것은 어쩌다 한 번 마음대로 그리는 즉흥적인 기분풀이였을 뿐이다. 즉 정교하고 성실하고 진지하게 열심히 하다가, 그렇게 한번 내키는 대로 그렸던 것이다. 그것은 결코 일상적인 상황이 아니었다. 빨리 그리는 것이 장기였던 사람에게조차도 그것은 일상적인 상황이 아니었다. 중국 예술은 바로 '사의寫意'로서, 그림이 세밀하든 거칠든 모두 대상의 내면세계를 표현한다. 따라서 붓놀림의 대소大小에 따라 사의의 '대'와 '소'를 논할 수는 없다. '문인화' 역시 글쓰기라는 문인의 본업과는 다른 흥취를 선사한다. 물론 이러한 흥취가 또 다른 종류의 예술적 영감을 불러일으킴으로써 생명의 특질, 개별적 감성, 학문의 수양이 종합적으로 어우러지도록 할 수도 있다. 하지만 화가 자신은 어쨌든 먼저 지식을 갖춘 문인이어야 한다. 이것은 필수불가결한 전제이다.

서양의 회화예술 역시 동양과 같은 노선을 걸었던 듯하다. 즉 잇달아 붓놀림이 거칠어지더니 인상파부터는 그 정도가 매우 심해졌다. 이와 동시에 예술비평가들은 심오한 이론을 들고 나와 이러한 현대예술의 특별함과 탁월함을 너나없이 말했다. 사실 현대의 분방함 안에는 위대한 전통 앞에서의 절망, 완벽함 앞에서의 절망이 깃들어 있다. 피카소의 경우 소년과 청년 시절의 사실주의적인 걸작이 없었다면 누가 그 중후반의 '방종'을 인정하겠는가? 대가의 장난기와 방종에는 물론 이유가 있고 유익한 점도 있으며 절제도 있다. 따라서 그의 작품세계를 이해하려면 비범한 생명의 통일적인 관점이라는 측면에서 보아야 하며, 그 마지막 부분의 방종만 떼어내어 보면 안 된다. 게다가 그의 방종의 밑바탕에는 소년과 청년 시절의 기본기와 능력이 깔려 있다. 또한 그의 방종은 해가 지기 직전 해가 잠깐 밝아지듯 죽음이 가까워지면서 왕성해진 기운의 표현일 수도 있다. 그러므로 본래의 가치와 평가라는 측면에서 보자면 상황이 복잡해지게 마련이다. 그런데도 그의 방종을 일생 최고의 걸작이라고 한다면, 이는 '벌거벗은 임금님'의 기만적인 변명에 불과할 것이다. 탁월한 명성을 지닌 동시에 대중에 의하여 끊임없이 해석되는 예술가는, 어떤 영역 어떤 시대일지라도 '황제'의 권위를 갖게 된다. 아무것도 걸치지 않은 그의 벌거벗음을 어느 누구도 감히 지적하지 못한다. 사실을 말할 수 있는 이는 오로지 거짓 없이 순수한 어린아이뿐이다.

옛 등주 사람들은 넉넉하고 부유한 집안에서부터 평민 백성에 이르기까지 서화를 소장하고자 했다. 따라서 이 지역은 현대 소장가들이 가장 방문하고 싶어 하는 곳이기도 하다. 황현성黃縣城에 꽤 내력 있는 집안이 있었는데, 1940년대 중반에 집이 파괴되면서 유명하고 진귀한 서화만도 하루 종일 불탔다. 거기에는 그야말로 진귀한 예술품들이 산처럼 쌓여 있었던 것이다. 안타깝게도 그 당시 사람들은 한창 전쟁터에 투신하여 필사적으로 싸우고 있었기 때문에 그 진귀한 보물들을 돌볼 수 없었다. 그들은 그것이 얼마나 진귀한 것인지조차도 제대로 알지 못했다.

옛 등주 사람들에게는 역대로 아름다운 전통이 전해졌는데, 가을에 가장 좋은 숯을 구워놓는 일이다. 이 숯의 용도는, 눈이 많이 와서 바깥 출입이 어려울 때 화로에 담아 불을 피우기 위한 것이다. 화로는 대부분 집집마다 온돌 위 앉은뱅이책상에다 올려놓았다. 그 옆에는 붓과 먹과 선지가 있어서 따뜻하게 글씨를 쓰고 그림을 그릴 수 있었다. 일자무식의 나이든 여인네도 매화와 난초와 대나무를 상당히 훌륭하게 그릴 줄 알았다. 봄·여름·가을 세 계절 내내 바빴던 남자는 처자식이 꽃 그리는 모습을 온돌 앞에 서서 바라보았다. 이곳의 큰 마을과 도시마다 모두 이름난 서화가가 있으며, 그들의 작품은 대도시 유명인사의 것과 함께 보존되었다. 오늘날 교동 일대의 서화 시장에는 명성도 내력도 없는 고서화들이 자주 나타나는데, 대부분은 기본기가 튼튼한 지방 명인의 작품이며 딱 보면 걸작인 것도 있다. 그들의 이름은 책에 기록되어 있지 않지만 그 실력만큼은 전혀 손색이 없다. 또한 격조와 기백 역시 독특한 특색을 지니고 있다.

세상에서 식별하고 감정하기가 가장 어려운 것은 아마도 예술작품일 것이다. 그중에서도 선지 위의 흔적은 유달리 감정하기가 까다롭다. 글씨든 그림이든 먹의 다섯 가지 농도로 표현되기 때문에 일반인의 눈으로는 분간하기 어렵고, 교양과 품격이 있는 인재라야 그 우열과 고하를 가려낼 수 있다. 그래서 과거로부터 지금까지, 재능도 자질도 없는 서화가들은 전문가와 학자들을 피해 영향력 있는 상인과 관리들에게 접근하고자 애쓴다. 그들의 목적은 단 하나, 즉 돈과 세력의 힘을 빌리기 위한 것이기 때문이다. 하지만 시간이 지나면 그런 행위는 아무런 도움이 되지 않을 뿐만 아니라 도리어 사람들이 진짜 예술가와 가짜 예술가를 감별해내는 근거가 되고 만다. 문학 역시 마찬가지이다. 문학예술의 내향성은 서화에 전혀 뒤지지 않는다. 문학이 추구하는 것 역시 문학에 반드시 있어야 하는 감정과 영감이다. 만약 이것이 없다면 문학 나름의 독자성은 있을 수 없으며 호응 역시 있을 수 없다. 자고이래로 예술에 대한 허튼소리와 사실의 왜곡이 가장 흔했던 까닭은, 걸작을 폄하하고 졸작을 추켜세우는 것이 법을 위반하는 행위가 아닌데다가 사람들이 이를 유달리 귀에 거슬려 하거나 도리에 맞지 않는다고 여기지도 않았기 때문이다. 하지만 책은 인쇄되고 선지는 천 년을 가기 때문에, 그 위에 남은 흔적 역시 영원한 시간에 내맡겨진다. 사람들은 기나긴 시간의 강물 속에서 마침내 무엇이 진짜인지 식별할 수 있게 된다. 바로 이때가 되어서야 사람들의 마음과 눈이 모두 밝아지는 것이다.

옛 선지를 찾는 사람들은 교동 지역을 오간다. 옛 먹의 경우, 향기가 사방으로 퍼져나가는 훌륭한 먹 역시 천금의 가치를 지닌다. 한 지역의 예술의 발전은 언제나 전통과 밀접한 관련이 있다. 또한 전통이 형성되는 데에는 매우 복잡한 원인들이 작용한다. 물자가 풍부하고 인구가 많은 옛 등주 일대는 제나라의 배후지이자 내나라 경제의 중심이었다. 그당시 가장 선진적인 과학기술공업이 바로 이곳에서 흥기했다. 제철업·어업·비단방직·도기제작의 흥성은 문화의 번영을 촉진하기도 했다. 신선술과 방사의 행위가 정통 유학과는 서로 저촉되는 측면이 있긴 했지만 모종의 낭만적이고 소탈한 예술적 풍격은 서로 통했다. 내나라는 경제적으로 제나라를 강대하게 만들었을 뿐만 아니라 문화와 예술의 측면에서도 제나라를 강하게 만들었다. 후에 제나라가 온 세상에 이름을 떨쳤던 학술, 사상, 음악 등에서 모두 동쪽 바닷가의 짙은 향기를 맡을 수가 있다.

허망한 미식

반도 동쪽은 본래 미식의 고향으로 이름난 지역이다. 오늘날에도 성대한 연회에서 유행하는 격식의 가장 주요한 부분은 옛 등주의 것을 계승했다. 여기에는 오랜 근원이 있는데, 어떤 요리들은 먼 옛날 내나라 시기까지 거슬러 올라가야 한다. 제나라와 동래가 하나로 합쳐진 뒤로, 제나라 대연회의 격식은 반도 동쪽의 특색을 갖추게 되었다. 오늘날 노나라 요리를 가리키는 '노채魯菜'라는 말은 사실 '제노채齊魯菜'를 줄인 말로서, 노나라와 제나라의 전통 요리 양식을 모두 포함하고 있다. 양자가 비록 중복되고 합쳐진 부분이 있긴 하지만 차이점은 여전히 분명한데, 음식을 담는 그릇을 포함하여 하나하나 다 다르다. 제나라는 내나라 연회의 풍성한 형식을 최고의 경지로 끌어올렸다. 문헌기록에 나오는 그 성대함과 호화로움은 그야말로 할 말을 잃게 만들 정도이다. 왕의 연회에는 춤과 음악을 곁들여야 했는데, 어떤 경우에는 극에 달할 정도로 과했다. 어떤 왕은 연회를 했다 하면 반드시 춤이 있어야 했고 많은 가희들에게 에워싸여 사치의 극을 달렸다. 기록에 따르면, 신하에게 분노가 치민 어떤 왕이 그 신하를 홀 안으로 들어오도록 해놓고 가희들에게 춤추며 노래하게 했다고 한다. 그런데 그 노래는 바로 그 신하를 모욕하기 위하여 특별히 만든 것이었다고 한다. 오늘날 보기에는 이 이야기가 좀 우습게 느껴진다. 왕이 지나치게 제멋대로인데다가 황당하고 유치하면서도, 아이 같은 천진무구함은 없다고 느껴질 것이다.

호화로운 연회의 격식에는 풍요로운 물질적 기초가 필요하다. 풍부한 물산, 천 리에 뻗어 있는 옥토, 바다의 보물, 이 모든 것들이 호화로움의 조건이었다. 황음무도한 왕은 부지기수였지만, 그들은 민중이 가난과 배고픔에 시달리던 상황에서도 여전히 사치를 누릴 수 있었다. 이러한 음식문화의 가장 기본적인 근원은 풍부한 물질에 있었다.

미식은 민간에서 탄생했고 이후 오랫동안 전해지면서 발전했다. 맛있는 전통 먹을거리들은 수천 년에 달하는 시간 속에서 끊임없이 인정을 받으면서 결국 한 지역의 가장 대표적인 음식이 되었다. 어느 지역에나 그곳의 미식이 있기 마련이다. 미식은 그 지역의 역사와 전통을 구성하는 요소이다. 또한 미식은 민간에서부터 조정에 이르기까지 모두 함께 공유하던 것이다.

극도로 척박한 곳이라 할지라도 군침을 흘리게 만드는 최상의 먹을거리가 있게 마련이다. 그것은 해당 지역의 물산 및 음식습관과 관련이 있으며 현지인의 특수한 입맛과도 관련이 있는데, 결국은 풍토의 문제이다. 한 지역의 미식은 다른 것으로 대체될 수 없다. 가장 유명하고 진귀한 산해진미로도 지극히 평범하고 간단한 지방의 유명 음식을 대신할 수는 없다. 어떤 사람은 이것을 일종의 문화라고 귀결지으면서 형이상학적으로 해석한다. 그런데 솔직히 말하자면, 가장 직접적인 원인은 바로 그것이 맛있기 때문이다. 한 지역을 대표할 수 있는 특수한 맛은, 사람들이 그 맛을 잊지 못하고 끊임없이 그 맛을 음미하게 만든다.

사람들은 과거를 회상하면 할수록, 변혁의 긴 시간 속에서 잊어버린 전통들이 너무나 많음을 발견하게 된다. 그래서 과거를 돌이키며 이전의 기억과 생활에 가까이 다가가고자 하는 것이 바로 현대인의 공통적인 추세가 되었다. 사회 변혁이 날로 격화되어왔던 만큼, 이백여 년 동안 진행된 서양화의 과정은 국수國粹에서 멀어지고 국수를 버리는 과정이기도 했다. 전통 미식 역시 그러한 과정의 일부로서 상당 부분 잊히고 버려졌다. 특히 근래에 들어와서 1960~70년대에 광대한 농촌 지역에서는 한동안 공동식당에서 식사를 해야 했고, 도시에서는 배급표에 근거하여 식량과 식용유를 공급했으며, 개인이 운영하는 작은 가게들은 잇달아 문을 닫았다. 그래서 사람들 모두 전통 미식을 먹고자 하는 마음도 없었고 먹을 조건도 되지 않았다. 어쩌다 예외가 있긴 했다. 어느 지역에나 게걸스러운 사람들이 있기 마련이라, 그들은 직접 맛보기 위해 소매를 걷어 올리고서 음식을 만들기도 했다. 안타깝게도 이것은 그저 개인의 행위에 불과했고 황급히 행해진 것이었던 만큼 음식의 참맛을 내기는 어려웠다. 그 뒤로는 문화대혁명에 이어 자유시장경제에 이르기까지 더욱 격렬한 변혁이 찾아왔다. 이러한 상황에서 전통의 부흥이란 당연히 불가능한 것이었다.

공동식당과 배급제는 동양의 산물이 아니다. 켄터키와 맥도날드도 물론 동양의 것이 아니다. 하지만 이 모든 것들이 전통 미식에 대한 은폐와 망각을 심화시켰다. 다행히도 사물이 극에 이르면 반대로 전환되는 법, 오늘날에 이르러서는 갖가지 이유로 마침내 사람들이 과거의 것을 다시 찾게 되었다. 상업적인 이익 때문에 혹은 개인적인 흥취 때문에, 지방 미식을 힘써 회복시키고자 하는 사람들이 생겨났다. 하지만 그 결과가 대단히 성공적인 것은 결코 아니다. 다들 잔뜩 기대하고서 미식을 먹으러 갔다가 결국 실망만 하고 돌아오곤 한다. 왜일까? 사람들은 그들의 선전이 사실보다 과장되었다고 생각한다. 깜짝 놀랄 만큼 명성이 대단한 음식이라는데 그 맛이 평범하거나 아예 맛이 없기 때문이다. 나이가 든 사람들도 그 맛이 기억 속의 옛 맛과는 많이 다르다고 여긴다. 심지어 어떤 이는 맛이 너무 떨어져서 과거와는 천양지차인 것 같다고도 말한다. 어떤 사람은 이 모든 변화의 원인을 음식 솜씨나 재료 탓으로 돌리지만, 결국엔 전혀 그렇지 않다는 것을 발견하게 된다.

결과적으로 전통 미식점은 문을 닫든지, 아니면 전통 미식이라는 이름만 내건 채 내용을 철저히 조정하고 바꾸게 된다. 사람들은 미식이 실망스럽다고 하지만 어쩔 수 없는 일이다. 현대인은 물질이 부족하던 시대와 완전히 이별을 고했기 때문에 입맛의 만족을 쉽게 얻지 못한다는 것이 일반적인 생각이다. '전통 미식'이란 단지 가난했던 시절의 이름이자 그 당시의 인상일 뿐이라는 것이다. 즉 시대는 변했고 기준도 이미 완전히 달라졌기 때문에, 현재의 식객이 시대라는 배를 타고 앞으로 나아가면서 과거의 '미식'을 찾는 것은 '각주구검刻舟求劍'과 마찬가지로 아주 황당한 일이라는 말이다.

그런데 이러한 인식은 진상의 절반만을 설명할 수 있을 뿐이다. 더 심층적인 원인은 아마도 더 연구해야 할 것이다. 기록에 따르면, 수백 년 혹은 수천 년 전에는 고관과 귀인일지라도 미식의 좋은 맛을 부인하지 않았다. 그들은 물질적으로 전혀 부족한 것이 없는 사람들이었다. 따라서 그들의 미각이 배고픔에 영향을 받았을 리는 없다. 분석해보자면, 근본적인 원인은 우리가 살고 있는 이 시대의 풍토에 변화가 생겨났기 때문이다. 즉 풍토가 너무나 변했기 때문에 우리 모두의 미각도 심각한 손상을 입게 된 것이다.

이것은 놀라게 하려고 일부러 과장되게 말하는 것이 결코 아니다. 우리가 알고 있는 역사상, 사람과 물질의 관계가 오늘날처럼 무절제한 적은 없었던 듯하다. 오늘날 사람들의 식욕은 전례가 없을 정도로 바뀌었다. 폭음과 폭식은 이미 평범한 일이 되었다. 또한 고유의 식생활과 생활 방식에 질적인 변화가 생기고 있다. 입뿐만 아니라 눈과 귀 역시 채식에서 육식으로의 과정을 거쳐왔다. 이로 인해 물질적인 미각은 물론 정신적인 미각까지도 죄다 고기기름에 막혀버리고 말았다. 전통 음식에 내재된 맛은 전혀 변하지 않았다. 변한 것은 단지 우리 자신의 변별 능력이다. 지금 유행하는 켄터키 프라이드치킨, 감자튀김, 피자 같은 것들은 음식의 과학적인 측면에서는 물론 기타 모든 측면에서 볼 때 너무나 형편없음에도 불구하고 많은 아이들이 좋아한다. 코카콜라는 첨가물을 넣은 설탕물에 불과하고 건강에도 좋지 않다. 그런데도 가장 매력적인 차 대신 그런 콜라를 마시고자 하는 사람들이 있다.

이런 경향이 한동안은 멈추지 않을 것으로 보인다. 사실 물질을 제어하지 못하는 탐욕을 갖고 있다면 진정한 미식을 맛볼 수 없다. 음식이란 눈과 귀에 들어가고 다시 입과 배로 들어가는데, 모든 이치가 다 이렇다. 전혀 과장하지 않고 말해서, 우리는 이미 가없고도 위험한 지경에 처해 있다. 아름다움과 추함을 구분하지 못하고 향기와 악취를 분별하지 못할 정도로 이미 마비된 것이다. 이러한 경향이 최근에 들어와서야 시작된 듯하지만, 역사를 돌이켜보면 제나라 전성기의 임치성 안에서 이 모든 것들이 이미 발생했음을 발견할 수 있다. 그 당시 반도는 물질과 정신이 모두 풍요로웠고, 임치 사람들은 이를 충분히 만끽했다. 그 폭음과 폭식이 계속 이어져 오늘에까지 이르렀으며, 결국 현대 상업사회의 탐욕과 살며시 한 몸으로 융합되었다. 이것이야말로 중단되지 않는 욕망의 조류이며, 이는 우리의 혈관 깊은 곳에서 발원한다.

제4장

그들에게 미안하다
한 그루의 나무
세 번 되돌아갔다가 눌러살다
향떡을 선사하다
거문고를 부수다
등불 마을을 읽다
거북이 또 찾아오다

그들에게 미안하다

전설에 따르면 성인 공자의 사위 공야장公治長은 새의 말을 알아들었다고 한다. 이 얼마나 비범하고 대단한 재능인가! 성인이 사위를 선택한 기준이 허술했을 리가 없다. 새의 말을 알아들었다는 것만 보아도 공야장은 대단히 특별했던 사람이다. 동물에게도 언어와 사유능력이 있는가의 여부는 인간이 줄곧 너무나 알고 싶어 해온 비밀이다. 우리는 동물을 '그들'이라고 부르면서 매우 다정하게 대하는가 하면, 비할 데 없이 잔혹하게 대하기도 한다. 우리와 그들의 관계는 그야말로 복잡하게 뒤얽혀 있어서 한마디로 다 말하기는 어렵다. 기나긴 역사 속에서 우리는 그들 가운데에서 고양이와 개를 대표로 뽑았다. 우리는 고양이나 개와 친밀히 접촉하며 이들을 곁에다 둠으로써 쓸쓸한 마음을 조금이나마 위로받고 생활 속에서의 불안도 누그러뜨릴 수 있었다. 고양이와 개의 유순함과 용감함, 총명함과 충성스러움은 감탄을 금치 못하게 만든다. 거대

「인물도」, 전 김득신, 18세기 후반, 비단에 담채, 22.6×15㎝, 선문대박물관.
두 명의 중국 여인과 꼬마, 그리고 그들을 졸졸 따르는 삽살개를 그렸다. 개와 사람은 이렇듯 가까운 존재였고 그 생활을 함께했다.

하고 복잡한 집단인 '그들' 가운데에서 파견된 고양이와 개라는 두 사자使者, 두 영물靈物만으로도 인간은 무궁무진한 화제와 그리움과 이야기를 갖게 되었다. 그들은 완전히 다른 태도와 모습으로, 혹은 익숙한 태도와 모습으로 인간의 호기심과 동정심, 그리고 마음속 깊은 곳에서 나오는 사랑을 얻어냈다. 그런데 동물에 대한 인간의 잔인함 역시 언제나 이 두 생명에 집중되어 있다. 어떤 사람은 자신의 경험과 관찰을 통해 개에 대해 다음과 같은 결론을 얻었다고 한다. "오직 인간이 개에게 미안할 뿐, 개가 인간에게 미안할 것은 없다."

소박하기 그지없는 한마디 말이지만, 이는 인간과 동물이 함께 살아온 가장 진실한 역사에 관한 보편적인 실제 상황을 말해준다. 사실이 정말 이렇다. 생활 속에서 마치 한 식구처럼 동물을 너무나 아끼는 사람이 있는가 하면 완전히 반대인 사람도 있다. 개의 경우, 주인에 대한 그들의 충성이 처음부터 끝까지 한결같다는 데는 의심의 여지가 없다. 하지만 인간은 특별한 상황에서 도리어 함부로 그들을 해친다. 그들이 해를 당하고 심지어 죽임까지 당한 역사에 대해 우리 모두 잘 알고 있다. 어떤 사람의 말처럼, 개의 몸에는 불가사의하고도 거대한 격정이 넘쳐나며 이러한 격정은 인간에게 그야말로 수수께끼이다! 개의 순진무구한 눈을 잘 들여다보기만 해도 인간은 오랫동안 반성할 기회를 얻을 수 있으며 마음속에 있는 부끄러움을 끌어낼 수 있다. 개의 사심 없음과 열정, 순수한 격정에 비한다면, 세상물정에 찌든 인간은 도리어 너무나 가여워 보인다.

제나라 동쪽 사람들은 동물 중에서도 유달리 말을 사랑했다. 조상 대

「교원목마도권郊原牧馬圖卷」, 카스틸리오네(낭세녕郎世寧), 17세기, 비단에 채색, 50.6×166㎝, 북경 고궁박물원.
동물 가운데 특히 말은 제나라 동쪽 사람들로부터 가장 많은 사랑을 받았다. 그들은 아침저녁으로 말과 함께하면서 살았다고 할 수 있다. 그들이 교동반도에 정착한 후 가장 먼저 한 일은 천하에서 가장 아름다운 말들을 기르는 것이었다.

대로 이곳에 살았던 사람들과 준마의 관계는 매우 밀접했는데, 아침저녁으로 함께하면서 서로 의지하며 살았다고 할 수 있다. 더욱 잊을 수 없는 것은, 그들의 조상이 일찍이 준마를 타고서 대륙이 침몰하기 이전 노철산 해협을 가로질렀고, 등주의 곳과 동북의 광활한 지역을 다니며 매우 고생스럽게 생활했다는 사실이다. 그들이 교동반도에 정착한 이후 가장 먼저 한 일은 천하에서 가장 아름다운 말들을 기르는 것이었다. 그 말들이 광야를 질주할 때는 마치 대지 위로 기름이 흘러가는 듯했다. 그들이 살던 곳에서는, 만약 누군가 감히 말을 해치거나 학대하면 사람들이 상대해주지도 않는 나쁜 놈이 되고 말았다. 반도의 동쪽에서는 전통적으로 어엿한 남자라면 반드시 준마와 보검, 수레와 개를 갖고 있어야 했다. 그들은 동물이 뒤를 따르거나 동물과 함께 가면 훨씬 포근하고 안전하다고 느꼈다. 여자들은 애완 고양이를 길렀다. 오늘날에도 나이든 할머니가 길거리에 앉아 있을 때에는 십중팔구 예쁜 고양이 한 마리를 품고 있다.

천지인天地人 삼자 간의 생존윤리라는 측면에서 보자면, 동물과 깊은 정감을 나눌 수 있는 사람이야말로 건전하고 자연스러운 인간이라고 할 수 있다. 온갖 구실을 찾아서 동물과 나무를 죽이고 베는 등 주위에 있는 다른 생명을 무감각하고 잔혹하게 대하는 이들은, 실은 성질이 거칠고 조급한 변태들이다. 이들은 여럿이 함께 모여 사는 생활을 비정상적으로 만든다. 이런 사람들과 함께 지내는 것은 사실상 매우 위험한 일이다. 오로지 인간 집단만 있고 다른 생명들의 북적거림이 없다면, 이는 고독한 군거群居에 불과하다. 지금 보건대 인간은 날마다 더욱더 이러한

「견희도犬戱圖」, 청, 비단에 채색, 40×35.5cm, 천진시예술박물관.
"오직 인간이 개에게 미안할 뿐, 개가 인간에게 미안할 것은 없다." 천지인이 상생하는 것이 삶의 윤리라고 본다면, 동물과 정감을 나눌 수 있는 사람이야말로 자연스런 인간이라 할 수 있을 것이다.

고독 속으로 걸어 들어가고 있다.

　고양이와 개가 인간의 생명을 구한 이야기는 한없이 많다. 기록에 따르면 여러 차례 전쟁터에서 주인을 구한 말도 있다. 실제 상황에서, 동물은 인간과 함께 지내면 인간에게 애정을 갖게 되고 여러 종류의 보답을 한다. 인간들은 이 점을 의심하지 않는다. 하지만 정말로 깊이 있고 풍성한 보답은 그처럼 구체적인 사례에 있지 않다. 동물의 진정한 보답은, 책의 기록이나 매체의 보도에 나오는 것처럼 인간을 도운 기이한 일 같은 것이 아닌 다른 데 있다. 인간에 대한 동물의 가장 큰 보답은, 바로 그들이 인간과 일상을 함께하며 더불어 생존하는 데 있다. 그들과 우리는 이 지구에서 함께 생활하고 있다. 보기에는 서로가 아무런 관련도 없고 거리가 있는 것 같지만 내적으로는 깊은 관계가 있다. 우리는 그들과 같은 공기를 호흡하고 같은 물을 마신다. 또한 생활에 필요한 것들을 우리와 그들 모두가 이 공간 속에서 찾는다. 그들은 해가 떠서 지기까지 내달리고 지저귀고 날다가 달 아래에서 조용히 쉰다. 이것은 바로 우리의 이 생존 공간이 안전함을 증명하는 것이자, 활력과 생명으로 충만한 정상적인 질서가 존재함을 증명하는 것이다. 이는 근본적으로 우리를 위안해준다. 만약 이러한 위안이 깡그리 사라진다면, 앞에서 말한 것처럼 엄청난 고독만 남게 될 것이다. 그렇게 된다면 우리 인류 자체도 매우 위험해진다. 우리가 그들 가까이 다가가 그들과 접촉하고 그들을 응시하며 네 개의 눈동자가 서로 바라볼 때야말로 다른 종류의 생명의 눈빛, 즉 마음의 창을 느낄 수 있다. 그들이 우리를 향해 마음의 창을 활짝 여는 것은 결코 사소한 일이 아니다. 많은 사람들이 바로 그 순간을 떠올릴 수 있을 것이다. 그들의 눈이 우리에게 절대로 잊을 수 없는 인상을 남겨 주었기 때문이다.

인간은 감정이 마비되었을 때라야 차갑고 무자비해지는 법이다. 일단 이렇게 변하고 나면 인간은 아무런 동정심 없이 동물을 죽이게 된다. 이러한 학살은 규모가 크고 그 역사도 길며 사용 수단 역시 매우 잔혹하다. 어떤 사람은 각종 방법을 생각해내 동물을 괴롭힌다. 그는 그러한 가학을 통해 사악한 쾌감을 얻는다. 또한 동물의 몸에서 이익을 취하면서 양손을 죄악으로 물들인다. 물질적인 욕망이 인성을 파괴하면 인간은 가장 잔혹한 동물이 된다. 놀랍게도 인간은 살아 있는 곰의 몸에 장기간 도관을 꽂아놓고 계속해서 담즙을 뽑아낸다. 신선하고 연한 육질의 고기를 얻기 위해서 살아 있는 나귀의 몸을 부위별로 선택해서 잘라낸다. 현대화된 양계장의 닭은 이동할 수 없는 극히 협소한 공간에 고정되어 살면서, 공업 생산라인의 기계 부품으로 간주된다. 이런 예들이 셀 수 없이 많지만 차마 열거할 수가 없다. 단지 아무도 이렇게 묻지 않을 뿐이다. 인간이 계속 이런 식으로 나간다면, 누군가 은밀히 우리를 저주할까 두렵지 않을 수 있겠는가?

바로 대답하기는 어려울 것이다. 인간은 악성질병이나 유행성 급성 전염병으로 인한 죽음, 또는 순식간에 수십만 명의 생명을 앗아가는 자연재해처럼 자기 앞에 닥친 무시무시한 재난만 볼 줄 안다. 그런데 이처럼 저항할 힘조차 없는 생명의 나약함 앞에서 인간에게 필요한 것은 꿋꿋함뿐만 아니라 다른 생명에 대한 더 많은 연민이다. 또한 인간은 자신의 마비된 감정을 다시 불러일으켜야 한다. 만약 그렇게 하지 않는다면,

무서운 어느 날 밤 어슴푸레 동물들이 내는 저주의 소리를 듣게 될 수도 있을 것이다. 이 저주는 정말로 인간을 향한 것이다.

원하든 원치 않든, 인간은 모두 사실상 이 저주를 받고 있다. 이토록 많은 저주가 천지 가득 흩어져 있는데 우리 인간이 어떻게 견딜 수 있겠는가? 이것은 미신이나 초월주의적인 가설이 아니라, 마음의 논리이자 회피할 수 없는 현실의 커다란 문제임을 알아야 한다. 이는 점점 더 분명하게 우리 앞에 펼쳐질 것이다. 어떤 사람이 10여 년 전에 다음과 같은 가정을 한 적이 있다. 인류가 만약 동물을 완전히 먹지 않게 되는 날이 온다면, 완전히 새로운 완벽함에 진입할 수 있지 않을까? 이런 단계에서는 전에 없던 문명이 생겨나고, 예측할 수 없는 재난 역시 그에 상응하여 최소화될 것이다. 요컨대 모든 것이 새롭게 시작되는 것이다. 이런 구상은 불교 교의와도 완전히 부합한다. 또한 그 안에는 세속생활에서의 직접적인 깨달음도 들어 있다.

사실상 인간은 차갑고 무자비하게 동물을 대하는 동시에 자기 자신도 혹독하게 해치고 있는 것이다. 이 혹독함은 극렬한 통증을 직접적으로 유발하지 않기 때문에 간과되고 만다. 하지만 그 결과는 반드시 전쟁이나 종족 박해, 깜짝 놀랄 만한 가혹한 형벌 등의 다른 방식으로 복제되고 유포되기 마련이다. 이 모든 것은 인간이 동물을 해쳐온 상황과 극도로 유사하다. 인성의 상실은, 동물을 해치려는 시도 속에서 점차 완성되어가는 것이다. 인간이 동물에게 폭력을 행사하는 과정은, 두 손에 선혈을 묻히고 귀로는 비명을 듣는 과정이다. 그 빛깔과 소리가 일단 마음속으로 들어오게 되면 우리 안에 머무르면서 떠나가지 않는다. 그리고 그 죄악감은 우리를 고통스럽게 하면서도 이상하게 우리를 매료시킨다.

공자의 사위 공야장처럼 우리도 새와 대화하는 능력을 갖게 되길 바라는 것은 아마도 과욕일 것이다. 하지만 동물과 친밀하게 지내면서 더 많이 교류할 수 있는 가능성은 분명 존재한다. 이는 결코 어려운 일이 아니다. 이러한 일들은 단순해 보이지만, 이야말로 우리가 생존하는 데 있어서 가장 큰 행복 프로젝트이다.

한 그루의 나무

〰

동물에 대해 알아봤는데 그렇다면 식물은 어떨까? 극단적으로 나무를 사랑한 예들을 찾아본다면, 몇 년 전 서양에서 보도된 다음 사례보다 더한 것은 없을 것이다. 한 남자가 자신이 좋아하는 한 그루의 나무와 결혼했는데, 엄숙하고 진지하게 결혼식을 거행하고 나무 옆에 신방까지 차리고서 나무와 함께 살았다고 한다. 이 소식은 장중하고도 사실적인 필치로 게재되었지만, 많은 사람들은 우스갯소리로 여겼고 결코 오랫동안 이를 진지하게 생각하지 않았다. 하지만 이 사건을 줄곧 기억하고 있는 사람도 있다. 그는 사건의 당사자가 어느 나라 출신이며 이름은 무엇인지, 지금도 말할 수 있을 정도로 그 사건을 거듭 음미하고 있다. 한 남자가 한 그루의 나무와 결혼했다는 사실은, 그가 이 나무를 오랫동안 관찰했거나 한동안 함께 지내면서 나무의 성격과 성별을 알게 되었음을 말해준다. 그는 아마도 상대방이 여성이라 여기면서 헤어질 수 없을 정도로 이 나무를 사랑하게 되었고 결국엔 함께할 수밖에 없었던 것이다. 그가 이 나무의 동의를 어떻게 얻어냈는지에 대해서는 우리가 알 수 없다. 모든 합법적인 혼인은 쌍방이 원해야 하며, 기왕 엄숙한 결혼이라면 상대방의 감정과 태도가 절대적으로 중요하다. 보아 하니 그와 이 나무 사이에는 다른 사람들이 알지 못하는 교류 방법이 있었던 듯한데, 이것 역시 그저 추측일 뿐이다.

나무와의 결혼이 서양에서 일어났던 해프닝에 불과한 것인지의 여부에 대해서는 논하지 않더라도, 사람이 나무에 깊은 애정을 갖는 경우는 흔하다. 교동반도 지역에는 나무 사랑에 중독된 사람들이 많은데, 이들은 감정이 풍부하고 매우 선량하다. 포송령의 책에는, 어떤 사람이 나무를 너무나 사랑하자 그 꽃나무가 감동하여 소녀로 변신한 이야기가 나온다. 꽃나무가 소녀로 변했으니, 그녀는 분명 너무도 청순하고 사랑스러웠을 것이다. 여기서 우리는 늘씬한 자엽자두나무를 떠올리게 된다. 바람 속에서 붉은 잎과 가지가 흔들리는 그 모습은 그야말로 아름다움의 극치이다. 그 서양 남자가 사랑한 나무가 어떤 나무인지 기억나지 않지만, 첫눈에 반할 만한 아름다움을 지녔음이 분명하다. 나무의 아름다움은 수없이 많은 예술품을 통해 찬송되었고, 이 갖가지 찬송들에는 사람들의 정감이 배어 있다.

교동에 사는 어떤 노인의 집 마당에 큰 나무가 한 그루 있었다. 이 나무는 노인이 어렸을 때부터 있었던 것이라고 한다. 그는 언제나 나무 아래에서 쉬었다. 또 그는 벌레를 잡아주고 물을 주며 살뜰히 나무를 보살폈다. 그런데 어느 날 이 나무의 상태에 갑자기 이상이 생겼다. 노인은

「고사세동도高士洗桐圖」, 장승업, 19세기,
비단에 수묵담채, 141.8×39.8㎝, 삼성미술관 리움.
나무에 각별한 애정을 기울인 이들은 역사상 꾸준히
있어왔다. 중국 원나라 때 화가는 자신의 결벽증 때
문이긴 하지만 하인을 시켜 자신의 오동나무를 매일
같이 닦게 했다.

어쩔 줄 몰라 하며 애만 태웠다. 그 당시에는 병든 나무를 치료하는 것이 사람의 병을 치료하는 것처럼 간단하지 않았다. 그때에는 농사일을 하면서 의료업무까지 병행하던 적각의생만 있었지 나무의사는 아직 없었기 때문이다. 노인은 여러 가지 방법을 강구해봤지만 결국 그 나무는 점점 시들어갔고 몇 달 뒤에 죽고 말았다. 이때부터 노인은 몸이 점차 안 좋아지더니 나중에는 결국 자리에 누워 일어나지 못했다. 적각의생이 얼른 와서 주사를 놓으려 했지만 노인은 거절하며 말했다. "신경 쓸 필요 없다네. 나무가 가버렸으니 나도 가야지." 적각의생은 놀랍기도 하고 우습기도 했지만 늘 하던 대로 노인에게 주사를 놓았다. 하지만 모든 것이 소용없었다. 이틀 뒤 노인은 정말 세상을 떠났다.

여기 또 한 아이의 이야기가 있다. 이 아이는 태어난 뒤로 줄곧 문 앞에 있는 버드나무 위에서 놀았다. 부모는 아이가 보이지 않을 때면 언제나 이 나무에서 아이를 찾을 수 있었다. 이 커다란 나무는 정말로 무성해서 사람들의 눈길을 끌었다. 그런데 어느 날 갑자기 한 무리의 사람들이 와서는 이 나무를 베려고 했다. 그들은 나무를 가지고 뭔가를 만들 거라고 했다. 아이네 집 앞에서 자란 나무이긴 했지만 집단의 공동 재산에 속하는 것이었다. 아이는 미친 듯이 나무로 달려가 나무를 껴안고 울었다. 아이의 아버지도 차라리 돈을 줄 테니 나무를 그냥 두라고 그들에게 애원했다. 이 터무니없는 일에 그들이 어떻게 동의했겠는가? 그들은 원래의 계획대로 나무를 베기로 했다. 하지만 아이는 나무를 꽉 끌어안았다. 그들에겐 다른 방법이 없었다. 어쩔 수 없이 덩치 큰 남자 둘이서 아이를 나무에서 떼어내 움직이지 못하도록 단단히 붙들었다. 아이는 사람들이 깜짝 놀랄 정도로 크게 울부짖었다. 이 소리에 결국 온 동네 사람들이 모두 밖으로 나왔다. 그러나 끝내 나무는 베어졌다. 그토록 무성한 나무갓도 베어졌다. 그리고 한 토막 한 토막씩 잘려 목재가 되었다. 이때 이미 아이의 상황은 울다가 숨이 곧 넘어갈 정도였다.

이 아이가 얼마나 깊은 상처를 받았을지 충분히 상상할 수 있을 것이다. 아이는 평생 이 경험을 잊을 수 없었을 것이다.

누군가 자신의 어린 시절을 회상할 때 가장 또렷하게 기억나는 것은 바로 집 앞이나 뒤에 있던 커다란 나무일 것이다. 어떤 나무에 대한 인상이 매우 강하게 남아 있는 경우도 있다. 그는 떠났지만 움직이지 못하는 생명인 나무는 원래의 자리에 여전히 그대로 머물러 있기 때문이다. 현대과학은 식물의 감지능력을 발견해냈다. 측정 기구를 이용해 식물이 해를 당할 때 갖는 공포를 측정한 것이다. 이는 우리가 식물을 어떻게 이해해야 하는지에 대한 실제적인 증거와 이론적 근거를 찾게 해주었다. 이는 단지 하나의 시작일 뿐이다.

나무를 너무나 사랑한 예가 있는가 하면, 그와 반대인 경우도 있다. 반대인 예가 오히려 훨씬 많다. 간단히 말하자면, 최소한 최근 백여 년의 시간 동안 많은 지역의 역사는 나무가 날마다 점점 사라져간 역사였다. 어떤 지역이든, 사람들이 과거를 회상할 때 가장 자주하는 말은 바로 "우리가 살던 곳에는 나무가 얼마나 많았는데! 이제는 다 없어졌다"는 것이다. 어떤 사람들은 숲에 대해서, 숲에서 겪었던 경험들에 대해서 말하기도 한다. 그런데 이상한 것은, 큰 숲이나 큰 나무는 요행히 살아남기가 어렵고 결국엔 각종 구실 아래 깡그리 없어져버리고 만다는 사실이다. 달리고 움직일 수 있으며 어느 정도의 저항능력을 갖춘 동물과 비교했을 때, 인간은 나무를 아주 간단하고 쉽게 다룬다. 나무는 항의의 목소리조차 내지 못하고 쓰러져버리기 때문이다. 인간은 나무를 베어내려 할 때 앞으로 치러야 할 대가를 생각하지 못한다. 상대가 해 아래에서 수십 년 혹은 백 년을 살아온 생명이라는 것을 생각하지 못하고 약간의 동정심조차 갖지 않는다. 인간은 생각하지 못한다. 사실 인간은 나무의 후배일 뿐이라는 것을, 인간은 움직일 수 있는 한 그루의 작은 나무에 불과하다는 것을, 인간 역시 나무와 마찬가지로 서 있는 존재라는 것을 말이다. 나무는 뿌리를 내릴 수 있지만 인간에게는 뿌리가 없다. 그런데 사실상 어떤 사람에게는 뿌리가 있다. 그는 나무처럼 땅속 깊이 뿌리를 내리고 있지만 단지 평범한 눈에는 이 뿌리가 보이지 않을 뿐이다. 일반적으로 말하자면, 나무처럼 뿌리가 있는 사람이라야 나무를 사랑하고 이해할 수 있다.

현대인이 물질세계에서 타락하고 변질되었는지, 아니면 정상적이고 건강한지를 평가하는 가장 간편하고도 쉬운 방법은 바로 그가 나무 한 그루 혹은 숲 하나와 감정적으로 연관되어 있는지를 보는 것이다. 애완동물을 사랑하는 것, 그리고 동물에게 애정과 애틋함을 갖는 것보다 나무를 사랑하는 것은 훨씬 더 어렵다. 동물은 소리와 눈길로 명백한 반응을 보인다. 동물의 이런 특징은 인간과 비슷하기 때문에 그런대로 교류가 가능하다. 하지만 식물과 교류하기 위해서는, 인간의 감정을 일깨워야 하고 깨달음이 필요하다. 인간의 생명력 가운데 어떤 요소는 더불어 살아가는 데 꼭 필요한데, 그것은 바로 우애와 인자함이다. 이것은

「한羅漢」, 오빈吳彬, 명, 종이에 먹과 채색, 151.1×80.7cm, 대만 국립고궁박물원.

상을 하고 있는 나한과 같이 오랜 시간을 함께 보낸 나무는 나한과 같은 모습이 되었다. 사실 인간은 나무의 후배일 뿐이다. 인간은 나무와 마찬가지로
있는 존재이지만, 나무는 뿌리를 내릴 수 있는 반면 인간에게는 뿌리가 없다. 하지만 나무를 사랑하는 사람은 눈에 보이지 않는 뿌리를 가지고 있다.

三壠植楷

孔子卒弟子廬墓各
攜四方之木植之子
貢所植楷在三壠前
角道左高大迥別羣
木至今老幹猶前可
以觀其神異也

「자공이 심룡 언덕에 해나무를 심다三聖植檜」, 작자미상, 1742년, 종이에 담채, 33×54㎝, 국립중앙박물관.

공자가 세상을 떠나자 제자들은 사방 각지의 나무를 가져다 심었다. 그중 자공子貢이 심은 해檜나무는 다른 나무보다도 크고 높게 자랐으며, 지금도
늙은 줄기가 예나 다름없어 신령함을 알 수 있다. 요즘은 각지에서 매일 나무가 사라져가지만, 나무는 사실 천고의 삶을 사는 존재이다.

인간의 타고난 능력이지만 애석하게도 후에 조금씩 상실해버렸다. 다른 생명 특히 소리를 낼 수도 없고 움직일 수도 없는 생명과의 교류, 인간과는 완전히 다른 생명과의 교류를 인간이 회복하고 우애와 인자함의 본능으로 돌아갈 수 있다면 인성 역시 온전히 되살아나고 회복될 것이다. 한 그루의 나무를 사랑하는 출중함과 기질은 터무니없고 우스운 것이 결코 아니다. 나무에게 연민을 느끼고 나무를 동경하며 나무와 마음으로 대화하는 사람이야말로 온전히 건강하다고 할 수 있다. 이런 사람들로 이루어진 현대사회야말로 온정과 이성이 살아 있으며 사람과 사람 사이에서 행복을 느낄 수 있다. 그렇지 않다면 사람들이 함께 지낸다는 것은 긴장과 위험이 될 수밖에 없다. 타인을 해치는 상황이 전혀 예기치 않은 상황에서 갑작스럽게 발생할 수 있기 때문이다. 이런 의미에서 말하자면, 우리는 굉장히 위험한 세상에서 살아가고 있으며 참으로 위험한 지경에 처해 있다.

세 번 되돌아갔다가 눌러살다

교동반도 중부에 위치한 서하시는 산지로 이루어져 있어서 속칭 '교동의 용마루'로 불린다. 이곳은 산이 많고 수려하며 온천도 있다. 또한 이곳은 역사적으로 도가의 활동 장소였다. 지리가 사람의 일을 결정한다는 것을 이곳 서하가 또 한번 증명하는 듯하다. 주위 지역들과 비교했을 때 유독 이곳에만 해안선이 없다. 이 지역은 반도 가운데 툭 튀어나온 고지이자 견고한 암석지대이다. 한편 교동의 다른 지역들은 대부분 크고 작은 해안 충적평야로 이루어져 있다. 서하는 반도의 내륙이자 고지이다. 그래서 사람들은 이곳을 보고 자연히 바닷가 신선들의 은거 장소 내지는 높이 올라가서 관망할 수 있는 특별한 장소를 떠올리게 된다. 이곳에서 배출된 문화인물은 사실상 다른 지역에 비해서 더 알차고 실속 있다. 이 모든 것은 우연이 아닐 것이다. 중국문화사에 큰 영향을 끼친 중대한 역사적 사건들이 바로 이곳과 관련되어 있다. 도가의 대표 인물인 구처기를 비롯해, 빈도리濱都里·전진교·태허궁 등 도가와 관련된 것들이 바로 그 예이다.

서하는 신선에 관한 전설이 많은 지역이다. 또한 이곳은 큰 뜻을 품고 수양하는 전통도 오래된 지역이다. 크고 작은 산들 사이에, 종횡으로 교차된 샘과 강 사이에는 흥미로운 일들이 고요히 깃들어 있다. 서하 서쪽의 잠산蠶山 기슭에는 70~80년 전까지만 해도 홀로 사는 노인이 있었다. 이 노인은 도를 닦는 이가 아닌 평범한 산촌 사람으로, 처자식도 있었으며 농사를 지어 생계를 꾸렸다. 그가 산으로 들어가서 혼자 살게 된 이야기는 사실일 뿐만 아니라 그곳 사람들도 모두 생생하게 알고 있다.

그 일이 시작된 것은 어느 해 봄날이었다. 쉰이 넘은 그는 산 넘고 재를 넘어 다른 마을로 갔다가 돌아오는 길에 참을 수 없는 갈증을 느꼈다. 바로 이때 그는 산속의 샘물을 만나게 되었다. 그는 엎드려서 샘물을 마시기 시작했다. 누가 알았으랴! 입을 닦으며 일어선 다음에야 그는 자신이 마신 물이 결코 평범한 샘물이 아님을 느꼈다. 유달리 깨끗하고 달콤한 맛은 말로 표현할 수 없는 상쾌함을 그의 온 몸에 선사했다. 그는 샘물을 바라보며 차마 떠나가지 못했다. 그는 다시 엎드려서 샘물을 마셨다. 배가 빵빵해질 때까지 마신 다음에야 비로소 그는 서둘러 길을 떠났다. 다시 산등성이를 하나 넘자 마을이 눈에 들어왔다. 하지만 그는 그 샘물이 또 마음에 걸려서 온 길을 따라 되돌아갔다. 간신히 다시 샘물을 찾은 그는 엎드려서 또 한 번 마음껏 마셨다.

여기까지가 이야기의 대부분이지만 실제로는 그 뒤로 또 다른 일이 있었다. 그가 다시 집으로 돌아가던 길이었다. 작은 산 두 개를 넘어 이제 막 집에 도착하려는 순간, 그는 또다시 망설이기 시작했다. 그는 마음속에 커다란 걱정거리가 생겼다. 이번에 집으로 돌아가고 나면 정말로 그 샘을 잃어버릴 것만 같았다. 이런 생각이 들자 그는 조급해졌고 되돌아가야겠다고 결심했다. 이번에는 단지 샘물을 마음껏 마시기 위해서가 아니었다. 샘으로 가는 길에 있는 참조물을 하나하나 기억하며 길을 정확히 봐두고, 앞으로 언제든지 다시 찾아올 수 있도록 표시까지 해두기 위해서였다.

바로 이렇게 해서 그는 세 번째로 되돌아갔다. 그 산속의 샘 옆으로.

서하의 산간 지역에는 샘이 매우 많다. 졸졸졸 흐르는 크고 작은 샘들을 절벽 아래 돌들 사이에서 흔히 볼 수 있다. 하지만 산에 사는 사람이 그 물을 실컷 마시기 위해 세 번씩이나 되돌아갈 정도로 그를 매료시킬 수 있는 샘은 드물다. 결국 마을로 돌아온 그는 기쁘면서도 유감스러웠지만, 어쨌든 그 맛 좋은 샘의 위치를 기억할 수 있었다. 이날부터 그의 생활에는 변화가 생겼다. 그의 가족들까지도 그의 변화를 알아차렸다. 그는 그 샘을 잊을 수 없었다. 그의 가족은 정말 괜찮은 사람들이었다. 아내는 어질고 아들은 효성스러웠다. 그에게는 조상이 물려준 몇 뙈기 땅도 있었고 그럭저럭 살 만했다. 쉰이 좀 넘었던 바로 그 해에 그의 몸에는 힘이 아직도 많이 남아 있었다. 하지만 정작 그의 마음은 어디로 가야 할지 막막하기만 했다. 어느 날 그는 마침내 아내에게 자신의 생각을 말했다. 이 마을에서 여러 세대를 살다보니 이제 정말로 좀 지겨워졌고 새로운 곳을 찾아 이사를 했으면 한다고 말이다. 어디로 갈 것인지 아내가 묻자 그는 바로 그 샘에 대해 말했다.

아내와 아들은 물론 동의할 리가 없었다. 황량한 산속에 이웃도 없고, 게다가 집도 다시 지어야 했다. 이것은 불가능한 일이었다. 그 당시 산속의 집들은 작지만 튼튼했고, 대부분 조상대로부터 전해오는 것이었다. 손수 돌을 캐고 기와랑 목재를 사서 다시 새집을 짓는 것은 이제껏 큰일로 여겨졌다. 하지만 그는 가족들의 반대에도 아랑곳하지 않았다. 가족들이 아무리 울고불고 말려도 결국 그는 떠나기로 결정했다. 혹시 지난번 산에 들어갔을 때 도사를 만난 건 아닌지, 산속의 무엇인가에게 홀린 건 아닌지 아내가 그에게 물었다. 그는 연신 부인했다. 그는 약간의 쌀과 단지 몇 개, 그리고 산을 깎을 때 필요한 몇 가지 용구들을 챙겨서 아침 일찍 떠났다. 떠나기 전 아내와 아들에게 말하길, 일을 다 끝내고 나면 데리러 오겠다고 했다.

이렇게 해서 그는 그 샘을 다시 또 찾았다. 샘 옆에서 몇십 보 떨어진 곳에 비탈이 있었다. 그는 그곳을 파기 시작했다. 작은 돌집이 될 때까지 계속 팠다. 이 작은 돌집의 크기는 한두 사람 들어갈 정도밖에 안 되었다. 그는 여기에 눌러살면서 틈이 날 때마다 돌집을 사방으로 확장했다. 집을 조금씩 넓혀가면서 창문도 냈다. 창문의 창살까지도 돌을 깎아 만들었다. 그는 작은 돌집 옆에 있는 땅도 개간했다. 짙푸르고 윤이 나는 채소와 곡식이 그 땅에서 자라났다.

드디어 가족들이 와보고는 깜짝 놀랐다. 그가 혼자 한 것이라고는 도저히 믿을 수 없었다. 그 돌집에는 창문도 있고 온돌과 부뚜막도 있었다. 그야말로 모든 것이 두루 갖추어져 있었다. 이 모든 것이 일일이 돌을 깎아 만든 것이었다. 이것이 가능하단 말인가? 그는 가족들에게 말해주었다. 산에는 단단한 껍데기가 있을 뿐이므로 파내어 들어가기만 하면 그 안은 두부처럼 부드럽다고 말이다. 그들은 물론 믿지 않았다. 하지만 그 샘물을 마셔본 뒤, 그들은 상황을 알 수 있을 것 같았다. 아내가 아들에게 말했다. "다른 게 아니라 바로 이 샘물이 네 아버지를 흘렸다. 아버지가 날마다 샘물을 마시면서 이상한 생각을 하게 되었고, 힘도 새롭게 솟아났던 게다."

아내는 아들을 데리고 산을 내려왔다. 그는 혼자서 산속에서 살았다. 마을 사람들 모두 이를 기적이라고 여겼다. 많은 마을 사람들이 길을 더듬어 산속을 찾아와 샘물을 마셨고 입을 닦으며 칭찬했지만 결국엔 떠나갔다.

그가 집으로 돌아가지 않자 아내와 아들이 한두 달에 한 번씩 그를 찾아 산으로 올라왔다. 오는 길에 먹을 것을 가져오고, 가는 길에는 그가 산에서 재배한 수확물을 가지고 돌아갔다. 가장 보내기 힘든 날은 설이었다. 마을에서 폭죽 소리가 울릴 때 그들은 산속에 있는 그가 더욱 걱정되었다. 아내는 아들을 시켜 그가 집으로 돌아와서 설을 보내도록 간곡히 부탁했다. 하지만 그는 한 번도 산에서 내려가지 않았다. 이렇게 아버지는 산에서 살고 아내와 아들은 마을에서 살면서 여러 해가 지나갔다. 아내는 세상을 떠나면서 아들에게 이르길, 자신을 남편이 사는 작은 돌집 옆에 묻어달라고 했다. 아들은 그렇게 했다.

다시 또 여러 해가 지났다. 아들이 마지막으로 산속을 찾아갔을 때, 그 작은 돌집 안의 모든 것은 그대로인데 오직 노쇠한 아버지만 없었다.

그때 이후로 산속의 노인은 보이지 않았다. 마을 사람들은 그가 신선이 되었다고 말했다. 어떤 이는 그가 집을 떠났던 그날부터 사실은 이미 도사가 되었던 것이라고 말하기도 했다. 오로지 그의 아들만 그런 말들을 완강히 부인했다. 아버지는 이제껏 도사로 지낸 적이 없으며 다른 사람들과 똑같은데 다만 좋은 샘을 발견했을 뿐이라고, 아버지가 결국 돌집을 떠난 것은 아마도 더 좋은 샘을 발견했기 때문일 것이라고 말이다. 모두들 이런 그의 말을 반박할 수가 없었다.

향떡을 선사하다

서하의 대산大山에서 북쪽으로 가다보면 삼백 리도 채 가지 않아 황현의 북쪽에 이르게 된다. 이곳이 바로 '금황현'이다. 이곳은 구릉에서 평원까지 남북으로 이백 리가량 뻗어 있다. 옛 등주 시기에는, 모래톱으로 이루어진 평원에 숲이 무성했고 야생동물이 거침없이 내달렸다. 그때에는 간간이 작은 마을이 드문드문 있었을 뿐 기본적으로는 풀이 무성한 벌판인 상태였다. 그 당시에 이 황량한 숲은 오직 오솔길에 익숙한 사냥꾼이나 약초꾼만이 들어갈 수 있었고 일반인은 근처를 어슬렁거릴 뿐이었다. 터무니없는 전설들은 늘 이런 환경과 연관되어 있게 마련이다. 그래서 이곳에는 그 당시의 기이한 일화들이 숱하게 전해진다. 특히 동물 정령에 관한 이야기가 많은데, 여우와 족제비에 관한 전통적인 전설은 이곳에서 광범위하게 믿어졌다. 여우나 족제비의 특이한 능력을 거의 모든 사람들이 의심하지 않고 굳게 믿었던 것이다. 몇몇 마을들에서는 기괴한 종교숭배 형태가 생겨나기도 했다. 즉 부처를 믿는 동시에 여우신선도 믿는가 하면, 어떤 사람은 천주교와 기독교가 전해져 들어왔을 때 부처와 여우신선과 더불어서 이 새로운 서양 종교까지 함께 믿었다. 30~40년 전까지만 해도 무성한 삼림 깊숙한 곳에서는 '메뚜기 사당'을 발견할 수 있었다. 이곳은 메뚜기로 인한 피해가 잦았다. 그래서 사람들은 너무나 두려운 나머지, 특별히 메뚜기 신령을 모시기 위해 그런 사당을 만들었던 것이다. 엄지손가락만큼 작은 메뚜기가 뜻밖에도 신이 될 수 있었으니, 이 황야가 얼마나 기괴하고 흥미로운지 알 수 있을 것이다. 아마도 이런 신앙은 원시적인 애니미즘과 별 차이가 없을 것이다.

현지縣志의 기록을 보면, 이 일대에는 기본적으로 광범위한 지역에 걸쳐서 발생하는 자연재해가 없었다. 또한 지진이나 해일과 같은 큰 재난도 거의 발생하지 않았다. 기록에 따르면, 가장 심각한 지진이라 해도 굴뚝이나 오래된 담장이 무너지는 정도에 불과했으며 진원지는 멀리 발해만 깊은 곳이었다. 한번은 조수가 크게 일어난 적이 있었는데, 오늘날 쓰나미라고 하는 것이었지만 해수가 5리도 채 밀려들지 않았다. 반면에 메뚜기로 인한 피해와 가뭄 때문에 여러 차례 발생한 기근은 사람들의 간담을 서늘하게 만들었다. 기근은 먼저 먼 곳에서 발생하여 점차 퍼지면서 최후에는 평원 지역까지 이르렀다. 기근 초기에는 경극 〈쇄린낭〉에서처럼, 대부호들이 구휼소를 설치하고 잇달아 자선을 베풀어서 설상령과 같이 굶주림에 시달리고 있던 많은 사람들을 구했다. 하지만 재해의 시간이 길어지면, 약간의 묽은 죽으로는 문제를 해결할 수 없었으며 더 큰 참상까지 발생하고 말았다. 굶주림이 그림자처럼 따라다니던 날들의 기억은 중국 농촌에 그토록 깊이 각인되어 있다.

오늘날의 사람들은 아마도 이상하게 여길 것이다. 바닷가 사람들이 대기근을 만나면 바다로 달려가면 되지 않는가? 바다에는 아무리 써도 없어지지 않는 자원이 있지 않은가? 거기에는 영양이 풍부한 다시마와 해조류가 있고 다 잡을 수도 없을 만큼 많은 물고기와 새우까지 있는데, 바닷가 사람들이 어떻게 그대로 굶어죽을 수 있단 말인가? 이는 극히 단순한 추측일 뿐이다. 그 당시 상황에서는 물고기와 새우는 말할 것도 없고 나무껍질과 나뭇잎까지도 다 벗겨내 먹었을 것이다. 기아는 가장 최소한도의 발버둥칠 능력마저 잃도록 만들기 때문에 대자연의 잔인함을 마주한 사람들은 당황하여 어찌할 바를 모르게 된다. 게다가 물속 생물을 잡는다는 것이 어디 그리 쉬운가? 이는 기술과 체력, 그리고 도구까지 필요로 한다. 또한 짧은 시간 안에 대량의 배와 그물을 동원한다는 것은 불가능하다.

〈쇄린낭〉에서 설상령은 결국 내주까지 오게 되는데, 오늘날 보기에도 긴 유랑생활이었다. 등주에서 내주까지 족히 삼백 리는 되는데, 이 거리는 굶주림과 추위에 시달리는 약한 여자에게 결코 짧지 않은 노정이었다. 지금 여기서 하고자 하는 이야기는 이와 반대로, 내주의 한 여자가 계속 유랑하다가 등주까지 와서 배를 타고 친척을 찾아가 재난을 피한 이야기이다. 당시에 내주에서 등주에 이르는 연해 일대에는 백 년에 한 번 있을까 말까 한 기근이 닥쳤고, 이 여자네 가족들 모두 굶어죽고 오로지 여자 혼자 남았다. 경극의 여주인공처럼 이 여자도 매우 선량한 사람이었다. 그녀는 가정 형편이 좋았을 때, 생활이 어려운 빈민들을 많이 도와주었다. 그런데 결국엔 자신도 타향을 떠도는 지경에까지 이르고 말았다.

이 여자가 처음에 생각하기로는, 부유한 등주에 들어가기만 하면 모든 것이 좋아질 것 같았다. 그런데 뜻밖에도 등주로 가는 도중에 구휼소를 단 한 곳도 찾을 수가 없었다. 게다가 재해지역에 갑자기 전염병까지 도는 바람에, 온 마을에 아무도 없는 경우도 종종 있었다. 그녀는 당황하여 살기 위해 도망쳤다. 배고픔과 목마름에 여러 번 쓰러졌지만 다시 또 일어섰다. 이렇게 그녀는 비틀거리면서 앞을 향해 나아갔고 결국 바닷가 황야에 들어섰다. 그 당시 황야는 우거진 숲이었고 사람보다 짐승이 더 많은 곳이었다.

그녀는 무성한 삼림 속에서 길을 잃었다. 동서남북을 알 수 없었고, 파도 소리와 숲속에서 이는 바람 소리도 구분할 수가 없었다. 그때는 마침 춘궁기라 숲에는 먹을 만한 것이 아무것도 없었다. 그녀는 맨손에 오로지 보따리 하나만 들고 있었다. 보따리 안에는 친척에게 줄 천으로 짠 신발 한 켤레가 들어 있었다. 그녀는 어서 등주의 부두를 찾길 바라며, 실낱같은 희망에 의지하여 쓰러질 때마다 다시 일어났다. 그녀는 이렇게 이를 악물고서 최후의 한 가닥 힘마저 다 써버릴 때까지 앞으로 나아갔다. 결국 땅에 쓰러지고 만 그녀는, 그 순간 앞쪽에 있는 나무들 틈 사이로 희끄무레한 지붕을 보았다.

그것은 숲속에 있는 초가집이었다. 지붕의 띠가 눈과 비에 씻겨 하얗게 된 것이었다. 그 옛날 설상령이 기적처럼 도움을 받았던 것처럼 그녀역시 초가집에 살던 노인에게 구조되었다. 그 노인은 혼자서 살고 있었다. 노인은 수염과 머리카락이 희끗희끗했고 이미 백 살은 된 듯했다. 하지만 노인의 정신은 정정했고 발걸음도 민첩했다. 노인은 여자의 곁을 지키며 손에 책을 펼쳐들고 있었다. 그녀는 깨어난 뒤 노인을 보았고 집 안에 가득한 향기도 맡았다. 노인이 여자를 부축해서 일어나 앉도록 한 다음 죽을 먹여주자 그녀는 차차 기력을 회복했다. 노인이 묻기도 전에 여자는 내주에서 등주까지 오던 길의 참상을 울면서 하소연했다. 흰 수염의 노인은 아무 말도 없이 그저 고개를 들고서 창밖 가득한 마른 나무들을 바라보았다.

여자는 초가집에서 이틀을 머문 뒤, 삼일 째가 되자 떠날 것을 고집했다. 그녀는 무릎을 꿇고서 생명을 구해준 노인의 은혜에 감사드렸다. 쭉 말이 없던 흰 수염의 노인은 그제야 고개를 저으며 말했다. "이 숲을 벗어날 수 없을 텐데. 여기서 동쪽으로 백이십 리는 가야 하는데 설령 길을 잃지 않는다 해도 불가능해." 노인은 이렇게 말하면서 온돌 위의 서랍장에서 거위 알 크기의 떡을 몇 개 꺼내었다. 노인이 떡을 꺼내자 코를 찌르는 듯한 떡의 진한 향기에 여자는 눈물까지 나왔다. 그녀가 그것을 한 입 먹자 입 안 가득 향기로움이 느껴졌고, 그 향기는 뱃속까지 전해졌다. 여자가 연속으로 두 개를 먹고 다시 세 개째를 먹으려 하자 노인이 그녀를 말렸다.

노인은 여자를 위해 가죽 물주머니를 준비해주었고, 광목자루에 향떡 열 개를 넣어주었다. 노인은 그녀를 멀리까지 배웅해주었다. 노인이 여자에게 길을 가르쳐주면서 당부하길, 낮에는 해안선을 따라 동쪽으로 가고 밤이 되면 잘 곳을 찾아 잠을 자되 자기 전에 반드시 훈향을 피우라고 했다. 훈향을 피우면 어떤 야생동물이라도 감히 침범하지 못한다고 했다. 노인은 그녀에게 반드시 정해진 시간에 푹 자야만 이 황야를 벗어날 수 있다고 당부했다. 그리고 하루에 향떡을 아무리 많이 먹더라도 두 개까지만 먹어야, 닷새가 걸려 부두에 도착하더라도 먹을 것이 충분하다는 것을 기억하라고 했다. 여자는 또다시 무릎을 꿇고 감사드리면서 이 특이한 향기의 떡은 무엇으로 만든 것인지 물었다. 노인이 알려주길, 이것은 겨울에 들어선 이후 채집한 향기로운 갖가지 뿌리와 줄기를 햇볕에 말려서 가루로 빻은 다음 찌고 말리기를 여러 차례 거듭하여 만든 것으로, 이것을 먹으면 기근에도 버틸 수 있으며 근육과 뼈가 튼튼해지고 힘이 난다고 했다.

여자는 길을 가면서 날마다 향떡 두 개씩만 먹어도 온몸에 힘이 나는 것이 느껴졌다. 그녀는 향떡을 먹고 다리에 힘이 나서 삼일 만에 황야를 벗어나 등주의 부두를 찾을 수 있었다. 이렇게 해서 마침내 그녀는 살아났고 친척을 만날 수 있게 되었다. 나중에 여자는 자신이 구조된 과정을 하나하나 자세히 말해주었고, 남은 향떡을 간직하여 후손들에게 전해주었다. 이 이야기를 들은 사람들은 모두 그 숲속의 노인이 사실은 신선이었을 거라고 생각했다.

거문고를 부수다

옛 등주와 내주의 인근 바닷가 마을에서는 재미있는 인물들이 배출되었다. 그 당시에는 별다른 명성이 없던 이들인데, 후대 사람들이 회상했을 때 비로소 그들이 특별했음을 알게 되는 것이다. 당시 그들은 이웃 사람들과 똑같이 짐을 지고 김을 매며 농사일을 하여 생계를 꾸려나갔다. 그들의 차림새와 행동거지 역시 남들과 다를 바가 없었다. 게다가 평소에는 다들 생계를 꾸리기에 바빴고 관심거리는 모두 농사와 관련된 것들뿐이었으며 다른 자질구레한 것들에는 관심 가질 틈이 없었다.

　사실 한 지역의 문명의 뿌리가 하루아침에 뻗어날 수는 없는 것이다. 전하는 말에 따르면 이 마을은 자못 내력이 있는데, 수백 년 전 진나라에 의해 죽임을 당한 한 지파의 은닉처였다고 한다. 정확히 말하자면 진시황을 속여 신선을 찾아 바다로 나갔던 서복의 후손들로서, 이들은 재난을 피해 이 황량하고 외진 곳으로 잇달아 도망쳐왔다. 당시에 이곳은 단지 작은 마을이었고 인가도 많지 않았을 것이다. 처음 온 사람들의 행동은 조심스러웠고 현지인들과 경쟁하고자 하지도 않았다. 마을 사람들은 그들을 단지 떠도는 난민으로 간주했다. 사실은 그들이 명문귀족인데 이렇게 도망쳐왔다는 것을 마을 사람들은 알지 못했다. 그들은 이곳으로 올 때에 책이 가득 담긴 상자를 가지고 올 수는 없었다. 하지만 학문만큼은 마음속에 담아서 올 수 있었다. 또한 가정교육과 전통도 그들과 더불어서 함께 이곳으로 올 수 있었다. 그들은 원래의 성명을 바꿀 수밖에 없었기 때문에 더 이상 '서徐'씨가 아닌 '곡曲'씨가 되었다. '곡'은 '굴屈'과 발음이 같았는데, 그 안에는 원통하고 억울하다는 의미가 숨겨져 있다. 어쨌든 그들은 이곳에서 자리를 잡고 참고 견디면서 언젠가 권토중래捲土重來하게 될 날을 준비했다.

이 마을이 강대해지고 발전할 수 있었던 것은, 처음에 왔던 곡씨들 덕분이긴 하지만 서복의 또 다른 후손들이 계속해서 유입되었던 것이야말로 관건이라고 생각하는 사람도 있다. 어쨌든 이곳은 갈수록 곡씨가 많아졌다. 수십 년 뒤에 갑자기 서씨가 많아지긴 했는데, 이는 아마도 시간이 지나면서 본래의 성씨를 되찾았기 때문일 것이다. 그들은 특히 과묵했다. 일을 착실히 하되 떠벌리지 않았다. 맑은 날에는 농사를 짓고 비가 오면 책을 읽었다. 처음 몇 년 동안 그들은 주로 땅을 개간하여 농사를 지었고, 나중에야 바다로 나가 물고기를 잡았다. 그들 중에는 배를 잘 모는 고수들도 굉장히 많았는데, 마치 천성적으로 물에 익숙하고 바닷길을 잘 아는 것 같았다. 또 병을 고치거나 별점을 보거나 괘卦를 보고 점을 치는 사람들도 있었다. 어쨌든 그들은 기괴한 많은 일들에 대해 잘 알고 있었다. 밤에는 책을 읽거나 거문고를 타거나 그림을 그리는 사람들도 많았다.

한번은 시골을 순시하던 관리가 멀리 초가집에서 흘러나오는 거문고 소리를 듣게 되었다. 관리는 가마꾼에게 가마를 멈추도록 했다. 관리는 그 자리에서 한참을 조용히 듣다가 결국엔 가마에서 내려와 비틀거리며 그 초가집 부근까지 달려갔다. 그제야 그는 백발노인이 눈을 감고서 낡은 거문고를 타고 있음을 알았다. 관리는 노인에게 예를 표하고 질문을 했다. 그런데 뜻밖에도 노인은 두 귀가 먼 상태였다. 노인은 입을 벌려서 "응" 하고 대답했는데 입 안에는 이가 몇 개밖에 없었다. 관리는 한동안 머물다가 아쉬워하며 떠나면서 말했다. "애석하게도 이야기를 나누지 못했다. 알고 보니 이곳에 이처럼 뛰어난 거문고 연주자가 있었구나!" 일 년 뒤에 관리는 그 초가집을 다시 찾아갔다. 그런데 어떤 이가 알려주길, 그 노인은 이미 세상을 떠났다고 했다. 노인이 거문고를 타고 있을 때 어떤 사람한테 부딪혔던 게 죽음의 원인이었다. 나이 많은 거문고 연주가가 가장 꺼리는 것이 바로 거문고를 타고 있을 때 부딪혀서 놀라는 것이란다. 이렇게 노인은 병이 나서 일어나지 못했고 반년도 채 지나지 않아 세상을 떠났다고 한다.

이 마을에는 꾸준히 글씨를 연습한 사람들도 많았다. 이곳의 이러한 전통은 일이백 년이 지나도록 끊이지 않았으며 오늘날까지도 지방 서예가들이 존재한다. 글씨와 그림은 근원을 같이하기 때문에 이곳에는 그림 솜씨가 뛰어난 사람들도 많다. 그래서 이곳에는 근대가 되어서도, 고대 명인들의 작품을 모조하는 이들이 많았다. 그렇게 한 것은 결코 이익

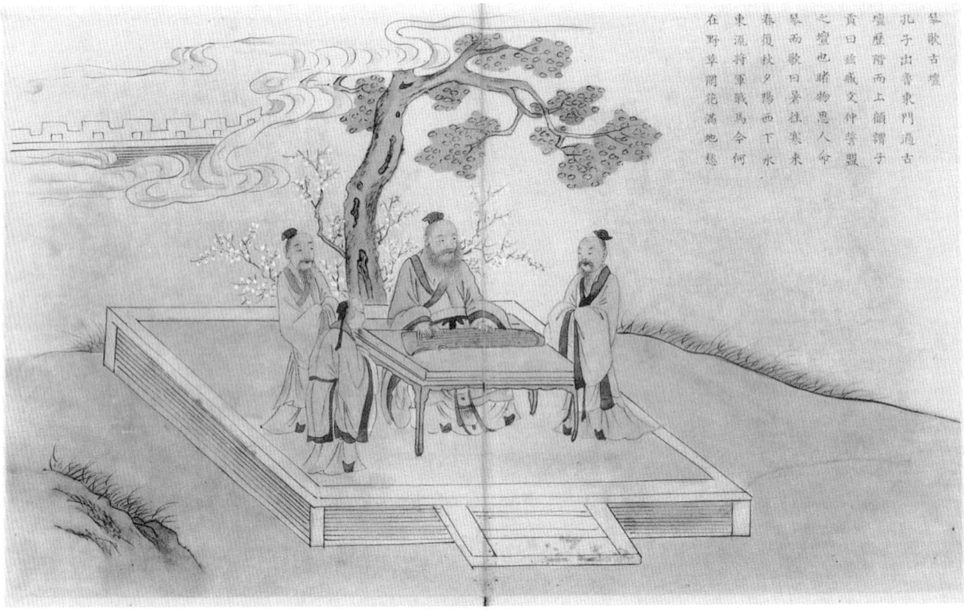
琴歌古壇
孔子出魯東門過古
壇歷階而上顧謂子
貢曰兹臧文仲誓盟
之壇也睹物思人命
琴而歌曰暑往寒來
春復秋夕陽西下水
東流將軍戰馬今何
在野草閑花滿地愁

「옛 단상에서 거문고를 타며 노래하다琴歌古壇」, 작자미상, 1742년, 종이에 담채, 33×54㎝, 국립중앙박물관.
한 노인이 연주하는 거문고 소리를 들어보라. 밖으로 드러나는 꾸밈이 없고 막힌 데 없는 편안한 느낌은 그 마음의 커다란 평온을 알려준다.

때문이 아니라 집에 걸어두고서 자신이 감상하기 위해서였다. 나중에는 특별히 이곳을 찾아와 상업적인 용도로 그 글씨와 그림을 사가는 사람도 생겨났다. 지금은 어느 곳에서 가짜 그림이 나타났다 하면 가장 먼저 드는 생각이, 바로 누군가 이 마을에서 사왔을 거라는 것이다.

거문고·바둑·글씨·그림 중에서 거문고는 제일 앞에 놓인다. 거문고는 중국의 칠현금을 말하는데, 나중에 와서는 각종 거문고들이 모두 사람들의 사랑을 받게 되었다. 이곳 사람들은 특히 구렁이 가죽으로 만든 거문고를 좋아했다. 그 소리가 마치 모래톱 깊은 곳에서 들려오는 것 같아 유난히 마음을 울렸기 때문이다. 그 소리를 들은 많은 사람들은 말로는 표현할 수 없는 매력을 느꼈다. 전문 악기점에서는 그 거문고를 거의 찾아볼 수가 없었기 때문에 현지의 거문고 제작자에게 의뢰해야만 했다. 유명한 거문고 제작자들은 모두 조상 대대로 전해진 기술을 전수받았다. 그들은 뛰어난 재주를 갖고 있었으며, 아들에게 전수하되 딸에게는 전수하지 않는 오래된 규칙을 지켰다. 거문고를 사랑하는 사람이라고 해서 반드시 거문고를 잘 타는 고수인 것은 아니었다. 이들은 단지 거문고를 사랑하고 거문고를 소장하는 데 정통했을 뿐이다. 소장이라는 것은, 기괴한 취미이자 중독 성향이 있어서 일단 빠져들면 고치기가 매우 어렵다.

그곳에는 유명한 거문고 장인이 있었다. 그가 만든 거문고는 사방 수백 리 떨어진 곳까지도 이름이 났다. 그는 여러 종류의 거문고를 만들 수 있었다. 그중에서도 가장 유명한 것은 바로 구렁이 가죽으로 만든 거문고였다. 그 마을의 어떤 집에서는 수백 년 된 거문고를 대대로 소장해왔다. 그 거문고는 전체적으로 잘 보존된 상태였지만 단지 구렁이 가죽이 찢겨 있었다. 그 집 남자는 어쩔 수 없이 거문고에 가죽을 새로 대기 위하여 이름난 거문고 제작자를 찾아가야만 했다. 전문가들은 모두 알고 있듯이, 거문고의 우열을 가르는 관건은 바로 구렁이 가죽의 선택과 배합에 있으며 또한 제작자의 실력에 달려 있다. 모든 예술은 영감에 의지하는데, 거문고 제작 역시 예술이며 이 예술의 혈六은 울림통과 구렁이 가죽 사이에 있다. 그 소장가는 거문고를 너무나 아낀 나머지 다른 곳에는 마음을 쓰지 않았기 때문에 집안 살림살이와 생계는 그저 평범했다. 매우 가난한 것은 아니었지만 그렇다고 해서 그다지 잘사는 것도 아니었다. 그는 나이가 꽤 먹어서야 아내를 맞았고 혼인한 지 이 년 뒤에 아들을 낳았다. 나이가 들어서 얻은 아들이었기에 더할 나위 없이 애지중지했다. 그와 아내는 평소에 아들과 잠시도 떨어져 있지 못했다.

그의 집은 마을 변두리 숲 가까이에 있었다. 이곳에는 야생동물들이 자주 나와 놀았다. 그와 아내는 이제껏 그 동물들을 해친 적이 없었다. 어느 날 아내가 부엌일로 바빠서 잠깐 신경을 쓰지 못한 틈에, 이제 막 걸음마를 배운 아이가 밖으로 나갔다. 그리고 얼마쯤 지난 뒤, 멀지 않은 곳에서 갑자기 날카롭게 부르짖는 소리가 들려왔다. 그녀는 그 소리를 듣자마자 아들임을 알고 만사를 제쳐두고서 밖으로 뛰쳐나갔다. 붉은 배두렁이만 걸친 아이가 풀숲 옆에 웅크린 채로 있는 것이었다. 그리고 승냥이처럼 생긴 짐승 두 마리가 아이 주변에서 풀쩍풀쩍 뛰어오르기만 할 뿐 감히 아이를 덮치지는 못하고 있었다. 그녀는 장작개비를 들고서 그 짐승들을 몰아냈다. 그녀가 가까이 가서 보니, 크지 않은 구렁이 한 마리가 아이를 감싼 채 머리를 높이 쳐들어 사방을 주시하고 있었다. 구렁이는 상처를 입어 온몸에 피를 흘리고 있었다. 그녀는 놀라서 숨조차 돌리지 못하고 있다가 가까스로 정신을 차렸다. 그제야 그녀는 구렁이가 방금 그 두 마리 승냥이와 싸워서 아이의 생명을 구했다는 것을 알았다. 그녀가 소리쳐 아이를 부르자 구렁이는 아이의 뺨에 가볍게 입을 갖다댔다. 그러자 아이가 울음을 그쳤다. 그제야 구렁이는 몸을 풀더니 그녀가 아이를 안고 가는 것을 곁에서 지켜보며 천천히 기어서 숲속으로 돌아갔다. 그녀가 마지막에 눈으로 보고 기억한 것은 바로 그 구렁이의 목 부분에 있던 황금빛 커다란 반점이었다.

남자는 집에 돌아온 뒤 이 일을 전해 들었다. 그리고 그 구렁이를 찾아봤지만 끝내 찾지 못했다. 이때 그의 보배인 거문고를 그 제작자에게 보낸 지 이미 한참이 지났지만, 장인은 급히 서두를 일이 아니라고 했다. 대략 한 달이 또 지났을 때, 거문고 장인은 마침내 수리를 마친 거문고를 가지고 왔다. 이날은 중요한 날이었다. 남자의 머릿속엔 오직 거문고 생각뿐이었다. 향을 피우고 목욕하는 것만 생략했지, 얼굴과 손을 씻은 그는 옷까지 갈아입고서야 거문고를 받았다. 거문고 장인이 그 거문고를 타자 그야말로 더 이상 좋을 수 없을 정도로 우아한 소리가 났다. 천금의 가치가 있는 거문고가 이렇게 다시 태어난 것이다.

거문고 장인이 돌아간 뒤, 고개를 숙이고서 거문고를 타고 있는 남편 곁으로 아내가 다가갔다. 거문고를 자세히 살펴보던 아내는 별안간 소리를 지르고 말았다. 그녀가 말하길, 이 구렁이 가죽의 얼룩무늬를 알고 있는데 분명 예전의 그 구렁이 가죽이라는 것이었다. 그녀의 말에 남자의 얼굴빛은 창백해졌다. 그는 얼른 거문고를 손에서 놓았다. 그리고 집을 나가 거문고 장인을 뒤쫓아갔다.

남자는 거문고 장인을 잡아 세우고서 구렁이 가죽이 어디서 났는지 물었다. 장인의 말에 따르자면 이랬다. 그 거문고에 맞는 구렁이 가죽을 찾기가 어려웠기 때문에 일이 많이 지체되었다. 자신은 완벽을 추구하는 사람인데, 집에 보관된 모든 재료들이 그 거문고에 맞지 않았다. 그 거문고에 필요한 가죽은 나이가 적당한 수컷 구렁이 가죽, 게다가 '황금 고리' 무늬까지 있는 것이어야 했다. 구렁이 목 부분에 기괴한 황금 무늬가 있는 것이어야 가죽에서 '황금 소리'가 난다는 것이다. 거문고 장인은 길게 탄식한 뒤 기쁜 얼굴로 말했다. 그는 그 거문고를 위해 어쩔 수 없이 사방으로 그런 구렁이 가죽을 찾아다녔다. 여러 번 포기하려고 했는데 때마침 마을의 노련한 사냥꾼이 그에게 알려주길, 바닷가 숲속에서 그런 구렁이를 봤다고 했다. 그래서 그는 사냥꾼 여러 명을 동원해 숲에서 일주일을 배회하다가 구렁이를 겨우 손에 넣을 수 있었던 것이다.

남자는 아무 말 없이 집으로 돌아왔다. 아내는 이미 그 거문고를 특별한 방에다 갖다두었다. 그곳에는 수십 개의 거문고가 보관되어 있었다. 남자의 얼굴에는 핏기가 전혀 없었다. 그는 아내를 향해 고개를 끄덕인 뒤 망치를 들고서 거문고를 보관하는 방으로 들어갔다.

그는 단숨에 거문고를 죄다 부숴버렸다.

등불 마을을 잃다

옛 등주 일대에는 지금까지도 '등불'로 불리는 마을이 있다. 하지만 이 마을이 옛날의 바로 그곳인지는 확실히 단정지을 수 없다. 그야말로 상전벽해桑田碧海라고 할 정도로 최근 일이백 년 동안 이곳의 변화는 급속도로 일어났다. 옛 등주의 치소治所가 있던 곳에서 서쪽으로 가면 바로 기모도屺碣島와 삼산도에 이르게 되는데, 현재는 인가가 매우 조밀한 지역이다. 하지만 불과 백 년 전만 하더라도 이곳은 황야였고, 이백 년 전에는 망망한 숲이어서 어쩌다 어부나 사냥꾼이 그 주변을 잠깐 들르는 정도였지 어느 누구도 감히 깊숙이 들어가지는 못했다.

당시에 이곳 사람들이 밤길을 가다가 황량한 곳에 이르렀을 때, 가장 기쁘면서도 두려운 것은 바로 앞쪽 멀리서 빛나는 등불이었다. 본래 등불이 있다는 것은 사람이 있다는 의미이기 때문에, 밤에 혼자서 길을 가던 사람이 등불을 보면 마음이 좀 놓이게 마련이다. 하지만 그래도 불안한 마음은 여전했다. 당시 황야에는 인가가 매우 드물었고 이상한 일들이 너무 많았기 때문이다. 그 이상한 일이란 것이 단지 전설에 불과한 것이 아니라, 밤길을 자주 다니는 사람들이라면 두렵고도 이상한 경험들을 몇 가지씩이나 말할 수 있을 정도였다. 당시에 가장 유행하던 말에 따르자면, 만약 황량한 교외에서 춤추는 불덩어리를 보면 가까이 가지 않는 것이 상책인데 그것은 바로 나이 먹은 여우가 단약을 만들고 있는 것이란다. 현지의 공인된 견해에 따르자면, 거의 모든 벌판에는 나이 많고 영리한 여우들이 살고 있는데 그 여우들은 일찍이 이 일대에서 활약했던 방사들처럼 장생을 위하여 신비한 단약을 만들 수 있다. 해가 뜨기 전, 대개 자정을 전후한 때에 여우가 바로 이 일을 하기 때문에 사람들이 먼 곳에서 보면 불덩어리들이 튀어오르고 있는 것처럼 보인다.

여우의 행위 말고도 예기치 못한 사건은 또 있다. 한번은 어떤 사람이 황량한 교외에서 나오는 불빛을 보고 가까이 가보니, 거기에는 원두막이 있고 원두막 기둥에는 등이 걸려 있었다. 등불 그림자 속에 누군가 앉아 있는데, 길을 가던 사람이 그에게 무언가 물어도 아무런 대답을 하지 않는 것이었다. 그 사람이 참지 못하고 어깨를 두드리자 그가 고개를 돌렸는데, 그 순간 길을 가던 사람은 놀라서 죽을 지경이 되었다. 알고 보니 그림자 속에 앉아 있던 것은 이리인데, 막 사람을 잡아먹고서 거기에 앉아 주둥이를 핥고 있었던 것이다. 사람들에게 주의를 주기 위한 비슷한 이야기들이 아주 많은데, 절반은 입에서 입으로 전해진 야담이고 절반은 그 당시의 실제 경험이다. 시간이 흐르면서 상황도 변했다. 지금 이 일대는 밤이 되면 언제나 불빛이 휘황찬란하다. 밤에 불빛이 드문드문 있던 시절은 일찌감치 지나갔다. 오늘날의 걱정은, 너무 변화하고 사람들이 너무 많다는 것이다. 사람들 말고는 아무것도 없다.

나이가 많은 현지 사람들은 노인들의 당부를 지금까지도 기억하고 있다. 밤에 길을 갈 때 앞쪽에 희미한 등불이 보이면 반드시 돌아서 피해 가되, 될 수 있는 한 멀리 돌아가고 절대 고개를 돌리지 말라는 것이다. 인간이 아닌 영물이 사람에게 방해를 받으면 갑자기 성질이 나서 해코지 할지도 모르기 때문에 이를 방지하기 위함이다. 대체로 말하자면, 극히 품행이 나쁜 극소수를 제외하면 영험한 동물은 일반적으로 사람을 해 코지하지 않는다. 동물 역시 사람과 마찬가지로 소양의 문제가 있다. 사악한 기운을 거두지 못한 동물은 일단 능력을 얻게 되면, 그 기량을 뽐 내며 오만하게 굴면서 종종 마을 전체를 불안하게 만든다. 그래서 바닷 가 마을에서는 동물과 인간이 지혜를 겨룬 이야기가 끊임없이 전해졌 다. 또한 이와 더불어, 사악한 것을 몰아내는 법사法師라는 전문적인 직업도 자연스레 보존되었다. 이 법사들은 불자拂子, 동경銅鏡, 주사朱砂를 담은 베주머니, 웅황주雄黃酒를 담은 작은 도자기 병 등의 법기法器를 지니고 있다.

야생동물 때문에 피해를 입은 사람들은 정말로 필요한 경우가 아니면 법사를 청하지 않는다. 일반적으로는 그들은, 은밀히 일을 저지르는 야 생동물이 떠나도록 일단은 먼저 빌고 흥정하고 타이른다. 우리는 서로 방해하지 말고 각자 살아야 한다, 우리 인간들도 생활하기가 쉽지 않다 등등의 말로 연민의 감정을 불러일으키는 것이다. 때로는 단지 이렇게 만 해도 효과를 볼 수 있다. 정말로 더 이상 어쩔 수 없는 경우에는 법사를 부르는데, 이때가 되면 일의 성격도 달라진다. 양자의 관계가 적대적 모순관계로 변하여 너 죽고 나 살자라는 식으로 격렬히 싸워야만 한다. 법사의 성격은 그 직업에 의해 결정되는 것인 만큼, 사사로운 정에 얽매이지 않고 엄격하며 매우 강직하다. 하지만 피해를 입은 가족을 포함한 마을 사람들은, 이미 용서를 구한 동물에게 용서를 베풀고 싶은 마음이 아직도 남아 있다. 이때 가장 큰 장애는 도리어 법사이다. 그들은 산처럼 흔들림 없이 법을 집행하고자 하는 자세를 보이며, 결코 봐주려 하지 않는다. 결국 항복한 동물은 엄청난 고통을 받고 수십 년 닦은 도행道行 역시 하루아침에 무너지고 마는데, 이것이 바로 그 동물이 가장 두려워하는 결말이다.

바로 이런 마을에 장난꾸러기 소년이 있었다. 그는 대개의 아이들이 그렇듯 호기심이 많고 영리하지만 책읽기는 좋아하지 않았다. 그리고 모험을 좋아하여 부모가 하지 말라는 일일수록 더 해보고 싶어 했다. 이상한 일을 한두 번쯤 경험해보고 싶었던 소년은 몇 번씩이나 밤에 혼자서 야외로 달려갔다. 한번은 정말로 야외 원두막에 등이 걸려 있는 것을 본 적도 있다. 머리를 숙이고 등을 돌리고서 원두막에 앉아 있는 사람을 정말로 본 것이다. 마치 전설에서처럼 소년은 손을 뻗어 그의 등을 두드렸지만 결국 크게 실망하고 말았다. 고개를 돌린 사람은 나이 많은 원두막 지기였던 것이다. 그는 소년을 알아보고 즉시 소년의 아명을 불렀다. 소년은 정말로 재미가 없었다. 소년은 원두막을 떠나 더 깊은 숲속으로 달려갔다. 일반인들은 절대 그 숲에 들어가지 않았다. 거기서 길을 잃게 되면 실로 난감하기 때문이었다.

소년은 여러 차례의 모험을 겪으면서 더욱 대담해졌다. 한번은 얼마나 멀리 갔는지도 모를 만큼 갔는데, 곧 파도 소리가 들려올 것만 같았다. 앞은 아직도 캄캄한 숲이었다. 그때 갑자기 소년은 숲속에서 등불이 반짝이는 것을 보았다. 소년은 갑자기 심장이 마구 두근거리기 시작했다. 억제할 수 없는 흥분이 용솟음쳤다. 소년이 앞으로 나아가자 그 등불 빛이 커지기 시작하더니 점차 길이 보였다. 알고 보니 숲 깊은 곳에 작은 마을이 숨겨져 있었던 것이다! 소년은 성큼성큼 그 속으로 뛰어 들어갔다.

소년이 작은 마을에 들어가자마자 소년보다 어린 아이들이 그를 둘러쌌다. 다들 호기심에 들떠서는 소년이 어디서 왔는지 이름은 뭔지 마구 물어댔다. 아이들은 이 작은 마을이 '등불'이라고 알려주었다. 소년은 아이들과 신나게 놀았다. 뛰고 소리치고 숨바꼭질하면서 놀다가 지친 소년은 아이들을 따라 작은 초가집으로 들어갔다. 그리고 그곳에 있는 온갖 과일을 먹었다. 소년은 이렇게 많은 야생 과일을 본 적이 없었다. 상 위에는 과일이 한가득 쌓여 있었고 나이 많은 노인들이 상 옆에 앉아 있었다. 노인은 소년이 과일을 다 먹은 것을 보고서 다시 하나를 건네주었다. 야생 과일은 아주 달았기 때문에 소년은 단숨에 배불리 먹었다. 좌우에 있던 남자아이들과 여자아이들이 소년의 손을 잡아끌더니 거리로 달려나갔다. 아이들은 그네를 뛰는 곳으로 소년을 데리고 갔다. 그곳에서는 뛰어난 재능을 가진 아이들이 그네를 타고서 커다란 나무 꼭대기 위를 훨훨 날고 있었다. 소년은 놀라서 입을 다물 수가 없었다. 이런 장면은 이제껏 본 적이 없었기 때문이다. 자정이 지나자 마을 노인이 소년의 손을 잡아끌더니, 몇몇 아이들을 시켜 그를 숲 밖으로 배웅하게 했다. 노인이 소년에게 당부했다. "그만 집으로 돌아가거라. 더 있다가는 집안 어르신들이 정말 초조해 하실 게다. 시간이 있으면 다시 와도 좋다. 하지만 누구에게도 이 마을에 대해 말하지 말거라. 그랬다가는 앞으로 다시는 올 수 없게 된단다."

이렇게 해서 소년은 마음속에 비밀을 품게 되었다. 소년은 며칠 간격으로 숲 깊은 곳에 있는 이 작은 마을을 찾아왔다. 소년은 길에 익숙해졌다. 그리고 앞으로 길을 잃지 않도록 길에다 표시도 해두었다. '등불'이라 불리는 이 작은 마을은 소년의 낙원이 되었다. 여기에는 열매와 야생 꿀처럼 맛있는 것들이 다 먹지도 못할 만큼 많이 있었다. 또한 재미있는 일들도 다 보지 못할 만큼 많이 있었다. 나이 많은 백발 할머니도 즐거워서 지팡이를 내던진 채로 누구보다 민첩하게 공중제비를 돌고 나무꼭대기로 뛰어올랐다. 소년은 제기차기 같은 자기 마을의 놀이를 그 마을 사람들에게 가르쳐주었다. 이 작은 마을의 노인부터 아이까지 모두 소년을 좋아했다.

이렇게 반년이 지났을 때 소년에게 걱정거리가 생겼다. 가족들이 소년을 공부시키러 그를 아주 먼 곳에 있는 작은 도시로 보내려는 것이었다. 거기에는 친척이 살고 있었다. 이는 피할 수 없는 일이었다. 소년은 어쩔 수 없이 밤에 그 작은 마을을 찾아가 이별을 고했다. 그곳 사람들도 소년과의 이별을 아쉬워하면서, 길을 잊어버리지만 않는다면 오랜 시간이 지난 뒤라도 찾아올 수 있을 테니 계속 기다리겠노라고 말했다.

소년은 외지에 있는 글방을 다니게 되면서 어쩌다 한두 번 집으로 돌아왔다. 그는 집에 와 있는 동안 그 작은 마을을 찾아가 그곳 사람들과 함께 놀았다. 이렇게 또 몇 년이 지났고 소년은 어른이 되었다. 그는 남들보다 똑똑했기 때문에 힘들이지 않고도 과거에 합격했다. 부임한 뒤로는 이런저런 일로 바빠서 몇 년이 지난 뒤에야 겨우 고향에 한 번 돌아갈 시간이 났다. 그는 관계에 있으면서 한동안 등불 마을을 잊고 지냈다. 하지만 고향으로 돌아오자 등불 마을이 생각난 그는 그 마을이 어디에 있는지 수소문했다. 그런데 사람들은 모두 고개를 저었다. 노인부터 아이까지 그 어느 누구도 부근에 그런 마을이 있는지 알지 못했다. 그는 정말 이상하다고 생각했다.

어느 날 그는 정말로 더 이상 참을 수가 없어서 관복을 벗고 어렸을 때 기억해둔 길을 따라 숲 깊숙이 들어갔다. 그는 반드시 찾을 수 있을 거라고 생각했다. 일단 조성된 마을이 그리 쉽게 옮겨갈 수는 없기 때문이다. 그는 기억 속의 그 일대를 날이 어두워질 때까지 한참 동안 찾았지만 애석하게도 작은 마을의 모습은 끝내 보이지 않았다. 그가 매우 실망하여 발걸음을 돌리려던 순간이었다. 아마도 무언가가 그를 딱하게 여겼는지, 그가 고개를 드는 순간 희미한 불빛이 보였다. 그는 "바로 여기였어"라고 중얼거리면서 급히 달려갔다. 근처에 도착하자 한 노인이 앉아서 담배를 피우고 있었다. 그는 노인을 보고서도 별다른 생각이 들지 않았다. 황야에 앉아서 담배 피우는 노인을 이상하게 생각하지 않은 것이다. 그는 그저 입에서 나오는 대로 노인에게 물었다. "등불 마을이 어디에 있는지요?"

노인이 입에 물고 있던 담뱃대를 빼더니 말했다. "원래 있던 곳에 있지." "그렇다면 이상하네요. 제가 아무리 찾으려 해도 찾을 수가 없거든요." "등불 마을 사람들은 관리를 매우 싫어하기 때문에 자네를 피하는 거야." 그는 깜짝 놀라며 말했다. "이상하군요. 전 관복을 벗어놓고 왔는데요." 그러자 노인이 콧방귀를 뀌며 말했다. "그래봤자 소용없어. 등불 마을 사람들은 코가 예민해. 멀리서 나는 냄새도 바로 알아본다고."

거북이 또 찾아오다

아주 먼 옛날, 바닷가에는 외롭고 쓸쓸하게 홀로 살아가는 노인들이 있었다. 이들은 대개 바다에서 생계를 꾸렸는데, 나이가 들어 바다로 나갈 수 없게 되면 남아서 어물전을 지켰다. 젊은이들은 이런 일을 하지 못한다. 그들은 외로움과 쓸쓸함을 견디지 못하기 때문이다. 봄·여름·가을 세 계절은 고기잡이철이라 바닷가가 북적거리고 먹을거리도 많다. 하지만 긴 겨울과 초봄은 지내기가 쉽지 않다. 큰 눈이 모래사장을 뒤덮으면, 일부 새들 말고는 다른 어떤 생물도 없다. 어물전을 지키는 노인들은 혼자서 시간을 보내는 방법을 터득했다. 그들은 겨울이 되기 전에 서둘러서 땔나무와 먹을거리를 대량으로 준비한다. 그리고 여러 가지 잡다한 물건들도 준비한다. 큰 눈이 내리고 나면 외출할 엄두조차 낼 수 없기 때문이다.

어물전을 지키는 이 노인들은 십중팔구 독신이다. 바다에서 사는 것을 좋아하며 가족과 함께 살고 싶어 하지 않는 사람도 있다. 혼자서 사는 것이 습관이 된 남자는 가족들이 와자지껄 떠드는 소리를 특히 견딜 수 없어 했다. 어떤 남자는 고독을 복이라 여기며, 바닷가에서 파도 소리를 듣고 해가 뜨고 지는 것을 보면서 수십 년을 지냈다. 그들은 바다 전문가들이다. 그들보다 나이가 적은 어부들은 그 앞에서 감히 명함도 내밀지 못한다. 바다에서의 경험이란 것이 워낙 복잡해서, 한평생 겪어 봐야 겨우 누적될 수 있기 때문이다. 갑자기 닥치는 위급한 상황은, 평소에 고기를 잡고 밥을 먹는 것과는 또 다른 일이다. 어물전을 지키는 노인들은 대부분 여러 차례의 재난을 겪어봤기 때문에 갑작스런 일이 닥쳐도 당황하지 않는다. 그들의 마음속에는 응급 상황에 대처할 온갖 아이디어들이 가득하다.

모래사장에서 십 리쯤 되는 곳에 어물전 하나가 있었다. 이 어물전은 고기잡이로 생계를 꾸려가는 마을의 근거지였던 만큼 일 년 내내 누군가가 지키고 있어야 했다. 어선이 큰 풍랑을 만나 사고가 나거나, 밤바다에 나갔던 이가 뭍에 배를 대지 못하거나, 해적들이 밀어닥쳐 싸워야 할 때면, 능력 있는 노인이 나서서 일을 처리해야 했다. 평소에 떵떵 고함을 치던 선장들도 정작 긴급한 때에는 아무런 대책을 내놓지 못했다.

어물전을 지키는 노인은 자신이 정작 어느 계절을 더 좋아하는지 잘 모른다. 고기잡이철에는 많은 젊은이들이 함께 웃고 떠들며, 물고기를 사고파는 일도 분주하다. 이렇게 모두가 함께 있는 것도 꽤 알찬 느낌을 준다. 하지만 이때는 당혹스러울 정도로 시끄러워서 귀도 아프고 평온하지 않다. 모두들 돌아간 뒤에 배를 물가에 대고서 노를 그 곁에다 옮겨

두고 그물을 가게에 던져두면, 그제야 비로소 노인의 진정한 하루가 시작된다. 노인은 건어물과 갖가지 절인 채소, 독한 술, 그리고 맹독이 있는 복어의 살코기, 커다란 생선 알, 조개와 굴을 소금에 절인 젓갈처럼 어물전이 아닌 곳에서는 구할 수 없는 특별한 먹을거리들을 내온다. 이 특별한 먹을거리들은 오로지 어물전을 지키는 노인의 것으로, 고독과 맞바꾼 먹을 복이다. 이상하게도 십 리 밖에 있는 가게 주인은 좀체 찾아오지 않는다. 가게 주인은 겨울만 됐다 하면 집 아궁이 곁에 웅크리고 있기를 좋아한다. 바닷가에서 온전히 겨울을 나야 하기 때문인지, 바닷가 사람들은 다들 추위를 잘 견뎌낸다. 그들은 온몸에 커다란 모피 옷을 걸치고 발에는 이름도 이상한 '방縍'이라는, 돼지 생가죽 각반을 묶은 짚신을 신는다. 방을 신으면 얼음과 눈 속에서도 자유롭게 지나다닐 수 있고 발도 전혀 시리지 않다. 개가죽 모자로 얼굴을 감싼 채 하얀 입김을 내뿜으며 바닷가로 가서 파도 거품 위의 조개와 새우를 줍는 것이 바로 그들의 만족스러운 생활상이다.

어떤 사람이 몰래 하는 말에 따르자면, 이 노인들이 하나같이 겉으로는 빈궁해 보이긴 해도 모래사장에 큰 눈이 내리면 친구와 교제하며 좋은 시간을 갖는다고 한다. 노인은 고기잡이철에 해산물을 주우러 바다로 나온 노부인과 사귀었는데, 겨울이 되면 그 노부인이 어물전을 지키는 노인을 찾아온다는 것이다. 비로소 호젓해진 이때, 두 사람은 가게 문을 닫고서 날마다 술을 마시며 여러 날을 보낸다는 것이다. 이는 상황을 너무 과장한 말이다. 가족이 있는 노인은 식구들이 늘 그를 챙기러 찾아온다. 식구들은 그에게 먹을거리를 갖다주고 돌아갈 때는 더 많은 것들을 가져가는데, 이는 모두 노인이 평소에 조금씩 모아놓은 것들이다. 노인은 찾아온 가족을 얼른 몰아낸다. 하지만 쫓겨나도 다시 또 찾아오게 마련이다. 노인네 혼자 바닷가에서 지내는 것이 영 마음에 걸리기 때문이다. 하지만 가족이 없는 사람들에게는 이런 문제가 없다. 그들은 마치 병에 걸리지도 죽지도 않는 것 같은데, 몇 살인지조차도 정확히 모른다. 어물전 노인에게 나이를 물으면, 일부러 손가락까지 꼽아가며 세지만 결국엔 20년 전의 나이를 말하고 만다.

어떤 노인은 집도 있고 식구도 있었다. 젊었을 때 물고기를 잡았던 그는, 나이가 든 뒤에 가족의 만류에도 아랑곳없이 한사코 바다에 남아서 어물전을 지키고자 했다. 그 당시에는 숲이 울창하고 야생동물도 많았다. 한밤중의 바닷가에는 어부가 밝히는 횃불이 없으면, 귀신이 흐느끼고 늑대가 울부짖는 듯한 소리가 들려왔다. 그것은 사실 자연의 소리였다. 오소리 같은 짐승들이 쫓아다니며 싸우는 소리이거나 숲이 울어대는 소리일 뿐이었다. 어떤 사람은 이를 두고 말하길, 역대로 이곳 바다에 빠져 죽은 사람들의 영혼이 떠나지 못하고 계속 머물면서 밤이 되면 여기저기에서 끊임없이 소리치며 고향을 그리워하는 것이라고 한다. 이 공포스러운 광경도 어물전 노인에게는 그야말로 언급할 가치조차 없는 것이다. 겨울밤에는 전혀 다른 상황이 펼쳐지는데, 큰 눈과 서리가 내리면 마치 온갖 소음을 빨아들인 것처럼 모든 소리들이 갑자기 사라진다. 큰 바람이 부는 날만 아니라면 바다도 고요하다.

어느 해 가을이 끝나갈 무렵, 몇몇 젊은이들이 하구河口 부근에서 거북 한 마리를 잡았다. 중간 크기의 그 거북은 다쳐서 앞다리 왼쪽 윗부분에 깊은 상처가 있었다. 그래서 재빨리 도망치지 못했던 것이다. 그들이 거북을 삶으려는 순간, 어물전 노인이 서둘러 다가왔다. 노인은 그들에게 거북을 놓아주라고 충고했지만 아무도 들으려 하지 않았다. 어쩔수 없이 노인은 어물전에 가서 그동안 저축해놓은 상당액의 돈을 가져와 그 상처 입은 거북을 샀다. 그는 커다란 광주리에 거북을 넣어 등에 짊어지고 돌아왔다. 노인은 며칠 동안 계속해서 거북의 음식을 챙겨주고 손수 만든 약초로 거북의 상처를 치료해주었다. 일주일이 지나자 거북은 완전히 건강을 회복했다. 거북은 떠나면서 노인을 향해 몇 번씩이나 땅에 닿을 정도로 머리를 조아렸다.

그 해 겨울부터 시작해서, 아무리 큰 눈바람이 불어도 검은 옷을 입은 노인이 늘 어물전 노인을 찾아와서 함께 바둑을 두었다. 이 검은 옷의 노인은 일흔이 넘어 보였지만, 작고 단단한 이로 호두 껍데기를 깨물어 부술 수도 있었다. 검은 옷 노인의 바둑 실력은 평범했지만 어물전 노인과 바둑을 즐기기에는 모자람이 없었다. 그들은 한가해지면 바다에 관한 이야기를 했다. 어물전 노인은 검은 옷 노인의 풍부한 해양 지식과 바다에서의 다양한 견문에 늘 매료되었다. 이렇게 그들은 좋은 벗이 되었다. 검은 옷 노인은 자신이 어디서 왔는지 숨겼고 어물전 노인도 더 이상 묻지 않았다. 하루는 검은 옷 노인이 졸다가 그만 왼쪽 어깨가 드러나는 바람에 어물전 노인이 그의 어깨에 있는 커다란 흉터를 보게 되었다. 그 순간 어물전 노인은 예전의 그 거북을 떠올렸다.

칠팔 년 동안 계속해서 그 검은 옷 노인은 어물전 노인을 찾아와서 함께 겨울을 보냈다. 그러던 어느 해, 어물전 노인은 병에 걸려서 봄부터

醴泉湧出

龜衛玉林

福鍾百兆

壽門丁聞

華溪老人賞

천 년 묵은 거북 설화를
그린 일본의 회화.

기침을 심하게 했다. 누군가 그의 가족에게 이 사실을 알려주었다. 가족들은 노인을 마을로 데려오려고 했다. 하지만 노인은 겨울을 보낸 뒤에 다시 말하자고 고집을 부렸다. 가족들은 그의 상태가 겨울을 무사히 넘길 수 있는지조차 장담할 수 없다는 것을 알고 있었다. 그들은 노인을 데리고 가려 했다. 하지만 그는 한사코 거절했다.

이 해 겨울에는 눈이 너무 많이 내렸다. 큰 눈에 길이 막혀서인지, 그 검은 옷 노인은 처음으로 약속을 어겼다. 늘 찾아오던 때가 되었지만 어물전에 나타나지 않은 것이다. 어물전 노인의 병은 가망이 없었다. 노인의 아내는 어쩔 수 없이 그 곁을 지키면서 그에게 물과 약을 먹여주었다. 노인은 혹시 검은 옷 노인이 이쪽으로 오고 있는지, 자기 대신 문어귀에 나가 좀 둘러보라고 아내를 채근했다. 이렇게 겨울이 다 지나갔고 노인은 더 이상 버틸 수 없었다. 이제 막 봄이 오려는 때에 노인은 그만 눈을 감고 말았다. 노인의 아내가 울고 있던 바로 이날, 검은 옷 노인이 기침을 크게 하면서 가게 문을 밀어젖혔다. 그는 바닥에 무릎을 꿇고서 큰 소리로 울먹였다. "내가 늦게 왔네! 늦게 왔어! 이번 겨울, 큰 병에 걸리는 바람에 자네와 함께 바둑을 두러 오지 못했네그려."

제5장

충의를 찾기 어렵다

온갖 물과 문장

서생

상인이 인재를 추천하다

은사의 자식을

토착어에 대하여

말없음과 언어의 낭비

중의를 찾기 어렵다

고대의 명의 편작扁鵲은 죽을 뻔한 사람도 되살릴 수 있는 신의神醫였다. 편작에 관한 가장 유명한 이야기는, 그가 제나라 왕을 네 차례 진료한 일이다. 처음엔 왕의 병이 피부 아래에 있음을 지적했고, 두 번째는 병이 혈맥에 이르렀음을 세 번째는 병이 위와 장에 이르렀음을 지적했으며, 마지막에는 병이 이미 골수에 이르러서 치료할 수 없음을 알고 서둘러 달아났다. 이 이야기는 역사서에 기록되어 널리 퍼졌다. 고대의 명의 편작은 제나라 사람이었는데, 그의 말대로라면 그는 제나라 발해 바닷가에서 태어났다. '망문문절望聞問切'이라는 중의의 치료 방법은 바로 편작이 창안한 것이다. 그의 대단한 점은, 양생과 약을 중시하는 제나라 땅의 전통을 계승하는 한편 방사들의 현묘하고 허무한 이치를 버릴 수 있었다는 데 있다. 특히 그는 무술巫術을 버리고 평생 오로지 맥의 이치만을 중시했다.

편작의 발자취는 당시의 거의 모든 나라들에 남겨졌으며, 그는 천하제일의 이름난 명의가 되었다. 그는 부인과, 소아과, 이비인후과 등 전반에 걸쳐서 신기한 업적을 남겼다. 예로부터 가장 뛰어난 전문가와 나라를 다스리는 인재에게는 늘 위험이 따라다니기 마련인데, 그 주요 원인은 질투이다. 편작의 경우, 그는 당시의 전란이나 기아 때문에 죽은 것이 아니라 '이'씨 성을 가진 진나라 의원에 의해 죽었다. 자신의 의술이 편작에 한참 미치지 못한다는 것을 알고 있던 그 의원이 사람을 보내 유일무이한 명의 편작을 암살한 것이다.

중의中醫를 찾는 것은 어렵고, 훌륭한 중의를 찾는 것은 더 어렵다. 이는 사람들이 대개 유감스러워하는 바이기도 하다. 위대한 편작은 그의 출중한 의술이 세상에 용납되지 않았던 탓에 비명에 죽었다. 이는 마치 중의의 숙명이자 상징인 듯, 중의의 심오함과 헤아릴 수 없는 깊이를 잘 말해준다. 그로부터 오랜 세월이 지난 뒤, 사람들 귀에 익숙한 손사막孫思邈, 이시진李時珍, 장중경張仲景처럼 의성醫聖과 약신藥神이라 불리는 대의학가들이 다시 세상에 나왔다. 지금 사람들이 보기에, 이들은 인간이라기보다는 신에 가까운 존재이다. 그들은 하늘 높이 날아가 멀리멀리 사라졌다. 이 땅에는 믿고 맡길 만한 이가 일찌감치 사라진 듯하다. 최근 수백 년 동안 지방마다 명의가 있어왔다. 그런데 '4대 명의', '3대 명의' 등 손가락으로 꼽을 만큼 얼마 되지 않는다. 하지만 그 시대마저도 순식간에 지나가버렸다. 대략 1960년대 중반을 경계로, 명의는 소리 없이 종적을 감추었다. 그 뒤로는 몇 대 명의니 하는 말조차도 감히 생각할 수 없게 되었다. 지금 만약 어느 지역에 의술이 뛰어난 노선생이 있다고

요즘 중의를 찾는 것은 어렵고, 훌륭한 중의를 찾는 것은 더 어렵다. 19세기의 그림으로 의사가 여성 환자의 맥을 짚고 있는 모습.

한다면 그에 대한 숭배와 놀라움의 정도는 대단할 것이다.

지금도 뛰어난 중의는 대부분 나이가 많은데, 그에게 흰 수염은 없을 수 있지만 깨끗한 생김새에 차분한 표정일 것임이 분명하다. 또한 솜씨가 뛰어난 중의는 도량이 좁거나 지식이 얕을 리가 없다. 그는 분명 오래된 문화의 참맛을 깊이 알고 있으며, 물밑 깊숙이 침잠해 있을 수 있는 대어이다. 어떤 의미에서 말하자면 자고이래로 중국 문화의 지혜와 핵심은, 멀리까지 이름을 떨친 학부에 존재하는 것이 아니라 오히려 깊은 경험을 갖춘 의술가들에게 저장되어 있는 것이다. 중의의 사유에는 전통의 방향과 깊이가 가장 집중적으로 표현되어 있다. 이 방향과 깊이에서 벗어나게 되면 중의라는 과학은 사라질 수밖에 없다. 중의를 찾기 어려운 이유가 바로 여기에 있다.

서의西醫에 비해 중의의 뿌리는 땅속 더 깊숙이 자리 잡고 있다. 중의는 자연의 수많은 생명들과 더불어 번식하고 성장한 학문으로, 가장 직관적이고 소박한 측면을 지니고 있다. 또한 깊은 생각과 깨달음을 통해서만 깊이 들어갈 수 있는 오묘한 비밀을 지니고 있다. 맥상脈相·기·혈위穴位·음양 등은 물리적인 해부를 통해 검증할 수 없는 것들이다. 반면 서의는 인체를 피스톤이나 송유관 같은 기계로 간주한다. 그래서 서양에서는 『인간기계론』이라는 책까지 나왔다. 분명 서의는 기계에 대한 정밀하고 깊은 이해와 더불어서 한 걸음씩 더 깊이 발전했고, 해부술과 더불어 같은 길을 걸어왔다. 유전자라는 곳까지 다다른 서의는 앞으로 더 나아갈 것이다. 물론 서의 역시 대단한 학문이다. 하지만 인간은 어쨌든 기계가 아니다. 인간에게는 말로 표현하기 어려운 미묘한 마음이 있으며 게다가 영혼까지 있다. 영혼은 신비하다. 중의는 그 시작부터 영혼을 저버린 적이 없다. 도리어 중의는 영혼과 더불어서 앞으로 나아가며 조심스럽게 모색해온 결과, 혈과 기를 찾아냈고 임맥任脈과 독맥督脈을 찾아냈다. 이는 모두 현묘한 것들이다. 최첨단의 가장 현대적인 유전학이라고 할지라도 깊이에 있어서는 이를 따라잡기 어렵다.

인간은 천성적으로 신비한 감수성을 지니고 있다. 이러한 신비성은 타고나는 것이다. 중의는 전수 가능한 것과 불가능한 것 두 가지 측면에서 발전하고 계승되는 가운데, 소위 신의神醫를 낳았다. 신의란 전수 불가능한 부분에서 멀리까지 나아간 사람이다. 명의와 좋은 의사는 전수 가능한 부분을 장악한 사람이다. 전수 가능한 부분은, 약리藥理와 맥상 등과 같은 중의의 방법은 물론 중의의 형이상적 자질인 고유의 사유 방식도 포괄한다.

중의에 담긴 형상사유와 깨달음의 방식에는 전수 불가능한 기묘한 부분들도 있다. 그런데 이는 줄곧 서의 사유에 의해 비웃음의 대상이 되어왔다. 사실 중의와 서의는 완전히 서로 다른 두 세계이다. 중의와 서의는 서로 다른 차원에 존재하는 세계이기 때문에 양자의 대화는 불가능하다. 일이백 년 동안 서의와의 대화를 적극적으로 시도했던 중의계의 인사들은 도리어 자신을 그르쳤으며, 자신의 사업이 실패하는 원인을 초래하고 말았다. '중의와 서의의 결합'이라는 방식은 병자에게나 적용할 수 있는 말이지, 의사에게 적용할 말은 아니다. 의사는 각자 자신의 세계를 잘 지켜야 한다. 일단 자신의 세계를 조금이라도 벗어나게 되면 정상적인 호흡조차 불가능한데 어찌 생존과 발전을 말할 수 있겠는가?

지금 어떤 중의들은 중약을 완전히 서약처럼 사용한다. 몸이 부으면 수분을 배출하도록 하고, 열이 나면 식혀주고 차가우면 열기를 보충하며, 건조하면 촉촉하게 해주고 습이 많으면 습을 없애주는 식으로, 증상에 따라 대증적으로 약을 쓴다. 하지만 사실 중약이 어디 이처럼 간단명료하고 직접적이던가? 중약은 오색영롱한 세계 속의 꽃과 풀이다. 그것들은 서로를 비추면서 서로가 호응하는 관계에 있다. 그것들의 협동과 협조는 매우 미묘하며 신성神性과 통하는 것으로, 죽은 것이 아닌 살아 있는 것이다. 인체의 맥락은 천지와 더불어서 일월성신을 호흡하는 기능을 한다. 하늘만큼 큰 이 학문에는 모든 것이 하나로 연결되어 있기 때문에 일단 합격점에 도달한 중의는 최저 등급일지라도 큰 의지와 포부를 지녀야 한다. 너무 지나친 요구가 아니냐고? 그렇다. 하지만 이는 그야말로 꼭 필요한 것이기에 어쩔 수 없는 일이다. 예를 들면 어떤 약들은 반드시 하현달이 떴을 때 먹어야만 한다. 약 하나가 천문지리와 연결되어 있으니, 이 얼마나 심오한가! 현대인은 유전자, 나노, 염색체 등을 맹신한다. 하지만 옛사람들은 일찍이 수천 년 전에 약을 달이나 별과 더불어 통일적으로 고려했는데, 여기에 무슨 염색체 같은 게 낄 자리가 있겠는가?

기계적인 각도에서 인체를 이해하는 서의 역시 무한한 정밀함을 향해 나아갈 수 있으며 결코 얕은 학문이 아니다. 어떤 사람은 중의의 오묘함을 알게 된 뒤에 조금 극단적으로 말하길, 중의만이 병을 고칠 수 있으며 서의가 무슨 병을 고치냐고 한다. 또 어떤 사람은 강도를 좀 낮추어서 말하길, 서의는 "머리가 아프면 머리를 치료하고 다리가 아프면 다리를 치료한다"라고 한다. 이상은 물론 지금껏 쌓인 감정이 분출된 말로서, 심오하고 오묘한 전통의학이 오해로 인해 푸대접 받게 된 것에 대한 분노이다. 하지만 분노의 말에도 깊이 생각해볼 부분이 있다. 그리고 이는 또 다른 사고방식에도 도움이 된다. "머리가 아프면 머리를 치료하고 다리가 아프면 다리를 치료한다"는 말이 서의를 지나치게 단순화한 측면이 있긴 하지만, 근본적으로 왜곡한 것은 아니다. 중의의 전면적인 종합과 세밀한 주도면밀함, 그리고 "병에 걸리기 전에 치료한다"는 사유와 비교했을 때, 서의는 확실히 지나치게 구체적이고 단일화된 학문이다.

왜 서의는 앞을 보는 시간이 많은 반면에 중의는 뒤를 돌아보는 시간이 많을까? 서의는 새로운 과학기술의 진보에 끊임없이 의존하고 희망을 걸며, 이를 통해 자신의 치료 방법과 인식 능력과 발견 능력을 강화한다. 반면에 중의는 뒤를 훨씬 더 많이 돌아보며, 끊임없이 경전을 발굴하고 경전을 더욱 확대 발전시키고자 한다. 객관적으로 평가하자면, 중의의 본질적인 측면에 속하는 인식이나 진료 방법은 결코 시간의 추이에 따라 그만큼 진보하는 것이 아니다. 중의는 도리어 지금까지도 여전히 경전 속의 깊은 뜻을 끊임없이 발굴함으로써 스스로를 심화하고자 한다. 이처럼 앞을 보는 것과 뒤를 돌아보는 것의 차이는 바로 일부 사람들이 중의를 저버린 이유이기도 하다.

실제로 서의의 관념이 확립되기까지는 결코 오랜 시간이 걸리지 않았다. 서의의 체계가 형성된 역사는 매우 짧다. 그러므로 뒤를 돌아본다 하더라도, 실천의 경험이나 이론의 심도가 미미하다. 따라서 서의는 앞을 볼 수밖에 없는 것이다. 더욱 중요한 점은, 현대과학의 발전과 발견을 떠나서는 서의가 성립될 수 없으며 앞을 보는 것이 바로 서의의 본질적인 속성이라는 것이다. 반면에 중의는 대지에 뿌리를 내리고 있는 심학心學이다. 수천 년 동안 인간은 대자연과 가장 직접적이고도 소박한 의존 관계를 수립했다. 그런데 시간이 지나면서 이 관계의 성질에 변화가 생겨났다. 즉 인간과 산천대지의 모든 것 사이의 소박하고 밀접한 관계가 점점 강해지기보다는 도리어 갈수록 소원해졌다. 이렇게 해서 자연과 대지에 대한 인간의 감지 능력이 가장 강력했던 시기는 이미 지나가버리고 말았다. 그리고 인류가 지내온 천만년 역사에 포함된 모든 깨달음과 경험의 성과는 영원히 발굴해도 끝이 없는 진귀한 보물로 남게 되었다.

현대 과학기술의 세계에서 기계 논리적 탐구는 한 걸음 한 걸음 깊이 파들어가고 있는 중이다. 이에 따른 표면화와 단순화와 단편화는 필연적으로 중의의 사유를 손상시키기 마련이다. 따라서 진정한 중의는 갈수록 찾기 어려워진다. 이는 아마도 인류의 숙명일 것이다.

온갖 풀과 문장

중국문학사를 잘 아는 사람들은, 큰 문인들이 훌륭한 의원인 경우도 많고 혹은 의학에 상당히 조예가 깊어서 비록 전문적인 의원은 아니더라도 의술가들이 말하지 못한 현묘한 이치를 언급하기도 했음을 발견하게 된다. 조설근曹雪芹도 그랬고 소동파蘇東坡 역시 그랬다. 유사한 예는 아주 많다. 소동파는 의술가들이 늘 인용하는 "대실약허大實若虛(크게 실하면 도리어 허한 듯이 보인다)"라는 명언을 남기기도 했다. 이와 반대로 유명한 대의술가들을 관찰해보면, 대부분이 튼튼한 문장 실력을 갖추고 있다. 그들의 의학 저술, 특히 그들이 남긴 진단 기록부인 의안醫案은 사람들이 깜짝 놀랄 정도로 그 서술이 매우 생동적이고 세밀하다. 문인이 때로는 더 이상 참지 못하고 다른 사람에게 처방을 알려주는가 하면, 의술가가 더 이상 참지 못하고 문장을 써내려가기도 하는 까닭은, 양자가 내적으로 서로 통하기 때문이다.

「소동파극립도 蘇東坡屐笠圖」, 황신黃愼, 1748년, 종이에 채색, 28.3×194.5cm, 북경 국립고궁박물원.

소동파가 나막신에 삿갓 쓴 채 의연히 비를 맞으며 걸어가고 있다. 대문인들은 의학에 상당히 조예가 깊어서 비록 전문적인 의원은 아니더라도 의술가들이 말하지 못한 현묘한 이치를 언급하기도 했다. 조설근曹雪芹도 그랬고 소동파蘇東坡 역시 그랬다.

온갖 풀에 대해 알게 되면 의술가가 되고, 온갖 풀에 애정이 생겨나면 문인이 된다. 형상사유의 생동감, 변증사상의 정밀함은 좋은 문장만이 갖추고 있는 속성이다. 어떤 문인은 일상생활에서 스스로를 치료할 뿐만 아니라 온 가족에게 처방전을 지어주기도 했다. 물론 실수하기도 했다. 다루기 힘든 질환이 아닌 이상 의원을 찾지 않는 문인도 있었다. 또 어떤 뛰어난 문인은 의술가와 친구 사이로 왕래하면서 각자의 장점을 서로 융통했다. 스님이나 거사居士 가운데에도 의술과 양생을 연구한 고수가 많았다. 그들의 고요한 생활은 양생에 이로웠을 뿐만 아니라 깊이 생각하는 데에도 도움이 되었다. 덕분에 그들은 문장을 쓰거나 약초 처방전을 쓰기도 했다. 소동파는 공들인 끝에 많은 처방전과 요리 비법들을 내놓기도 했다. 그는 친구들과 왕래하면서 처방전을 주고받기도 했다. 또한 중과 도사들이 소동파에게 선물로 준 효과적인 처방은 그에게 가장 귀중하고도 아낌없는 선물로 여겨졌다.

과거 문인들에게는 세상을 다스릴 책임이 있었다. 그들 대다수는 관리였다. 세상을 다스리는 것과 병을 다스리는 것의 원리는 많은 측면에서 서로 통한다. 이는 두 가지 종류의 언어를 사용하여 하나의 이치를 나타내는 것이라고 말할 수 있다. 훌륭한 문장을 쓰는 것은 거대한 사회를 다스리는 것과 비슷하다. 어휘들은 중생이고, 문장의 구조는 사회의 조직 형식이다. 음양의 관계, 변증시치辨證施治 등은 의술가들의 기본적인 이해 방식이자 그들이 인류사회를 인식하는 방법이기도 하다. 한 편의 글이 완성되기까지는 무수한 판단과 고려가 요구되며, 작자의 도량과 견문이 모두 그 안에 반영된다. 인간이 전체 사회의 복잡한 상황을 다스리고자 할 때에도 그와 비슷한 결단과 사색에 직면하게 되며, 상당히 엄밀한 사색과 전면적인 파악 능력이 요구된다. 전통문화에서 중의와 문인과 관리, 이 삼자의 신분이 통일될 때도 있었고 나뉠 때도 있었지만 내재적인 일치성은 변한 적이 없다.

가장 형편없는 통치자는 정치를 하면서 일률적으로 단순화, 단편화하여 한 가지 측면만 고려하고 나머지는 전혀 따지지 않는 이들이다. 이러한 것은 훌륭한 의술가의 특징이 아니기도 하다. 글에는 기승전결이 있고, 세밀한 논리와 문장의 기질과 색채가 있다. 이것들은 바로 의술가의 손에서 약으로 조제되는 온갖 풀들과 같다. 전통 문장은 오늘날 들여온 서양의 글쓰기 양식과는 다르다. 전통의 좋은 문장은 대지의 기와 맥과 늘 밀접히 관련되어 있다. 지금의 문론文論은 시와 예술을 논하는 것일지라도, 기계적이고 화학적인 성향이 팽배하다. 마치 현대 공업제품의 설명서 같은 오늘날의 글에는 생명의 결, 생명의 고동, 인성의 따뜻함이 덜하다. 옛사람들이 시로써 시를 논하던 것, 그들의 음미와 감상, 중의가 맥을 짚을 때의 사유와 느낌, 이제 이것들은 이미 보기 드물어졌다.

훌륭한 중의의 사라짐과 훌륭한 문장의 사라짐은, 그 진행 방식이 사실상 일치한다. 의술가의 심화와 논리화로 보이는 것이 실제로는 오히려 단순함과 조잡함이다. 수술 기계의 강제적인 사용은 문장의 자연스러운 결을 파괴하고 해를 끼치는 결과를 낳을 수밖에 없다. 위기衛氣와 영기營氣, 임맥과 독맥에 대한 중의의 이해가 문장에 운용되었을 경우에는 훌륭한 문장을 이룰 수 있다. 그런데 지금 유행하는 글들의 경우, 문장의 기질은 전혀 고려하지 않은 채 그저 서양 이론의 표피적 지식만을 배워 기계적이고 피상적인 임상 논증 부류의 글만 써내고자 한다.

고대의 문인들이 단약을 좋아했던 이야기는 아주 많다. 장생을 탐하느라 급급하여 약효가 강한 단약을 먹고서 예기치도 못한 일을 겪기도 했던 이들을 제외한 대부분의 사람들은 자연에 순응했다. 그들은 자양식을 잘 만들었는데, 거기에는 남에게 보여주지 않는 비밀인 단석丹石도 있었다. 연단은 일찍이 위진魏晉 시기 일부 문인들 사이에서 유행했는데, 어떤 사람은 여기에 너무 열중하는 바람에 시문을 망치기도 했다. 대시인 이백李白은 간절히 신선을 찾고자 했던 사람인데, 이와 관련된 그의 풍부한 내력과 열정은 보통 사람과 비교할 수 없을 정도이다. 금석과 단약의 전문가들, 그리고 도사들에 대한 미련은 그의 행적 곳곳에 드러나며 그의 시에도 자주 보인다.

학 한 마리 동쪽으로 날아 푸른 바다 건너니,
멋대로 풀린 마음이 어디 있는지 어찌 알리오?
신선은 크게 노래 부르며 내가 오길 기다리는데,
분명 옥수玉樹에 올라 오래도록 기다리고 있을 터이지.
요堯와 순舜의 일은 놀랄 바가 못 되고,
나에 대한 시끄러운 말들도 정말 별것 아니라네.
큰 거북아! 삼신산 신고 떠나가지 말지니,
내가 봉래산 꼭대기에 오르려 하나니.

"바닷가에서 온 손님이 영주에 대해 이야기하길, 안개 자욱하여 그곳

「난정수계도권蘭亭修禊圖卷」, 문징명文徵明, 16세기, 24.2×60.1㎝.

동진東晉 영화永和 9년에 왕희지 등 당대 명인 40여 명은 산음山陰(현 절강성 소흥)에서 수계修禊(부정한 것을 씻는 의식)를 지내고 술을 마시면서 시를 지었다. 여기서 바로 왕희지의 난정집이 나왔다. 옛사람들은 이처럼 시로써 시를 논하고 문장의 기질과 색채를 중시했다.

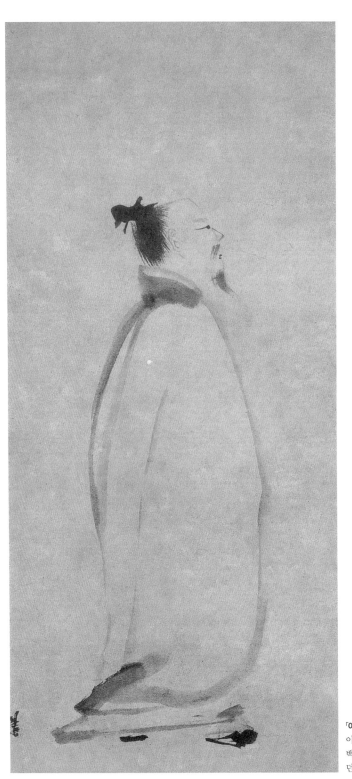

「이백음행도李白吟行圖」, 양해梁楷, 송.
이백은 동해의 삼신산과 신선을 동경했다.
백의 마음은 바로 불로장생의 약을 구하려
던 서복의 마음과 같았던 것이다.

찾기는 정말 어렵다고 하네"라고 시작하는 또 다른 시에서는 이렇게 읊었다.

높고 푸른 하늘 드넓어 끝이 보이지 않고,
해와 달이 금대金臺와 은대銀臺를 환히 비추네.
무지개를 옷 삼아 바람을 말 삼아,
구름 속 사람들 줄지어 내려오네.
호랑이가 슬瑟을 연주하며 난조가 수레를 끄는데,
신선들은 삼대처럼 많이도 늘어섰구나.

이상을 통해 볼 때, 이백이 동해의 삼신산과 신선을 얼마나 동경했는지 알 수 있다. 선경에 대한 추구와 선약을 찾고자 하는 마음은 한가지인 법. 서복이 배를 끌고 바다로 나가면서 구하고자 했던 것도 바로 불로장생의 약이었다. 이백도 서복을 마음에 두고 있었던 것이다.

어떤 문인은 단약을 먹은 뒤 요구 사항에 따라 머리를 풀어헤치고 화초와 나무 사이를 걸어다녔는데, 약 기운을 발산하기 위한 것이었다고 한다. 얼마나 재미있는 상황인가! 단약을 먹는 사람은 병에 걸렸기 때문이 아니라, "병에 걸리기 전에 치료한다"는 중의의 원리에 따라서 강한 신체와 정신을 추구한 것이다. 단약을 잘못 먹은 일부 사람들은 바닥에서 구르기도 했는데, 몸속에서 단약의 열기가 달아올랐기 때문이다. 거대한 화학 에너지가 그를 거의 죽을 지경으로 몰아넣고 그에게 교훈을 남겨주었다. 하지만 끝내 그는 여전히 단약에 대한 미련을 버리지 못했다. 그 당시에는 온갖 풀들의 미묘한 조합과 금석 제련의 차이를 제대로 구별하지 못했기 때문에 부지불식간에 중의와 서의를 결합했다. 그 결과 화학 변화가 발생하여 낯선 힘이 그를 바닥에 쓰러뜨리고 말았던 것이다.

총괄하자면 중의와 문장은 떼어놓을 수 없다. 누군가의 말처럼, "의술은 문장을 따라 생겨나고 문장은 의술을 도와서 전해지므로, 양자가 서로를 돕는다"라고 말할 수 있다. 근대 문예의 번영과 전통 의술의 부흥은 아마도 하나의 통일된 궤도를 밟았을 것이라고 생각할 수 있다. 양자의 사고 맥락이 매우 유사하기 때문에 그렇다.

서생

'서생'이란 통상적으로 공부를 많이 한 사람을 가리킨다. 하지만 자세히 살펴보면 사람들이 꼭 그렇게 여기는 것만은 아니다. 즉 서생이란, 책을 많이 읽었으되 채 소화하지 못한 사람들을 가리키는 의미로 더 많이 사용된다. 이는 '책벌레'라는 호칭과도 어느 정도 비슷하다. 하지만 양자에는 미세한 차이가 존재하는데, '어리석음'의 정도에 있어서 서생은 책벌레보다 좀 덜하다. 지식인을 관찰하는 것은 흥미로운 일이다. 그들 가운데 일부는 정작 자신도 공부하는 데 많은 시간을 사용했음에도, 지식인을 공격하는 데 일생 동안 많은 정력을 쏟아 붓는다. 이런 사람들은 결국 서생이라고도 책벌레라고도 불리지 못한다. '이사李斯'가 바로 그런 사람이다. 이사가 진나라에 있을 때, 처음에는 뜻대로 풀리지 않았기 때문에 그곳 사람들은 그를 영락없는 서생으로 간주했다. 이 때문에 이사는 냉대를 받으면서 마음속에 큰 그늘이 드리워졌다. 나중에 그의 처지가 좀 나아지긴 했지만 여전히 일개 서생으로 여겨졌다. 이사의 글재주와 필력은 의심의 여지가 없는 것이었으며 안목과 기개 역시 남달랐다. 이는 「간축객서諫逐客書」라는 글로 증명할 수 있다. 이런 글을 써낼 수 있는 사람이라면, 극도로 복잡한 세계에서도 잘 대처해나갈 수 있는 지혜로운 인물이었을 것이다. 과연 이사는 나중에 중국 문화사와 정치사에 있어서 가장 유명한 한 사람이 되었다. 그는 기세 높은 큰일을 행함으로써 진시황과 이름을 나란히 했다. 하지만 그 역시 인생의 큰 재난을 피해갈 수 없었으며 사후에는 무시무시한 악명을 남겼다. 글을 많이 읽은 선비였던 이사는 자신이 원래 속했던 계층을 철저히 배반함으로써 출세하고 명성을 날렸지만 역시 이로 인해 가장 잔인한 죽임을 당했다.

이사가 진나라에서 겪은 과정들은, 지식인이라면 어떤 억압과 굴욕을 당하거나 어떤 부귀와 영화를 누리더라도 지식인이라는 신분을 부끄럽게 여길 필요가 없음을 말해준다. 표면적으로 보자면, 진나라는 전쟁으로 정권을 얻었고 전쟁이란 야만적인 힘에 의지해야 하는 것이기 때문에 진나라 정권에 기대고 있던 지식인들은 일종의 자괴감을 지니게 마련이었다. 이런 감정이 가시처럼 마음속에 박혀 있으면, 심각한 자기비하와 오해를 초래한다. 그리고 이로 인해 인생에서 가장 어리석은 선택을 하게 된다. 지식인들 중에서 이런 감정의 한계를 초월하여 자신의 지혜와 지식에 힘입어 높은 곳에서 아래를 내려다보며 전체를 바라볼 수 있었던 사람은 극히 일부였다. 맹자孟子가 바로 그런 사람이었다. 그는 제나라에 갔을 때 위왕威王과 선왕宣王의 힘을 빌려 자신의 정치사상을 펼치고자 했다. 그런데 맹자는 그들을 뛰어난 두뇌의 소유자가 아닌 도구 정도로 간주했다. 왕을 이류로 보았던 맹자의 마음속 정기正氣는 매우 거대하고도 강대했다. "나는 나의 호연지기浩然之氣를 잘 기른다"라고 했던 그의 말은 결코 화려한 흰소리가 아니었다.

맹자 이전에는 물론 공자가 있었다. 일생의 행적을 통해보자면, 공자는 맹자보다 열 배는 더 굴곡진 삶을 살았고 열 배는 더 험난한 삶을 살았다. 하지만 공자에게 내재된 강인함과 기개는 결코 맹자에 뒤지지 않는다. 뒤지지 않을 뿐 아니라 도리어 맹자를 뛰어넘는다. 그래서 맹자를 공자 다음가는 아성亞聖이라고 부르는 것이다. 권력 앞에서 그들이 느꼈을 극도의 피로와 난처함은 공교롭게도 이상적인 인물의 강대함을 두드러져 보이도록 한다. 객관세계를 개조하고 다스리는 데 있어서 지식인은 꿋꿋한 주도적인 의식을 지니고 있는데, 이 의식은 일반적인 집단이익을 초월하며 눈앞의 호오와의 충돌까지도 초월한다. 그렇기 때문에 일반적인 상황에서 그들은 권세가와 잘 맞지 않는다. 사상의 강대함은 때로 사람을 두렵게 만든다. 하지만 표면적으로는 이와 반대로, 무력으로 둘러싸인 조정이 사람을 두렵게 만든다. 그러나 사실 조정보다 더 나약한 것은 없다. 천 년 동안 우뚝 솟아 있던 조정은 세상 그 어디에서도 찾아볼 수 없기 때문이다. 반면 공자와 맹자는 이천 년이 넘도록 파괴되지 않고 존재했는데, 보아 하니 계속 존재해나갈 것이다.

전쟁이라는 측면에만 한정해서 본다면, 야성과 힘이야말로 승리를 위한 첫 번째 조건이다. 하지만 전투와 전략이라는 측면에서, 그리고 권력의 근본적 전이를 결정하는 무력 행위라는 측면에서 본다면 여전히 전쟁의 예술가가 필요하다. 전쟁의 예술가 역시 서생이었다. 이는 기존의

「행단현가도杏壇絃歌圖」, 나능호, 1866년, 159×105㎝.

서생과는 다른 종류의 서생이었을 뿐이다. 마릉馬陵의 전투에서 제나라가 위魏나라를 포위하여 조趙나라를 구했을 때 주로 의지했던 것은, 대장 전기田忌의 용맹이 아닌 손빈孫臏의 지혜였다. 희곡에서 늘 반복되는 삼국 이야기에 나오는 적벽赤壁에서의 전쟁 역시 음양에 통달한 서생에게 의지했지, 유비·관우·장비에게 의지했던 것이 아니다. 현대의 전쟁이 어떻게 진행되는지에 대해서는 말할 필요조차 없을 듯하다. 용맹함과 강한 체력은 더 이상 승리의 주요 조건이 될 수 없다. 게다가 용기와 힘이라는 것은, 단지 전쟁에서만 드러나는 것이 아닐뿐더러 전쟁에서 주로 드러나는 것도 아니다. 군건한 마음과 강인한 실천에는 더욱 큰 용기가 필요하다. 공자·맹자·순자荀子 등의 성현은 무엇보다도 먼저 용기와 의지의 측면에서 각 시대 사람들을 감동시켰다.

일반인은 '서생'에게 호감을 느낀다. 반면 '책벌레'는 사람들에게 안타까움을 주는 동시에 가소롭기도 하다. 사실 이 양자 간의 미묘한 차이를 파악한다는 것은 아주 어렵다. 호감을 주는 사람이 되느냐 아니면 가소로운 사람이 되느냐는, 그야말로 개인이 선택할 수 있는 것이 아니라 그의 마음속에 자리 잡고 있는 문명에 의해 결정될 수밖에 없다. 하나의 문명이 마음속에 자리 잡게 되면 그는 평생 이것을 지니고 있게 된다. 그의 마음속에 자리 잡은 이 문명이 가장 중요한 순간에 그를 좌지우지하면서 그의 영예와 치욕, 삶과 죽음을 결정하게 마련이다. 그런데 현실적인 사람들이 가장 조롱하고 싶어 하는 대상이 바로 지식인이다. 이것은 중국의 최근 백 년 이래, 특히 1950~60년대에 군건해지기 시작한 기괴한 전통이다. 문인마저 가소롭다면 정작 문인에 대응되는 야인野人은 또 어떻게 해야 된단 말인가? 문화와 문명의 자질을 떨쳐내버린다면, 그 어떤 것이라도 성립조차 할 수 있겠는가?

인간을 제약하는 문명의 힘은 놀라운 것이다. 옛 등주에 왕의영王懿榮이라는 사람이 있었다. 갑골문甲骨文을 발견하여 이름을 날린 바로 그 사람이다. 대개는 그를 학자로 생각하지만 사실 그는 청나라의 고위관리였으며 국자감國子監 좨주祭酒를 세 차례나 역임했다. 그는 고위관리로 있었으나 관계官界를 싫어했으며, 당시에는 그의 훌륭한 학문을 쏟아낼 데가 없었다. 게다가 난세를 만난 그의 마음속엔 모순이 가득했다. 겸제천하兼濟天下냐, 독선기신獨善其身이냐, 즉 더불어 천하를 구해야 할지 아니면 홀로 자신을 잘 수양하는 것이 더 나은지 알 수 없었다. 왕의영의 후반생은 기본적으로 이러기도 저러기도 어려운 상황에서 펼쳐졌으며, 결국 그는 인생의 놀라운 마침표를 찍었다. 근대사에서, 등주 사람으로서 혹은 내나라 사람으로서 세상 사람들에게 가장 큰 놀라움과 자부심을 안긴 사람은 바로 위대한 학자이자 용사이자 관리였던 왕의영이다. 학자와 용사와 관리, 이 삼자가 그를 통해 그야말로 완벽한 결합을 이루어냈다.

당시에 청나라 조정은 극도로 부패했고, 준수한 용모의 광서제光緖帝는 서태후西太后의 제약 때문에 포부를 펼칠 수가 없었다. 뜻있는 지식인들은 광서제에게 아름다운 희망을 기탁했지만 결국엔 실패의 비참한 지경에 떨어지고 말았으며, 광서제 본인도 고민과 번민 속에서 죽었다. 왕의영은 바로 이런 상황에서 간신히 살아가고 있었다. 등주 일대에 외적이 침입하여 민생이 도탄에 빠지자, 왕의영은 끝내 사직하고 고향 등주로 돌아왔다. 그리고 그는 황현에 있는 친척과 자금을 마련해 민병대를 조직하여 적과 목숨을 건 전투를 벌였다. 청나라 장군들도 그토록 두려워 떨던 상황에서 일개 서생이 초인적인 용맹함을 보였던 것이다. 그가 민병대를 이끌고 나가면서 겪은 고생과 감명 깊은 이야기들이 교동 일대에 수없이 전해진다. 최후의 날이 다가왔을 때, 8국 연합군이 북경北京을 공격하자 태후와 황제도 도망갔지만 왕의영 등은 도리어 북경으로 들어가 완강히 저항하며 필사적으로 버텼다. 그는 최후의 순간이 오면 우물에 뛰어들어 자살하려고 미리 커다란 우물까지 파두었다. 그 시각이 정말로 다가오자 그는 유서를 쓴 뒤 의연히 우물에 뛰어들었다. 그의 아내와 자식이 뒤를 따랐고 이어서 며느리도 그 뒤를 따랐다.

이런 충성과 신의와 용맹은 대부분 '서생'에게서 비롯된 것이다. 탈출할 수도 있었지만 기꺼이 죽고자 했던 이들 가운데에는 앞서 말했던 담사동도 있다. 후대인들은 이들을 '서생'으로 간주할 뿐만 아니라 '책벌레'라고도 여길 것이다. 광릉산을 연주하고 죽기를 바랐던 혜강, 인터내셔널가를 부른 뒤 죽었던 취추바이 등도 모두 같은 부류의 '책벌레'라고 여겨질 것이다. 하지만 인류의 역사에서, 중국의 역사에서, 이들처럼 흔들림 없이 굳건히 서서 돌덩어리나 강철이 되어버린 인물이 없다면 그 민족은 너무 가련하지 않은가? 인류는 일종의 문명을 믿고 동경한다. 물론 문명에 내재된 위대한 역량을 동경하는 것이다. 이 역량은 상상할 수 없을 정도로 대단하다. 죽음이 닥쳐도 두려워하지 않게 할 수 있을 만큼 큰 역량을 가져야만 비로소 문명이라 일컬을 수 있다.

상인이 인재를 추천하다

제나라 역사에는 대번영의 시기가 몇 차례 있었다. 세 차례였다고 하는 사람도 있고 두 차례였다고 하는 사람도 있다. 강씨가 통치한 환공 시기, 전씨가 통치한 위왕과 선왕 시기가 바로 대번영의 시기였다. 강태공姜太公이 제나라 땅에 처음 봉해졌을 때, 땅은 협소했지만 다행히도 그가 상황을 유리하게 이끌 줄 알았던 덕분에 내나라 사람들과 사이좋게 지내고 그들의 예의와 풍속을 존중함으로써 기반을 잡을 수 있었다. 제나라의 경우, 건국 이후에 물론 내나라 사람들과의 쟁탈과 투쟁이 발생하기도 했다. 하지만 융합을 위한 더 많은 노력들이 있었으므로 다섯 달이라는 짧은 시간에, 초보적 단계의 건국이 완성되었음을 주공周公에게 보고할 수 있었다. 반면에 제나라와 동시에 분봉된 노나라는 삼 년이라는 시간이 꼬박 걸린 뒤에야 겨우 주공에게 건국을 보고할 수 있었다. 제나라와 노나라가 건국에 들인 시간의 차이가 현격하다고 해서 제나라가 직면했던 상황이 그만큼 쉬웠다는 것은 결코 아니다. 사실 오히려 더 복잡했을 것이다. 그 당시 동쪽 반도를 차지하고 있던 내이족은 경제와 문화가 모두 극도로 발달했고, 어업과 염업 자원도 풍부했으며 실력이 강대했다. 이제 막 이곳에 온 강씨 정권으로서는 감히 그들에게 맞설 수 없었다. 따라서 나중에 온 이들로서는 교류와 협조의 길을 걸을 수밖에 없었던 것이다. 이 길을 다진 것은 번영을 향해 나아가기 위한 첫걸음이었을 뿐이며, 이를 두고 제나라의 번영이라고 일컬을 수는 없다.

첫 번째 번영기는 제나라 환공 시기였는데, 환공은 마침내 춘추시대의 패왕이 되었다. 환공의 패업과 제나라의 번영에 대해 말하자면, 일세의 명재상 관중을 언급하지 않을 수 없다. 관중의 재능이 전면적이고도 철저하게 발휘되지 못했다면 제나라의 강대함은 있을 수 없었다고 말할 수 있다. 환공과 관중 사이의 은혜와 원한과 협력은 역사상 유명한 미담이 되었다. 일찍이 환공은 관중이 쏜 화살에 맞은 적이 있는데, 공교롭게도 그 화살이 허리띠의 쇠장식에 맞았던 덕분에 목숨을 건질 수 있었다. 환공은 이 화살을 쏜 원수를 염두에 두지 않았던 것은 물론, 결국엔 다른 사람이 관중을 적극 추천하자 뜻밖에도 그를 재상으로 임용했다. 후에 환공은 관중을 극도로 신임하여 크고 작은 일들을 모조리 그가 처리하도록 했다. 이로써 환공 자신은 많은 근심을 덜 수 있었다. 환공은 유명한 방탕아였다. 관중 덕분에 많은 시간을 노는 데 쓸 수 있었던 환공은, 나라의 정사를 다스리는 번거로운 일들은 죄다 관중과 포숙아鮑叔牙에게 맡겼다. 당시에 환공은 관중을 매우 높여 '중부仲父'라고 불렀다. 조정의 일과 관련하여 누군가 아뢰고 지시를 청할 경우, 환공은 "중

관중과 환공, 산동성 임치 제국역사박물관.
제나라 환공은 재위 7년이 되던 해(기원전 679년)에 견 땅에서의 회맹을 통해 중원의 패자가 되었다. 환공이 이렇게 힘을 기울 수 있었던 것은 명재상 관중에 힘입은 바가 크다. 관중은 유능한 인재라면 출신을 따지지 않고 등용하였다. 그 결과 제나라는 전대미문의 번영을 맞이할 수 있었지만 결국엔 물욕과 부패의 만연으로 붕괴되기 시작했다.

부에게 가서 물어보라"고 답하기만 하면 그만이었다.

환공의 방임과 신임은 그 자신을 해방시키는 동시에 관중도 해방시켰다. 관중의 총명과 지혜는 의심할 여지가 없을 정도였다. 관중이 채택한 일련의 통치 절차들을 통해 볼 때, 그는 제나라를 거의 상업 집단으로 간주하여 운영했다. 이렇게 해서 관중은 최종적으로 최대의 이익을 획득했다. 역사학자들과 정치평론가들은 특정 시기 어느 한 국가와 지역의 경제 상황을 성패의 유일한 기준으로 삼게 마련이다. 바로 이 점이 제나라 환공의 정권을 최대한 긍정할 수 있는 이유가 되기도 한다. 그런데 역사상 제나라가 겪었던 엄중한 실패와 환공 후기의 비참한 상황에 대해서는, 관중이 만들어낸 번영 속에서 그 원인을 찾고자 하는 이가 매우 드물다. 관중이 임용되었던 초기 상황을 보자면, 제나라 경제가 신속하게 발전하기 시작한 동시에 심각한 정치적 위기도 잠복해 있었다. 이는 "그 흥성은 돌연하고 그 멸망 역시 갑작스럽다"는 대학자 황옌페이黃炎培의 말과 유사하다고 할 수 있다. 제나라 패망의 씨앗은 환공과 관중이 줄곧 뿌려나갔던 것이다.

관중은 상인 출신이었다. 당초에 그는 포숙아와 동업으로 장사를 했는데, 수익이 생겼을 때 늘 포숙아보다 더 많은 이익을 챙겨갔다. 다른 사람들이 관중의 이런 태도를 못마땅하게 여겼지만 포숙아는 그를 위해 변명하길, 관중이 가난하니 더 많이 가져가도록 한 것이라고 했다. 후에 관중은 포숙아와 함께 전쟁에 나갔는데, 위험이 닥치면 늘 뒤쪽에 숨어 있다가 가장 빨리 도망쳤다. 관중의 이런 태도는 당연히 다른 군사들의 원망을 사게 되었다. 포숙아는 또 그를 위해 변명하길, 그의 집에는 늙으신 어머님이 계신데 만약 싸우다 죽으면 어머님을 모실 사람이 없을 것을 걱정해서라고 했다. 바로 이 관중이 얼마 후에 왕위를 놓고 다투게 된 두 명의 공자 사이에서 잘못된 선택을 했고, 결국 그 중 한 명을 쏘았던 것이다. 잘못했다간 관중이 쏜 화살에 맞아 죽을 수도 있었던 그 공자가 바로 훗날의 제나라 환공이다. 새로 즉위한 왕이 관중을 얼마나 미워했을지 짐작할 수 있을 것이다. 하지만 바로 이때 포숙아가 또 그를 위해 통사정했고 덕분에 관중은 죽음을 면할 수 있었다. 포숙아는 관중을 가장 잘 아는 사람이었기에, 뒤에 온힘을 쏟아 환공에게 관중을 추천했던 것이다.

관중이 시행한 일련의 큰 개혁들은, 한결같이 경제를 발전시키는 데 그 중점이 있었다. 이는 자연스러운 일처럼 보인다. 엄청난 경제적 실력이 뒷받침되지 않는다면, 튼튼한 국방이 있을 수 없음은 물론이고 다른 일들도 제대로 할 수 없기 때문이다. 그런데 문제는, 부의 획득과 더불어서 더욱 장기적인 정치 기획이 수반되어야 하고 사회에 대한 전면적인 파악도 필요하다는 것이다. 또한 부의 획득 수단 역시 정당해야 한다. 천박한 부는 불명예스러운 동시에 오래 유지할 수도 없다. 관중이 앞장서 외친 방법은 지혜롭고도 과단성이 있었다. 그 가운데 많은 것들은 세상을 다스리는 데 본보기로 삼을 만한 좋은 방법들로서, 역사적 지혜의 결정체였다. 그 모든 방대한 개혁과 계획을 짧은 시간에 다 설명할 수는 없을 것이다. 하지만 반드시 냉정하게 되짚어봐야 할 측면이 많은 것도 사실이다.

먼저 '여려女閭'의 설립이다. '여려'란 기생집이다. 춘추시대에 정부가 공개적으로 기생집을 설립했다니, 얼마나 대담한 조치였는지 짐작할 수 있을 것이다. 게다가 당시의 기생집은 규모가 매우 컸다. 기록에 따르면 2만 개에 달할 정도로 많았다고 한다. 그 당시 도시의 낮은 인구밀도와 비교적 작은 사회 규모를 감안해볼 때, 이는 놀랄 만한 수치이다. 역사 기록에 따르면 서양에서 가장 먼저 정부가 유곽을 설립했던 나라는 아테네로, 기원전 594년의 일이었다. 관중은 그보다 훨씬 먼저였는데, 적어도 아테네보다 50년은 앞섰다. 관중이 기생집을 설립한 주요 목적은 국고를 충실히 하기 위해서였다. 또 다른 목적은 환공의 환심을 사기 위해서였는데, 이 음란한 왕을 만족시키기란 쉽지 않았기 때문이다. 그리고 세 번째 목적은 바로 인재를 초빙하기 위해서였다. 관중은 제나라가 흥성하기 위해서는 두뇌가 민첩한 인사들을 대거 모집해야 한다고 생각했는데, 이런 인사들은 대부분 걷잡을 수 없이 방탕했다. 관중의 개혁 조치 가운데에는 평민도 경卿이 될 수 있다는 규정이 있었다. 즉 국가 정책을 시행하는 데에 필요한 인재라면 출신을 따지지 않고 중임을 맡길 수 있다는 것이었다.

어떤 중대한 변혁이라도 그에 상응하는 인재가 있어야만 시행할 수 있다. 상인 출신이었던 관중은 처음엔 귀족 집단에게 환영을 받지 못했기 때문에 반드시 가능한 한 빨리 자신의 행정 역량을 규합해야 했다. 관중이 시행한 정책들 가운데 널리 주목을 받았던 것이자 후대 사람들로부터도 높은 평가를 받는 것은 '거현擧賢' 제도이다. 이는 광대한 지역에서 펼쳐진 대범위의 인재 모집 활동이 제도로 정착된 것이다. 당시 지방관은 해마다 정월이 되면 조회에 참석할 때 두 가지 일을 반드시 해야 했다. 하나는 정사를 보고하는 것이고, 다른 하나는 덕과 재능을 갖춘 인재를 아뢰는 것이었다. 만약 지방관이 정해진 시간에 해당 지역의 인재를 추천하지 못하면 '폐현蔽賢', 즉 덕과 재능을 갖춘 인재를 매장했다는 죄목으로 다스려졌다. 이는 귀족이 정사를 독차지하던 세경세록제世卿世祿制, 즉 벼슬과 녹봉의 세습제를 타파하고 정치 담당자가 실제 정책의 필요에 따라 관리를 임용할 수 있도록 큰길을 활짝 열어준 것이다. 그런데 큰길이 넓은 만큼 지나다니는 사람들 역시 매우 다양할 수밖에 없기에, 어떤 사람을 채용할 것인지가 문제의 관건이 되었다.

관중이 여려를 설립하고 거현제를 실행한 것을 통해 볼 때, 이익을 획득하고 인재를 채용하는 데 있어서 그가 얼마나 절박해 했는지 짐작할 수 있을 것이다. 물론 인재의 채용은 이익의 획득을 위한 것이었다. 관중이 자신의 정책을 더 강력하게 시행하기 위해서는 해당 방면의 재능 있는 실무자들을 대거 보유해야만 했다. 그 결과 실무형·실용형 인재가 대거 채용되었고, 제나라 환공은 경제적으로 전대미문의 번영을 맞이했다. 하지만 이러한 번영의 대가 역시 컸다. 물욕과 가무와 여색을 지나치게 선양한 결과 사회 전체의 윤리체계가 파괴되었다. 또한 위로부터 아래까지 온 나라에 부패가 만연했다. 무한한 부를 가진 제나라 정권은 결국 떨어질 듯 위험하게 흔들리다가 붕괴되기 시작했다.

은사의 자식들

중국의 전통문화와 정치를 이야기할 때 은사隱士는 늘 커다란 화젯거리다. 은사가 없다면 문화의 풍성한 술잔치는 있을 수 없을 듯하다. 결과적으로 보면, 그 안에는 진짜 은사와 가짜 은사가 잔뜩 뒤섞여 있다. 그래서 사람들은 이에 관한 이야기를 주고받게 된다. 그 내용이 무척 재미있어 보이긴 하지만, 이야기의 재미가 이 문제의 엄숙한 본질을 덮어버릴 수는 없다. 예전에 루쉰魯迅은 이런 현상을 풍자하며, 진정한 은사는 만나기가 어렵다고 말했다. 일단 산속 깊이 들어가서 그곳에서 평생 일하며 지낸다면 다른 사람이 알 리가 없기 때문이다. 게다가 밖에 이름이 널리 퍼진 사람이라면 어떻게 은사일 수 있겠는가? 이는 그야말로 정곡을 찌른 말이다. 루쉰이 말한 소위 대은사들은, 평소에는 소리 소문 없이 유유자적 자유롭게 살면서 "태산이 무너지고 황하가 넘쳐흘러도" 보지 못한 듯 듣지 못한 듯 있다가도, 누군가 그 혹은 그의 무리에 대해 일언반구라도 논의할라치면 천 리가 떨어져 있을지라도 당장에 듣고 보고서 "소매를 떨치고 일어난다." '소매를 떨친다'는 것은 그야말로 아주 생생하고 구체적인 표현으로, 가짜 은사의 가소롭고도 딱한 상황을 생동감 있게 그려낸 것이다.

따라서 우리가 말하는 은사가 진짜인지 보증할 만한 도리는 없다. 은사는 다른 사물들과 마찬가지로 상대적인 개념이다. 즉 동일한 사람의 전후좌우 상황을, 혹은 서로 다른 사람들의 전후좌우 상황을 비교해본 뒤에야 은사라고 말할 수 있는 것이다. 예를 들어 어떤 사람이 과거에는 고관이었는데 나중에 전원생활로 돌아갔다면, 상대적으로 비교해서 그가 '은거했다'고 말할 수 있다. 정치에 참여하여 벼슬을 지낼 수 있는 지위에 있는 사람이 기꺼이 평민으로 지내고자 한다면, 주변 사람들이 그를 '은사'라고 일컬을 수 있다. 『논어論語』에는 이런 이야기가 나온다. 공자가 제자들과 길을 가던 중에 있었던 일이다. 제자들이 어떤 늙은 농부와 마주쳤는데, 그가 공자를 평가하는 말이 놀랍도록 예리하고 비범했다. 제자들이 돌아와서 공자에게 아뢰자 공자는 그 농부가 사실은 '은사'라고 여겼다. 이로써 볼 때, 이런 부류의 인물이 존재한 지 적어도 수천 년은 되었음을 알 수 있다.

하지만 일반적으로 말해, 정상적인 상황이라면 마음속에 큰 뜻을 품고 있는 능력자가 마음 편히 방관자로 있었을 리가 없다. 아마도 대부분의 은사들에게는 말 못할 사정이 있었을 것이다. 갖가지 이유로 인해 이 세상에 대해 말할 수 없거나 혹은 전혀 말하고 싶지 않았을 것이다. 전통적인 은사들 대부분은 경서를 많이 읽었으며, 그 중에는 관직에

「중국고사도첩」 중 「낙지론도樂志論圖」, 작자미상, 1670년, 모시에 채색, 27×30.7㎝, 선문대박물관.
벼슬에 나아가지 않고 은일자적하는 생활을 도해한 것으로 "좋은 논밭과 넓은 집이 있고 산을 등지고 냇물이 곁에 흐르는" 은거지의 모습을 그렸다.

『중국고사도첩』 중 「귀거래사도歸去來辭圖」, 작자미상, 1670년, 모시에 채색, 27×30.7㎝, 선문대박물관.
외로운 소나무를 어루만지며 서성이는 장면을 통해 은일하는 선비의 모습을 나타냈다.

나아갔던 경험이 있는 이들도 있었다. 세상에 나아가 정치에 참여하기 위한 조건은, 반드시 먼저 학식을 갖춘 문인이 되어야 하는 것이었다. 특히 고대에는, 문인과 관리는 언제나 일체의 양면이었다. 이들은 은사가 되거나 혹은 은사에 준한 생활을 하더라도 일반적으로 편안하고 풍족한 생활을 보낼 수 있었다. 심지어는 은거로 인해 더 큰 한가함을 누리며 더 행복하게 생활할 수 있었다. 풍부한 여가 시간에 글을 쓰고 시를 읊고 그림을 그리고 거문고를 탈 수 있었다. 이들의 글과 시는 바로 은거의 부산물이었다. 은거하던 당시에는 성정을 도야하고 쓸쓸함을 달랬고 후세에는 글로써 이름을 길이 남겼으니, 그야말로 일거다득一擧多得의 좋은 일이었다.

은사들은 한적하고 부유했으며 생존에 대한 걱정이 없었다. 따라서 예로부터 언제나 많은 사람들이 은사의 신분을 흠모했으며 기꺼이 스스로 은사의 신분을 표방했다. 청나라 말 국가의 정권을 찬탈했던 대도大盗 위안스카이袁世凱는 제위를 노리고 있었으면서도 고향에 은거했다. 은거하고 있던 그는 호수에 배를 띄우고 놀며 '수조도垂釣圖'까지 남겼다. 그런데 바로 이 대단한 '은사'가 뒤에 그토록 놀라운 행동을 감행하여 황제의 자리에 앉았던 것이다. 이로써 볼 때 가짜 은사가 끝내 몰락하지 않을 경우 세상 사람들이 단단히 경계할 필요가 있음을 알 수 있다.

갖가지 이유로 사회에서 멀어져 권한과 사회의 중심부로부터 물러난 인물들은 대부분 나름대로의 고충이 있었다. 양심이 있는 지식인들은 높은 지위에 있을지라도 마음속에는 쏟아낼 곳 없는 고통이 가득했다. 그들은 언제나 '세상을 구하는 것'과 '스스로를 지키는 것' 사이에서 머뭇

「한강독조도寒江獨釣圖」, 왕봉원, 명, 비단에 채색, 국립중앙박물관.
당대 유종원의 시로도 유명한 「한강독조寒江獨釣」는 은거하는 군자를 뜻한다. 옛사람들이 사회적 지위를 포기하고 물러나는 데는
나름의 고충이 있었지만, 그로 인해 더 한가하고 더 행복한 생활을 누릴 수 있었다.

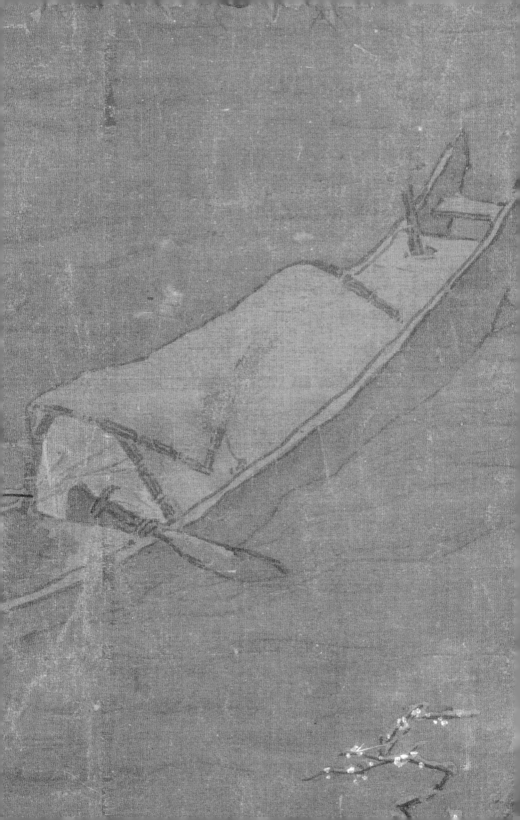

거릴 수밖에 없었다. 그리고 끝내 그 가운데 하나의 길을 선택해야만 했다. 언제가 되었든 결국은 선택해야만 했던 것이다. 앞서 언급했던 옛 등주 사람 왕의영이 바로 이런 고통의 당사자였다. 그런데 그는 마지막까지도 은거를 택하지 않았다. 그 당시에는 나라가 멸망의 위기에 처해 있어 그렇게 할 수 있는 상황이 아니었던데다 그러기엔 이미 다소 늦은 감이 있기도 했다.

어떤 이에게 정말로 은거하고 싶은 마음이 생겨났고 그것이 거짓된 연출이 아니라면, 그는 마음속으로 분명 극심한 고통을 겪었을 것이다. 이런 그가 세상에서 멀어지는 것은 자연스러운 행위이다. 따라서 그는 결코 떠들썩하게 떠나갈 리가 없다. 진정한 떠나감 속에서는 고통과 해탈, 그리고 차분한 마음이 서로 교차된다. 그런데 떠들썩하게 떠나가는 것을 선택한 경우에는, 앞에서 말한 위안스카이처럼 종종 다른 의도가 숨겨져 있다. 그저 몸만 사라졌지, 사실은 출세하고자 하는 속셈이자 계책일 뿐이다. 그런가 하면 은거할 수밖에 없는 이유가 있었던 이들도 있다. 이런 경우에는 당사자가 원해서 은거를 선택한 것이 아니다. 앞에서 말한 서복의 후예들이 그 예이다. 그들은 진나라의 핍박에 직면하여 어쩔 수 없이 원래의 성과 이름을 바꾸고 살아가야 했다. 어쨌든 이런 갖가지 이유들로 인해 많은 사람들이 물러나야 했고 결국 민간에서 떠돌게 되었다. 그들은 수면 위로 다시 떠오를 기회가 없었기 때문에 한두 세대 이후에는 일반 민중과 다를 바가 없었다. 내나라 지역에서는 예로부터 수많은 왕권이 교체되었고 수많은 씨족이 흥성하고 쇠락했다. 그야말로 강산이 변해도 수없이 많이 변했을 세월에, 자발적으로 혹은 피동적으로 은사가 된 이들이 얼마나 많았겠는가! 이제는 이미 이런 사람들을 찾아내어 밝힐 수도 없게 되었다.

높은 지위에 있던 권력가가 은거하게 된 경우, 그 후손들에게는 아마도 뭔가 다른 점이 있었을 것이다. 그래서 지금 은사의 자식들에 대해 말하고자 한다. 하층에서 민중들과 함께 살아야 했던 자식 세대는 아버지 세대에 비해 훨씬 더 수수하고 소박했다. 그들은 처음부터 진흙의 황야에서 바쁘게 뛰어다녀야 했으므로 조정 공개석상의 맛을 본 적이 없다. 그들이 현지의 노동하는 백성들과 다른 점이라면, 단지 남다른 집안 전통이 있다는 것뿐이었다. 이것이 바로 그들 내면에 작용하여 마음 깊이 흔적을 남겼다. 아마도 나이 많은 이들이 이전의 일들을 얼마간 말해주면서, 천양지차의 두 가지 생활에 대한 느낌을 그들에게 전달했을 것이다. 이로 인해 그들은 또 다른 뜻을 지니게 되었고, 세월과 생활을 관찰하는 새로운 안목을 갖게 되었을 것이다. 또한 그들의 기개와 포부에도 얼마간 변화가 생겼을 것이다. 여러 세대가 지난 뒤일지라도 은사의 후손들에게는 여전히 남들과 다른 점이 있었을 것이다. 이는 본질적으로 말해, 문화의 계승이 흔적도 없이 사라지기는 어렵기 때문이다. 아주 오랜 세월이 흘렀을지라도 여전히 그 효력이 있게 마련인 것이다. 비밀을 지켜야 했기 때문에 집안의 노인조차도 자신의 유래에 대해 명확히 말하기 곤란한 경우가 많았다. 하지만 그 집안의 풍격과 분위기는 그래도 남달랐다. 그리고 이 모든 것들이 한 개인의 성장에 깊은 영향을 미치며 그를 좌지우지했던 것이다.

혈통론은 오랫동안 비판을 받아왔다. 혈통의 신비한 계승을 뒷받침

해주는 유력한 증거가 제시되지 못했고, 단순히 혈통에 근거하여 사람과 일을 논증하는 것 역시 빈약함을 면하기 어렵기 때문이다. 하지만 정신문화의 전승이라는 측면에서 볼 때, 한 가족의 계승 관계를 완전히 부정할 수는 없다. 좀더 고상한 말로 바꿔 말한다면, 정신적인 가족은 확실히 여전히 존재하고 있다. 줄곧 권세와 명성을 누려온 집단과 비교했을 때, 몰락하거나 숨어 있는 세대는 더 강한 근성을 지니고 있다. 또한 이들은 사물의 이치를 잘 알고 있으며, 세상의 도의와 사람의 마음에 대한 지성과 민감성을 갖추고 있다. 한두 세대를 거치면서 확실히 다른 방식으로 생존하다보면 사람의 마음도 크게 달라진다. 아버지 세대에는 '홀로 자신을 잘 지킨' 경력과 절조가 있었다고 한다면, 다음 세대의 생존에서는 힘의 비축과 관찰이라는 두 가지 과정을 동시에 받아들일 필요가 있었다. 덕분에 그들은 사회에서 살아가며 남들보다 더 맑게 깨어 있을 수 있었으며, '마음의 광명정대함'이라는 조건을 유지할 수 있었다.

말하자면 옛 등주 일대에는 은사가 많았기 때문에 내나라에서 제나라에 이르는 긴 시간 동안 그토록 많은 사람들이 광활한 정치와 문화의 무대에 잇달아 등장할 수 있었던 것이다. 여기에는 아무튼 그럴 만한 이유가 있기에 사람들에게 깊은 깨달음을 줄 만한 것들이 많다.

토착어에 대하여

역사와 문화를 고찰하려면 많은 경우 우선 언어부터 살펴보아야 한다. 즉 언어의 변천부터 살펴보아야 하는 것이다. 내나라와 제나라의 심장 지대였던 옛 등주에는 언어와 관련하여 생각해볼 만한 것들이 있다. 이를 살펴보는 것은 매우 흥미롭고도 의미 있는 일일 것이다. 한 지역에서 특정한 말하기 방식이 유행하거나 소멸하는 데에는 어떤 과정이 있게 마련인 동시에 비교적 크고 심원한 배경이 깔려 있다. 언어는 집단이 선택하고 운용하는 것으로, 집단의 지지를 잃게 된 언어는 우둔하고 우스꽝스럽게 보인다. 인간의 군중심리는 무엇보다 먼저 언어로 표출된다. 즉 개인은 한 집단의 말하기 방식을 신속히 쫓아가고, 소집단의 사람들은 대집단의 사람들을 힘껏 쫓아가며, 주변 도시는 중심 도시를 쫓아가게 마련이다. 이러한 언어의 전파와 모방의 문제에 대해서는 이론의 여지가 별로 없는 듯하다. 언어의 선택은 대체로 호불호의 문제가 아닌, 신구新舊와 다소多少의 문제이자 세勢의 강약强弱에 관한 문제이다.

언어는 관념을 비롯한 많은 것들에 영향을 끼친다. 말에 담긴 동일한 어투와 어조와 어휘는, 그 말을 사용하는 사람들이 대체로 비슷한 견해를 갖도록 한다. 비록 그 유사성과 통일성에 좀 복잡한 측면이 있긴 하지만 말이다. 독립적인 견해를 잃어버리는 것은 무엇보다 먼저 자신의 언어를 잃어버리는 데서 시작한다고 말할 수 있다. 하지만 이와 관련해 많은 사람들이 다음과 같이 날카롭게 지적할 것이다. 갖가지 다른 관점과 입장의 격렬한 부딪침은 동일한 언어 위에서 전개되는 것이 아닌가? 논쟁의 기초는 무엇보다 먼저 서로의 말을 알아듣는다는 대전제를 필요로 하지 않는가? 마치 그런 듯하다. 그렇지만 우리가 계속해서 분석해나가면 다음과 같은 사실을 알게 될 것이다. 더 심층적인 일치성과 충돌성은 사실 언어 안에 감추어져 있다. 그것은 아주 깊이 감추어져 있다. 사람들이 보고도 알아차리지 못할 정도로 깊숙하게 말이다. 언어의 가장 깊숙한 층에서, 충돌하는 쌍방은 분명 각자 다른 견해를 가지고 있게 마련이다. 이러한 충돌을 표현해낼 적합한 언어를 찾을 수가 없기 때문에 충돌은 더더욱 격렬해진다.

일반적으로 우리는 어느 민족의 언어이든 매우 훌륭하고 풍부하다고 생각한다. 하지만 정작 그것이 지닌 폐단과 한계에 대해서는 그다지 따져보지 않는다. 그런데 특정 시기 한 집단의 언어는 사실 비교적 빈곤할 것이다. 왜일까? 모두가 똑같아지는 데 급급하기 때문이다. 유행을 위해, 대중성을 위해, 편리함을 위해서 말이다. 그 결과 어조와 어휘를 비롯해 어순 배열의 방식까지 전부 똑같은 식의 언어만을 사용하게 된다.

이는 불가피하게 언어의 단일화와 빈약화를 초래한다. 이 집단에서 만약 극히 일부에 해당하는 누군가가 더욱 복잡하고 색다른 견해를 갖게 된다면, 그는 새로운 언어 방식을 찾기 위해 애써야만 할 것이다. 그런데 이는 전족하지 않은 큰 발을 가진 딸을 시집보낼 때 옛사람들이 풍자하던 말과 비슷한 상황이 될 수밖에 없다. "이제 가마에 오를 것이니 지금 전족을 하라"고 하지만 이미 그럴 시간이 없는 것이다. 어느 한 시기 언어의 표현에 나타나는 단순화와 빈곤화는 주로 군중심리가 만들어낸 언어 망각 때문이다. 즉 모두의 기억력이 한꺼번에 나빠져 예전에 사용했던 많은 말밑천들이 갑자기 생각나지 않게 된 탓이다.

현대화된 언어전달 도구가 점점 더 발달해가는 오늘날, 번화한 도시와 변방 작은 마을의 언어적 차이는 옅어지고 있다. 외진 두메산골조차도 예외가 아닌데, 그곳 사람들이 말할 때 사용하는 단어도 다를 바가 없다. 또한 억양을 통일하는 데 다소 시간이 걸리는 것만 제외하면, 다른 방면의 것들은 배우기 시작하면 굉장히 빨리 습득할 수 있다. 진시황이 동일한 글자를 쓰도록 한 것은 언어와 문자 통일의 첫걸음이었다. 그날부터 통일의 심도와 속도는 나날이 빨라졌다. 이 속도는 왕권이 점차 강화되었기 때문이 아니라 전달 기술이 나날이 발전했기 때문이다. 제지업과 활자인쇄에서 컴퓨터·인터넷·TV에 이르기까지, 이것들이 있음으로 해서 집단 언어의 융합의 기세 역시 강력해졌다. 어휘에 비해 말씨와 어조, 즉 억양은 통일되는 데 좀더 많은 시간이 필요한데, 바로 여기에 오묘함이 있다. 동서남북의 땅은 광대하고 기후 풍토의 차이는 매우 크다. 억양이란 최종적으로 기후 풍토에 의해 결정되는 것이기 때문에, 지역과 지역 간에 기후 풍토를 교환할 수 없는 바에야 억양 역시 최종적으로는 통일될 수 없다. 동일한 억양을 보급하려는 작업을 백 년 가까이, 아마 그보다 더 오래 해왔지만 효과는 여전히 매우 미미하다. 그 근원을 탐구해보면, 각 지방의 기후 풍토가 다르기 때문이다. 다른 지역의 말 몇 마디를 막 습득한 경우, 언어능력이 뛰어난 사람일지라도 자주 연습하지 않으면 결국 더 강대한 기후 풍토에 파묻히게 마련이다.

만약 어휘도 억양처럼 한결같이 질기게 지속될 수 있다면, 한 민족의 언어 표현력 역시 매우 풍부해질 것이다. 문자를 통일한다고 해서 언어의 개성과 풍부함마저 전부 약화시켜야만 하는 것은 결코 아니다. 양자는 별개의 일이다. 생동적이고 정확하며, 역사상 중요한 역할을 발휘해온 어휘와 표현 방식을 우리는 왜 내버리고 망각하려고 하는가? 이는 가장 큰 사치이자 낭비가 아닌가? 그렇다. 우리는 줄곧 새로운 어휘와 새로운 표현을 창조하고 있지만, 이 새로운 것들의 보급을 위해서는 엄청난 시간과 돈이 필요하다. 게다가 새로운 것들 가운데에는 애초부터 좋은 구석이란 전혀 없는 것들도 있다. 새로운 도구란, 사용할라치면 때로 굉장히 불편한 것이기 때문에 긴 적응기를 필요로 한다.

억양의 확고함과 고집스러움처럼 어떤 어휘들은 여전히 꿋꿋하게 살아남았다. 다만 그것들은 마치 지하공작원처럼 매우 은밀하게 존재하고 있을 뿐이다. 이들 어휘가 생존하기 위해서는 대개 두 가지 조건을 갖추어야만 한다. 하나는 그것이 특수한 지대에 있어야 한다는 것이다. 예를 들면 일찍이 고대문화가 번영했던 지역이 거기에 해당된다. 다른 하나는 이 지역의 지리적 위치가 현대문화의 중심에서 멀리 떨어져 있어야 한다는 것이다. 즉 풍부한 고대문화의 토양이야말로 옛 어휘가 강대하게 성장하는 데 유리하다. 궁벽진 지리적 위치는 옛 어휘가 현대 언어의 큰 조류에 쉽게 휩쓸려 분쇄되지 않도록 해준다. 현재의 교래하 이동 지역, 특히 옛 등주 지역은 마침 이 두 가지 조건을 모두 구비하고 있다.

오늘날까지도 이곳에서는, 광범위하게 사용되고 있는 옛 어휘들을 확실하게 찾아볼 수가 있다. 또한 그 어휘들이 시들 징조는 조금도 보이지 않는다. 예를 들면, 글자를 모르는 노파일지라도 '능의能矣(할 수 있다)', '심호甚好(아주 좋다)', '긍지矜持(자부하다)' 등의 말을 구사할 수 있다. 이곳에서는 지금까지도 해바라기를 '전련轉蓮'이라고 부른다. 이 얼마나 생생하고 아름다운 표현인가! 해바라기가 '태양을 따라 도는 연꽃'이라니! 해바라기씨는 '전련자轉蓮籽'라고 하는데, 이렇게 부르면 그 맛이 훨씬 더 좋고 묘할 것 같다. 이곳 사람들은 가난하여 위축된 생존 상태를 가리킬 때, 옛날에 말하던 방식을 따라 '리돈羸頓'이라고 한다. 좋은지 아닌지를 물어볼 때는 '해호奚好'라고 한다. 누군가 갑자기 화를 내며 안색을 바꾼 경우와 상처에 염증이 난 경우, 일률적으로 그것을 '반목反目'이라고 한다. 오늘날 도시인들은 소금에 절인 채소를 함채咸菜라고 부르는데, 이곳 사람들은 '과제瓜齏'라는 더 우아한 옛 단어를 사용한다. 또 과일은 '과목果木'이라고 한다. 만약 어린아이가 가만히 있지 못하고 폴짝폴짝 뛰어다녀서 노인을 성가시게 만들면, 노인은 지팡이를 들어올리며 이렇게 말한다. "내가 너를 때릴 텐데, 하여何如(어떠냐)?"

이런 식의 어휘와 표현은 셀 수 없을 정도로 많은데, 어원학자 혹은 민속과 언어 연구자가 발굴하여 가려내야만 할 것이다. 표현력이 강한 이

「닭이 우니 날이 밝아오다」,
**쉬베이훙徐悲鴻, 102×46cm,
1944년, 중국 개인 소장.**
내나라와 제나라의 심장부였던 옛 등
주에서는 옛 어휘들이 곧잘 통용되곤
한다. 지금 역시 해바라기를 '전련轉蓮'
이라는 이름으로 부른다. '태양을 따라
도는 연꽃'이라는 뜻으로 생생한 의미
가 그대로 살아 내려오는 것이다.

런 말들은, 길고긴 문화의 강물 속에서 떠다니며 현대의 급류에 휩쓸려 사라지지 않은 문명의 응결체이다. 이는 물론 매우 귀중한 보존물이다. 애석하게도 이런 말들을 외지인이 알아들을 수 없을 뿐만 아니라 옛 등주 지역에서조차도 말하기 꺼리는 경우가 있다. 정식 회의석상에서 누군가 부주의로 그만 표현력이 풍부한 옛 말을 입 밖으로 내뱉는다면, 그 순간 그의 얼굴은 빨개지고 말 것이다. '토착어'를 말한다는 것은 소소하지만 불명예스러운 일과 같은 것이라고 생각하기 때문이다. 전통과 문명에 대한 이런 부끄러움 때문에 토착어를 구사하는 사람들은 뒤쪽으로 물러서게 되고 최신 유행어가 앞으로 돌진해 나오는 것이다. 언어와 전통, 고아함과 문명은 바로 이렇게 조금씩 멀어져가고 잊힌다.

말없음과 언어의 낭비

당당히 나서서 말하는 사람들에 비해 어떤 사람들은 상당히 조용한데, 이들은 구석진 곳에 앉아서 아무런 말없이 묵묵히 있다. 당당히 나서서 말하는 사람들은 번화한 곳에 있는 대학처럼 큰 지역에서 온 반면, 침묵하고 있는 이들은 일반적으로 작은 지역 출신에다 이제 막 도착한 경우가 많다. 어떻게 하면 어질어질하고 복잡한 세상과 이야기하고 대화를 나눌 수 있을까? 이는 줄곧 이 작은 지역 출신 사람들의 난제였다. 그들은 말하기의 어려움을 깊이 체험했다. 그들은 어디서나 내키는 대로 말하는 사람들을 보면 놀랍기도 하고 엄청난 회의감도 든다. 어디서나 그들을 둘러싸고 있는 무수한 언어들은 그들에게 낡은 것인 동시에 생소하다. 천 번을 들은 것 같은데도 알아들을 수 없는 부분이 여전히 존재하는 것이다. 침묵하는 이가 침묵하는 이유는, 자신의 언어를 상대방이 알아듣지 못해 자신이 이 세상과 교류할 수 있는 토대를 잃어버렸음을 발견했기 때문이다. 이전에 여러 번 시도했지만 결과적으로 어휘와 말하기 방식의 차이 때문에 다른 사람들로부터 많은 오해를 샀던 것이다. 말하는 것이 말하지 않는 것보다 못하기 때문에 그는 천천히 말없는 자로 변했다. 말없음은 할 말이 없는 것이다. 하지만 그의 마음속에는 정말 너무나 많은 말이 담겨 있다. 그에게는 이 세상에 토로하고 싶은 말이 너무 많다. 어떤 말은 적어도 그에게 있어서는 너무나 중요하고 절박하다. 하지만 어쩔 도리가 없다. 그는 말할 수 있는 상황을 찾지 못했고, 그의 말을 완전히 알아들을 수 있는 사람도 찾지 못했다.

하지만 마음속에 담긴 말이 너무나 많으면 병이 나게 마련이다. 그래서 과묵한 사람은 상대적으로 외진 곳을 찾아가 끊임없이 말하기 시작한다. 들어주는 이라고는 오로지 나무나 벽뿐이다. 그래도 이것은 혼잣말하는 것과는 좀 다르다. 어쨌든 그는 자기의 말을 들어줄 대상을 선택하여 찾아온 것이기 때문이다. 그것들은 일언반구의 대답도 없고, 찬성도 반대도 없다. 이는 그가 가장 달가워하지 않는 일이지만 달리 도리가 없다. 엄청난 양에 달하는 이 어휘들은 죄다 낭비되었다. 그런데 이때 그는 당당히 말하는 사람들을 떠올린다. 그들은 듣는 사람과 말하는 사람 모두가 같은 언어를 사용한다. 언어가 한데 뒤섞여 있는 그런 상황에서는 누구의 말인지조차 분간해낼 수 없는데, 이것 역시 엄청난 양에 달하는 언어를 낭비한 것이다.

보아 하니 많은 경우에 어휘는 염가품이다. 말해도 헛되게 말한 것이고, 말하지 않아도 헛되게 말하지 않은 것이니, 낭비는 불가피하다. "천금에 달하는 말"이라는 옛 책의 표현은 단지 언어에 관한 신화에 불과해

보인다. 또한 "한마디 말로 나라를 망하게 할 수도 있고 한마디 말로 나라를 흥하게 할 수도 있다"는 표현은 언어의 힘을 더욱 극도로 과장한 것이다. 하지만 역사를 보면 어쨌든 전국시대의 종횡가縱橫家처럼 유세에 의지에서 살아가고 출세까지 한 인물들이 있었다. '합종合縱'을 주장하든 '연횡'을 주장하든, 그들이 기도했던 것은 국가 흥망의 큰일이었다. 그 당시 야심 가득했던 왕이든 조심스럽게 자국을 지키고자 했던 왕이든, 유세가들의 말에 놀아나며 조바심을 냈다. 가장 큰 권력을 지니고 있는 한 나라의 왕일지라도 이처럼 언어의 딜레마에 빠지게 되면, 이러지도 못하고 저러지도 못했던 것이다. 하지만 오히려 유세가는 세 치 혀의 말재주에 기대어 자기 뜻대로 상황을 주도해가면서 멋지게 살 수 있었다. 그들은 엄청난 설득력과 사람을 현혹시키는 힘을 지니고 있었을 뿐만 아니라 사방의 언어를 장악하고 있었다. 동쪽에서 서쪽까지, 중원에서 오랑캐의 땅까지 누구라도 그들의 말을 알아들을 수 있었다.

보아 하니 어느 시기에나 언어상의 타협과 변통이라는 문제가 존재해왔다. 춘추전국시대의 번화한 임치성과 용맹스러운 진나라 함양의 언어를 몰랐다면 아마도 유세가로서 자격 미달이었을 것이다. 동래 사람이 만약 자기네 옛 말투를 고집스럽게 주장했다면, 그가 재능을 얼마나 지니고 있든지 간에 많은 경우 입을 다물 수밖에 없었을 것이다. 진나라가 동진함에 따라 그 당시 당당하게 변론을 쏟아내던 직하학파는 사방으로 뿔뿔이 흩어지고 말았다. 이들이 도대체 어디로 갔는지에 대해서는 알 수 없지만 줄곧 동쪽으로 갔던 것은 분명한데, 그곳이야말로 이들에게 안전한 바른 길이었다. 동쪽은 망망한 바다가 있는 주변지대였을 뿐만 아니라 서쪽 진나라와 가능한 한 조금이라도 더 멀리 떨어져 있을 수 있는 곳이었기 때문이다. 어떤 사람은 이들이 결코 쉽게 포기하려 하지 않고 동쪽의 어느 곳에서 재집결했을 것이라고 생각한다. 그곳에서 '직하학궁'과 유사한 것을 설치했다는 것이다. 이 말에도 일리가 있는 듯하다. 비록 제나라 성문인 직문稷門은 없지만 내용은 그야말로 비슷한 곳이 나중에 존재했기 때문이다.

옛 황현성에서 서북쪽으로 15리 되는 지점에 사향성士鄕城이라는 곳이 있는데, 옛날에 많은 학자들이 이곳으로 모여들었기 때문에 그런 이름을 갖게 되었다. 오늘날까지도 전해지는 이곳의 전래 가요에는, "서쪽에 있는 사향성, 매일 밤 낭랑한 책 읽는 소리"라는 내용이 나온다. 여기서 묘사한 것은 바로 공부하는 장면이다. 이곳에서는 그 당시 직하학파의 풍격에 따라 각 학파의 학생들이 책을 읽는 것은 물론이고 격렬한 논쟁을 펼침으로써 각종 사상이 격렬하게 맞부딪쳤다. 그러다보면 시끄러울 수밖에 없었다. 사향성에서 서쪽으로 5~6리도 안 되는 지점에 '유림장儒林庄'이라는 곳이 있는데, 이 명칭은 예로부터 지금까지 줄곧 이어져온 것이다. 이 많은 유학자들이 동쪽으로 오게 된 것이 대관절 함양에서 분서갱유 사건이 발생하기 이전인지 이후인지, 지금으로서는 이미 살필 수 없게 되었지만 한 가지 확실한 점은 진나라가 중국을 통일한 이후가 분명하다는 것이다.

그때 이후로 제나라의 선비들은 분열되었다. 직하학파의 변사들은 각자의 인생길을 걸어갔다. 어떤 이는 서복을 따라 멀리 바다로 나갔고, 어떤 이는 서쪽으로 가서 새로운 정권을 받들었으며, 또 어떤 이는 은거

하여 대를 이어나가다가 마침내 옛 등주의 토착민이 되었다. 이 과정에
서 그들은 분명 가장 격렬하고 고통스러운 내면의 충돌을 겪으며 한동
안 어떻게 해야 할지를 알 수 없었을 것이다. 완전히 새로운 세계에 직면
한 그들은 입을 다물어야 할지 아니면 큰 소리로 말해야 할지 알 수 없었
다. 영달하면 더불어 천하를 구하고 궁핍하면 홀로 자신을 잘 수양하라
고 했는데, 이러기도 저러기도 어려운 상황이 그들을 압박했다. 여기서
말하는 '궁핍'이라는 것은 경제적인 개념이 아니라, 이념과 왕도王道가 막
다른 길에 다다른 것을 가리킨다. 상당히 많은 사람들에게 있어서, 마
음속으로부터 혐오하고 있는 강한 진나라를 위해 일한다는 것은 상상
할 수조차 없는 일이었다. "군자는 곤궁함을 꿋꿋하게 견뎌낸다"는 옛말
이 가리키는 것은, 바로 그러한 옳고 그름에 관한 원칙적인 문제에 있어
서의 선택이다. '곤궁'은 바로 선택의 결과이자, 그들 자신이 스스로를 궁
지에 몰아넣은 데 따른 필연적인 상황이기도 했다.

　말이 없었던 이들과 비교했을 때, 서쪽으로 갔던 제나라 사람들에게
는 도리어 마음껏 말할 좋은 기회가 있었다. 그들은 함양으로 갔다. 그
리고 그들은 동행했던 상인과 새로 친분을 맺은 관리들 사이를 이리저
리 옮겨다녔다. 자신의 이익을 위해서 그들은 이제 막 배운 진나라 언어
를 구사할 수 있었다. 그들의 입에서 나오는 말에 따르면, 과거에 그들과
뜻을 같이했던 모든 사람들, 직하학파나 그와 유사한 모든 인물들이 언
급할 가치조차 없는 존재들이었다. 죄다 인격도 없고 품행도 저속하며,
필연적으로 멸망한 제나라 귀족의 예속물이자 찌꺼기로서, 지는 해와
더불어 몰락할 이들이라는 것이다. 그들은 유달리 제나라의 언어, 특히

옛 등주 일대의 토착어를 조롱했다. 그들은 확실히 꼬집어 말하길, 이 언어 자체가 불운으로 충만하여 마치 제나라의 운세처럼 재수가 없다고 했다.

제6장

발 구르며 노래하는 소리

위대한 나무수레

동이의 동쪽

석 달 동안 고기 맛을 잊다

동방과 서방

차가운 실용주의

축적의 어려움

발 구르며 노래하는 소리

참으로 잊기 어려운 경쾌한 옛 시가 있다. "나 이백이 배를 타고 막 떠나려는데, 홀연 기슭에서 발 구르며 노래하는 답가踏歌 소리가 들려오네. 도화담 연못 깊이가 천 자나 된다 한들, 왕륜汪倫이 나를 배웅하는 정에는 미치지 못한다오." 이 짧은 시는 마치 말을 하듯 평이하지만 결코 내용이 가볍거나 얕지 않으며 장난삼아 지은 것이 아니다. 시인이 배를 타고서 곧 도화담을 떠나려 하는데, 갑자기 기슭에서 '발로 땅을 구르며 가락에 맞추어 노래하는 소리'가 들려왔다. 이 소리에 이백뿐 아니라 각 시대의 모든 독자들도, 노랫소리가 울려 퍼지는 곳에 있는 왕륜의 모습을 보기 위해 고개를 돌렸다. 발로 땅을 구르며 가락에 맞추어 노래하는 '답가 소리'가 무언인지, 독자들도 잘 알고 있을 것이다. 어떤 이는 그 당시 민간에서 유행하던 '답가무踏歌舞'와 관련지어 생각한다. 답가무란 많은 사람들이 손을 잡고 발로 땅을 구르며 노래하고 춤추는 군중 가무로서,

비교적 고정적인 춤사위와 연출 양식이 있었다. 하지만 이처럼 언어에 구애되어 고증할 필요까지는 없고, 오히려 간단하게 해석하는 편이 시의 본래 의미에 가까이 다가갈 수 있을 것이다. 즉 그 천진무구하고 꾸밈없는 왕륜이 발로 땅을 구르며 가락에 맞추어 노래하면서 이백을 배웅하러 왔던 것이다.

　왕륜이라는 이 옛사람의 나이는 알 수 없다. 다만 그가 좋은 술로 시인 이백을 정성껏 대접했고, 두 사람이 순박한 우의를 맺었다는 것만 알 수 있을 뿐이다. 이백의 성품은 그의 수많은 시문에서 남김없이 드러나는데, 그는 너무나 낭만적이고도 천진했으며 별난 사람들과 친분 맺기를 좋아했다. 그의 마음은 하늘보다 높고 호방하여 그 무엇에도 속박당하지 않았다. 아마도 왕륜이라는 사람 역시 이백과 별반 다르지 않았을 것이다. 그는 친구가 이미 떠난 것을 알고서, 뜻밖에도 노래를 부르며 쫓아와 기슭에서 혼자 노래했던 것이다. 이것은 실제 상황이라기보다는 오늘날 희곡에 나오는 장면처럼 보인다. 하지만 이는 실화의 재현이지 이백의 허구일 리가 없다. 관건은 바로 여기에 있다. 남자 어른이 다리를 높이 들어 박자에 맞춰 발을 구르면서 소리를 내며 팔을 흔들다니, 이 얼마나 정감 넘치고 흥미로운 장면인가! 왕륜의 정은 이백이 묘사했듯이, 깊이가 천 자에 달하는 도화담 연못보다도 깊었던 것이다. 이 시가 묘사한 장면과 운치는 우리에게 많은 정보를 알려준다. 두 남자는 밤새도록 이야기를 나누면서 함께 마음껏 술을 마셨을 것이다. 사람과 어우러진 연못가의 풍경, 방랑하던 사람이 자신을 알아주는 이를 만난 반가움과 감개 등 시 안에 들어 있는 깊은 뜻을 그야말로 한마디로는 다 말할 수

「태백취주도太白醉酒圖」, **소육붕**蘇六朋, **청.**
이백은 술 한 말에 시 백편을 지었다고 한다.
왕륜이란 옛사람은 좋은 술로 정성껏 이백
을 대접했다. 두 사람은 밤새껏 술을 마시며
이야기를 나누지 않았을까.

없다. 술을 좋아하고 산수를 사랑하며 여기저기 찾아다니기를 좋아한 이백은 평생 꾸밈없는 시들을 많이 썼다. 시를 통해 볼 때, 그가 친분을 맺었던 이들은 대부분 재미가 넘치는 사람들이었다. 이백은 마음과 뜻이 맞는 사람을 만났을 경우, 반드시 그와 함께 좋은 술자리를 가졌다. 왕륜이라는 사람에 대한 기록이 거의 남아 있지 않기 때문에 그에 대하여 더 많은 것을 알 방도는 없다. 하지만 왕륜이 발로 땅을 구르며 가락에 맞추어 노래할 수 있었다는 것만으로도 그가 어떤 사람인지 충분히 알 수 있다. 배를 타고 떠나려는 이백이 고개를 돌려 바라보았을 때, 그가 보고 들은 것은 바로 다 큰 남자 어른이 발을 구르고 노래하는 장면이었다. 오늘날의 사람들도 이 솔직하고 자연스러운 정취를 동경하는 마음을 갖게 된다.

옛사람들의 순수함과 소박함, 그리고 꾸밈없는 솔직함은 늘 이렇게 자연스럽게 드러나게 마련이었으므로 도저히 숨길래야 숨길 수가 없다. 시와 사상으로 후세에 신선과 성인으로 일컬어진 이백과 공자라 할지라도 예외일 수는 없었다. 이제 공자에 대해 말해보기로 한다. 공자가 제자들에게 각자의 이상이 무엇인지 물은 적이 있었다. 기록에 따르면, 네 명의 제자는 각자 서로 다른 대답을 했다. 그 가운데 제자 셋은 각기 나름대로 자못 원대한 포부를 말했다. 삼 년 안에 나라의 정신을 진작시키겠다는 자로子路, 삼 년 안에 작은 나라의 경제를 번영시키겠다는 염유冉有, 어엿한 외교관이 되어 의식儀式을 주관하겠다는 공서화公西華, 그런데 증점曾點이라는 제자 홀로 괴상하고도 남다른 대답을 했다. 증점의 대답은 사람들의 예상을 벗어나는 것이었다. 그는 날씨가 더워지려고 할 때

친한 친구들 몇 명을 초청해서 예닐곱 명의 어린아이들을 데리고 기하沂河에 가서 목욕한 뒤에 높은 곳에 올라가 바람을 쐬고 함께 노래를 부르며 집으로 돌아왔으면 좋겠다고 말했다. 그토록 중요한 스승의 질문에 대한 증점의 대답에는 웅대한 뜻이라곤 티끌만큼도 표현되어 있지 않았다. 그저 놀고자 하는 마음이 전부였던 것이다. 노는 것은 그렇다 치더라도, 그 노는 방식 역시 아주 독특했다. 친한 친구들과 더불어 어린아이들을 데리고 놀러 가서 높은 곳에 올라가고 노래를 하겠다는 것이다. 이얼마나 공자의 전도유망한 제자답지 않은 아이 같은 발상인가! 그런데 이 네 사람의 뜻이 담긴 말을 듣고 난 공자가 곧바로 자신의 입장을 표명하며 "증점의 이상은 나와 같구나!"라고 말할 줄 누가 알았겠는가!

여기서의 공자는 발을 구르며 노래하던 왕륜과 다소 비슷하다. 하지만 그들의 신분은 얼마나 다른가! 한 명은 열국列國을 두루 돌아다닌 학자이고, 다른 한 명은 시골 남자이다. 두 사람의 공통점은 진실함, 정취, 소멸되지 않을 자연스러운 태도를 지니고 있었다는 것이다. 지극한 학문적 깊이와 지순한 정취, 이 양자가 놀랍게도 결합되어 만들어진 경계야말로 '높은' 경지라고 할 수 있다. 하지만 애석하게도 시간이 지날수록 그런 경계를 만나기가 점점 더 어려워지고 있다.

현대인의 수명은 고대보다 길어졌지만, 마음에 있어서는 여러 측면에서 현대인의 노화 속도가 옛사람들보다 훨씬 빠르다. 옛사람들은 노년에 이르러서도 여전히 생기발랄함으로 가득한 동심童心을 유지할 수 있었다. 하지만 현대인은 일단 정계나 경제계에 들어가면 곱게 봐줄 수 없을 정도로 변한다. 그들은 융통성 없고 굼뜨든지, 아니면 능수능란하게 일

子路曾晳冉有公西
華侍坐子曰盍各言
爾志三子以富强撰
獨點有春風沂水之
趣夫子喟然嘆曰吾
與點也

「네 제자가 공자를 모시고 앉다四子侍坐」, 1904년, 목판인쇄, 28×51㎝, 성균관대박물관.

공자가 제자들에게 각자의 이상이 무엇인지 물은 적이 있었다. 이때 증점은 날씨가 더워지려 할 때 친구들 몇을 초청해 예닐곱의 어린이들을 데리고 기하에 가서 목욕한 뒤 높은 곳에 올라가 바람을 쐬고 함께 노래를 부르며 집으로 돌아왔으면 좋겠다는, 웅대한 뜻이라곤 전혀 없는 답을 했다. 그러자 공자는 "증점의 이상은 나와 같구나!"라고 말했다.

을 처리하든지 간에 입에서 나오는 모든 말들이 타고난 본성과는 거리가 멀고 천편일률적이다. 이처럼 극도로 기형적인 것이 도리어 가장 정상적인 상태로 여겨지는 것은 그야말로 너무나 두려운 일이다. 공연과 의식儀式을 위한 특별한 경우가 아니라면, 현대인은 이미 노래할 줄도 가락에 맞추어 발을 구를 줄도 모른다. 오랜 벗을 배웅하기 위해 마음 가는 대로 크게 노래할 줄 아는 사람은 분명 정신병자로 간주될 것이다. 그리고 이웃에게 그런 장면을 들키기라도 하면, 온 동네에 소문이 나서 오랫동안 잊히지 않을 웃음거리가 될 것이다. 현대인은 나이가 들어서는 안 되는 부분에서 이미 너무나 빨리 늙어버렸다. 이러한 노화는 자연환경에서 점점 멀어지고 있는 것과 관련이 있을 것이다. 인류는 자기도 모르는 사이에 낯선 세계 속으로 걸어 들어왔다. 이 세계는 인간의 얼굴로 가득해 보이지만, 넘치는 인간적인 정감은 왠지 모르게 결핍되어 있다.

기록에 따르면, 공자는 73세가 되던 해에 세상을 떠났다. 그는 세상을 떠나기 전에 꿈을 꾸었는데, 깨어난 뒤 꿈에 근거하여 자신이 곧 죽을 것임을 알았다. 이것이 미신이었든 우연이었든, 어쨌든 모든 것이 정말 그의 예상대로 되었고 한 시대의 성인은 예정대로 인간 세상을 떠났다. 흥미롭게도 사람들에게 공자는 엄숙하고 거룩한 위대한 스승의 이미지로 남아 있지만 정작 공자 자신은 평생 재미있는 사람이었다. 그가 세상과의 마지막 이별을 고하는 순간조차 이러한 색채로 충만하다. 공자는 꿈을 꾼 뒤 혼자서 노래하길, "태산이 무너지려는가? 들보가 허물어지려는가? 철인이 시들어 떨어지려는가?"라고 했다. 공자의 제자가 그때 밖에서 돌아와 그 근처를 지나다가 이 노래를 듣고서 일이 잘못되었음을 알았다. 즉 스승의 신상에 장차 큰 문제가 생길 것임을 알았던 것이다. 과연 공자는 그 제자에게 자신의 죽음을 예언했다.

공자는 평생 겸손하고 품격이 고상한 군자였시만 그의 마지막 노래에서는 자신이 '철인'임을 드러냈다. 그는 세상과 이별을 고하는 가장 중요한 순간, 결국 자신의 비밀을 지키지 않았다. 아무 거리낌 없이 말하는 어린아이처럼, 자신의 죽음을 태산이 무너지고 들보가 허물어지는 큰일과 연결지으며 가장 심각한 비유를 했던 것이다.

공자를 비롯한 고대의 많은 성현과 철인이 평생 분주히 다녔던 것 자체가 소박한 사업이었다고 할 수 있다. 그것은 바로 진리를 추구하는 일이었다. 화려하지 않은 그들의 소박함으로 인해 도리어 물욕에 빠진 세상으로부터 심각한 오해를 사기도 했다. 그들의 일생은 모두 진실한 소리, '발 구르며 노래하는 소리'와 같았다. 평생 열정적으로 손님을 대접했던 그들, 어린이처럼 순박했던 그들은 모두 왕륜과 같은 부류라고 말할 수 있을 것이다.

「제자들이 장례를 마치고 돌아오다治任別歸」, 작자미상, 1742년, 종이에 담채, 33×54㎝, 국립중앙박물관.
공자는 일흔셋의 생애로 삶을 마감했다. 사람들은 흔히 그를 성인聖人으로 기억하지만, 정작 그 자신은 소박하고 재미있는 사람이었다.

위대한 나무수레

어떤 현대인이 공자가 주유했던 노정을 따라간 적이 있다. 그 목적은 오로지 성인이 보고 들은 것과 느낀 것, 그리고 분주히 돌아다니던 고생스러움을 직접 경험하기 위해서였다. 그런데 이것은 거의 불가능한 일이다.

현대인은 자동차를 타고서 평탄한 아스팔트길을 달리기 때문이다. 게다가 세월이 지나 상황이 변하면서 모든 것이 이천 년 전과는 너무나 달라졌다. 그럼에도 불구하고 옛길을 따라 두루 돌아다닌 현대인은 큰 감동을 받아 이렇게 말한다. "그때 공자는 정말로 수월찮았겠구나! 이토록 먼 길을 지나며 이토록 많은 지역을 갔었다니, 놀랍구나!" 게다가 그가 따라간 길에는, 그 옛날 공자가 반복하여 다녔던 여정이나 책에 기록되어 있지 않은 여정은 전혀 포함되어 있지 않다. 책에 기록된 여정은 공자의 행적을 간추려서 그 주요 부분만을 뽑아낸 것이다. 그러니 어찌 공자가 겪었던 모든 우여곡절과 피로를 다 망라할 수 있겠는가? 가장 관건이 되는 문제는, 그 당시 공자는 나무수레를 타고 다녔다는 사실이다. 그는 덜컹거리는 수레를 타고서 질퍽한 길 위를 지나며 땀과 먼지에 시달렸다. 수레를 끄는 것은 말이었는데, 어쩔 수 없이 소가 끄는 수레를 타야 할 때도 있었다. 이렇게 길을 더디게 만드는 상황이 공자의 주유를 더욱 아득하게 만들었다.

　도대체 어떤 힘이 공자로 하여금 14년이라는 먼 길을 걷도록 했는지에 대해서 후대인들의 논쟁이 그치지 않고 있다. 극도의 현실주의자들은, 노쇠한 사람이 인과 의라는 이념을 펼치기 위해 그토록 고생스럽게 노고를 견디며 심지어 죽음의 위험까지도 여러 차례 무릅썼다는 것을 절대 인정하지 않는다. 난해하고 복잡한 모든 문제들이, 그들의 시각에서는 간단한 한마디로 해석된다. 즉 관리가 되기 위해서였다는 것이다. 그렇다면 관리란 무엇이고 무엇 때문에 관리가 되려 하는지, 그들은 다음과 같은 속담을 통해 명백히 설명한다. "천릿길을 가서 관리가 되는 것은 먹을 것과 입을 것을 위해서이다." 그들은 인간 세상엔 자신들과는 다른 부류의 바보들이 있음을 그다지 믿지 않는다. 그들은 이상이니 하는 것들도 믿지 않는다. 그들이 보기에, 모든 것은 이익에서 비롯되고 모든 것에는 물질적인 욕망이 작동하고 있다. 따라서 공자의 낡은 나무수레조차도 그 진정한 동력은 물욕이라는 것이다. "천하 사람들은 이익 때문에 왁자지껄 모여들고, 천하 사람들은 이익 때문에 시끌벅적 떠나간다"는 말은, 본래 사마천司馬遷이 세상 사람들을 풍자하기 위해 한 말이다. 이는 결코 높은 곳에서 아래를 내려다보며 전체를 관찰한 말이 아니다. 그

齊景公問政於孔子
孔子曰政在即非公
欲封以尼谿之田晏
嬰雍曰夫儒者滑稽
不可以執法倨傲自
順不可以為下君欲
用之以移齊俗非所
以先民也後景公語
孔子曰吾老矣不能
用也孔子遂行

遂去魯
欲就齊
兩希行道
於以濟時
田不可封
仕不可苟
接漸而行
富貴何有

「안영이 등용을 막다龍嬰祖封」, 김진여金振汝, 1700년, 비단에 채색, 32×57㎝, 국립전주박물관.
공자의 낡은 나무수레는 천천히 앞으로 나아갔다. 느리지만 내내 멈추지 않았기에 그 수레는 사람들에게 영구적인 이미지로 남게 되었다. 그림은 제나라 경공이 공자를 등용하려 하자 안영이 "유학자는 말재간이 있어 법으로 규제할 수 없다"며 막는 장면이다.

런데도 어떤 사람들은 늘 이 말을 끌어다 쓰면서, 마치 복잡한 인간 세상의 비밀을 다 말한 것인 양 생각한다.

어쨌든 쉼 없이 길게 흘러가는 이 물욕과 이익의 강물 옆에는, 구불구불한 진창길이 아직도 존재하고 있다. 그리고 그 길 위로는 과연 지칠 줄 모르는 나무수레가 달리고 있다. 그것은 덜컹덜컹 소리를 내면서 이천 년이나 된 먼지를 폴폴 날리며 지금까지도 앞으로 나아가고 있는 나무수레, 위대한 나무수레이다.

가장 깐깐하게 공자를 대한 이들은 아마도 그와 동시대 사람들일 것이다. 공자가 곤궁하게 이리저리 떠돌아다녔던 데에는 바로 당시 사람들의 갖가지 깐깐함이 적어도 일부는 작용했다. 공자는 여행길에서 위험한 지경으로부터 빠져나온 적도 여러 번 있었고, 생명의 위협에 직면하기도 했다. 예나 지금이나 가장 뛰어난 인물은 당대에 받아들여지기 어려운데, 이는 진리에 가깝다. 시간이 흘러 후대 제왕들은 비로소 공자를 우러러 존중하기 시작했고, 그를 '지성선사至聖先師 문선왕文宣王'으로 봉했다. 하지만 제왕들이 민중을 다스리는 실제 행동과 이 엄청난 존중 사이에는 거대한 차이와 모순이 있었다. 사람들은 역대 제왕들의 행동에서 어짊과 사랑을 도무지 찾아볼 수 없었기 때문에 그들의 저의를 의심했다. 5·4 시기에 이르자 사람들은 아예 공가점孔家店(공자가 창립한 유가학설)을 타도하자고 부르짖었다. 하지만 공자를 타도하자고 직접적으로 부르짖은 사람은 결코 많지 않았다. 공가점 타도와 공자 타도 사이에는 일정한 구별이 있었음을 알 수 있다. 개인의 사사로운 이익을 위해 성인을 홍보 수단으로 삼는 것은 물론 용납될 수 없는 일이다. 공자 본인이 대체 어떤 사람이며 그를 어떻게 대해야 할지에 대해서는, 격동기였던 5·4 운동 시기였을지라도 이성적인 문화인과 혁명가들은 신중을 기했다.

성인 역시 완벽할 수는 없다. 세상에 완벽한 사람은 없기 때문이다. 신선조차도 완벽하진 않다. 서복이 진시황을 위해 삼신산을 찾으러 나설 때 특별히 동남동녀 3000명을 후한 예물로 준비했던 일을 기억할 것이다. 당시 사람들 생각에는 신선이라고 해도 그다지 청렴하지 않았던 것이다. 하지만 성인은 어쨌든 성인이다. 충동적이고 격동적인 어린아이가 아닌 정상인임에도, 후대인으로서 무턱대고 성인을 깔보고 심지어 모욕한다면 그들은 자업자득의 대가를 치를 수밖에 없을 것이다. 시간의 긴 강에서 그들의 말과 행동을 관찰하면 절대 믿을 수 없는 점들을 발견하게 될 것이다. 하지만 공자의 말과 행동은 이미 이천 년 동안 검증을 받았다. 그 얼마나 혹독한 검증이었는가! 그 검증은 일찌감치 민족의 한계를 초월했다.

새 시대의 새로운 사유에 뜻을 둔 사람들의 눈에는, 이천년이 넘도록 사용된 공자는 어쨌든 너무 낡았기 때문에 중국에 적합하지 않아 보인다. 그래서 민족의 고질병을 비롯해 불쌍히 여길 만한 것, 업신여길 만한 것, 진저리날 만한 것 등 수많은 문제점들을 모두 공자의 탓으로 돌린 이들이 비단 한 세대에 그치지 않았던 것이다. 그들에게는 공자를 알고자 하는 마음일랑 일찌감치 사라졌으며 남은 것은 단지 분노뿐이다. 이 분노는 남을 쫓아가고자 하는 절박함에서 비롯된 것이다. 그들은 새로운 세기의 문화 대청소에 희망을 걸었다. 민족의 살길과 앞날이 이를 통해 단번에 열릴 것이라고 기대했던 것이다.

그런데 오래된 것이 제거되면 새로운 것은 장차 어떻게 되겠는가? 또한 새로운 것과 오래된 것 사이에 정말로 좋고 나쁨의 구별이 있을 수 있을까? 윤리·사상·생명 등 많은 영역에서, 새로운 것과 오래된 것의 구별이 정말 그토록 분명할까? 지구와 해는 인간에게 가장 오래된 것이지만, 인간은 아주 짧은 순간조차 그것들로부터 떨어져 있을 수 없다. 인간은 그것들에 단단히 기대어 살아야 한다. 분리되면 생존힐 수 없기 때문이다. 한편 어떤 사상이나 인물일 경우, 이를 떠나서도 인간의 생존은 가능하다. 하지만 아마도 그것은 다른 종류의 생존일 것이다.

공자의 그 낡은 나무수레는 천천히 앞으로 나아갔다. 속도와 편안함에 있어서, 나무수레는 신형 자동차보다 훨씬 뒤떨어진다. 하늘의 비행기나 물속의 모터보트와 비교하면 그 차이는 더욱 크다. 하지만 그 수레는 언제나 진창길을 달리며 내내 멈추지 않았기에, 사람들에게 영구한 이미지로 남게 되었다.

공자는 자신의 나무수레를 대단히 아꼈다. 이천여 년 전의 어느 날, 그가 가장 사랑했던 수제자 안회顔回가 세상을 떠났다. 너무나 빈곤했던 안회의 아버지는 슬픔에 빠진 공자를 찾아와서 말하길, 안회가 평생 공자를 따랐는데 지금 관도 곽도 없으니 나무수레를 팔아서 곽을 마련하자고 했다. 공자는 안회의 죽음으로 인해 절망에 잠길 정도로 고통스러워하면서, "하늘이 나를 버렸구나! 하늘이 나를 버렸구나!"라며 울었다. 그럼에도 공자는 안회의 늙은 아버지의 마지막 부탁을 들어주지 않았다. 바로 이렇게 공자는 자신의 나무수레를 지켰다. 그 나무수레가 공

공자열국행孔子列國行, 산동성 곡부曲阜.
공자는 덜컹거리는 나무수레를 타고서 14년이라는 세월을 고생스럽게 돌아다녔다. 공자가 자신이 가장 아꼈던 제자 안회가 세상을 떠났을 때, 그 나무수레를 팔아서 곽을 마련하자는 안회 아버지의 부탁을 거절했을 정도로 그것은 공자에게 소중한 의미였다. 그토록 먼 길을 달린 수레와 공자는 이미 하나였다.

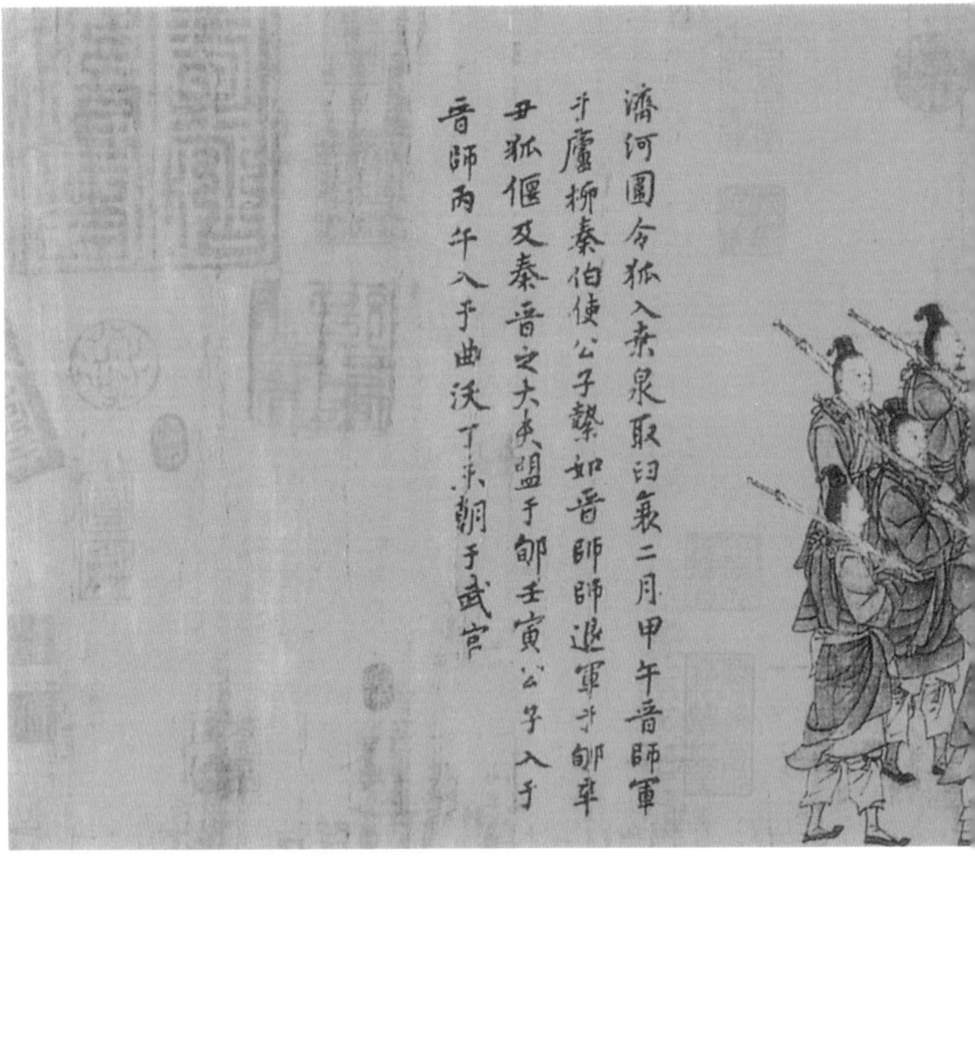

濟河圍令狐入桑泉取臼衰二月甲午晉師軍
于廬柳秦伯使公子縶如晉師師退軍于郇辛
丑狐偃及秦晉之大夫盟于郇壬寅公子入于
晉師丙午入于曲沃丁未朝于武宮

「진문공복국도晉文公復國圖」, 이당李唐, 송, 비단에 수묵담채, 29.4×827㎝, 뉴욕 메트로폴리탄미술관.
진晉나라를 춘추오패의 하나로 만들게 될 훗날의 문공 중이重耳가 나라를 되찾는 내용을 묘사한 그림이다. 화려한 수레와 뒤따르는 이들에서 모습은 고대사회에서 수레의 가치를 알 수 있게 한다.

자에게 어떠한 의미였는지 미루어 짐작할 수 있을 것이다. 그것은 주인과 함께 그토록 먼 길을 달렸으며 이미 그 둘은 하나가 되었던 것이다. 그것은 공자의 몸의 일부가 되었으며 이미 공자 자신과 다름없었다.

공자는 나무수레를 탔지만 우리는 더 이상 그 느림을 탓할 수 없다. 그 이유는 모든 것이 너무나 빠른 현대에, 이 모든 것의 균형을 잡아주고 이 모든 것을 두드러지게 해줄 느리고도 차분한 항구적인 것이 필요하기 때문이다. 공자의 나무수레야말로 바로 그 항구적인 것이리라.

동이의 동쪽

만약 아주 특별한 이유가 없었더라면, 공자의 나무수레는 장장 14년에 달하는 긴 세월을 바쁘게 다니는 동안 분명 동쪽을 향해 갔을 것이다. 임치에서 쭉 앞으로 나아가 제나라의 배후지로 들어서면 동이의 근거지에 도착하게 된다. 우리는 이 수레가 계속 앞으로 가서 옛 등주 지역을 지나 가장 동쪽까지, 파도가 철썩이는 곳까지 이른 뒤에 멈췄더라면 좋았을 것을 하고 굉장히 아쉬워한다. 진시황이 신비한 생각에 사로잡혀 노년에 이를 때까지 세 번이나 동쪽으로 가서 세상의 가장자리까지 이르렀던 것처럼 말이다. 마침내 영성으로 가서 아득한 바다 쪽으로 뻗어 있는 성산 곶까지 간 진시황은 '하늘가'에 이르렀다고 생각했다.

공자의 나무수레도 동이의 동쪽까지 깊숙이 들어갔더라면 하고 간절히 바라는 우리의 마음속에는, 학술과 덕행을 겸비한 '내성외왕內聖外王'의 노인과 그의 제자가 문화와 풍습이 완전히 다른 큰 바닷가에서 과연

「협곡에서 제나라 임금을 만나다夾谷會齊**」, 김진여, 1700년, 비단에 채색, 32×57㎝, 국립전주박물관.**
노나라의 공자는 생전에 많은 곳을 분주히 돌아다녔지만, 제나라의 심장부 즉 교래하 이동 지역은 가본 적이 없다. 이 그림은 노나라 정공定公 10년, 공자가 임시로 재상 일을 보고 있을 때 노나라 정공과 제나라 경공이 협곡에서 모임을 가진 장면을 그린 것이다.

어떤 일들을 만나고 어떤 충돌을 경험했을지에 대해 알고 싶어 하는 생각이 은근히 담겨 있다. 그러한 극도의 부조화는 아마도 굉장히 재미있는 이야기와 상황들을 만들어냈을 것이다. 너무나 애석하게도 공자는 끝내 그곳에 가지 않았기에, 우리가 간절히 바라는 이야기 역시 더 이상 이어질 수가 없다.

공자가 동쪽으로 왔을 때 들렀던 곳은 임치뿐인 것 같다. 천하에서 가장 번화한 이 도시에서 공자는 최대의 정신적인 만족을 누렸다. 공자가 소악韶樂을 들은 뒤에 "석 달 동안 고기 맛을 잊었다"는 미담이 생겨나 널리 전해지게 된 것은 바로 여기에서였다. 공자가 도취되었던 소악은, 그를 흥분하게 만든 여러 사물들 가운데 하나였을 뿐이다. 그 당시 임치는 번영을 구가하던 제나라의 도성이었다. 시가지의 찬란함과 온갖 사치스러움, 그리고 사람들로 시끌벅적한 도시의 모습은 먼 길을 고생스럽게 온 공자에게 매우 강렬한 느낌을 주었을 것이다. 제나라 임치가 만약 동쪽 여정의 마지막 지점이었다고 한다면, 대체 무엇이 공자의 덜컹거리는 수레를 이곳에서 멈추게 했을까? 이에 대해서는 상상에 맡길 수밖에 없다. 우리는 그저 상상 속에서 탄식할 뿐이다.

제철술과 비단 직조술의 발명지, 물고기와 소금과 쌀의 본고장이 임치 뒤편의 비옥한 땅에 숨겨져 있었다. 그곳은 바로 '내이'다. 내이 사람들은 자신들의 가장 좋은 특산물을 끊임없이 교역의 최전방으로 운송하여 대도시의 주요 시장을 차지했다. 특산물뿐 아니라 동이의 대표적인 인물들도 이때 이미 제나라의 문화와 외교 무대에서 활약하고 있었다. 임치에 체류하고 있던 동안 공자는 내이에 본적을 둔 사람과 이야기를 나눈 적이 있었을까? 기록상으로 보자면, 공자가 변방의 동쪽에 대해 제자들과 이야기를 나눈 적은 거의 없다. 하지만 그의 마음속에서 그곳을 완전히 간과하기란 불가능한 일이었을 것이다. 행정적인 예속 관계의 측면에서 보자면, 서주가 강씨 성에게 제나라를 분봉한 뒤 제나라는 임치에 수도를 두었지만 제나라의 동쪽 국경은 아직 명확하지 않았다. 제나라 왕은 강대한 내이에 매우 탄력적인 태도를 취했으며 결코 토벌을 우선적으로 택하지는 않았다. 제나라는 내이의 풍속을 존중했고 심지어는 내이의 옛 제도 역시 바꾸지 않고 그대로 따랐다. 이것이 바로 제나라가 그곳에서 입지를 세울 수 있었던 이유이다. 이로써 볼 때 공자가 갔던 제나라는, 동쪽으로 가면 갈수록 서주의 문화에서 더욱 멀어지는 반면 이민족 땅의 풍경은 점점 더 넘쳐났음을 알 수 있다. 그런데 공자는 줄곧 주나라의 예를 회복하고자 했던 사람이다. 그의 동쪽 여정은, 마음속에 있는 주周나라의 예로부터 점점 멀어지는 것이었기에 어찌할 도리가 없는 슬픔과 점점 가까워지는 것이기도 했다.

호화로운 물질, 특히 성대한 소악 연주를 대표로 하는 동방예술을 마주한 공자는 마음이 움직이지 않을 수 없었다. 정신과 물질의 이중벽을 눈앞에 두고서 생각이 많았던 공자는 계속해서 동쪽으로 나갈 결심을 내리지 않았던 것 같다. 공자는 "예가 사라지면 초야草野에서 찾는다"는 널리 알려진 명언을 남겼다. 중원의 모든 지역에서 예악이 붕괴되었다면 어디에 아직 예가 남아 있을까? 사라진 예를 찾기 위해서는 사방 이민족의 황량한 땅으로 갈 수밖에 없었다. 이는 마치 오늘날 학자들이 부르짖는 '민간' 학설과 비슷하다. 즉 다시 태어난 생명력이, 높디높은 조정이 아닌 주변에 존재하고 있길 희망하는 것이다. 이런 관념에 따른다면 내이는 마침 사이四夷의 하나였던 만큼, 그곳에는 공자가 찾아서 널리 시행하고자 했던 예가 정말로 보존되어 있었음이 분명하다. 그래서 우리는 그 지칠 줄 모르는 나무수레가 바닷바람을 맞으며 동쪽으로 계속 달려갔더라면 하고 더욱 아쉬워하는 것이다.

그런데 사실은 결코 그렇지 않았음을 우리는 알고 있다. 만약 앞에서 말한 이유 때문이 아니라면, 적어도 어떤 현실적인 요소들이 그의 여행을 저지했을 것이다. 아마도 제나라와 동래 경내에 있던 작은 나라들의 충돌이 빈번해졌던 데 원인이 있었을 것이다. 이 작은 나라들은 제각기 지냈으며 서로의 관계는 느슨했다. 이 나라들이 변함없이 제나라를 따르고자 하지는 않았던 듯하다. 제나라가 강대해지면서 이 작은 나라들에 대한 위협 역시 많이 강화되었다. 제나라와 이 나라들 사이에는 늘 다툼이 일었다. 안전을 위하여 누군가 공자와 그의 제자들에게 동쪽으로 더 이상 나아가지 말라고 충고하면서, 그 지역에는 격렬한 충돌이 일어나고 있으며 상황이 매우 복잡하다는 등의 말을 했을 것이다. 공자와 그의 제자들은 물론 그 요소들을 고려했을 것이다. 하지만 결국 동쪽으로 더 이상 가지 않기로 한 그들의 마음속에는 아마도 더 명확한 다른 이유가 있었을 것이다. 이민족과 주나라 예의 관계 같은 것이 바로 그 이유였을 수도 있다. 동이의 동쪽에, 교화가 전혀 미치지 않는 그곳에 예가 존재할 것이라고 그들이 어찌 믿을 수 있었겠는가? 그들이 보기에, 그곳에는 예가 없을 뿐만 아니라 제나라 도성이 지금 이토록 복잡하고 사치스러워진 책임까지도 그곳 동이 사람들에게 있었다. 그곳은 환영幻

影이 자주 생겨나는 괴이하고 예측할 수 없는 땅이라 그 어떤 기적도 발생할 수 있지만 서주의 예는 없었다. 동이에는 예의 근원이 없었다. 그곳과 관련된 모든 것들은 실제로 찾아가 살펴보기보다는 상상에 맡겨두는 편이 가장 나았다. 자신의 나무수레가 동쪽 끝 가장자리에 바큇자국을 남기도록 하는 것은 아마도 시기상조였을 것이다.

이렇게 해서 역사는 공자가 내이와 만날 기회와 인연을 놓치고 말았다. 오늘날까지도 옛 등주 지역의 사람들은, 열국을 두루 돌아다닌 공자가 그렇게 바삐 다니면서 이곳에 한 번도 들르지 않은 것을 굉장히 불만스러워한다. 이는 정말로 너무나 불공평한 역사다. 비록 그 당시에는 제나라 동쪽 지역의 내이 사람과 주나라 예가 어떤 인연을 맺지 못했다 하더라도, 이곳은 어쨌든 큰 바다와 가까운 지역이고 바다는 모든 것을 품는 법이니만큼 이런 상상을 해볼 수는 있을 것이다. 내이 사람들은 아마도 반평생 바쁘게 돌아다닌 공자를 편히 쉬도록 해주고 그와 그의 제자들을 위해 신선하고 맛있는 생선국과 흰쌀밥을 내왔을 것이다. 옛 등주 지역의 사람들은 심지어 이곳의 내이 문화가 주나라 예와 가까워질 수도 있었다고 상상한다. 만약 그랬다면 양자의 접목을 통해 과연 어떤 것들이 생겨났을까? 어떤 사람은 사실 이러한 접목이 일찌감치 이루어졌다고 말한다. 예를 들면, 노나라 가까이에 있던 제나라의 도성 임치에는 공자가 오기 몇 년 전에 이미 공자의 사상이 전해져서 많은 사람들이 '인'과 '의'라든가 '예의염치禮義廉恥'라든가 하는 말들을 할 수 있었다는 것이다. 이는 어떻게 된 일인가? 임치는 결합의 본보기인가? 이런 설명은 결코 인정받지 못하는데, 절대다수의 사람들은 제나라 문화와 노나라 문화의 차이가 엄청나서 약소했던 노나라 문화는 제나라에서 절대 뿌리 내리지 못했을 것이라고 생각한다. 사실상 제나라의 모든 분야에서 내이 문화가 주도적인 작용을 했다. 제나라의 물질적인 번영이 반도를 토대로 이루어졌던 것처럼, 제나라의 문화 역시 반도를 번영과 생장의 근거지로 삼아 끊임없이 자라나갔다.

그 당시 공자는 더 이상 계속해서 동쪽으로 가지 않았다. 바다안개가 자욱한 그곳을 갈 기회는 그에게 평생 다시 없었다. 공자가 늙어서 먼 길을 가는 것이 더 이상 무리였을 때, 마침 그의 모국인 노나라의 권력자가 그를 그리워하며 사람을 시켜 정중히 모셔오게 했다. 그리고 공자는 사람들의 존경을 받는 '국로國老'에 임명되었다. 이때부터 공자는 국로의 신분으로 여러 나랏일에 참여했으며, 많은 시간을 내어 전적을 읽고 편찬하여 오늘날 우리들에게 '오경五經'을 남겨주었다. 그리고 그는 노년에 더 많은 제자들을 받아들였다. 그의 제자들을 모두 합치면 대략 3천 명이 넘었고, 그 가운데에는 아주 우수한 제자들이 72명이나 있었다.

석 달 동안 고기 맛을 잊다

어떤 음악을 들은 이가 "석 달 동안 고기 맛을 잊"을 수 있었다고 한다. 이 사람은 바로 음률을 가장 잘 알고 음악 방면에 많은 경험과 지식을 갖고 있던 공자이다. 기록에 따르면, 그날 공자의 수레는 마침 임치의 거리를 달리고 있었다. 성 남쪽 문에 이르렀을 때, 공자는 한 아이와 우연히 마주치게 되었고 그 아이를 안아 수레에 태웠다. 이와 거의 동시에 성안에서 갑자기 음악을 연주하는 소리가 들려왔다. 공자는 잠시 숨을 죽인 채 그 소리를 들었다. 그리고 즉시 수레를 모는 이에게 서둘러 채찍질을 하게 하여 연주 현장으로 내달려갔다.

이날 공자가 들었던 것은 '소韶'라는 음악이다. 전설에 따르면 이 옛 음악을 연주하면 봉황이 날아왔다고 하니, 그 길함과 장중함과 화려함을 미루어 짐작할 수 있을 것이다. 공자가 당시에 들었던 소악은 이미 적어도 천오백여 년 동안 전해져온 것이니, 이 얼마나 오래된 곡인가! 그런데 제나라 악공의 뛰어난 솜씨와 더불어 성대한 진용을 갖춘 공연이었다'는 점에서, 제나라에서 연주된 이 옛 곡은 완전히 다른 의미를 지니고 있었다. 제나라 임치의 예악이 어느 경지까지 발전했는지, 지금은 비록 직접 볼 수 없지만 계찰季札이라는 오吳나라 공자公子의 찬탄을 통해 충분히 이해하고 상상할 수 있다. 악공이 '제풍齊風'을 노래하자, 계찰은 연신 경탄하면서 음률이 우렁차고 리듬에 여유가 있으며 만물이 조화로운 심원한 경지라고 평가하며, "깊고 넓은 동해와 같다"고 했다. 일찍이 공자孔子는 소악을 듣고 매우 깊은 인상을 받았다. 그는 훗날 노나라 태사太師에게 이때 들었던 소악 연주에 대해 말하길, "지극히 아름답고 지극히 선하다"고 했다.

오늘날 이 성대한 음악을 다시 듣기 위해, 사람들은 소악과 관련된 기록을 뒤지고 고고학 자료와 출토된 문물을 참고하여 당시의 연주 장면을 최대한 정확하게 재현하고자 했다. 이렇게 해서 일찌감치 막을 내렸던 그 웅대했던 공연이 정말 완전하게 다시 막을 열게 되었다. 여기에는 온갖 어려움이 있었지만 많은 노력을 기울인 끝에 옛 소리를 회복할 수 있게 되었다. 세월이 휙 지나가 어느덧 이천여 년이 흐른 시점이다. 많은 악기들을 복제해야 하고 복잡하고도 심오한 연주 기교를 완벽히 파악해야 하는데, 그야말로 매우 힘든 일이다. 지금 소악을 다시 연주한다면 봉황이 또 날아올까? 어쨌든 사람들은 뒤늦게 찾아온 이 호화로운 음악에 "소소구성簫韶九成, 봉황래의鳳凰來儀(소악을 연주하자 봉황이 날아들어 춤을 추었다)"라는 이름을 지어 붙였다. '구성'이란 아홉 개의 단락을 의미하는데, 이는 고대 소악의 구성 형식이다. 새로이 재현된 소악의 연

공자를 배경으로 한 연주, 궐리빈사閼里賓舍, 산동성 곡부.

임치에 이르자 공자는 갑자기 들려오는 음악 소리에 잠시 숨을 죽인 채 그 소리를 듣다가 즉시 연주 현장으로 내달려 갔다. 이날 공자가 들었던 음악은 바로 봉황을 날아오게 했다는 그 옛날의 소악이었다. 공자는 동방의 강국이 새롭게 해석해낸 장중하고 풍성한 음악을 형용할 방법이 도저히 없어서, "석 달 동안 고기 맛을 잊었다"라고 말했다. 현재 임치의 제국역사박물관에서는 당시의 소악을 재현하여 들려주고 있다.

주 장소는 오늘날 임치에 있는 '제국齊國 역사박물관'이다.

연주에 사용되는 악기로는, 대편종·경쇠·훈塤·적笛·소簫·배소排簫·고금古琴·쟁箏·목어木魚·북이 있다. 이 중국 고전악기들이 서로 어우러져 함께 소리를 내면 "금金·석石·토土·목木·사絲·혁革·포匏·죽竹"이라는, 악기 재료에 따른 고대 음악의 팔음八音 편제에 꼭 들어맞는다. 이를 두고 세계에서 가장 오래된 교향악이라고 해도 과장된 말은 아니지 않을까? 어떤 이는 교향악의 전통이 중국에는 없다고 말했지만, 과연 그가 제나라 도성에서 연주되었던 소악을 고려한 것일까? 이천여 년 전의 이 교향악에 성현이 그토록 깊이 빠져들어 심취할 수 있었던 것이다. 공자는 당시의 그 풍성한 음악을 형용할 방법이 도저히 없어서, "석 달 동안 고기 맛을 잊었다"는 말로써 망아지경忘我之境의 마음과 간절한 그리움을 묘사했다.

이는 단지 공자의 마음과 귀 때문만은 아니었다. 생동적인 임치의 화려함, 그리고 경제와 문화가 전반적으로 발달한 제나라의 엄청난 배경이 공자의 마음을 뒤흔들었던 것이다. 음악은 역사의 하모니였을 뿐이다. 즉 동쪽 지역의 당당한 소리와 기상이 그 음악 안에서 조화를 이루고 있었다. 그리고 이것이야말로 견줄 대상이 없는 최상의 것이었다. 그당시 공자가 먼 길을 지나오면서 마주쳤던 것들은 대부분 빈곤과 민생고, 전란과 할거세력이었다. 부민강국富民强國의 바람은 그저 몽상일 뿐이었다. 그런데 임치의 이미지는 적어도 공자가 지나온 수많은 지역들과는 크게 달랐고, 이로 인해 그는 깊은 생각에 잠길 수밖에 없었다. 공자의 통찰력에 비추어볼 때, 제나라 역시 자세히 살펴봐야 할 위기가 없는

「위나라로 가다가 경쇠를 연주하다過衛擊磬」, 김진여, 1700년, 비단에 채색, 32×57㎝, 국립진주박물관.

옛사람들은 마음을 수양하기 위해 악기를 연주했다. 음악은 덕을 쌓음에 있어 빼놓을 수 없는 것이었다.

것은 결코 아니었다. 그는 단지 심오하고 성대한 연주에 얼마간 도취되었던 것일 뿐, 그러한 고려 사항들을 모두 마음에 담아두고 있었다. 하지만 어쨌든 공자의 마음은 한동안 걷잡을 수 없었고 오래도록 이런 분위기에서 벗어나기 힘들었다.

어떤 지역이든 경제가 번영하면, 그것이 단지 일시적인 번영이라 할지라도 많은 부산물들이 생겨나게 마련이다. 여기에는 관료사회의 지나친 겉치레와 사치, 무절제한 연회, 인력과 재물의 엄청난 낭비 등등이 포함되어 있다. 또 하나의 부산물로, 공연예술이 부흥되고 과장되는 경향이 있다. 공연예술은 문학예술과는 다르며, 생각에 몰두하는 사상도 아닌데다 물질에 많이 의지한다. 그래서 공연예술은 술자리에서의 흥취와 어느 정도 동일시되게 마련이다. 춤추고 노래하는 예인들이 한데 모여 화려한 의상을 걸치기만 하면 모든 것이 충분하다. 기록에 따르면, 제나라 연회의 성대함은 견줄 대상이 없었으며 그야말로 술과 고기가 강을 이룰 정도였다. 이에 상응하는 음악과 춤의 종류가 어떠했을지 미루어 짐작할 수 있는바, 그 당시 절제니 하는 것은 아예 없었다. 밤을 꼬박 새워가며 즐기는 것도 흔한 일이었다.

어쨌든 이것들은 부인할 수 없는 번영, 적어도 공연예술의 번영이었다. 이런 성황이 거품이었다 할지라도, 그 거품이 꺼지기 전까지는 계속 웅장하게 부풀었다. 권력은 자신을 돋보이게 해줄 의식儀式을 필요로 하는데, 어떤 의미에서 말하자면 권력 자체가 바로 의식이다. 어떤 권력이든 특정 의식을 통해 표현되며, 양자는 보완 관계에 있다. 사실 이것은 공자에게 있어서도 매우 분명한 문제였다. 극기복례克己復禮에 관한 공자의 전체 사상 가운데 일부분은 바로 의식과 밀착되어 있었다. 서주의 천자天子만이 사용할 수 있는 제사의 형식을 분봉을 받은 제후왕이 사용하는 것에 대해, 공자는 큰 반감을 갖고 있었으며 심지어는 이를 대역무도한 것으로 간주하여 약간의 두려움마저 나타내기도 했다. 얼핏 보기에는 사소한 일을 크게 생각하는 것 같기도 하지만, 자세히 생각해보면 일의 심각성을 알 수 있을 것이다. 의식은 여태껏 권력과 동일시되었으며 권력의 외재적 부호이기 때문이다.

이런 의미에서 말하자면, 제나라의 공연예술과 가무는 결코 단순한 오락이 아니었다. 한 지역의 정치와 경제 및 기타 모든 방면의 복잡한 정보가 그 안에 포함되어 있었던 것이다. 사방을 직접 살피면서 두루 돌아다닌 사람에게 이들 정보는 매우 분명히 전달되었다. 제나라의 소악은 동방의 강국이 새롭게 해석해낸 고악古樂이었다. 그것은 전통 체제를 사용하긴 했지만 몇 차례의 가공을 통해 더 화려하고 장중하게 변하여 천년의 고풍을 띠게 되었으며, 거대한 물줄기처럼 출렁거리며 임치의 거리를 지나갔다. 그러니 그것이 어찌 거대한 타격력을 지니지 않을 수 있었겠는가?

옛 소악을 듣는 것도 어렵지만 제나라에서 연주되었던 종류의 소악을 듣는 것은 더욱 어렵다. 그래서 공자에게 이 일은 하나의 대사건이었으며, 이는 후대 사람들에게도 마찬가지이다. 그래서 오늘날까지도 임치에는, "공자문소처孔子聞韶處(공자가 소악을 들었던 곳)"라는 글씨가 새겨진 석비가 세워진 곳이 있다. 어떤 사람이 음악을 들었던 일이 비석에 새겨지는 경우는 전무후무하다고 할 수 있을 것이다. 이로써 소악이 제나라에게 어떤 의미였는지, 그리고 공자와 그가 대표하는 문화적 입장에서 볼 때 소악이 어떤 의미를 지니고 있었는지 충분히 이해할 수 있을 것이다. 공자가 노년에 했던 큰일 가운데 하나는 바로 '악樂'을 정리함으로써 악을 시詩·서書와 나란히 놓은 것이었다. 애석하게도 그 '악'은 이미 없어졌다. 공자가 정리하여 보존하고자 했던 '악' 가운데 소악이 분명히 중요한 편장을 차지했을 것임을 우리는 짐작할 수 있다.

"석 달 동안 고기 맛을 잊었다"는 말 때문에 유발된 상상이, 사람들의 뇌리를 맴돌면서 이천여 년이 지났음에도 사라지지 않는다. 오늘날 제나라의 기풍을 감상하면서 소악을 듣는 것은 현대인의 가장 사치스러운 바람일 것이다. 그 연주는 서양의 교향악과는 성격이 다르다. 그것은 복고復古와 관련되어 있기 때문에 훨씬 더 까다롭고 힘들다.

동방과 서방

옛날에 사람들의 지리 문화적 시야가 아직 충분히 확보되지 않았던 상황에서, 동방은 제나라였고 서방은 진나라였다. 이 두 강대국은 각각 전국시대라는 무대의 막이 내리기 전의 양극을 대표한다. 이 양극의 문화적 차이는 엄청났다. 민속 및 치국 이념과 관련된 모든 것들이 달랐다. 춘추전국시대의 몇몇 역사 단계에서 이 양극은, 한쪽이 쇠퇴하면 다른 한쪽이 성장하는 서로 다른 운세를 지니고 있었다. 이들 두 나라는 각자 복잡한 변화를 겪는 과정에서 주변 국가와의 관계에도 기복이 있었다. 호형호제하며 잘 지낸 때가 있는가 하면 피를 흘리며 싸우기도 했다. 나라와 나라의 관계는 결국 사람과 사람의 관계이기 때문에 인성의 비밀이라는 커다란 범주 속에서 풀어내야 한다. 두 나라는 두 사람과 마찬가지로, 잘 지내기도 하고 반목하며 원수가 되기도 하는 것이 정상이다.

　제나라는 동쪽으로 육지가 끝나는 큰 바다와 이어져 있었고, 진나라는 가장 서쪽에 있었다. 서로 멀리 떨어져 있었기 때문에 양국이 직접적으로 충돌할 기회는 매우 적었다. 하지만 양국 사이에 끼어 있는 나라들은 변동과 이동이 심했다. 이들 나라가 제나라와 진나라 중 어느 쪽으로 기우느냐 하는 것은 동서 양대국과 관련이 매우 큰 문제였다. 그래서 이 양대국은 불간섭의 신조를 지킬 수가 없었고 동맹을 결성해야만 했다. 불간섭이라는 국가 원칙을 엄수하는 것은 현실에 맞지 않았을 뿐만 아니라 남들도 믿으려 하지 않았다. 그래서 춘추전국시대에는 크고 작은 전쟁들이 그 어느 때보다 많이 벌어졌다. 한 나라가 마치 어린아이처럼 삐쳐서 금세 사이가 틀어지곤 했다. 본래 제나라와 잘 지내다가도 중간에 말 잘하는 유세가가 한번 이간질하면 하룻밤 사이에 진나라로 돌아설 수도 있었다. 유명한 '합종연횡'의 시기에는, '합종'을 따랐다가 '연횡'을 따랐다가 이리저리 흔들리는 모습을 자주 볼 수 있었다. 이들 나라의 행방이 동서 양극의 운명에 해가 되기도 하고 도움이 되기도 했다. 그리고 아주 천천히 마침내 종국이 찾아왔다.

제나라의 정치·경제 구조는 바다의 성격이 짙은 동방적 특징을 지니고 있었다. 따라서 제나라는 거세게 굽이치는 물결처럼 충동적이고 과장되며 무척 낭만적이었다. 반면에 대평원에 위치하여 뒤로는 산지에 의지하고 있던 진나라는 내성적이고 신중하며 차분했다. 진나라의 냉정한 눈은 동쪽을 향하고 있었다. 제나라 도성 임치와 비교했을 때, 같은 시기의 함양은 비교적 소박하게 생활하고 있었다. 단도직입적으로 말하자면 초라할 정도였다. 순전히 경제가 어느 정도 발달했느냐 낙후했느냐에 따라 이러한 차이가 조성되었던 것은 아니다. 서로 다른 문화적 성격이 그러한 차이를 낳은 요소로 작용했던 것이다. 즉 진나라 함양의 돈이 비록 제나라 임치만큼 많지는 않았지만, 설령 있었다 하더라도 제나라처럼 쓰지는 않았을 것이다. 가난함과 단순함을 굳게 지키는 것은 함양의 통치자에게 매우 중요했다. 그래야만 모든 기운과 힘을 한군데로 모을 수 있었기 때문이다.

제나라에서 춤과 노래와 성대한 연회가 끊이지 않고 때로는 소악까지 들을 수 있었던 시절에 진나라의 음악은 어땠을까? 말하고 나면 사람들은 아마도 믿지 못할 것이다. 기록에 따르면, 왕과 신하의 버젓한 연회에서 펼쳐진 노래와 춤이란 것이 놀랍게도 질항아리를 두드리며 넓적다리를 치면서 그 박자에 맞추어 노래하고 춤추는 게 다였다. 그런데 이 연회에 참가한 사람들은 그것이 형편없다고 느꼈을까? 그렇지 않았다. 그들역시 흥분과 격앙과 도취 속에 있었다. 이치대로라면 호화로움의 바람은 침투력과 감염력이 강력한 만큼, 동쪽에서 서쪽으로 그 바람이 불기시작한 지 수십 년이 흘렀다면 함양 사람들 역시 질항아리를 버렸어야한다. 그렇지만 일이 절대로 그렇게 쉽게 돌아가진 않았다. 상앙商鞅의 변법變法을 거친 이후의 진나라는 모든 면에서 더욱 이성적으로 변했고 치밀해졌다. 농업 입국의 보수성과 견고성을 바닷바람이 뚫고 들어가기는 어려웠던 것이다.

진나라는 향락을 절제하는 동시에 기초 시설의 건설에 더 많은 정력과 재력을 투입했다. 또한 농업 개선과 국방 강화라는 두 가지 방면에 최대의 힘을 쏟아 부었다. 상앙은 위대한 실용주의자이자 봉건주의자, 이성주의자였다. 그가 문제를 고려할 때에는, 어떻게 하면 진나라를 강대

상앙의 네모난 되[方升].
전국시대 상앙의 변법變法은 강력한 영향을 미쳤다.
사진 속 상앙이 제작한 표준 용구는 진나라에서 널리 사용되어 도량형 통일의 밑거름이 되고 세금 징수의 정확성을 높였다.

하게 할 것인가라는 문제가 늘 중심에 있었으며 절대로 주의력을 분산시키지 않았다. 일정한 역사 시기에 있어서, 국가 흥망의 주기에 있어서, 실용주의보다 더 큰 효력을 가진 것이 세상 그 어디에 있겠는가? 실용주의를 가장 강력하게 만든 것은 접근성과 통속성이다. 특히 실용주의의 통속성은, 위로는 왕에서부터 아래로는 민중에 이르기까지 그것을 신속하게 받아들이고 이해할 수 있도록 만들었다. 바꾸어 말하자면, 모두들 가능한 한 빨리 실용주의를 통해 실제적인 이익을 얻고자 했다. 더욱 변증법적이고 복잡하고 장기적인 전략과 계획에 비해 실용주의적인 전략과 전술은 그 원가가 훨씬 적게 드는 것이었다.

실용주의의 반대는 높은 데서 멀리 바라보는 것, 실속 없이 겉만 화려한 것, 가까이 있는 이익을 먼 훗날에 거두어들이는 것, 전체적인 형세를 고려한 조치, 앞뒤를 신중히 살피는 것, 마음과 이치를 모두 만족시키는 것이다. 진나라의 상앙과 같은 시기, 위왕과 선왕의 성세였던 제나라에는 사치의 물결이 점점 더 높이 밀려들었고 넘치는 재화로 인해 사람들은 오만하기 짝이 없었다. 왕공귀족은 말할 것도 없고 임치성에 살고 있는 평범한 시민조차도 극도로 거만했고 득의양양하게 우쭐댔다. 마치 다른 지역은 모두 촌스러운데 유독 자신들은 천하에서 가장 화려하고 가장 현대적인 신민臣民이라도 된 양 말이다. 소진蘇秦이라는 연燕나라 사자가 이런 상황을 관찰한 뒤에 훌륭한 글을 한 단락 남겼는데, 이 글에는 제나라의 상황이 아주 잘 묘사되어 있다. 그 가운데 임치의 시민에 대한 묘사에서는, 집집마다 여러 해 동안 모아둔 것이 있어 재산이 넉넉하고 사람들마다 뜻과 기개가 드높으며 얼굴빛이 득의양양하다고 했다. 즉 "집에는 부가 쌓여 있고 사람들은 의기가 양양하다"라고 표현했다. 바로 이런 도시와 시민이 존재했기 때문에 극소수 지식인들의 계획대로 나라를 이끌어갈 수가 없었던 것이다. 제나라는 자신의 궤도를 따라 고집스럽게 앞으로 미끄러져나갔고 마지막엔 무시무시한 곳까지 이르렀다.

제나라에는 선비를 양성하는 풍조가 있었다. 제나라가 건립한 직하학궁에는 천하의 온갖 유파의 대학자들이 몰려 있었다. 그러니 풍부한 책략과 넓은 안목을 갖춘 인물이 어찌 없었겠는가? 문제는 이때 제나라는 돈도 있고 세력도 있었기 때문에 냉정과는 이미 거리가 너무나 멀어진 탓에, 듣기에 거슬리는 말은 단 한마디도 귀에 들어오지 않았다는 것이다. 전형적인 동방 대국은 이렇게 우뚝 솟아 있었으며, 나라 안에는 엄청난 부를 지닌 왕공귀족들이 있었다. 이들은 대단히 용감하게 예법과 규칙을 깔볼 수도 있었다. 이런 나라에서 공자는 오래 머물지 못했다. 또한 그 뒤의 맹자 역시 떠났고, 그 뒤로는 직하학파를 대표하는 모든 인물들이 사라졌다. 비록 직하학궁은 여전히 존재했지만 이미 유명무실해지고 변질되어 나라의 가장자리 장식, 관상용 장식품에 불과했다. 처음 건립되었을 때와 비교하자면, 이때의 직하학궁은 규모상 크게 줄어들지는 않았지만 내용상으로는 일찌감치 텅 비어버렸다.

이 기간에 재빠르게 활발한 활동을 펼치기 시작한 이들은 바로 종횡가였다. 그들은 적극적으로 양대국 사이를 오가며 유세했다. 합종을 통해 진나라를 공격하자고 주장하거나, 혹은 합종으로 이루어진 연합을 깨뜨려 진나라가 각 나라를 차례차례 격파할 수 있도록 연횡책을 강구하기도 했다. 이것은 마치 바둑을 두는 것과 비슷한 면이 있는데, 이 때 정작 시합의 당사자는 바둑을 구경하는 사람만큼 안달하지 않는다. 말없이 바둑을 관전하는 고상함을 갖추지 못한 구경꾼들은 끊임없이 바둑돌을 옮기고 싶어 한다. 제나라의 입장에서 보자면 장의張儀는 의롭지 못하다. 장의는 본래 위魏나라 사람이었는데, 진나라로 들어가 재상이 되었고 많은 사람들이 고생스럽게 이루어낸 진나라에 대한 포위망을 무너뜨렸다. 결국 그는 연횡을 성공시킴으로써 진나라가 대국들 간의 게임에서 가장 중요한 한 판을 이길 수 있도록 했다. 진나라가 발전하고 확장되는 데 있어서 장의가 세운 공로는 변법을 시행한 상앙에 버금갈 것이다.

　서방의 진나라는, 상앙의 강성기를 거친 뒤 장의의 연횡까지 성공함으로써 서쪽을 강력히 차지하고 있는 대국으로 확실히 자리 잡게 되었다. 한편 동방의 제나라는, 진나라와 다른 여러 제후국들이 빈번히 쟁탈을 벌이던 전장에서 멀리 떨어져 있었기 때문에 한층 여유로웠으며 최후의 번영을 누릴 수도 있었다. 제나라는 역사상의 그 어느 시대보다 성대한 번영을 누렸다. 하지만 이와 더불어 사치스러운 물질주의 역시 범람하기 시작하여 기세가 맹렬해지더니 전대미문의 경지에 도달했다. 이렇게 해서 제나라 역시, 극성하면 쇠하게 되는 역사 단계를 맞이하여 자기 운명의 정점을 찍고 내리막길을 향하게 되었다.

차가운 실용주의

이제 드디어 상앙에 대해 말하게 되었다. 변법을 통해 진나라를 강대하게 만들고 천하에 이름을 날린, 한 시대의 명재상이었던 상앙은 중국 역사상 영원히 비껴갈 수 없는 인물이다. 중국의 20세기 1970년대에는 '유가'와 '법가法家'를 말하는 것이 시대 풍조였는데, 어떤 사람은 특히 상앙을 추앙했다. 아마도 그는 새로운 시대를 맞이하여, 상앙이라는 변법가를 본받아 현대적인 준엄함을 시도해보고 싶었을 것이다. 상앙의 숭고한 지위는 변법으로 인해 확립된 것이다. 새로운 법이 시행된 결과, 진나라는 전대미문의 강성함에 도달할 수 있었다. 그러나 그 당시 진나라 사람들은 상앙에게 고마움을 느끼지 않았을 뿐만 아니라 도리어 그를 극도로 증오했다. 그 결과 한 시대의 명재상은 거열형車裂刑에 처해져 매우 비참하게 죽고 말았다. 진나라의 또 다른 명재상은 더 후대 사람인 이사李斯이다. 이사의 기획은 상앙에 뒤지지 않았다. 그는 진시황을 도와 일련의 중대한 변혁들을 이루어냈지만 훗날의 말로는 상앙과 다를 것이 없었다. 그는 요참형腰斬刑을 당해 죽었다.

진나라의 부흥은 혹독한 형벌과 법률에 기댄 것인데, 이는 상앙으로부터 시작되었다. 상앙의 변법 이전, 진나라는 아직 약소하여 다른 육국과는 견줄 수 없었다. 그 당시 진나라에는 강력한 인물이 절실히 필요했다. 따라서 상앙은 시대의 요구에 따라 나온 인물이라고 할 수 있다. 변법의 내용 및 실행 과정을 통해 볼 때, 상앙은 역사상 진정한 철혈 인물이었다고 할 만하다. 마음의 완강함, 수단의 잔혹함, 효과의 거대함, 결말의 처참함에 있어서 그를 뛰어넘는 제2의 인물을 찾기란 어려운 일이다. 상앙의 출발점은 확실히 왕의 통치를 공고하게 하고 국력을 키우는 것이었다. 따라서 당시의 진나라 효공孝公은 모든 힘을 다해 상앙을 지지했으며, 상앙과 마찬가지로 마음을 굳게 먹고 동요하지 않았다. 상앙으로서는 일단 개혁을 시작한 이상 멈출 수 없었다. 세습된 이익집단은 죄다 길을 막고 있는 사나운 호랑이와 같아서 그를 먹어치울 수 있었기 때문이다. 따라서 개혁의 수레를 더 빨리 몰아서 이 호랑이들을 으스러뜨리든지, 아니면 그들의 밥이 되어야 했다. 상앙은 마음을 단단히 먹고서 마치 끓는 물과 타는 불에 뛰어들 듯이 과감하게 결행했다. 그가 사용한 방식은 참으로 잔혹했는데, "위수를 모두 피로 물들이고 사람들이 울부짖는 소리에 천지가 진동했다"라고 묘사되었을 정도이다. 이런 묘사가 결코 과장된 것은 아니었다. 기록에 따르면, 변혁에 반대한 사람들 가운데 가장 가벼운 처벌을 받은 사람이 얼굴에 묵형墨刑을 당하거나 코를 베였을 정도였다. 그가 반포한 법률 중에는 연좌제連坐制가 있었다. 이는 가벼운 죄에 무거운 형벌을 내리는 전형적인 경죄중형법輕罪重刑法이었다. 그 규정에 따르면 다섯 집을 오伍, 열 집을 십什이라는 단위로 편성해 서로 고발하게 함으로써 연대 책임을 지도록 했다. 또한 '나쁜 짓을 저지른 사람'을 누군가 고발하면 적을 벤 것과 마찬가지로 포상을 받았으며, 고발하지 않은 이는 요참형에 처해졌다. 어느 한 집에 '나쁜 짓을 저지른 사람'이 숨어 있을 경우, 오와 십으로 편성된 집들도 함께 같은 죄로 다스려졌다. 만약 관청에서 발급한 증명서가 없는 사람을 여인숙에서 묵게 하면 그 주인 역시 '나쁜 짓을 저지른 사람'과 같은 죄로 다스려졌다. 또한 당시에는 호적제를 시행하여 농민은 외지로 나갈 수 없었고 장사를 할 수도 없었다. 일단 장사를 하게 되면 아내와 딸은 관노로 충당되었다. 이러다보니 새로운 법을 어기는 사람들이 비일비재하여, 어떤 날은 하루에 700명이 넘는 사람들이 사형에 처해지기도 했다.

　모든 법률 조문은 단도직입적이고 실용적이었으며 조금도 모호하지 않았다. 예를 들면 무공武功에 따른 작위는 20등급으로 나뉘어져 있었는데, 무공의 척도는 단순하고도 분명하여 전쟁터에서 베어낸 적의 머릿수로 평가했다. 농업에 있어서는 곡물과 직물의 생산량에 따라 공을 평가했다. 상업에 종사하거나 농지를 잘 경작하지 않아 파산한 자의 경우, 아내와 딸도 일률적으로 몰수하여 노예가 되도록 했다. 또한 관리를 스승으로 삼고 경서를 불태울 것을 백성들에게 요구했다. 서로가 서로를 고발하도록 부추겼으며, 법령에 대해 이러쿵저러쿵하는 사람은 죄다 불법을 저지른 무리로 간주하여 변방으로 추방했다.

　이로써 볼 때, 후에 이사가 행한 모든 것들은 사실 상앙을 따라한 것에 불과하다는 것을 알 수 있다. 다른 점이라면 이사는 육국이 통일되어 더욱 광대해진 땅에서 가혹한 법을 실행했다는 것, 그리고 사납기 그지없는 진시황제를 자신의 지지자로 만들 수 있었다는 것이다. 잔혹하고 융통성이란 전혀 없는 이런 법률들이 나라를 통치하는 데에 극도로 효과적이었음은 물론이다. 나라가 부강해지고 경제와 군사력이 향상되기만 하면, 그 법률을 제정하고 실시한 사람 역시 근본적으로 긍정되어 위대한 변법의 본보기이자 영웅의 반열에 들게 된다. 하지만 이는 인류 역사상 최대의 착오이자 편견이다. 이러한 병증의 주요 원인은 판단 기준에 문제가 있기 때문이다. 즉 그 기준이라는 것이 지나치게 획일적이고 원시적이며 빈약하기 짝이 없기 때문이다. 경제와 군사 및 정권의 공고함만이 유일한 기준이 되는 상황에서는, 민중의 실제 느낌 등과 같은 더욱 중요한 다른 지표들은 근본적으로 언급할 가치조차 없어지고 만다. 백성을 귀하게 여길 것을 주장한 유가의 대표 인물 맹자의 신조에 따른다면, 민중은 사직社稷과 왕보다도 훨씬 높은 존재이다.

어떤 의미에서 말하자면, 나라를 강하게 만들고자 했던 상앙의 길은 나라에 손해를 끼치는 길이기도 했다. 백성이 편안하게 생활할 수 없었을 뿐만 아니라 윤리가 사라지고 법률은 가혹하고 무자비했으니, 이로써 진 제국이 강성했던 바로 그 당시에 멸망의 씨앗이 땅속 깊숙이 파종되었던 것이다. 하지만 개혁자 상앙의 목표는 너무나 간단명료했다. 진나라의 흥성과 왕의 공고한 통치를 모든 것의 준칙으로 삼고서, 이를 위해 다른 것들은 절대 돌아보지 않았다. 감정에 흔들리지 않고 철석처럼 굳었던 상앙의 마음을 『상군서商君書』에서 엿볼 수 있는데, 이 책에는 다음과 같은 내용이 나온다. 똑똑한 지식인 한 명 때문에 1000명의 백성들이 농사를 게을리 하고 전쟁 준비에 싫증을 내게 될 수 있다. 백성들이 학문을 숭상하지 않으면 어리석어지고, 어리석어지면 밖으로 나가 교류하지 않으며, 밖으로 나가 외부와 교류하지 않으면 나라가 오래도록 안정될 수 있다.

상앙은 농촌 호구제를 통해 농민들을 한평생 땅에다 묶어놓았다. 심지어 상앙은, 농민은 한결같이 농사에만 힘써야 소박해질 수 있고 소박해진다면 한곳에서 착실히 지내면서 먼 데로 나가는 것을 싫어하게 된다고 노골적으로 말했다. 상앙은 국가의 독재와 안정을 위해 그의 모든 마음을 다 썼다. 그런데 애석하게도, 이런 주도면밀한 계획과 불타는 충성심이 공고히 만들어놓은 것은 나라였지만 정작 해치고 만 것은 민족이었다.

상앙에서부터 시행된 진나라의 냉혹한 형법은 이 서부 농업국의 문화로 자리 잡았다. 그리고 그 건조함과 딱딱함과 두려움은 널리 퍼지고 확대되어갔다. 후에 분서갱유가 발생했고, 아방궁阿房宮을 짓느라 백성들이 고역을 겪었으며, 장성의 축조로 인해 백성들의 힘이 모두 소진되었다. 진나라 이세二世 황제의 시기 역시 언급하지 않을 수 없겠다. 당시에는 기본적으로 이미 순장제가 폐지되었음에도 잔인한 진나라 통치자는, 무덤을 만들기 위해 징발되어온 그 많은 청장년들을 전부 산 채로 매장했다. 이세 황제는 황실에 속한 이들에게도 마찬가지로 잔인했다. 그는 후궁들 가운데 자녀가 없는 모든 궁녀들, 종실의 모든 공자와 공주, 대신들을 죄다 죽이라고 명했다.

변법가는 대대로 끊이지 않고 세상에 존재해왔다. 그리고 변법에는 으레 이익의 재분배와 유혈이 수반되었다. 하지만 진나라의 변법처럼 잔혹하고 무자비했던 경우는 드물다. 또한 진나라의 변법가처럼 극도로 잔인하고 민중을 초개와 같이 여겼던 통치자 역시 드물다. 그런 식의 변법을 통해 국가의 강대함은 기대할 수 있겠지만, 그 강대함은 말로는 설명하기 힘든 대가를 치를 수밖에 없다. 게다가 결코 오래 지속되지도 못한다. 그 강대한 껍데기 안에 가득 담긴 것은 백성들의 고통뿐이다. 본래 겉으로 강대해 보이는 껍데기란 아주 얇고 잘 부서지며 파괴되기 쉬운 법이다.

　잔혹함이 일종의 문화가 되어 곳곳에 만연되고 유포되는 것은, 역대 통치자들이 매우 좋아했던 바이다. 하지만 잔혹함에는 반드시 가열찬 보복이 뒤따르게 마련이다. 마치 진 제국의 멸망처럼 신속하게, 그 왕과 신하들의 말로처럼 참혹하게 말이다. 이러한 보복은 천지인 삼자의 윤리질서에도 부합되는 듯하다.

축적의 어려움

국력의 강성함과 부의 축적, 이에 반대하는 사람은 아무도 없을 것이다. 이에 대한 욕망은 매우 자연스러워 보이기 때문이다. 개인이나 국가나 민족이나 모두 마찬가지로 강대함과 부유함을 욕망한다. 그런데 지치지도 않고 끊임없이 그 욕망을 추구하다보면 온갖 방법을 다 쓰게 마련이다. 어떤 방법이든 노력해야 하고, 어떤 노력이든 대가가 따르며, 어떤 대가이든 결국 상환해야만 한다. 상환액의 차이에 따라 최종 목표의 가치가 결정된다. 만약 잃은 것이 얻은 것보다 많다면 애초에 하지 않는 것이 더 낫다. 문제는 이것이 결코 한눈에 알 수 있는 단순한 계산이 아니라, 수십 년 수백 년에 걸쳐서 수백만 수천만 심지어 수억 인구가 투입된 엄청난 연산이라는 것이다. 가감승제뿐만 아니라 훨씬 복잡한 함수와 루트까지 사용된 연산을 그 누가 한눈에 보고 알 수 있겠는가? 그래서 그저 눈앞에 보이는 목표를 향해 달려가면서 자신이 매번 내딛는 발걸음에 더 이상 신중을 기하지 않게 될 수밖에 없는 것이다.

　제나라와 진나라는 모두 부유하고 강대했다. 제나라는 부유하고 강대했으며, 진나라는 강대해진 뒤에 상당히 부유해졌다. 두 나라의 말로는 달라 보이지만, 결국엔 두 나라 모두 국가와 백성은 쇠망했고 피가 흘러 강을 이루는 아수라장이 되고 말았다. 당대 최고라 생각하며 으스대다가 결국 쇠락하여 멸망하게 되기까지의 과정은 결코 길지 않았지만 극심한 고통이 뒤따랐다. 이는 단지 심리상의 고통이었을 뿐만 아니라 육체에 직접적으로 가해지는 상해와 무자비한 살육의 고통이었다. 적에게 유린당한 제나라 왕공귀족들의 경우, 사는 것이 죽는 것보다 못했고 죽어서도 놀란 마음이 진정되지 않을 정도였다. 국가 내부의 반역과 쟁탈 역시 놀랄 정도로 잔혹했다. 제나라 민왕은 그를 구하러 온 장군에 의해 다리의 힘줄이 뽑힌 채 들보에 매달려 죽었다. 그 당시 제나라 민왕의 위풍이 얼마나 대단했는지 알 필요가 있는데, 진나라 왕과 함께 제帝라고 일컬을 정도였으니 천하에서 가장 강력한 왕들 가운데 한 명이었다고 할 수 있다. 이런 그가 순식간에 그토록 비참한 말로를 맞게 되었던 것이다. 진나라의 멸망은 더 갑작스러웠다. 반란을 일으킨 항우項羽의 사나움과 잔혹함은 천인공노할 만했다. 그는 거록巨鹿 대전에서 20만 명에 달하는 투항군을 전부 생매장했다. 그리고 모두가 알고 있듯이 함양을 함락시킨 뒤에는, 천하의 모든 화려한 것들과 더불어 백성들의 수고로 지어진 아방궁을 죄다 불태우라고 명령했다. 또한 부유하고 번영했던 이름난 도시 임치에 들어가서는, 방화와 살인과 약탈과 강간을 일삼았고 투항군을 또 생매장했다.

거의 모든 왕조는 번성에서 쇠퇴로 이어진 길을 걸어갔다. 이 길이 길든 짧든, 예외는 없었다. 그래서 대학자 황옌페이黃炎培는 그것에 '주기율週期率'이라는 이름을 붙였다. 이 '주기율'에서 어떻게 벗어날 것인지, 모든 세대 사람들이 방법을 강구하고 있는 듯하다. 하지만 현재로서 볼때, 전 세계 어디에서도 뾰족한 방법을 내놓지 못한 상태이다.

각각 동과 서에 자리 잡고 있었던 제나라와 진나라 이 두 대국은 잇달아 멸망했다. 그 뒤로 한漢나라도 있었고 당唐나라도 있었다. 성당盛唐의대단함은 모든 중국인의 입에 늘 오르내리는 일이 되었을 정도이다. 당나라는 논쟁의 여지가 없는 천하대국이었다. 손꼽히는 국력과 부와 군사력은 더할 나위가 없을 만큼 훌륭했다. 물질의 풍요는 물론 문화 역시찬란하고 눈부셨는데, 후대 사람들이 버금가는 시를 읊을 수 없을 정도로 빛나는 당시唐詩를 낳았다. 당시 당나라에 외교 사절로 왔던 외국 사신들의 말에 따르자면, 다들 당나라의 성세에 놀라서 눈과 입을 다물지못했다고 한다. 외국 사신들이 처음 본 것은, 명절날 큰길의 나무들까지도 비단을 두르고 있는 모습이었다. 그 당시 당나라의 부가 전 세계의 몇분의 몇에 해당됐는지 계산할 방법은 없지만 분명 상당히 높은 비율을차지하고 있었을 것이다. 이랬던 당나라 역시 멸망했다.

중국의 현대화를 심각하게 지연시켰던 청나라 역시 수백 년에 달하는역사를 지니고 있다. 청나라도 일찍이 나름대로의 흥성기가 있었다. 강희제康熙帝와 건륭제乾隆帝 때의 청나라는 결코 세계의 약국이 아니었으며, 나라의 부와 군사력에 있어서 앞쪽을 걸어가고 있던 열강列强이었다. 어떤 사람의 계산에 따르면, 그 당시 청 제국의 국민총생산은 세계의 5

「대당기악도大唐伎樂圖」, 세전오우謝振甌, 1983년, 비단에 채색, 170×97cm, 중국미술관.
성당 시기의 번영과 개방적인 특성을 화려하게 드러내고 있다.

「건륭제」, 카스틸리오네(낭세녕), 18세기.
건륭제의 위엄 있는 모습이 그려진 비단 두루마리 걸개. 황제의 위용과 타고 있는 말의 형상에서 나라의 흥성함을 짐작할 수 있다.

강희제 60회 탄신일을 기념하는 행사를 묘사한 두루마리 그림 중 일부분.
18세기 후반 익명의 궁중화가가 비단에 그린 그림으로, 황실의 행사를 통해 청 제국의 위용을 여실히 보여주고 있다.

분의 1을 차지했다고 한다. 이 수치가 지나치게 상세하고 엄청나 보이기 때문에 현재로서는 일단 참고용으로 남겨둘 수밖에 없겠다. 하지만 어떻든지 간에 그 당시 청나라는 끊임없이 영토를 할양하고 배상금을 지불해야 했던 훗날의 모습과는 거리가 멀었다. 이런 모습은 왕조 최후의 일이었다. 스스로를 최고라 여기며 오만하던 제국이 말로에 이르기까지의 길은 길지도 짧지도 않았다. 다만 끝까지 걸어갔을 뿐이다. 혼란스럽고 어지러웠던 민국 시기로 들어와서는 모든 것이 어디로 가야 할지 갈피조차 잡지 못했다.

어떤 이는 순진하게 이런 생각을 할 수도 있겠다. 진정 훌륭한 왕조라면 교체될 필요가 전혀 없을 것이라고 말이다. 왕조의 교체는 위험하고 번거로운데다 백성들이 편안하게 살아갈 수 없도록 만들고 생명력을 손상시키게 마련이므로, 한 왕조가 끝까지 유지되는 것만 못하다는 것이다. 정말 그렇다. 그런데 문제는 어떻게 계속 견뎌내는가이다. 바꿔 말하자면, 한 나라와 한 민족의 활력을 어떻게 보존해나갈 수 있느냐의 문제이다. 더 구체적으로 말하자면, 사람들이 추구하고 창조한 물질과 부를 어떻게 해야 유실되는 것 없이 대대로 쌓아나갈 수 있느냐 하는 것이다.

이 문제에 답하기 위해서는 이성적인 분석이 필요한데, 다음과 같은 사항들을 잘 살펴보아야 한다. 인류가 추구해온 모든 사물들 가운데 가장 얻기 쉬운 것은 무엇이고, 가장 얻기 어려운 것은 또 무엇인가? 그것들은 어떤 특징과 어떤 차이점을 지니고 있는가? 이렇게 분석하다보면 우리는 놀라운 발견을 하게 될 것이다. 부를 추구하는 욕망이야말로 세상에서 가장 강력한 것이다. 물질에 대한 인간의 욕망은 여태껏 제어된

적이 없으며, 이는 매우 자연스러운 힘이다. 부에 대한 욕망과 비슷한 것으로는 편안함과 향락이 있는데, 이 역시 물질 추구의 욕망과 완전히 동일한 것이다. 이런 욕망은 자연스러운 것이기 때문에 특정 단계에서는 대개 순조롭게 달성될 수 있다. 즉 불가항력의 재난이 발생하지 않는 상황이라면, 부라는 것은 혹은 빠르게 혹은 천천히 쌓이게 마련이다. 왜냐하면 이것은 인간의 본능에서 비롯되기 때문이다. 따라서 역사상 어떤 왕조라도 어느 정도의 안정기를 거치면 일정 정도에 달하는 부의 축적을 이루어냈다. 또한 부의 축적에 따라 군사 시설과 같은 국가 기반 역시 그에 상응하여 강화될 수 있었다.

쌓아가기가 비교적 쉬운 것으로는 또 과학기술이 있다. 우리가 알고 있듯이 기록의 수단으로 새끼 매듭을 사용하던 석기시대 이후로, 전쟁과 재난의 발생 때문에 기술의 진보가 죄다 원점으로 되돌아간 일은 없었다. 인류는 과학과 자연의 규칙을 알아낸 뒤에 그것을 전달할 수 있기 때문이다. 기술의 발명이란 여간해서는 망각되지 않는다. 일단 모두가 기술을 보유하게 되면 계속해서 전승될 수 있기 때문이다. 따라서 천재와 인재가 끊임없이 발생하는 와중에, 인류는 매우 풍요로웠다가 다시 극도로 가난해질 수도 있고 또다시 넉넉해질 수도 있다. 한편 과학기술은 기본적으로 계속 앞으로만 나아가는 것이다. 과학기술은 결국 오늘날의 원자, 유전자, 나노, 우주비행, 인터넷 등에 이르렀고 계속해서 앞으로 나아갈 것이다.

부와 과학기술은 이렇게 축적된다. 일정 조건 하에서 이러한 축적은 문제없이 상대적으로 쉽게 이루어진다. 부의 축적 조건이란 바로 사회의 안정이다. 과학의 축적 조건 역시 대체로 이와 비슷하지만 요구 조건이 좀더 느슨하다. 즉 인류가 절멸되지만 않는다면, 마치 릴레이를 하듯 과학은 앞을 향해 계속 발전할 것이다. 부와 과학의 축적 양상은 이상과 같다. 그렇다면 쌓아나가기가 가장 어려운 것은 무엇일까? 그것이 무엇인지는 너무나 분명히 알 수 있다. 그것은 바로 인류사회가 전란과 재난을 피해 안정을 얻을 수 있는 방법이다. 바꿔 말하자면, 저 가증스러운 '주기율'에서 벗어날 수 있는 방법이다. 알고 보니 어렵고도 어려운 것이 바로 여기에 있다.

우리는 수천 년에 걸쳐 문명을 창조했지만 정작 사회를 안정시킬 사상과 방법은 아직 효과적으로 축적하지 못했다. 왜냐하면 이는 결국 인간의 마음에 관한 학문에 속하기 때문이다. 인간의 마음이란 가장 변화가 심한 것이다. 매 시기 각종 복잡한 상황을 맞으면서 인간의 마음도 크게 달라진다. "본성은 서로 비슷하다"는 맹자의 말처럼 인성은 시기마다 서로 비슷하다. 하지만 "습관에 따라 서로 멀어진다"는 말도 있다. 인성의 습관과 습성은 때와 장소에 따라 변화하며 다시 구성되는 것이다. 새로운 변화를 거치며 다시 구성된 다음에는 모든 것들이 크게 달라져서 제대로 파악하기 어려워진다. 역사를 살펴보면, 아무리 훌륭한 사상과 숭고한 인품일지라도 비판하고 의심하는 사람들이 있게 마련이다. 또한 아무리 위대한 구상일지라도 도전과 논쟁이 수반되며 끝내 보류되거나 뒤집히고 만다. 그래서 성인 공자의 '인'과 '의'조차도 거의 발을 붙일 수 없는 지경에까지 이르렀던 것이다. 이로써 볼 때, 사상과 윤리 범주에 속하는 것이야말로 쌓아나가기가 가장 어렵다. 그런데 이것이 축적되고 진보하지 못하게 되면 다른 부작용이 초래된다. 예를 들면 전란을 비롯해 갖가지 인재가 발생하고 만다. 여태껏 인재는 천재보다 심각했다. 이는 인류가 역사를 통해 도출해낸 결론이다. 인류가 천신만고 끝에 쌓아온 부, 심지어는 수백 년을 이어온 왕조까지도 인재 앞에서는 하룻밤 사이에 남김없이 제거되고 만다.

'주기율'에서 벗어날 수 있는 희망, 강대한 국가가 될 수 있는 희망을 과학기술의 진흥에다 걸고 있는 이도 있다. 겉으로 보기엔 이것이 지름길인 듯하다. 과학의 진보가 직접적으로 나라와 군대를 강하게 만들며, 나라가 강하면 패하지 않고, 국민이 부유하면 안정될 수 있을 듯하다. 하지만 실제로는 결코 그렇지 않을 뿐만 아니라 때로는 상반되기도 한다. 과학기술은 정작 국력을 쏟아 부을 방향을 결정하지 못한다. 과학기술은 단지 국력을 강화할 수 있을 뿐이다. 만약 강대해진 국력을 엉뚱한 방향에 사용한다면, 국가와 민족에게 남는 것은 실패의 가속화뿐이며 심지어는 소멸될 수도 있다. 사실 인류의 과학기술이 오늘날처럼 발달한 적은 여태껏 없었으며, 인류가 오늘날처럼 치명적인 위험에 직면한 적도 여태껏 없었다. 인류는 지금 자신을 겨누고 있는 칼 아래에서 도망쳐 구사일생으로 살아남을 수 있는 시간을 얻고자 한다. 즉 온힘을 다해 핵전쟁을 제지하고자 한다. 오늘날 세계 각국이 핵전쟁을 막기 위해 써버린 시간과 정력과 부는 이미 계산하기 어려울 정도이다. 가장 중요한 점은, 과학기술이란 효과적으로 축적할 수 있는 것이라는 사실이다. 그것은 빠르든 늦든 계속 앞으로 나아간다. 제2차 세계대전 같은 대재난에서도 마찬가지였다. 핵에너지의 급속한 발전기는 바로 전 세계가 전쟁에서 벗어날 수 없었던 20세기 삼사십 년대였다.

사상과 윤리 범주에 속하는 것을 축적하기가 가장 어렵기 때문에, 부와 국가의 강성함 역시 영구히 지속하기 어려운 것이며 심지어는 비교적 오랫동안 보존하는 것조차 어려운 법이다. 그래서 영리한 왕은 사상을 축적하고자 온갖 방법을 강구했고 나라를 다스리는 갖가지 방법들을 상상했던 것이다. 그 가운데 제나라에서 직하학궁을 건립한 것은 인류 역사상 가장 이목을 끄는 시도였다. 이 사상가들의 대모임은 150여 년 동안 이어졌으며 그 규모 역시 성대했다. 하지만 축적을 위한 이 노력마저도 끝내는 영락없이 실패하고 말았다. 번영한 제나라의 기형적인 물질적 추구 속에서, 저지할 수 없는 향락과 사치의 흐름 속에서, 직하학궁은 점차 주변으로 밀려났고 결국 무너지고 말았다. 형식부터 내용에 이르기까지 이처럼 대대적으로 사상과 문화를 축적하고자 시도했던 경우는 이후로 더 이상 없었다. 직하학궁에 대해 구체적으로 살펴보자면, 그 안에는 많은 유파들이 있었으며 서로 다른 각종 학설이 시끄럽게 맞붙어 논쟁을 펼쳤다. 그래서 마치 토론을 하는 것이 아니라 싸움을 벌이는 듯했다. 이로써 윤리와 도덕 같은 것들을 포함한 사상과 문화가 과연 효과적으로 축적될 수는 있는지에 대한 의문이 한층 더 가중되었다.

축적을 의심하다가 더 나아가 축적을 혐오하고 증오하게 되면서, 결국엔 진나라의 분서갱유라는 극단적인 상황까지 이르게 되었다.

보아 하니 사상과 문화의 축적이야말로 물질의 축적을 마지막까지 확실히 보증해줄 수 있다. 그런데 사상과 문화의 축적은 더욱 복잡하고 힘든 과정이다. 그 곡절과 마찰은 짐작할 수 없을 만큼 엄청나다. 인류에게 충분한 인내심과 끈기가 없다면, 축적을 지속해나갈 수 없을 뿐만 아니라 인류를 기다리고 있는 것은 더 큰 재난밖에 없을 것이다. 인류의 흔들림 없는 꿋꿋함과 관용, 물질주의에 대한 경계와 반성이야말로 사상과 문화의 축적을 확실히 보증해주는 가장 기본적인 전제일 것이다.

제7장

제나라를 그리워하다.

잔인함과 호기로움

화려한 수레와 술잔

가장 번화한 도시

가장 오래된 케인스

직하학궁

최고의 대언

제나라를 그리워하다

역사에는 만약이라는 가정이 불가능하다고 하지만, 그래도 사람들은 새로운 세기를 맞아 많은 상상을 하게 된다. 상상에는 반드시 반성이 포함되어 있고, 이를 통해 다른 가능성들을 제기함으로써 현재 사람들이 참고할 수 있도록 해준다. 예를 들면 중국에서는 개방 이후 20여 년이 지난 시점에서 중국 수천 년의 역사를 되돌아보며, 많은 사람들이 마치 약속이나 한 듯이 제나라를 떠올렸다. 사람들은 특히 제나라의 찬란한 문화와 발달한 경제, 그리고 제나라가 한창이던 시기에 시행했던 일련의 경제·문화 정책들을 생각했다. 제나라는 확실히 이상적인 선진국가의 모델처럼 보인다. 사士·농農·공工·상商이 병존했고 과학이 진보했으며, 나라는 강했고 백성은 부유했다. 게다가 천하에서 가장 번화한 도시가 있었고, 150여 년의 역사와 드높은 명성을 지닌 직하학궁이 있었다. 제나라가 가장 흥성했을 때, 같은 시기 여러 나라들 가운데 제나라 군대는 현대화 정도가 가장 높았고 전투에서 가장 용맹했다. 제나라 군대가 전쟁터에서 적군을 물리칠 때에는 그야말로 추풍낙엽과 같았다. 외국 사자들은 이런 제나라 군대를 보고 연신 경탄했다.

우리 현대인이 열심히 추구하고 있는 많은 목표들이 놀랍게도 제나라에서 모두 발견된다. 우리가 있는 힘을 다해 찾아가고 있는 시장의 방향 역시 일찍이 제나라의 제1차 번영기에 자리를 잡았다. 제나라는 경제뿐 아니라 문화와 체육 등 국력과 맞물린 일련의 소프트파워에 있어서 그 당시 다른 모든 나라들을 앞서고 있었다. 그런데 나중에 최종적으로 중국을 통일한 나라는 제나라가 아니었다. 이는 상당수의 현대인들에게 유감스러울 뿐만 아니라 굉장히 이해하기 어려운 사실이다. 진나라는 농업국으로서 시종 농업을 발전시키면서 다른 산업은 억제하는 것을 기본 국책으로 삼았다. 이 점은 상앙의 변법이 시작된 이래로 변한 적이 없었다. 어찌 진나라뿐이었으랴! 진나라의 통일 이후 청나라 말까지, 마지막까지 그러한 국책 기조에는 근본적인 변화가 없었다. 농업대국으로서의 중국의 면모와 신분은, 중국을 통일한 진나라 때부터 확립된 것이다. 만약 그 당시에 중국을 통일한 나라가 제나라였다면 오늘날 중국의 면모는 완전히 달라졌을 거라고 짐작하는 사람도 있다. 이는 분명 이치에 맞는 추론이다. 그런데 과연 제나라가 중국을 통일할 수 있었을까?

그 당시 중국은 아직 냉병기冷兵器 시대였으며, 나라와 나라 사이의 경쟁에서 승리를 거둘 수 있느냐의 여부는 부의 크기 외에도 '차가움'의 정도에 달려 있었다. 즉 누가 더 냉혹한지를 겨루어야 했다. 그 당시 군사 과학기술 수준의 우열은 그저 사람을 죽이는 칼날이 얼마나 예리한가를 좌우할 정도에 불과했으므로 전쟁터에서 결정적인 역할을 하지 못했다. 그보다는 오히려 누가 더 용감하고 거친지가, 전쟁터에서 적을 쳐부수고 승리를 거둘 수 있는 중요한 요소였다. 상대적으로 투박하고 단순하게 생활하던 서쪽 사람들에 비하면, 제나라 병사들은 너무도 나약했다. 이 동쪽 병사들은 후대로 갈수록 처음에 지니고 있었던 정연함과 맹렬함이 점점 약화되었다. 따라서 복장이 화려하고 무기가 우수하다 하더라도 '빛 좋은 개살구'에 지나지 않았다. 목숨을 걸고서 달려드는 적군의 함성이 들리면, 그들은 언제나 무기를 버리고 도망쳤다. 제나라 후기의 병사들에 대한 비아냥거림을 역사 기록에서 많이 찾아볼 수 있다. 필사적으로 싸우는 진나라 병사들의 눈에 제나라 병사들은 갈수록 '부자나라의 응석받이'로 비쳐졌다.

진나라가 음악회에서 여전히 질항아리를 두드리며 넓적다리를 치던 때에, 제나라에서는 이미 풍성한 음악에다 춤추는 무희까지 곁들인 성대한 음악회가 잇달아 열렸다. 임치성 안에서는 일반 시민들조차 개를 산책시키고 공을 차며 슬을 연주하고 닭싸움을 붙였다. 이와 같은 음악과 여색과 물질적인 향유는 진나라에 없는 것이었다. 이러한 차이가 과연 무엇을 의미하는지, 냉병기 시대의 전쟁에 그에 대한 명확한 답안이 있다. 역사학자 판원란范文瀾이 말했듯이, 고대에는 보다 선진적인 민족이 비교적 야만적이고 낙후한 민족에게 전쟁에서 패하는 것이 예삿일이었다. 이는 아마도 냉병기 시대에만 국한된 상황일 것이다. 물질이 풍부하고 문화가 발달한 동쪽 지역에 비해 생활이 상대적으로 단순했던 서쪽 사람들은 죽음을 훨씬 더 두려워하지 않았다. "죽음조차 두렵지 않은데 그 무엇이 두렵겠는가?" 이는 그야말로 쉽게 이해할 수 있는 이치이다.

상앙의 변법을 거친 이후, 진나라에서는 모든 것이 더욱 '냉혹'하게 변했다. 가혹한 형법, 무자비한 단속, 집중된 권력, 획일적인 사상, 우민愚民정책, 이 모든 것이 냉혹한 전제專制 제국을 만들어내는 데 유리하게 작용했다. 또한 이것들은 국가라는 전쟁 기계가 고효율적으로 운행될 수 있도록 했다. 한편 제나라가 받아들인 것은 제나라 환공과 관중의 사상유산이었다. 제나라가 여러 차례 부침을 거듭하긴 했지만, 전체적으로 보자면 여전히 상당한 부유함을 유지하고 있었으며 상류층의 생활역시 예전 그대로 사치스러웠다. 기록에 따르면, 그 당시 제나라에서는 공업이 매우 발달하여 염업과 제철업의 경우 중국에서 생산되는 총량의 절반 이상을 차지하고 있었다. 또한 상업이 번영하여 주요 도시의 큰길에는 가게들이 빽빽했고, 농업·임업·목축업·어업 및 기타 부업이 모두 번창했다. 오락지구에는 홍등이 높이 걸려 있었고 밤낮으로 음악과 노랫소리가 흘러나왔다. 상층 사회에서는 성대한 기념일이 끊이지 않았고 호화로운 연회가 잇달았으며 모든 것에 그 어떤 절제도 없었다. 진나라의 '차가움'에 비교했을 때, 제나라는 그야말로 '뜨거움'이 지나친 나머지 정신이 혼미해질 정도였다. 죽기 아니면 살기로 격렬한 투쟁이 벌어지던 그 냉혹했던 전국시대에 이러한 '뜨거움'은 결국 국가의 패망을 초래했다.

제나라는 확실히 거울로 삼을 만한 가장 좋은 표본이다. 오늘날 사람들은 유달리 제나라를 가슴 아프게 여기며 그리워하는 듯하다. 서쪽으로 중원에 접해 있으면서 동쪽으로 바다까지 이어진 가장 부강했던 나라, 현대 자본주의의 다양한 관리 방식을 가장 먼저 융합했던 동방의 나라, 상업 시장의 운영을 시도하고 실행했던 소비의 나라, 백가쟁명百家爭鳴을 가장 먼저 부르짖었던 학술의 나라, 이 나라가 흥성하고 발달한 지 수백 년 뒤 뜻밖에도 하룻밤 사이에 흔적도 없이 사라져버렸고 변변한 폐허조차 남아 있지 않다. 지금 임치성 밖에는 높고 큰 흙무덤이 남아 있을 뿐이다. 역대 왕공의 무덤이라는 의미에서 이를 '대왕총大王塚'이라고 부른다. 이는 하나의 상징으로 그 자리에 머물면서, 유달리 흥미로웠던 그 당시의 이야기들이 사람들의 기억 속에서 다시금 떠오르도록 한다. 제나라에서 수백 년 동안 발생했던 이야기들은 다른 여섯 나라의 경우와는 확실히 많이 다르다. 제나라는 삼면이 바다로 둘러싸여 있었기 때문에 이상한 일들과 이상한 사람들도 아주 많았다. 또한 이들이 정치·경제·문화·외교 무대로 나와서 펼친 역사의 무대극 역시 매우 뛰어났다. 21세기에 역사적 회고를 하면서 춘추전국시대를 되돌아본다면, 사람들의 시선은 자기도 모르게 제나라에 집중될 것이다.

진나라가 중국을 통일했고 그 치국 이념이 천여 년 동안 영향을 끼쳤기 때문에, 이전의 역사적 시각에서 볼 때 진나라는 늘 중심의 위치에 놓여 있었다. 진나라의 농업입국 사상은 천 년 동안 변하지 않았으며, 중앙집권적 군현제 역시 천 년 동안 변하지 않았다. 역대 통치자들은 진나라가 확립한 사상을 유가사상과 결합하기 위해 노력을 기울였다. 하지만 오랜 시간이 흐른 시점에서 다시 돌이켜보자면, 심층적인 면에서 양자 사이에 심각한 단절이 발생하고 있었음을 알 수 있다. 차가운 실용주의와 가혹한 법제 전통은, 유학의 '인정仁政' 사상과는 물과 불의 관계이기 때문이다. 역대 위정자들은 진나라의 정치 구조를 유지하는 동시에 유학의 이데올로기를 받아들이고자 했다. 그 결과 애만 쓰고 끝내 아무것도 이루지 못한 난처한 꼴이 되었다. 중국에서 유학은 줄곧 국학으로 받들어졌지만, 실제로는 도리어 지식인의 무기가 되어 정치의 냉혹함에 반항하는 도구로 오랫동안 사용되었다.

제나라의 문화는 여태껏 정통의 위치를 차지한 적이 없다. 그저 소멸된 망국의 문화로서 후대에는 단지 민간에서 계속 전해졌을 뿐이다. 하지만 특히 동쪽의 반도지역, 옛 등주 일대에서는 제나라 문화가 여전히 이곳 문화의 주체였다고 할 수 있다. 제나라 문화는 차가운 종법전제주의와 어울리지 못했으며, 정연하고 온정적인 유가문화와도 융합되기 어려웠다. 일종의 상공업 문명이었던 제나라 문화는 좀더 뜨겁고 낭만적인 바닷가 문화와 하나로 융합되어 물의 기운과 신선의 기운을 전했다. 냉전과 상업전쟁의 시기에 이러한 문화는 뿌리를 내릴 만한 적합한 토양을 찾기가 어려운 법이다. 지금 이 문화는 그저 존재하고 있으면서 생명의 에너지를 가만히 불러내고 있을 따름이다. 하지만 영원히 사라지지 않을 것이다. 개혁개방의 오늘날, 어떤 사람은 이 문화를 유가문화와 결합해보고자 한다. 좋은 생각이긴 하지만 결말이 도대체 어떨지에 대해서는 말하기 어렵다.

잔인함과 호기로움

"사람이 장차 죽으려 할 때에는 그 말이 선하다." 이것은 공자의 제자 증자曾子가 말한 명언이다. 이 앞의 구절은 "새가 장차 죽으려 할 때에는 그 울음소리가 슬프다"이다. 공자와 그의 제자는 좋은 말들을 많이 했다. 그 말들은 모두 함의가 깊어 끊임없이 음미하게 된다. 증자가 남긴 말의 의미는, 사람이 살다가 마지막 지점에 이르면 모든 것을 내려놓을 수 있고 다른 것들을 좌지우지하고자 하는 강렬한 욕망도 더 이상 존재하지 않기 때문에 비로소 어린아이 같은 순수함과 진실함으로 되돌아가 다정하게 세계를 대할 수 있다는 것이다. 이는 아마도 인성의 뿌리에 대해 말한 것이리라. 서양에도 임종이 가까워졌을 때 참회하는 의식이 있다. 이러한 의식 역시 "그 말이 선하다"는 가능성 위에, 그리고 "사람이 장차 죽는다"는 전제 하에 성립하는 것임을 우리는 알 수 있다. 한 왕조와 한 나라를 관찰하는 것은 한 개인을 관찰하는 것과 마찬가지로, 마지막 단계에서의 그 말과 행위를 보아야 한다. 제왕과 왕을 관찰하려면, 그가 사망하기 전후에 그와 그의 나라에 어떤 일이 발생했는지를 보아야 한다. 그 시점은 정말 의미 있고도 특별한 순간이다.

진시황은 신선을 찾으러 동쪽으로 순행하던 중에 사망했다. 그는 자신의 죽음에 초점을 맞추어 일찍이 수십 년 전부터 사후를 준비하기 시작했다. 진시황은 즉위하자마자 자신의 능묘를 건설했다. 이는 생전의 향락을 위한 궁전의 수축보다도 이른 시점이었다. 이 능묘의 건설 역시 호기로운 행동이었으며, 여러 방면에서 전무후무한 기록을 창조했다. 거대한 이 공사에는 전국 각지에서 70만 명이 징발되었다. 여기에는 무려 40여 년에 달하는 시간이 걸렸으며, 진나라가 멸망할 때까지도 공사를 마치지 못했다. 무덤의 높이는 50여 길, 둘레는 5리가 넘는다. 무덤 지하의 여러 궁전에는 진기한 보물이 가득하고 수은이 강과 바다를 이루고 있으며 고래기름으로 등촉을 밝혔다. 또한 도굴을 방지하기 위해서 자동으로 발사되는 각종 활들을 은밀히 설치해두었다. 진시황을 묻을 때에는 기밀이 누설되는 것을 막기 위해서, 능묘를 건설하는 데 참가한 장인들을 모두 생매장했다. 능원의 동남쪽과 서북쪽에 있는 묘지들에 대량으로 순장된 이들은 나이가 대부분 이삼십대 전후인데, 그 가운데에는 피살된 궁녀와 공자도 있고 육국에서 징발되어온 부역꾼들도 있다. 무덤 양측을 비롯해 내성과 외성 사이, 동문 바깥에는 크고 작은 순장갱들이 도처에 분포되어 있다.

진나라가 멸망할 즈음까지도 이 놀라운 능묘는 여전히 건설 중에 있었다. 이 잔인한 제국이 한편으로는 필사적인 최후의 저항을 하면서 다른 한편으로는 사후의 일을 준비하고 있었던 것이다. 인류 역사상 흉악 무도한 흔적이 수없이 많긴 하지만 그 어느 것이 진시황의 능묘보다 더 심하겠는가?

중국을 통일한 진나라 왕의 능묘는 이러했는데, 작은 제후국 왕들의 능묘는 어땠을까? 대체 어느 정도로까지 호화로웠을까? 이에 대한 예로 증후을曾侯乙이 있다. 증후을은 그 당시 지위가 그다지 높지 않았던 작은 나라의 왕이었으며 영토도 매우 작았다. 하지만 호북湖北에서 출토된 증후을 능묘의 부장품은 놀랍게도 만여 점에 이르며, 그 가운데에는 64개가 한 세트로 이루어진 편종도 있다. 그 유명한 '증후을묘 편종'이 바로 여기에서 나온 것이다. 이 편종의 음계 구조는 놀랍게도 오늘날 국제적으로 통용되는 C장조 칠음계와 음렬이 동일하며, 12개의 반음을 모두 갖추고 있고, 게다가 십이율과 칠음의 조정이 가능하다. 특히 주의해야 할 점은 이 호화롭기 그지없는 부장품들 외에 21명이 순장되었다는 사실이다. 그들은 모두 소녀였다.

사람들은 무엇보다도 제나라 왕의 능묘에 대해 알고 싶어 한다. 그것이 얼마나 호화로운지 자세히 알고 싶어 한다. 강씨 제나라 왕의 능묘는 임치 옛 성 안쪽의 동북부에 있고, 전씨 제나라 왕의 능묘는 임치 옛 성에서 동남쪽으로 11킬로미터 지점인 태기泰沂산맥 북쪽 기슭에 있다. 20여 기 되는 강씨 제나라의 고분들 가운데 이미 하나가 발굴되었다. 대량의 부장품들은 모두 도굴된 상태였다. 무덤 동·서·북 삼면에는 말을 순장한 순마갱殉馬坑이 이어져 있다. 바로 이곳에서 6백여 필에 달하는 순장된 말이 나왔다. 추측에 따르면, 이곳은 아마도 제나라 경공景公의 무

전국시대 조나라 왕릉에 묻혀 있던 전마戰馬.
당시 제나라와 마찬가지로 조나라의 기병 부대 또한 최강의 전력을 자랑했다.

제나라 경공의 순마갱, 동주순마관東周殉馬館, 산동성 임치.

강씨 제나라의 고분들 가운데 제나라 경공의 무덤으로 추측되는 무덤의 동·서·북 삼면에는 말을 순장한 순마갱이 이어져 있다. 바로 이곳에서 6백여 필에 달하는 순장된 말이 나왔다. 동래 사람들의 선조는 특별히 준마를 아꼈고 이런 전통은 제나라로 이어졌으며 이는 왕의 묘에서 여실히 드러난다. 저승의 제왕이 일군의 준마를 소유하기 위해, 6백여 필의 준마는 자신의 질주를 끝마쳐야 했다.

증후을묘에서 출토된 편종, 호북성박물관.

덤이었을 것이다.

진나라 왕의 묘나 증후을의 묘와 비교했을 때, 제나라 왕의 묘는 순장된 사람이 발견되지 않았다는 점에서 차이가 있다. 진나라 묘는 진시황뿐만 아니라 그보다 훨씬 이전인 무공武公 때에도 순장된 이가 66명이나 된다. 한편 제나라 경공 때에는 6백여 필의 준마를 단번에 죽여서 순장했는데, 이런 잔인함과 호기로움은 세계를 깜짝 놀라게 하기에 충분하다. 순마갱 앞에 서서 가지런하게 죽 놓여진 큰 말들의 뼈를 보고 있노라면, 피와 살이 붙어 있는 그 말들의 몸이 자연스레 상상 속에서 떠오르게 된다.

진나라와 제나라의 서로 다른 능묘를 비교해보면, 양대국이 지닌 성품과 구조의 차이점이 드러난다. 서쪽 문화는 혹독하고 무자비했으며 상상을 뛰어넘는 전투력을 지니고 있었다. 이는 상앙을 다시금 떠올리게 한다. 그의 냉혹한 개혁과 위수를 붉게 물들였던 변법이 생각나게 마련이다. 정견政見이 다른 국내 인사들을 살육한 것에서부터 천하를 쓸어버린 위세에 이르기까지, 하나로 이어진 선상에는 철과 피로 이루어진 인성이 존재했으며 그 냉기가 사람을 핍박했다. 한편 제나라 왕의 묘 옆에 조용히 누워 있는 6백여 필의 준마는 그 옛날 제나라의 대지 위를 달렸다. 윤기 흐르는 털빛이 태양 아래에서 비단처럼 반드르르하게 빛을 발하면서 말이다.

우리가 알고 있듯이, 동래 사람들의 선조가 특별히 준마를 아끼고 말을 기르는 데 뛰어났음은 세상에 널리 알려진 일이다. 그들의 이런 전통은 제나라 때까지 이어졌으며 이는 왕의 묘에서 여실히 드러난다. 저승의 제왕이 일군의 준마를 소유한다는 것은 얼마나 대단한 영광인가! 이렇게 해서 6백여 필의 준마는 전혀 예상하지 못한 상황에서 자신의 질주를 끝마치고 왕권의 희생물이 되고 말았다.

제왕의 능묘에서 펼쳐지는 모든 것들은 사치 중의 사치요, 잔인함 중의 잔인함이다. 생의 마지막 지점까지 와서도 탐욕을 그칠 줄 모르는 제왕의 죽음은 자신의 몽상을 저승으로까지 가지고 간 것이다. 진시황이 즉위하자마자 자신의 능묘를 건설하기 시작했던 행위를 통해 볼 때, 그는 또 다른 세계를 확실히 믿었으며 사후의 권력과 영화를 조금도 의심하지 않았다. 왕위를 이었을 때 진시황의 나이는 막 13살이었고, 그가 직접 정사를 돌보기 시작한 나이 역시 22살에 불과했다. 이처럼 앳된 청년이 놀랍게도 자신을 위해 초호화의 지하궁전을 짓기 시작했다는 것은 정말로 보통 사람의 상식으로는 도저히 생각할 수 없는 일이다.

하지만 진시황이라 할지라도 가장 포기하기 어려웠던 것은 역시 현세의 향락이었다. 그는 자신의 저승생활을 위해 필요한 모든 것들을 거의 다 마련했고 있어야 할 것들도 모두 갖추고 있었다. 하지만 진시황은 인간 세상에 더할 나위 없는 미련을 지니고 있었다. 이는 그가 신선을 찾기 위해 세 차례나 동쪽으로 갔던 일을 통해 설명할 수 있다. 그는 신선의 도움을 받아 장생불사하길 바랐지만 다행히도 그 꿈은 실현되지 않았다.

화려한 수레와 술잔

의·식·주·행行 가운데 '행'은 여태껏 생활의 여러 항목들 중에 큰일에 속하는 것이었다. 고대로부터 현대에 이르기까지, 이 때문에 사람들은 머리를 쥐어짜지 않은 적이 없었다. 또한 과학발명 가운데 상당 부분의 지혜는 이 방면에 해당하는 것이다. 오늘날 탈것의 경우, 고대에 비하여 공중이라는 공간이 하나 추가되었고 땅에는 기차가 추가되었다. 고대 북방에서는 수레를 중시하고 배를 가볍게 여겼다. 나라 안에 흘러가는 물줄기가 적었기 때문에 사람들의 주의력이 대부분 수레로 쏠렸던 것이다. 오늘날에는 고급 승용차를 소유하는 것이 좋은 일로 여겨진다. 그리고 각양각색의 차가 제조되어 나오고 있다. 마치 한 마리의 커다란 상어처럼 보이는 특별 제조된 리무진의 경우, 내부는 더욱 널찍해졌으며 차량 안에 탁자까지 설치되어 있고 각종 주류와 음료도 구비하고 있다. 작은 응접실처럼 꾸며진 차 안에서, 차를 탄 사람은 이동 중에 상담 업무를 할 수 있으며 사치를 만끽한다. 사실 차 안에서 해결하지 않으면 안 될 만큼 그토록 긴박한 일이 어디 있겠는가! 그저 겉치레에 불과할 뿐인데도 힘닿는 데까지 '행'과 '주'를 결합하고자 하는 것이다. 더 심한 경우에는 탈것과 연회를 결합하기도 한다. 이 정도 단계까지 이른 탈것은 한층 더 고급스러운 것으로 간주된다.

오늘날에는 너무나 다양한 형태의 탈것을 향유하고 있다. 이는 과학기술 수준의 발전에 힘입은 결과이다. 신형 여객기에 첨가된 일부 특별한 시설들은 승객들에게 호화 숙박업소에 있는 듯한 느낌을 줄 수도 있다. 비행기 안에서 그들은 풍성한 요리를 즐기고 침실이 딸린 대형 객실에 머물 수도 있다. 게다가 커다란 사무용 책상 앞에 앉아서 폼나게 업무를 볼 수도 있다. 세계 각지와 통화하고 팩스를 보내고 무선 인터넷을 할 수도 있으며, 마음껏 목욕을 할 수도 있다. 그 밖의 일류급 서비스는 더욱 말할 필요도 없다. 비행기조차 이러니 기차는 더 말할 필요도 없다. 20세기에 들어와서 달리기 시작한 호화열차 안에서 벌어진 기묘한 이야기들은 이미 여러 차례 영화화되었다. 요컨대 현대인은 최고의 속도와 최고의 향락을 하나로 합쳐가고 있으며, 탈것의 성질을 근본적으로 바꿔가고 있다. 탈것은 단지 이동을 위한 것, 즉 한 지점에서 다른 지점으로 신속히 가기 위한 것만은 아니다. 거기에는 눈과 마음을 즐겁게 해주는 여행길의 경치, 맛있는 음식의 음미, 적절한 양의 업무, 그리고 그밖의 상상해낼 수 있는 갖가지 즐거움들이 최대한 포함되어 있다.

사실은 훨씬 더 이전에 발명된 가마의 경우에도, 이런 것들을 시도하고자 한 이들이 있었다. 그 가마는 놀랄 정도로 크고 호화로웠다. 가마란 사람을 바퀴로 삼은 차량이라고 할 수 있으며, 차량은 바퀴로 사람의 걸음을 대신한 가마인 셈이다. 양자는 모두 사람을 태우기 위한 것이다. 탑승자 가운데 일부는 매우 까다롭고 거만하다. 그들은 때로는 흥분하는가 하면 때로는 지겨워하기도 하고 또 때로는 아주 이상한 버릇으로 다른 사람을 놀라게 하기도 하면서, 이동 중에 굉장히 다양한 일들을 하고 싶어 한다. 보아 하니 속도란 것은 아주 괴상한 것이다. 그것은 평상시에 비해 걱정하거나 두려워하는 게 없도록 만들 수도 있으며, 사람을 보다 거만하고 사치스러우며 음란하고 안일하게 만든다. 고대의 제왕들, 무도하고 방탕한 그들이 탔던 수레와 배와 가마에는 맛좋은 음식과 미녀가 반드시 있어야 했다. 이동하면서 농지거리하고, 국가 대사를 논하면서 이상한 생각을 떠올렸던 셈이다. 이런 일들이 만약 호화로운 저택의 실내에서 벌어진다면 조금도 이상할 것이 없겠지만, 멈추지 않고 길을 가야 하는 여행길에서 이 모든 것을 동시에 하려고 했다니, 제왕의 마음은 정말로 남달랐다 하겠다. 강산을 무력으로 정복할 때와 그것을 일단 손에 넣은 뒤의 상황은 제왕에게 완전히 별개의 일이었다. 극단적 현실주의자였던 제왕들에게는 극도로 낭만적인 물질의 향유가 필요한 때가 많았다.

춘추전국시대를 통틀어 삶을 가장 잘 즐길 줄 알았다고 세상이 모두 인정하는 이들은 바로 제나라 사람들이다. 제나라는 물산이 풍부했던 것은 물론이고, 사람들의 생각이 유달리 트여 있어서 감히 신선이 되고자 하는 생각까지도 할 수 있었다. 따라서 제나라 사람들은 개인의 일상생활에도 괴이한 측면이 많았으며, 그들의 삶은 매우 풍부하고 다채로

명대의 구영(仇英)이 그린 「청명상하도淸明上河圖」 중 한 장면.
여덟 마리의 말이 수레를 이끌고 시종들이 그 주위를 호위하고 있다. 수레의 규모가 장대하다. 마부 뒤쪽으로 부채를 들고 선비들은
환담을 나누고 있다.

였다. 한적한 흥취가 풍부한 사람들은, 먹고 입는 문제가 해결된 뒤에는 별나고도 미묘한 일들과 흥을 돋우는 재미난 것들을 생각해내기 마련이다. 이런 풍조가 집중되어서 완전히 새로운 수준의 정점까지 다다른 곳이 바로 제나라 궁궐이었다. 왕과 세습귀족들은 그들의 정력을 나라 다스리는 데가 아닌 놀고 즐기는 일에 쏟아 부었다. 그 가운데에는 성세의 뛰어난 왕들도 있었다. 패왕이었던 환공조차도 일상의 일은 아랫사람이 처리하도록 맡겨놓았다. 관중처럼 근면하고 뛰어난 아랫사람들은 일을 잘 처리했다. 기록에 따르면, 제나라 왕들은 확실히 잘 놀았으며 노는 데만 열중했던 사람들이다. 그들은 일반적으로 여색을 좋아하고 먹는 것을 좋아하고 대형의 춤과 연회를 좋아했으며, 무엇보다도 호화로운 수레를 좋아했다.

수레에 대해 말하자면, 제나라 수레는 과시할 만한 가치가 있었다. 동방 대국의 수레는 오늘날의 전용기나 전용열차에 상당했다. 그 당시 제나라 왕들이 탔던 대형 수레가 어땠는지 오늘날에는 이미 상세히 살펴볼 수 없지만, 귀족 관련 출토물 가운데 수레가 상당하므로 이를 통해 추측할 수 있다. 이것들만 보더라도 사람을 놀라게 할 만큼 충분히 사치스럽다. 이들 수레는 크기가 같지 않고 모양도 다양하다. 두 마리 말이 끄는 수레가 있는가 하면, 네 마리 말이 끄는 수레도 있다. 휘장을 두른 수레도 있고, 수레덮개가 없는 경주용 수레도 있다. 가장 호화로운 수레에는 눈부시게 아름다운 색이 칠해져 있는 것은 물론 내부에 두툼한 붉은 양탄자가 깔려 있었으며, 오늘날의 호화승용차처럼 탁자를 비롯해 정교하게 만들어진 각종 술그릇을 갖추고 있었다. 이 청동 술잔들은 오늘날의 술잔과 많이 다른데, 술잔 윗부분은 새의 부리처럼 생겼으며 손잡이가 양쪽에 달려 있고 술잔 다리도 있다. 술잔다리와 붙어 있는 술잔의 몸통 부분을 양손 엄지손가락으로 받치고서 고개를 들어 술을 마시던 옛 모습을 상상할 수 있을 것이다.

수레에 있는 술잔을 통해 다른 것들도 생각해볼 수 있다. 이동 중에 술을 마셔야 했던 왕들에는 아마도 걱정거리가 있었을 것이다. 그 당시 수레는 모두 나무바퀴였다. 또한 수레에는 충격을 흡수할 수 있는 장치가 없었으며, 길 역시 아스팔트가 아니었다. 따라서 수레를 탄 사람이 잔을 들어 술을 마시려고 할 때, 수레가 크게 흔들렸다 하면 앞니에 부딪히고 말았을 것이다. 이는 조금도 과장이 아니다. 하지만 설령 이런 위험이 있었다 하더라도 그들의 사치스러움을 막을 수는 없었다. 보아 하니 탈것과 먹을 것을 결합하고자 하는 욕망, 즐거움을 추구하고자 하는 이러한 욕망은 그렇듯 저지할 수 없었던 것이다.

제나라의 고급 수레는 가장 좋은 목재를 골라서 가장 뛰어난 장인이 만든 것이었다. 최초에는 수레의 축을 만들 때 상등의 개박달나무를 사용했다. 그 당시 개박달나무는 동쪽의 내산에서만 이따금 볼 수 있었다. 수레의 몸통 부분은 아름답고 웅장하고 화려하게 장식했으며, 온갖 조각 솜씨를 발휘했다. 수레 안에서는 앉을 수도 누울 수도 있었다. 수레 덮개는 무척이나 이목을 끌었다. 수레 덮개에는 술이 장식되어 있어서 큰길을 질주할 때 멀리서 보면, 마치 비가 온 뒤 자라난 버섯처럼 오색이 눈부시게 아름다웠다. 이런 수레에 네 필의 준마가 더해지면 속도 역시 굉장했다.

전국시대 각종 수레와 길에 관한 기록들 중에는 잊기 어려운 이야기들도 있다. 한 이야기에서는, 학식이 풍부한 선비가 어떤 나라 왕의 극진한 대접을 받게 되었다고 한다. 그런데 그 학자는 돌아갈 때가 되어서야 수레가 망가진 것을 발견했다. 그가 난처해 하고 있는데, 왕이 자신의 전용 수레를 그에게 아낌없이 빌려주었다. 이 뒤로는 그 학자가 길에서 느낀 행복이 적혀 있다. 정말로 그가 이제껏 타보지 못했던 호화로운 수레였다. 그 쾌적함과 속도는 그를 줄곧 경탄하게 만들었다. 결국 한 나라에서 다른 한 나라로 가는 데 걸린 시간은 평상시의 절반에 불과했다. 이를 통해 볼 때 그 당시 수레의 우열에 따라 그 기능에 상당한 차이가 있었음을 알 수 있다. 또한 왕들이 교통수단에 특별히 마음을 썼던 것이 결코 쓸데없는 일이 아니었음을 알 수 있다. 이는 실로 국가의 부와 지위, 심지어는 과학기술의 수준을 나타내는 것이었다.

가장 번화한 도시

춘추전국시대에 천하에서 가장 번화했던 도시를 찾아야 한다면, 아마도 임치를 놓칠 사람은 없을 것이다. 이 대도시에 대해 말하자면, 소진이 라는 사람이 했던 말을 다시 인용하지 않을 수 없다. 생생하고 아름다운 문장으로 간주되어 지금까지 전해질 정도로, 이 도시와 이 나라에 대한 소진의 묘사가 매우 핍진하기 때문이다. 그의 아름다운 문장은 현대어 로 표현할 수가 없다. 현대 중국어로 번역을 하게 되면 그 맛이 상당히 변질되어버리기 때문이다. 소진은 대단한 유세가였다. 옛 책에 기록된 소진의 행위를 통해 볼 때, 그의 인품과 덕성에는 모호한 부분이 있으며 때로는 모순점도 많다. 하지만 어느 정도 긍정할 수 있는 사실은, 그 당 시에 소진은 경험과 지식이 정말로 풍부한 인물이었으며, 중국 땅 위에 서 종횡무진으로 활약하면서 왕의 주위를 맴돌았던 키신저 같은 인물이 었다는 점이다. 그는 임치성에 대해 다음과 같이 기술했다.

"임치는 매우 부유하고 실합니다. 백성들은 모두 우(竽)를 불거나 슬을 연주하고, 투계와 개 경주를 하며, 쌍륙 놀이와 공차기를 즐깁니다. 임치의 길에는 수레바퀴가 서로 부딪치고 사람들 어깨가 서로 스치며, 옷깃과 소매가 이어지면 장막을 이룰 정도이고 사람들이 흘린 땀이 비가 될 정도입니다. 집에는 부가 쌓여 있고 사람들은 의기가 양양합니다."

천하에 두루 발자취를 남겼던 소진이 처음 알게 된 동방의 도시로 인해 얼마나 놀라고 의아해 했는지 이 말을 통해 충분히 알 수 있다. 분량은 얼마 되지 않지만 이 문장이 전달하고 있는 정보는 극히 풍부하다. 우리는 오늘날까지도 여전히 이 문장을 통해 번화한 도시의 휘황찬란한 등불과 사람들의 왁자지껄한 소리를 멀리서나마 보고들을 수 있다. 이 기록에는 이 대도시에 얼마나 화려하고 높고 큰 건축물들이 있는지, 큰 길은 얼마나 넓은지에 관한 내용은 없다. 다만 이곳의 인구와 그들이 생활하고 있는 모습, 특히 그들의 정신적인 면모에 대하여 기록했을 뿐이다. 소진이 달변가였고 전국시대에 그에게 설득된 왕들이 한두 명이 아니라는 점을 고려한다면, 그가 문학적 수사에 특히 뛰어났으며 그의 말에 어느 정도 과장된 부분이 있을 수밖에 없다는 점을 생각해볼 수 있을 것이다. 하지만 핵심적인 내용은 결코 사실과 다르지 않다. 그가 말한 '모두'는 '대부분'으로 이해하면 될 것이다. 즉 임치성 안에는 이런 일들을 하는 사람들이 굉장히 많다는 말이다. 그들은 음악연주를 좋아하고 체육활동에 열중했다. 또한 성안의 주요 거리에는 사람들이 수없이 많아서 "사람들이 흘린 땀이 비가 될 정도"였다. 확실히 이곳은 상업과 오락이 한데 모인 현대적인 도시였다. 이 도시는 천하의 수많은 호사가들을 끌어들였다. 그들은 사방팔방에서 구름처럼 모여들었다.

이런 상황은 바로 환공과 관중의 성세를 거친 이후 위왕이 계속해서 밀고 나간 결과였다. 임치성은 자신의 극성기를 향해 나아가고 있었다. 이곳에는 동부 연해 내이 지역의 풍부한 물질적인 뒷받침은 물론 천하에 잘 알려진 대상인들의 활동, 직하학궁의 학술적인 명성, 가장 자유롭고 개방적인 의식 형태가 존재했다. 바로 이러한 요소들이 하나로 종합되었기에 임치는 천하제일의 번화한 곳이 될 수 있었다. 당시 상업과 경제에 있어서 관중의 대담한 구상 덕분에 제나라 주요 도시의 상공업이 전면적으로 활성화될 수 있었다. 이와 더불어서 대담하고도 거리낌 없는 각양각색의 인물들이 모두 이곳으로 달려들었다. 이는 예나 지금이나 마찬가지의 이치이다. 즉 한 도시 안에 방탕한 건달들이 없다면, 돈을 물 쓰듯 써대는 호탕한 이들이 없다면, 사람을 놀라게 하는 말을 일삼는 괴상한 나그네들이 없다면, 이 도시는 고인 물로 변할 것이다. 이런 인물들이 모이게 되는 전제는 바로 구속 없이 여유로운 환경과 놀기 좋은 장소이다. 이상이 바로 제나라 수도 임치의 특징이었다. 임치는 일찍이 관중 시기에 이 모든 것들을 갖추고 있었으며 오직 특별한 인물들이 찾아주기만을 기다리고 있었다.

한 나라의 주요 도시, 특히 수도가 있는 곳은 솔직히 말해서 각지의 물산과 인물이 모여드는 중심지일 따름이다. 그곳은 특정 시기 국민의 정신과 성격, 그리고 그 밖의 것들을 마치 거울처럼 정확하게 비추어준다. 사마천은 동부 연해의 제나라 사람들에 대해 말하면서 그들의 특징을 이렇게 개괄했다. "그곳 백성들은 도량이 넓고 감추어진 지혜가 많은데, 이것이 그들의 천성이다." "그곳의 풍속은 너그럽고 도량이 넓으며 매우 지혜롭고 논의하길 좋아한다." 사마천은 제나라 사람들이 논의하길 좋아하고 매우 지혜로우며 성격이 여유롭고 도량이 넓은 것에 대해, 이를 일종의 '천성'으로 간주했다. 이러한 지역적인 특징으로 인해, 실제로 훗날 제나라 경제가 비약적으로 발전하고 국력이 나날이 강대해지고 문화와 학술이 전면적으로 흥기할 수 있었던 것이다. 또한 방사와 도가가 모여들고 상공업이 번영하고 체육과 도박업이 생겨났던 것도 모두 지역과 인문의 결합을 통해 나온 현실적인 결과였다. 인격을 기르고 지지해주는 토양을 떠나서는, 즉 지리환경을 떠나서는 그 어떤 것에 대해서도 이야기할 실마리를 찾을 수가 없다.

불가사의한 것은, 서양의 현대사회에 접어들어서야 나타나기 시작한 도시적인 특징들이 그 옛날 임치성에 이미 구비되기 시작했다는 사실이다. 도박과 투계, 애완동물 기르기, 술집과 기생 등등 그곳은 이미 온갖 유흥거리가 넘쳐나는 번화한 세계였다고 할 수 있다. 수십 년 전까지만 해도 감히 입에 올리거나 근접할 수 없었던 장소들이 수천 년 전의 임치성에서는 오히려 당당하게 존재하고 있었던 것이다. 이곳 일반 시민들에게 널리 퍼져 있었던 향락들, 심심풀이와 유흥거리들은 서양의 현세주의적 성향을 띠고 있었다. 이곳은 전형적인 동양의 봉건적 옛 성이라기보다는 도리어 신흥 자본주의의 요람처럼 보인다. 경제적으로 열강을 따라잡기 위해 분발하고 있는 오늘날의 이 시점에서, 유감을 떨치지 못하고 어디서나 제나라를 떠올리는 사람들이 있는 것도 당연하다. 그들은 아마도 임치로 시선을 돌렸을 것이다. 임치의 화려함과 번화함은 말할 것도 없고 임치의 빛나는 직하학궁 역시 정말 대단한 것이었다. 현대 사회과학원의 상부 구조에 상당하는 거대한 기구였던 직하학궁은 150년 동안 지속되었다. 그 어떤 지식인이 이로 인해 깊이 감동받지 않을 수 있겠는가? 그 당시 제나라 임치는, 경제·관광·학술·상업 그 어느 방면에서든지 충분히 우승할 만한 역량을 갖추고 있었다.

축구의 발원지라고 오늘날 세계의 인정을 받은 곳이 바로 임치이다. 당시에는 축구를 '축국蹴鞠'이라고 불렀다. 가죽으로 만든 공을 가지고 규칙에 따라 놀았는데, 놀이 규칙은 현재의 축구와는 좀 달랐다. 축구는 현재 전형적인 서양의 특기이지만, 그렇다고 해서 축구가 동양에서 기원했다고 하는 데 문제가 되지는 않는다. 탁구가 서양에서 기원했지만 도리어 동양인이 신비로울 정도로 탁구에 뛰어난 자질을 발휘하는 것과 같은 이치이다. 번화한 도시 임치에서는 늘 성대한 축구 시합이 벌어졌다. 이는 현대 도시의 특징과 같다. 소진의 기록에 따르면, 임치의 백성들은 체육과 예술에 뛰어나고 마음이 여유롭고 한가했다. 이는 입고 먹는 것에 대한 걱정 없이 안정되고 만족스러운 시기였음을 말해준다. 이 시기의 임치성 안에서는 일반 시민마저도 "의기양양"했다고 한다. 이 얼마나 생동적인 칭찬인가! 임치는 그 당시 도시인들의 선망의 대상이 되기에 충분했다. 외부에서 온 관광객이 오늘날의 도시인들에게서 그토록 자랑스러워하는 얼굴빛을 읽어내기란 매우 힘들 것이다. 그러한 마음과 표정은 자연스럽게 표출되는 것이다. 즉 그것은 개인의 특별한 느낌이 있어야만 우러나올 수 있는 것이다.

오늘날 임치 옛 성의 발굴은 사람들의 주목을 끄는 큰일이었다. 과연 이곳에서 고고학자들은 경탄해 마지않을 많은 것들을 발견할 수 있었다. 정교하게 설계된 배수체계, 도심지역 거리의 분포, 물길과 해자, 새로운 성과 오래된 성의 변천, 아름다운 못과 정자. 애석하게도 모든 것들이 이미 사라졌고 복원할 방법도 없다. 번화했던 임치의 모습은 그저 글로 적힌 문자로만 아직 그곳에 존재하면서 비바람에도 씻겨나가지 않고 있다.

가장 오래된 케인스

서양에는 케인스라는 경제학 분야의 천재가 있다. 그는 19세기 영국에서 출생했고 20세기 40년대에 세상을 떠났다. 지금까지 서양에는 그의 영향력을 뛰어넘는 경제학자가 아직 없다. 그 이유는 현대 경제를 발전시키는 데 케인스의 방법이 매우 실용적이고 효과 역시 두드러지기 때문이다. 여러 해 동안 서양에서는 기본적으로 그의 사상을 거시경제학의 핵심으로 삼았다. 그의 이론 저작이 어쩌면 일반인에게는 심오할 수도 있다. 그 많은 학술 용어들을 해석하려면 너무나 번거롭지만 그의 이론을 간단하게 말한다면, 사회 총수요를 핵심으로 삼아 소비를 증가시킴으로써 생산을 확대하고 자극해야 한다는 것이다.

그래서 케인스는 소비성향을 조절하고 투자를 유도하는 등 정부가 관여해야 할 일련의 방법들을 제시했다. 그는 소비성향에 영향을 주는 주관적 요소가 매우 중요하다고 지적하면서, 거기에는 심리적인 요소와 사회습관과 사회제도가 포함되어 있음을 명확히 짚어냈다. 즉 소비성향을 높이고 소비총량을 증가시키려면, 국민들이 돈을 쓰는 습관을 갖도록 해야 하고 돈을 쓸 곳이 있어야 한다는 것이다. 이것은 물론 특정 시기에 채택하게 되는 사회제도와 관계가 있다.

이는 전형적인 자본주의적 지혜이다. 그것은 경제이론과 학술적 의미에서 출발했다기보다는 인성과 인간의 욕망에서 출발했다. 케인스의 이러한 이론적 지도 아래, 서양의 경제는 상당히 긴 번영기를 지냈으며 이 시기는 지금까지도 아직 끝나지 않았다. 이렇게 해서 케인스는 서양 경제의 구원자로 칭송되는 것이다. 서양이 냉전에서 승리하는 데 있어서 물론 케인스의 공이 가장 컸다고 할 수 있다.

사실 동양에는 오래전에 이미 케인스 같은 인물이 있었다. 그에게는 케인스의 『고용·이자 및 화폐의 일반이론』 같은 저서는 없지만, 그 주요 관점은 통하는 바가 많다. 그는 바로 춘추시대 말 제나라 사람으로서 환공 시기에 실질적으로 국가를 관리했던 관중이다. 관중에 대해 이야기하면 많은 사람들이 『관자管子』라는 저서를 읽어야만 관중을 이해할 수 있다고 여긴다. 사실 꼭 그런 것은 아니다. 이 책은 관중 당시의 언행을 기록한 것이 아니고 그가 직접 쓴 것은 더더욱 아니다. 심지어 이 책이 과연 관중의 주요 사상을 정확히 기술했는지의 여부도 문제가 된다. 이 책을 케인스의 관념에 대응해보면 비슷하기는커녕 도리어 모순되는 부분이 많다.

원래 『관자』는 관중이 살던 때보다 한참 뒤인 제나라 위왕과 선왕 시기의 직하학궁에서 편찬한 것이다. 이는 당시 학자들이 쓴 것으로, 그들은 자신의 이상과 치국 이념을 『관자』라는 이름 아래 기록해놓았다. 이 책에서는 유학정신이 이미 핵심 내용을 이루고 있다. 하지만 "예·의·염廉·치恥가 나라를 다스리는 네 가지 원칙"이라는 등등의 유학정신은 아마도 관중과는 근본적으로 소통이 불가능했을 것이다.

관중에게는 그토록 고상한 논조가 없었다. 그는 더 실무적이었으며 개방을 중시했다. 관중에게 '예의' 같은 금기는 없었으며, 그는 실제적인 것을 모든 것의 출발점으로 삼았다. 또한 그는 인성의 비밀을 완전히 파악하고 있었으며, 그 시대 인간의 소비성향을 조절할 줄 알았다. 게다가 그는 사회습관을 변화시키고 유도할 줄 알았으며 사회제도의 변혁을 추진했다. 이것들은 모두 현대의 케인스가 취한 방식과 일치한다. 그의 모든 변혁 조치는 생산의 발전과 긴밀히 연결되어 있었으며, 한결같이 소비의 확대를 통해 생산을 자극하고 생산 규모를 강화하는 것에 초점을 맞추었다. 이런 측면에서 보자면, 관중은 춘추시대에 살았던 사람이지만 그의 사고방식은 조금도 시대에 뒤처지거나 틀에 박히지 않았다고 할 수 있다. 그는 여러 면에서 오늘날의 젊은이들보다 훨씬 더 급진적이었다. 관중은 확실히 자신의 시대를 뛰어넘는 비범한 인물이었다.

노예사회·봉건사회·자본주의사회 등 다소 경직되고 융통성 없이 역사 시기를 구분하여, 누군가를 그 가운데 어느 하나의 역사 단계에 속하는 인물로 규정하고자 한다면, 아마도 관중이라는 인물 앞에서 난제에 부딪히게 될 것이다. 관중은 춘추시대 사람이지만 그의 사상은 도리어 케인스의 시기까지 앞서가고 있었다. 케인스는 서양 자본주의 경제학의 아버지이다. 인성이란 수천 년 전이든 수천 년 후이든 결국 동일한 것이다. 경제학도 사실은 문학과 마찬가지로, 결국 최종적으로는 인성의 기초 위에 건립되어야 한다. 따라서 훌륭한 경제학자는 인성을 확실히 이해해야만 한다. 이것은 나라를 다스리는 정치의 법칙이기도 하다. 케인스의 경제학 이론은 인성을 충분히 고려한 것이다. 그가 채택한 치밀한 학술 언어는 인성에 관한 또 다른 종류의 도감圖鑑이자 설명어일 뿐이다. 관중으로 다시 돌아가보면, 그는 모든 것을 더 단순화했다. 많은 설명이 그에게는 아예 불필요했다. 주저함 없이 직접 실천에 옮기면 그만이었다. 이념들을 행동에 맡기기만 하면 되었으니, 훨씬 더 빠르지 않았겠는가?

과연 아주 빨랐다. 삼사십 년이라는 짧은 시간 동안, 환공 시기의 제나라는 전란 끝에 이제 막 입지를 세운 약소국에서 일약 춘추시대 여러 나라들의 우두머리가 되었다. 이런 상황은 강태공이 제나라를 분봉받은 이래로 강씨 정권에서 이제껏 이루어내지 못한 것이었다. 관중의 대담한 조치는 무엇보다도 환공의 비위를 맞추고 그의 구미를 만족시켜주는 것이었다. 관중이 상대했던 왕은 실제로 가장 전형적인 욕망의 표본이었다. 환공의 욕구가 무엇이었든 간에 그것을 조금이라도 충족시키기 위해서는 엄청난 소비가 수반되었다. 환공의 황음무도함은 역사상 가장 유명한 축에 속한다. 환공이 정권을 장악한 시기의 제나라 경제의 발전 속도 역시 역사상 가장 빨랐던 축에 속한다.

아마 당시의 모든 제후국들 가운데 그 어떤 나라도 제나라처럼 상공업을 중시하지는 않았을 것이다. 임치성을 예로 들면, 그 당시 상공업에 종사한 사람들이 총인구의 거의 삼분의 일을 차지하고 있었다. 상공업을 북돋우기 위해서 국가는 과세 정책에 있어서 최대한의 특혜를 주었으며, 관세 및 시장의 상업세를 대대적으로 완화했다. 이밖에도 관중은 사람들이 미처 생각하지 못했던 조치를 취했다. 놀랍게도 관중은 임치성 안에 시장 일곱 곳을 열었고 '700개에 달하는 여려女閭'를 설립했다. 1 려閭를 25집으로 계산하면, 이 기생집(여려)의 수는 실제로 엄청나게 많았다. 기생집을 도성 안에 설립하는 일을 환공이 크게 반겼음은 물론이다. 게다가 이 기녀들은 사방의 행상들을 접대하는 데 활용되었다. 기록에 따르면 이곳에는 각국에서 제나라를 찾아온 행상들을 위한 전문적인 숙사가 있었으며, 취급하는 물품이 많으면 많을수록 이들은 더 나은 대우를 받았다. 수레 한 대 분량의 물품을 취급하는 자는 공짜로 먹을 수 있었고, 세 대 분량의 물품을 취급하는 자는 공짜 밥에 가축의 사료까지 공급받았다. 다섯 대 분량의 물품을 취급하는 대상인은 이상의 모든 대우를 누릴 수 있었던 것에 더하여 시중을 들어줄 다섯 명의 기녀까지 배정받았다. 이런 식의 제도들로 인해 제나라에는 상인들이 구름처럼 몰려들었고, 임치는 마침내 천하에서 가장 활기찬 곳이 되었다.

관중이 도성 안에 '시장 일곱 곳'과 '700개에 달하는 여려'를 설치했던 상황만 보더라도, 그가 소비를 유도하고 생산을 부르짖는 측면에서 얼마나 멀리 앞서갔는지를 알 수 있다. 또한 관중은 현대의 케인스와 굉장히 유사하게 정부가 소비성향을 유도하도록 했던 것은 물론, 투자를 적극적으로 조절하고 갖가지 조치를 통해 제나라의 '유효수요'를 전방위적으로 자극했다. 그는 케인스와 마찬가지로 소비성향의 파동에 극도로 주의했다. 그는 사회제도의 개혁과 조절이라는 측면에 있어서 '소비의 확대'라는 주제를 언제나 중심에 두었다.

현대 자본주의 상업 체제에서 성 산업은 강한 약효를 발휘해온 처방이다. 성을 중시하는 심리는 시대와 지역을 막론하고, 활성화되고 부풀어 오른 소비성향과 늘 밀접한 관계를 맺고 있다. 그 당시 관중은 사회변혁과 경제발전이라는 두 가지 측면에서 현대의 케인스와 굉장히 유사한 사고의 노선을 채택했다. 애석하게도 그의 이러한 사고 노선은 후세 사람들이 그를 대신하여 쓰고 편집한『관자』를 통해서 정확히 표현되지 못했다.

직하학궁

'직하학궁'은 춘추전국시대에 출현한 거대한 학술의 전당이다. 유명한 '백가쟁명'의 학설 역시 직하학궁을 통해 탄생했다. 제나라 왕들은 위대한 업적을 세웠고 사람을 깜짝 놀라게 하는 호기로운 행동을 했다. 직하학궁을 건립하고 오래도록 유지할 수 있었던 것은 그들의 지대한 성취라고 할 수 있을 것이다.

직하학궁은 그것이 임치의 직문에 세워졌기 때문에 생겨난 이름이다. 직하학궁은 제나라 환공 전오田午 때에 창건되어 제나라의 마지막 왕인 전건田建 때에 끝을 맺기까지, 도합 150년 동안 여러 세대를 거치며 존재했다. 직하학궁 초창기의 환공 전오는, 관중을 재상으로 삼았던 환공이 아니라 전씨가 강씨를 대신한 '전씨 제나라'가 들어선 이후의 왕이다. 두 환공을 구별하기 위해서 통상적으로 후대의 환공을 가리켜 '환공 오午'라고 부른다. 환공 오가 앞서 있었던 환공이 일으킨 위업을 흠모해서

인지 아니면 다른 이유 때문에 같은 이름을 취했는지, 지금으로서는 그 내막을 알 도리가 없다. 하지만 학궁을 세워 천하의 명사를 불러 모으고자 했던 환공 오의 마음만 보더라도, 그가 각별한 문화적·정치적 포부를 지니고 있었음을 알 수 있다. 그가 직하학궁이라는 사상과 학술의 기초를 다져놓지 않았다면, 그 뒤에 바로 이어진 '위왕과 선왕의 성세'는 있을 수 없었을 것이다. 역사에 대해, 역사의 변천에 대해 말하는 사람들은 종종 '성세'라는 표현을 남발한다. 그런데 제나라 위왕과 선왕 시대를 깊이 파고들어야만 '성세'라는 두 글자의 의미를 더 깊이 이해할 수 있다. 또한 그 시대를 파고들면 '성세'의 발원지를 직하의 성황과 연결지을 수 있게 되고, 이로써 모든 것들이 전혀 근거 없이 존재하는 것이 아님을 알 수 있게 된다.

　제나라 역사를 전면적으로 살펴보면, '직하'가 흥하자 국운이 흥했고, '직하'가 쇠하자 국세가 위험했으며, '직하'가 멸하자 제나라도 끝이 났다고 결론지을 수 있다. 직하학파가 형성되기 이전 제나라의 모든 번영기와 흥성기에서는 백가가 모두 모일 수 있는 사상의 분방함과 자유로움, 즉 '직하'의 싹을 간직하고 있었다. 따라서 직하학궁이 진나라나 그 밖의 다른 지역이 아닌 제나라에서 탄생한 데에는 마땅히 역사적 필연성이 있었던 것이다. '논의하기를 좋아하는' 내나라 사람들의 전통이 없었다면, 동해 바닷바람의 북돋움이 없었다면, 방사와 상인들이 뒤얽혀 분주히 뛰어다니지 않았다면, 염업과 제철업이 대규모로 흥기하지 않았다면, 반도의 유세가들이 빈번히 찾아다니며 이야기를 나누고 모이지 않았다면, 직하학궁이 과연 어떻게 최종적으로 우뚝 솟을 수 있었겠는가? 따라서 위대한 학부가 시대에 응하여 생겨날 수 있었던 것은 천지인天地人 삼자의 인연이 서로 맞았기 때문이라고 말할 수 있다.

위왕과 선왕 시대에 이르렀을 때 직하학궁은 이미 흥성기로 들어섰다. 이때 직하학궁에는 천하에 이름난 학자와 문학가들이 모여 있었으며 그 수가 수천에 달했다. 순우곤과 추연에서부터 순자와 맹자에 이르기까지, 상대부上大夫에 속하는 사람만 해도 70여 명이나 되었다. 이들은 굉장히 후한 대우를 받았다. 대저택에 살았고, 외출할 때에는 호화로운 수레가 동원되었다. 기록에 따르면 맹자의 경우 외출할 때에 언제나 사오십 대의 수레가 뒤를 따랐다고 한다. 당시에 이 얼마나 성대한 행렬이었으며 또 얼마나 장관이었겠는가! 이러한 상황은 그 당시 직하선생이 얼마나 숭고한 지위를 갖고 있었는지를 반영하는 것이기도 하다. 이런 웅장한 장면이 학자에게 적절한 것인지의 여부는 별개의 문제이다. 그들의 역할은 백성들의 생활에서 매우 두드러졌다. 이들 직하선생의 임무는 명확했는데, "다스리지 않되 논의하는" 것이었다. 각자 대담하게 마음껏 말하고 저마다 글을 통해 학설을 내놓아야 했다. 이렇게 해서 직하학궁은 그 시대의 가장 크고 가장 심오한 두뇌집단이자 문화 교류의 중심이 되었다. 그 시대에 두근두근 고동치던 중국의 문심文心은 분명 직하에 있었다. 우러러볼 만한 이 정점과 중심은 사방으로 뻗어나갔다. 이와 동시에 천하의 지혜로운 인물들을 모두 유인하여 끌어들였다. 전국시대 문화사에 있어서 어느 정도 지위를 차지하고 있었던 이들은 예외 없이 모두 자신의 발자취를 직하에 남겼다. 이는 사마광司馬光이 「직하부稷下賦」에서, "천 리 안팎의 뛰어난 선비들을 불러 모으고 백가의 위대한 학설을 총괄하네"라고 말한 것과 같다.

유명한 '백가쟁명'에 대해 이야기하자면, 직하학궁 안에서 학술적 논쟁이 펼쳐지던 '쟁명'의 활기찬 분위기와 장면을 조금이나마 묘사하지 않을 수 없다. '쟁爭'과 '명鳴'은 저서에서 보이는 관념의 충돌에만 머무른 것이 결코 아니었다. 이는 일반적인 학술적 관용을 가리키는 것은 물론, 때로는 일상과 생활에서도 직접적으로 표현되었다. 기록에 따르면, 학궁 안에서는 언제나 창과 화살이 오가듯 격렬한 논쟁이 펼쳐졌으며 변론의 풍조가 비할 데 없이 성대했다. 유명한 변론가들이 일일이 열거할 수 없을 정도로 많았는데, 그들의 풍격은 서로 완전히 달랐다. 익살스럽고 재미있었던 순우곤, 웅변을 쏟아내던 맹자, 타고난 변론의 귀재 전병田駢, 그리고 추연·예열兒說·노중련魯仲連 등이 있었다. 이들은 자신의 도리를 설파하기 위해 조금도 양보하지 않았다. 이렇게 각자가 자신의 주장을 펼칠 때면, 이치에 근거하여 쟁론하면서 서로 타협하지 않았다. 따라서 신랄하게 조소하며 풍자했고 말이 매몰찰 수밖에 없었다. 사람들마다 뒤질세라 앞을 다투며 다들 오만한 기세로 다른 이를 난처하게 만들었다. 이러한 변론과 반박과 힐난은, 마치 전쟁터에서 승패를 가르듯이 기세가 드높고 기백이 넘쳤다. 전파田巴라는 변론가는 변론을 통해 놀랍게도 "하루에 1000명이나 설복"할 수 있었다. 이를 통해 우리는, 뚜렷한 논리와 거침없는 언변을 지닌 이가 1000명에 달하는 사내대장부들을 차례대로 논쟁에 참여하게 만들었던 광경을 상상할 수 있다. "얼마나 통쾌한 일인가!"라는 탄성이 절로 나오지 않을 수 없다. 이런 장면은 중국에서 유일무이하며 세계에서도 드물다. 기록에 따르면, 많은 승려들이 격렬한 논쟁을 벌이며 차례대로 반박하고 힐난하던 대토론장은 오직 현장玄奘이 사신으로 갔던 서역의 사찰에만 있었다. 직하학궁의 눈부시고 웅장했던 문화와 사상의 기세가 이제는 그야말로 이미 역사가 되고 말았다.

남의 말에 그대로 순종하거나 지혜로운 사람이 말을 하지 않는 것은 소小시대의 특징들 가운데 하나이다. 소시대의 문인과 학자는 각자 자기 일만 하거나 허튼소리나 해대면서 자신의 관점을 숨기는 것을 능사로 여긴다. 그들은 억지로 글을 짓거나 듣기 좋은 말을 꾸며내는 데는 그럭저럭 능하다. 하지만 혹여나 기개와 기량을 갖춘 지혜로운 이와 맞닥뜨리게 되면 그들은 위축되기 마련이었다. 그래서 그들은 미처 피하지 못할까봐 부리나케 자기 학술의 작고 작은 껍데기 속에 틀어박히고 말았다. 하지만 직하선생들은 학술에 뛰어났을 뿐만 아니라 숨어들어갈 껍데기도 갖고 있지 않았다. 이들은 저마다 용기 있게 자신을 그대로 드러내 보였으며 마음속으로 깊이 사물을 이해했다. 이들은 확실히 한 시대의 가장 강렬한 목소리였다. 아무리 떠들썩한 와중에도 그 소리는 묻힐 리가 없었다.

흥미로운 사실은 제나라의 왕들 역시 때때로 이들의 변론을 듣거나 직접 논쟁에 참여했다는 것이다. 왕들이 변론가인 학자들과 함께했던 기록들은, 오늘날에 읽어보더라도 흥미와 기지와 유머가 생생하게 전해진다. 맹자와 순우곤 등은 왕과 여러 차례 대화를 나누었다. 지금 보기에, 왕들이 문학가와 유세가를 애호했던 것은 사실이지만 깊이 있고 폭넓은 이론을 완전히 이해할 수 있었던 것은 아니다. 그래서 학자들은 왕들이 알아들을 수 있도록 깊고 오묘한 내용을 되도록이면 알기 쉽게 설명하기 위하여 비유를 들거나 역사를 거울로 삼았다. 이를 위해서는 커다란 인내심이 있어야만 했다. 학자들과 대화할 때에 왕은 상당히 단순하고 유치했다. 즉 일부러 어물쩍 넘어가거나 마음과는 반대로 말하기도 하고, 때로는 마음속의 몇 마디 말을 토로하기도 했다. 기록에 따르면 위왕, 그리고 특히 선왕은 학자와 문인으로 이루어진 성대한 집단을 매우 중시하고 자랑스러워했다. 그들은 거대한 재력과 정력으로 세기를 뛰어넘는 문화 프로젝트를 추진하면서 천고에 남을 성대한 일을 이루고자 다짐했다. 그들은 학자들의 폭넓은 논의를 설령 받아들일 수 없었더라도 결코 반박하지는 않았다. 본질적이고 원대하긴 하지만 눈앞의 이익과 충돌하는 사상이나 계획일 경우, 나중에 다시 말하기로 하고 대답을 계속 미루었을 따름이다.

사실을 말하자면, 제나라 왕들은 진정한 학술·사상·문학·예술과 융합되기 어려운 깊은 속내를 갖고 있었다. 즉 그들의 애호라는 것은 대부분의 경우, 얼굴만 바꾼 권력의 관용에 불과했으며 개념에만 의존한 것이었다. 따라서 그런 식으로는 감정과 관념의 심층까지 도달할 수 없었던 것은 물론이고 진정한 접근조차 하기 어려웠다. 고대광실 같은 집, 상대부라는 좋은 대우, 50대 심지어 100대에 달하는 수레가 뒤따르는 외출, 이 모든 것들이 물론 장관이고 기세도 대단하긴 했으나 어쨌든 이는 형식적인 의미만을 강하게 띠고 있는 것들이었다. 진정한 학자와 사상가가 갈망했던 것이 과연 이런 것들이었겠는가? 제나라가 선비를 아낀다는 명성을 아득히 먼 곳까지 널리 퍼뜨림으로써 학식과 포부를 지닌 무수한 이들이 명예와 이익을 쫓아 제나라로 오도록 유인할 수 있는 것 말고는 이러한 기세에 무슨 의미가 있었겠는가? 이 성대한 조치들과 보통을 뛰어넘는 겉치장을 통해, 우리는 전제 통치자와 사상가들 사이의 깊은 괴리를 볼 수 있다. 또한 그 당시 맹자가 여러 차례 학궁을 떠났던 이유, 그리고 그 밖의 출중한 인물들 역시 떠나갔던 진정한 원인이 어디에 있었는지에 대해서도 어느 정도 이해할 수가 있다.

그 당시 심오한 학자와 사상가들은 평범한 문인들의 허영기를 전혀 갖고 있지 않았다. 그들이 마음에 품고 있었던 것은 실제적이고도 원대한 목표였으며, 사회와 인생과 관련된 진짜 학문이었다. 이런 소박한 정치학은 전면적인 사고에서 나온 것이다. 이러한 사상가들은 문화와 학술의 떠들썩한 형식주의와는 잘 맞지 않았다. 제나라 직하학궁의 흥성과 쇠락을 관찰해보면 제나라의 정치 및 경제 상황과 꼭 들어맞는다. 민왕과 전건의 시대에 이르러, 직하선생의 목소리는 마침내 왕들의 귀에 거슬리는 말이 되고 말았다. 직하선생 가운데 가장 뛰어났던 이가 목이 잘릴 위험을 무릅쓰고 진언했다가 결국엔 급히 달아나고 말았던 일도 있었다.

직하학궁은 한 세기하고도 반세기를 더 경과한 뒤에 사라졌다. 이렇게 해서 이런 학궁은 세상에 더 이상 존재하지 않게 되었고, 직하학궁에 의지하여 입지를 세웠던 제나라 역시 더 이상 존재하지 않게 되었다.

최고의 대언

사람들이 제나라 역사를 훑어보게 되면 여러 의혹이 생기게 마련이다. 제나라 경제가 가장 번창했던 시기는 바로 직하선생들이 가장 많이 활약하고 직하학궁이 가장 발달한 때이기도 하다. 그렇다면 사람들은 묻지 않을 수 없을 것이다. 경제 발전은 학술·예술의 발전과 정말로 동시에 이루어지는 것인가, 아니면 단지 우연의 일치인가? 학술과 예술이 발전하기 위해서는 경제적 토대가 필요한 것인가? 이 의문들에 차례대로 대답하다보면 아마도 장황한 글이 될 것이다. 하지만 누구도 회피할 수 없는 의문들이기 때문에 여기서 간단하게나마 대답하지 않을 수 없겠다.

그 당시 제나라의 경제와 문화가 어느 정도로 상호 의존하고 있었는지, 마치 수학 문제를 풀듯 조금의 오차도 없이 계산할 수는 없을 것이다. 하지만 양자가 서로 긴밀하게 연결되어 있었음은 분명하다. 사람들이 늘 하는 말이 있다. 경제가 잘 풀려야 문화와 그 밖의 각종 사업들도 번창시킬 수 있다는 것이다. 그런데 역으로, 문화와 그 밖의 각종 사업들이 잘 풀려야 경제가 장기적으로 발전하고 유지될 수 있다고 말할 수도 있다. 단기적인 물질적 이익을 추구하는 경향이나 오로지 현재만을 생각하는 행위는 종종 얻는 것보다 잃는 것이 많다. 이는 역사가 우리에게 남겨준 절박한 교훈이다. 하지만 애석하게도 당대 사람들이 발전에만 급급하게 되면, 이 교훈을 기억할 수 있는 사람은 얼마 남지 않게 된다. 제나라는 관중과 안자晏子처럼 다부진 인물들에 의해 다스려지면서 국력이 많이 성장했다. 비록 제나라는 그동안 여러 차례 어려움을 겪으면서 정신적으로 피곤해지고 체력도 고갈되긴 했지만, 일단 회복을 되찾자 활기차게 발전했다. 이는 기본적인 자신감과 힘이 있었기 때문이다. 돈이 있으면 겉보기에 좋은 일들을 추진할 수 있는데, 직하학궁의 건립은 최대의 겉치장이었다.

학궁의 규모와 학자들의 수, 웅장한 건축과 성대한 광경은 사람들로 하여금 형식주의를 떠올리게 한다. 즉 문화와 사상의 '대대적인 전시'를 떠올리게 한다. 그런데 이는 본질적으로 관방의 조잡한 기획에 불과했다. 따라서 학자들이 노력을 게을리 하지 않고 그 구체적인 내용을 채워나가야만 했다. 어떤 사상과 문화가 사회생활에 어느 정도의 영향을 끼쳤는지, 또 어떻게 국민의 의식으로 전환되었는지, 씻어내기 어려운 흔적들을 현실 속에 얼마나 많이 남겼는지, 바로 이런 것들이야말로 그 사상과 문화를 평가하는 가장 중요하고도 믿을 만한 기준이다. 문화와 사상이라는 존재에 대해, 위왕과 선왕 부자가 더 중요하게 생각했던 것은 아마도 그것의 '보기 좋은 틀'이었을 것이다. 그들은 거기에다가 자기 입맛에 맞는 내용을 주입할지언정 문화와 사상의 진정한 내용에 맞는 틀을 만들고자 하지는 않았다. 이는 그들에게 굉장한 골칫거리였던 것이다.

천하에서 가장 예리한 사상들을 일단 죄다 직하학파에 모으긴 했으나 모든 것들이 왕의 마음대로 되지는 않았다. 말로는 좋아한다고 하면서 실제 행동이 전혀 그렇지 않다면 통하지 않는다는 것을 제나라 왕은 알고 있었다. 그래서 한동안은 왕도 어쩔 수 없이 직하학파를 가만히 내버려두었다. 그러자 그 시대 최고의 대언大言이 수없이 쏟아져 나왔다. 이들 대언은 당시의 조정을 진동시켰을 뿐만 아니라 기록으로 남아 까마득한 후세에까지 전해졌다. 통계를 낸다면, 시간을 기준으로 계산했을 때 중국 역사상 어리석은 사람을 크게 각성시키는 대언이 가장 많았던 때는 바로 직하학궁 시대일 것이다. 대언은 귀에 거슬리고, 대언은 마음을 놀라게 하고, 대언은 백성을 진작시키고, 대언은 나라를 그르친다. 어쨌든 어떤 식으로 이해해도 좋다. 하지만 오랜 문명을 지닌 웅대한 나라의 역사를 뒤돌아보았을 때, 아름답고 힘 있는 몇 마디 대언조차 없다면 너무나 슬플 것이다. 게다가 경제가 비약적으로 발전하고 시장이 번영하며 상업유통이 발달했던 임치성의 경우, 만약 직하학궁의 '대언'이 그러한 '대물大物'과 균형을 맞추지 않았다면 음양이 균형을 잃어 제나라의 부패는 더욱 빨라졌을 것이다. 그렇다. '대물'의 시대야말로 더더욱 '대언'이 필요한 법이다.

직하학사의 말들은 매우 훌륭했다. 그 말들에는 신념이 있었고 이치가 있었으며, 사람들이 대대로 그 뜻을 탐구할 정도의 깊이가 있었고 수천 년 동안 인내하며 곱씹을 수 있는 의미가 있었다. 그 말들은 어디에서도 통하는 보편적인 진리이며, 복잡하거나 모호하지 않고, 개인의 방에다 두고 가까이하면 충분히 마음을 밝게 비출 수 있다. 그 가운데 사람들에게 가장 깊은 인상을 주는 이들로는 순우곤·맹자·추연·순자·송견·전병·신도·환연環淵·왕두王斗·안촉顏斶·예열·전파·계진季眞·접자接子·윤문尹文·노중련 등이 있다. 이 명단을 죽 이어갈 수도 있다. 이들은 서로 다른 학파에 속해 있었기 때문에 설령 누군가 아무리 외진 곳에서 말하더라도 그의 감추어진 부분을 상대가 들추어냈으며, 이로써 온갖 관념들이 격렬하게 맞붙을 수 있었다. "말은 하지 않으면 명확해지지 않고, 등불은 심지를 돋우지 않으면 밝아지지 않는다"는 것이 바로 이런 이치이다. 말의 의미를 명확히 하기 위해서는 다른 사람이 충분히 말할 수 있도록 해야 할 필요가 있다. 빛을 밝히기 위해서는 계속해서 심지를 돋우어야만 한다. 바로 이런 의미에서 논한다면, "대언이 나라를 그르친다"는 말은 허튼소리이다. '대언'은 나라를 그르치지 않는다. 오히려 반대로, 말을 막는 것이야말로 나라를 그르치고 소언小言이야말로 폐를 끼친다. 언로는 활짝 열려야 하고 사람은 모두 평등해야 하며, 상대방의 입을 틀어막은 채 자기만 말해서는 결코 안 된다.

『맹자』「등문공滕文公 하」에 기록된 한 장면에서, 맹자는 천고에 남을 명언을 우리에게 남겼다. 그의 이 말은 중국인에게 입신立身의 최고 이상이 되었고, 중화문명을 통틀어 사람의 마음을 가장 격동시키는 호소력을 지닌 말이 되었다. 지금까지 세상에 수많은 영웅과 호언장담이 출현했지만, 맹자의 말처럼 그토록 또랑또랑하고 분명하고 설득력이 있으며

아성전亞聖殿, 맹묘孟廟, 산동성 추성鄒城.

공허하지 않고 실제적인 것은 여태 없었다. 그 당시 경춘景春이라는 사람은 맹자와 함께 있다가 세상의 흥망성쇠에 관한 이야기가 나오자 연신 감탄하며 이렇게 말했다. "공손연公孫衍과 장의 같은 외교가와 종횡가야말로 대단한 대장부가 아닙니까! 그들이 한번 노했다 하면 각국의 제후들이 모두 두려워하고, 그들이 한곳에 편안히 머무르고 있으면 천하의 분쟁도 잠잠해집니다." 맹자는 바로 그 자리에서 이를 반박하며 말했다. "그들이 무슨 대장부입니까! 진정한 대장부란 천하의 넓은 곳에 거처하고 천하의 바른 자리에 서며 천하의 큰길을 가되, 뜻을 이루면 백성들과 함께 그것을 실천하고 뜻을 이루지 못하면 그 도를 홀로 행하는 사람입니다. 부귀가 그를 타락시키지 못하고 빈천이 그를 변절시키지 못하며 권세가 그를 굴복시키지 못하니, 이를 일러 대장부라고 하는 것입니다."

맹자가 보기에, 자신의 작은 이익을 위해 말재간을 발휘하여 유세하고 이리저리 뛰어다니며 합종연횡을 주장해 농간을 부리고, 부귀를 추구하며 빈천을 두려워하고 권세에 굴복하는 남자는 그야말로 매우 가련한 존재에 불과했다. 맹자의 이런 인식은, 일개 서생이었던 그가 얼마나 대단한 기개를 지니고 있었는지 알 수 있도록 해준다. 그는 권력 앞에서 거만하거나 비굴하지 않았으며 꿋꿋하게 자신의 신념을 견지했다. 그의 손에는 어떠한 무기도 없었지만 그의 강직함과 의연함은 파괴하거나 침범할 수 없는 경지에 이르렀다. 이는 맹자의 또 다른 명언, 즉 "나는 나의 호연지기浩然之氣를 잘 기른다"는 말을 생각나게 만든다.

사람들이 이러한 대언에 대해 감히 제멋대로 왈가왈부하지 못하는 까닭은, 대언에는 정의가 충만하고 그 어떤 사심이나 비밀이 없기 때문이

孟子名軻字子車

孟子

『역대도상』에 실린 「맹자」, 종이에 채색, 29.7×19.5㎝, 개인 소장.

다. 게다가 대언을 말한 이가 보여준 일생의 행위가 바로 그 말들의 가장 훌륭한 주석이 되어주었기 때문이다. 맹자의 일생을 보면, 외출할 때 수십 대 수백 대의 화려한 수레가 뒤따르던 성대한 때가 있었는가 하면 여러 곳을 힘들게 돌아다니던 곤궁한 때도 있었다. 그야말로 기복이 심했다고 할 수 있을 것이다. 하지만 맹자는 총애를 받거나 치욕을 당하더라도 마음에 담아두지 않았다. "하늘은 이 사람에게 중대한 임무를 내리기 전에 반드시 먼저 그 마음과 뜻을 괴롭게 하고 뼈와 근육을 힘들게 하며 배를 굶주리게 하고 아무것도 가진 것 없는 빈털터리가 되게 하며 하는 일마다 꼬이게 만듦으로써, 마음으로 깨달아 강인한 성격을 지닐 수 있도록 하고 능력이 미치지 못하는 부분을 채울 수 있게 해준다." 맹자가 열거한 이러한 위험한 상황과 고달픔과 험난함을 맹자 본인 역시 피할 수 없었음을 우리는 충분히 믿을 수 있다.

"뛰어난 목수는 반드시 걸음쇠와 곱자로써 다른 사람을 가르치는데, 배우는 사람에게도 따라야 할 기준이 반드시 있어야 한다." "무릇 사람이란 반드시 스스로를 업신여긴 다음이라야 남이 그를 업신여기고, 집은 반드시 스스로 무너뜨린 다음에야 남이 무너뜨리며, 나라는 반드시 스스로 정벌한 다음에야 남이 정벌한다." "거물급에게 유세할 때에는 그를 얕보아야 하며 그의 높은 지위를 안중에 두지 말아야 한다." 천고 불후의 이 명언들은 모두 맹자로부터 나온 것이다. 『맹자』 한 권은 일생 동안 읽을 만한 가치가 있으며, 이 책 곳곳에서 대언을 발견할 수 있다. 이 대언들은 '백 대에 한 번' 만날까 말까 할 명언으로, 맹자의 스승의 스승인 공자의 말과 서로를 비추며 빛난다. 공자의 말이 더욱 간결하고 함

『맹자』

사람들이 대언에 대해 감히 제멋대로 왈가왈부하지 못하는 까닭은, 대언에는 정의가 충만하고 그 어떤 사심이나 비밀이 없기 때문이다. 또한 대언을 말한 이가 보여준 일생의 행위가 바로 그 말들의 가장 훌륭한 주석이 되어주었기 때문이다. "나는 나의 호연지기浩然之氣를 잘 기른다"고 했던 맹자의 일생을 보면, 외출할 때 수십 대 수백 대의 화려한 수레가 뒤따르던 성대한 때가 있었는가 하면 여러 곳을 힘들게 돌아다니던 곤궁한 때도 있었지만 그는 그것을 마음에 담아두지 않았다.

축적이라면, 맹자의 말은 금속 소리처럼 쩌렁쩌렁하다. 오랜 문명의 도도한 물결에서 나온 성현들을 단순히 호불호에 따라 거절하는 것은 마치 칼을 뽑아 물을 베는 것처럼 무의미하고 헛되다. 오늘날 세계화라는 '대물'의 시대에 살고 있는 우리의 두 손은 텅텅 비어 있다. '대언'으로 균형을 맞추는 것 외에 더 좋은 방법은 없을 것이다. 인터넷 시대의 출렁이는 흐름 속에서 더 많은 침몰이 있겠지만, '대언'을 실어 나르는 속도의 측면에서 보자면 인터넷은 확실히 고효율이라고 할 수 있다.

제나라 왕들은 직하를 일으켰고 백가를 부르짖었다. 용을 좋아한다고 늘 말하던 엽공葉公이 정작 진짜 용이 나타나자 혼비백산하여 달아났던 것처럼, 사상과 문화를 아낀다는 왕들은 정작 그 겉모양만 중시했다. 어쨌든 자유롭게 풀린 사상과 문화는 비룡처럼 자유롭게 임치의 길거리를 날아다녔다. 제나라 왕들은, 조건은 고려하지도 않은 채 오로지 큰 공을 세울 생각만 했다는 혐의를 벗을 수 없다. 그들은 마치 도매업을 하는 것처럼 '사상'과 '문화'를 대량 매매했던 것이다. 하지만 큰 사상 역시 큰 무대가 필요했다. 직하학궁이 있었기에 큰 사상들이 모일 수 있었고 그러한 사상의 흐름이 150년 동안 지속될 수 있었다. 이는 여러 대 왕들의 흥망이 교체한 시간으로, 길지 않다고는 할 수 없다. 문화와 정치 분야에서 일어났던 역사적 사건들을 하나씩 열거하다보면, 백 년이라는 시간이 마음에 깊이 새길 만한 커다란 시간 단위임을 발견하게 된다. 어떤 사물이든 일단 백 년을 넘었다면 특별히 엄숙하고 신중하게 그것을 대하여야 한다. 따라서 중국의 문화사에서 '직하학궁'이라는 이 이름을 반드시 영원히 기억해야만 할 것이다.

제8장

패자라 칭하다

오래된 공사

여색을 좋아한 왕

환관의 집단

방종의 대가

상대와 함께 절벽에서 뛰어내리다

양화와 음독

패자라 칭하다

중국의 춘추오패春秋五霸에 대해 말할 때 가장 먼저 생각나는 이는 아마도 제나라 환공일 것이다. 그의 제나라가 오패의 으뜸이었고 천하에서 가장 강대한 나라였으며 가장 먼저 패자라 칭한 나라였기 때문이다. 패자란 여러 나라가 회맹會盟할 때의 맹주盟主이자 위신과 실력으로 다른 제후국들을 불러 모을 수 있었던 이다. 환공은 강태공이 제나라를 건립한 이후의 모든 강씨 정권 가운데 가장 능력이 있었던 왕이자 제나라를 가장 번창한 단계로 끌어올렸던 왕이다. 환공과 그의 제나라는 춘추전국시대의 정치 · 경제 · 문화를 연구하는 이들에게 언제나 가장 좋은 표본이 되어왔다. 그 안의 많은 지표들은 분석할 만한 가치가 매우 높다. 제나라 환공을 이야기하지 않고서는 춘추시대를 논할 길이 없다. 재미있는 성품, 개인의 경력, 리드미컬한 인생 등을 통해 보더라도 환공은 다른 왕들에 비해 논의할 거리가 많다.

환공은 일반적인 개념의 정치 인물과는 다르다. 그는 원만하고 침착한 성격의 소유자가 아니었다. 그는 감수성이 풍부했고 희로애락의 감정을 그대로 드러내는 편이었다. 그래서 그는 평생 성격상의 충돌과 모순을 많이 겪었다. 그는 때로는 빈틈없이 정확했으며 또 때로는 유치하고 천진스러웠다. 때로는 사소한 일도 지나치게 따졌고 또 때로는 대범하고 호탕했다. 많은 경우 그는, 언제나 친구를 위해 위험한 상황도 마다하지 않으며 공공의 이익에 힘쓰고 정의로운 일을 보면 용감하게 뛰어드는 협객과 같았다. 그런가 하면 어떤 때에는 겁 많고 이기적이며 소심하고 걱정이 많았다. 정치 생애에 있어서 그는 굉장히 안목이 넓었고 원대한 시야를 갖고 있었지만, 궁궐의 좁은 시야에 빠진 탓에 결국엔 큰 잘못을 야기하고 말았다. 또한 그는 도량이 넓어서 관중과 같이 주도면밀하고 전심전력을 다해 일하는 사람을 재상으로 임용할 수 있었던 반면 알랑거리는 아첨꾼들을 좋아하기도 했다.

　환공이 여색을 밝혔던 것은 이미 그 당시는 물론 후대에도 널리 논의되었던 일이다. 술과 여자를 밝히고 생활이 무절제한 데 있어서 환공만한 이는 아마도 별로 없을 것이다. 역사상 재능이 뛰어났던 사람들 가운데 일부는 음탕했다. 또한 큰 성과를 거둔 사람들 가운데 일부는 도저히 이해할 수 없는 이상한 버릇을 많이 지니고 있었다. 환공은 음탕함과 괴벽을 한 몸에 지닌, 큰 성과를 거둔 인물이었다. 그는 생활의 사소한 면에서는 방탕하고 우스꽝스러웠다. 하지만 그는 결코 평범하지 않았다. 진지하게 머리를 쓰고자 할 때에는 매우 지혜로운 인물이라고 할 수 있을 정도였다. 기록에 따르면 그는 심지어 인육을 먹은 적도 있지만 너무나 잔인한 인간은 결코 아니었다. 주변에 있던 다른 나라의 왕들과 환공을 비교해본다면 그는 '선량'한 사람이라고까지 말할 수 있다. 그는 감정이 여렸고 일을 처리할 때면 이성이 아닌 감정에 휘둘리는 경향도 있었다.

뛰어난 아부 능력을 힘닿는 대로 발휘했던 나쁜 인간들에 대해 많은 책에서 말하고 있는데, 역아易牙가 바로 그런 인간이었다. 천하의 맛있는 음식들을 다 먹어보았던 환공은 오직 인육만 먹어보질 못했다. 그런데 놀랍게도 역아가 손수 자기 아들을 죽여 삶아서 환공에게 바쳤다. 이는 너무나 극단적인 예인데, 역사서에 기록되어 있긴 하지만 의심 가는 부분이 많다. 하지만 환공 만년에 세 명의 유명한 소인들이 그의 측근에 있었다는 것은 사실이다. 그들은 각각 수조竪刁·역아·개방開方이라 불리는 이들이었다. 이 세 명의 괴이한 이름만 보더라도, 그들이 간사한 소인이었다는 사실이 조금도 놀랍지 않다. 이 세 명의 소인은 점점 늙어가는 환공을 극진히 보살피는 동시에 환공이 정치 상황을 알 수 없도록 그의 눈과 귀를 막았으며 결국엔 그를 대신하여 멋대로 명령을 내렸다. 특이하고 악독하고 흉악한 소인이었던 간신이 빌리고자 한 것은 바로 일국의 왕이 가지고 있는 최고의 권위였다. 이 권위가 크면 클수록 소인은 더욱 악랄해졌는데, 이는 역사의 공통된 모습이다.

환공이 일생 동안 위대한 업적을 이루었던 만큼 그의 처참했던 노년은 더욱 두드러지는데, 그의 말로는 믿기 어려울 정도이다. 한동안 제나라는 군사를 보내 위급한 상황에 빠진 나라들을 구해주었고 중원의 많은 약소국들을 도와주었으며 곤란한 지경에 빠진 서주 왕실을 여러 차레 도와주었다. 이렇게 해서 환공의 제나라는 중원 지역의 실질적인 지도국이 되었다. 사심 없고 대범한 그의 행위는 그 당시 다른 나라들의 존중과 신임을 얻어냈다. 근 50년 동안 재위하면서 적극적이고 열정적인 일생을 보내며 환공이 이루어낸 큰일들은 일일이 다 헤아릴 수 없을 정도이다. 제나라가 가장 강성했을 때에 환공은, 누군가 도움을 청하면 반드시 응해주었으며 불공정한 일을 만나면 용감히 앞장서서 약자를 도와주었다. 서융西戎·북적北狄·동이東夷·남만南蠻 그 누구라도 감히 중원을 침범하면, 환공이 앞장서서 막아냈다. 나중에 공자는 감개무량하여 다음과 같이 말했다. "환공이 있었기에 다행이다! 만약 그가 중원의 국가들을 보호하지 않았더라면, 지금 우리는 저 야만인들의 지배를 받으며 모두들 오른쪽 섶을 왼쪽 섶 위로 여미는 오랑캐의 방식대로 옷을 입어야 했을 것이다." 공자의 말에 얼마간의 해학이 스며 있긴 하지만 이는 준엄한 역사 사실을 말한 것이다. 이는 환공이 화하華夏 문명 전체에 공헌한 바로서, 역사의 긴급하고도 중요한 시점에 환공이 용감히 나서서 중원문명의 연속과 생존을 지켜냈던 것이다.

따라서 본래는 방탕하기 그지없었던 이가 지울 수 없는 큰 공헌도 세운 셈이다. 이는 복잡한 인생의 우연을 보여준다. 공로가 너무 컸고 나라 역시 너무나 강성했기 때문에, 자신의 감정을 그대로 드러내던 환공이었던 만큼 거만해질 수밖에 없었다. 제후국들과의 회맹에서 그는 과거처럼 신경 써서 예절을 갖추지는 않게 되었다. 그의 얼굴에는 스스로를 대단하다고 여기는 기색이 나타났고 말은 정도가 지나쳤다. 각국의 왕들 앞에서 그는 마치 자신이 한 수 위라는 듯 행세했다. 과거의 제나라는 다른 나라와의 우호관계에 많은 주의를 기울였다. 이는 국가의 부가 어디에 사용되었는지만 살펴보더라도 알 수 있는데, 외교 및 외국 손님을 접대하는 데 사용된 돈이 국가 총수입의 삼분의 일을 차지했다. 과거 제나라가 우호관계를 다지는 일을 얼마나 중시했는지, 그리고 그 규모가 얼마나 대단했는지 상상할 수 있을 것이다.

환공은 국가 통치의 주요 업무를 관중에게 맡겼다. 이것이 바로 환공이 평생 동안 패업을 이룰 수 있었던 관건이다. 관중은 다부지기 그지없는 상인 출신이었다. 재무 관리, 그리고 수입을 증가시키고 지출을 줄이는 방면에서 그는 제일가는 능력가였다. 관중은 일련의 부국정책을 시행하기 위해서 그에 상응하는 인사 조례를 제정함으로써 자신의 경제 조직을 신속히 형성했으며, 세습귀족의 권력 독점은 그에 따라 계속해서 약화되었다. 제나라의 모든 일은 관중이 처리하는 한편, 외교나 군사 같은 큰일은 환공이 직접 관리했다. 생필품 같은 자질구레한 일들은 관중에게 맡겨둔 덕분에, 환공은 국제 문제들을 처리할 정력과 시간을 확보할 수 있었으며 오락과 여색을 즐길 시간도 있었다. 환공은 귀한 많은 시간들을 주색에 빠져 지냈다. 기록에 따르면, 환공은 많은 처첩들을 총애했던 것은 물론이고 당시의 기생집까지 찾아가서 마음껏 즐겼다고 한다.

환공은 정력이 남달랐던 왕이다. 또한 그는 큰 부분에 주안점을 두고서 작은 부분은 일일이 따지지 않았던 인물이다. 환공은 한번 등용한 사람은 의심하지 않는데, 자신을 활로 쏘았던 관중에게 마음 놓고 국사를 맡길 정도였다. 환공이 만년에 이르러서야 관중을 전적으로 믿었던 것은 아니다. 관중을 임용하자마자 그랬다. 관중의 나이가 많았기 때문에 환공은 아예 그를 '중부仲父'라고 불렀다. 이런 호칭이 통하는 사이에 무슨 못할 말이 있었겠는가? 관중은 재상이었을 뿐만 아니라 일국의 왕의 손윗사람이었던 것이다. 이렇게 되자 지난날 관중에게 거만하고 제멋대로이던 제나라 귀족들 역시 위풍을 거두어들일 수밖에 없었다.

엄숙하고 경건한 역사가들이 너무나 많다. 그래서 놀기 좋아했던 왕에 대한 그들의 평가는 대부분 좋지 않다. 특히 여색을 즐겼던 환공은 약점이 너무나 많기 때문에 좋은 평판을 얻기가 대단히 어렵다. 게다가 환공이 노년에 당한 굴욕은 일생의 위업과 너무나 대조적이기 때문에 후대 사람들이 그를 가볍게 대하기가 쉽다. 하지만 냉정하게 공로와 과실을 구분해서 본다면 사정은 좀 달라질 것이다. 현재의 일반적인 견해는, 환공 시대에 위대한 재상이 있었던 반면 주색에 빠진 왕이 있었다는 것이다. 이러한 설명은 역사의 실상과 상당히 다르다. 한 나라의 재상이 성과를 거두고자 할 때, 왕의 지지를 떠나서는 그의 재능을 발휘하기 어렵다. 이밖에도 왕이 처하게 된 처참한 지경 역시 재상의 여러 가지 구체적인 정책들과 무관하지 않은데, 양자는 분명 나뉠 수 없는 관계에 있다. 그들은 서로 협력하여 더 많은 이익을 얻을 수 있었으며, 함께 흥성하고 함께 쇠락했다. 관중이 조금 일찍 세상을 떠나긴 했지만, 상당한 정도로 이미 제나라 왕의 미래와 제나라의 미래를 주조해 놓았던 것이다.

오래된 공사

만약 재상으로 있었던 관중을 돌아보지 못한다면, 관중이 제나라를 다스리던 구체적인 상황을 좀더 깊이 파고들지 않는다면, 제나라 환공과 그의 패업을 충분히 이해했다고 할 수 없다. 앞서 우리는 진나라를 강대하게 만든 변법가 상앙에 대해 논하면서, 그는 법으로 나라를 다스린 '법가'이자 실용주의자였다고 간주했다. 사실 변법의 폭을 비교하자면, 제나라의 관중 역시 상앙에 못지않았다. 또한 관중은 상앙보다 훨씬 더 먼저 착수했다. 관중은 상앙에 비해 가능한 한 인성에 순종하고 인성을 이용하는 길을 걸었을 따름이다. 그래서 관중은 피가 흘러 강이 되는 상황을 조성하지는 않던 만큼 상대적으로 온화해 보인다. 두 가지 변법의 차이점은 변법가 본인의 인성과 이념의 차이에서 비롯되었다. 더 중요한 것은 그들이 처해 있던 환경에 따라 결정되었다는 점이다. 민풍이 자유롭고 백성의 힘이 두터웠던 제나라에서 상앙과 같은 잔혹한 통치를 하고자 했다면 아마도 녹록하지 않았을 것이다.

진나라는 농업국이었으며 민풍이 거칠고 호방했다. 하지만 제나라는 상업·공업·어업·염업이 발달한 연해 국가였으며 민풍이 부드럽고 틈이 했다. 관중은 관리나 농민 출신이 아닌 상인 출신이었다. 어렸을 때부터 물질이 유통되고 상품이 거래되는 환경에서 자라난 사람이었던 만큼, 관중은 인성과 이익의 관계를 잘 알고 있었다. 이로 인해 관중의 개혁은 자신의 경험으로부터, 제나라의 현실로부터, 물질적인 이익의 최대 획득이라는 지점으로부터 출발할 수 있었다. 관중은 이러한 모든 것들에 근거하여 일련의 방침과 정책들을 만들었다. 그의 변법 가운데 많은 부분은 민중을 기쁘게 했다. 딱 보기에도 인정과 인성에 들어맞는 것들이 었기 때문이다. 하지만 그 가운데 어떤 것들은 사람들이 그다지 좋아하지 않았다. 일부 기득권의 이익과 충돌을 일으키는 정책들을 시행하는 데는 위험이 따랐고 신중을 기해야만 했다. 따라서 환공의 추진력이 더더욱 필요했다.

상업과 공업을 번창시키고 물자의 교류를 강화하고 더 많은 소비를 촉진하고 서비스업과 유흥업의 빠른 성장을 자극하고 임치성이 가능한 한 빨리 번화해지도록 하는 것, 이것들 모두 사람들이 바라고 좋아하는 것이었다. 향락을 추구하고 물질적인 이익을 추구하는 것은 인성 가운데 가장 강력한 욕망이다. 이러한 욕망의 동원을 겨냥한 변법 정책은, 많은 이들의 원성을 사지 않을 수 있었을 뿐만 아니라 도리어 적극적인 지지자들을 얻을 수 있었다. 그렇기 때문에 관중의 변법으로 인해 피가 흘러 강이 되었다는 일은 여태껏 들어본 적이 없는 것이다.

관중의 개혁 정책은 상인·공인·농민이라는 커다란 세 부류의 지지를 얻었다. 따라서 권리가 어느 정도 약해진 세습귀족들은 불만스러워도 큰 파란을 일으키기 힘들었다. 더 중요한 점은 세습귀족들이 일단 새로운 개혁 노선에 적응한 뒤로는 역으로 변혁의 가장 큰 수혜자가 될 수 있었다는 사실이다. 그들은 자신의 정치적·경제적 지위를 이용하여 상공업 활동에 개입했다. 일반인은 세습귀족들과 경쟁이 되지 않았기 때문에, 이들 정치 호족은 경제적 부를 지닌 호족으로 신속히 전환될 수 있었다. 이렇게 해서 세습귀족들 역시 관중의 개혁을 지지하게 되었다. 최초의 변혁이 견고해진 다음에는 더 깊숙하고 더 대담한 변혁도 전면적으로 펼쳐졌다. 더욱 면밀하고 강력한 이 구체적인 조치들로 인해 제나라는 비로소 기존의 면모에서 철저히 벗어날 수 있었다. 또한 환공을 패자라 칭할 수 있는 물질적인 조건들을 새롭게 마련함으로써 제후국들 사이에서 환공의 목소리에 힘이 들어갈 수 있게 되었다.

관중의 가장 대담한 조치 가운데 하나는 바로 민중을 직업에 따라 사·농·공·상의 네 부류로 나누고 그에 따라 정해진 곳에 거주하도록 한 것이다. 사람들은 각자의 직업에 따라 고정된 지역에 따로 모여 살아야 했다. 선비는 사상과 연구를 위해 조용한 곳에 살아야 했고, 공인은 물품의 제조 및 서비스의 제공에 편리하도록 관청 근처에 살아야 했다. 상인은 장사하기 편하도록 시끌벅적한 시장 주변에 거주해야 했고, 농민은 경작지 주변에 살아야 했다. 이런 식으로 분류하여 거주하는 것의 우열·장단·득실은 차치하더라도, 심각한 점은 규정에 따른다면 이들의 직업이 대대로 전수되어야 하며 변경이 불가능했다는 사실이다. "선비의

자식은 언제나 선비가 되고", "농부의 자식은 언제나 농민이 되고", "공
인의 자식은 언제나 공인이 되고", "상인의 자식은 언제나 상인이 되"었
다. 이들을 직업에 따라 모여 살도록 했던 또 다른 목적은, 모든 업종의
후손들이 어렸을 때부터 자연스럽게 보고 들어 영향을 받음으로써 일찌
감치 해당 업무를 익히고 좋아하게 되어 다른 일에는 마음을 두지 않도
록 하는 데 있었다.

이러한 분업은 사실 국가를 위해 네 종류의 '일꾼'을 조직한 것이다. 이
로써 거주지마저 고정됨으로써 호구 관리가 엄격해지고 직책이 분명해
졌으며 유동이 어려워졌다. 이런 식의 관리의 집중과 강화는 그야말로
전대미문이라 할 수 있다. 이는 사실 가장 오래된 공사화公社化이며, 그
조직 구조 역시 공사와 상당히 유사했다. 지역 조직을 '궤軌·리里·련連·
향鄕'의 네 단계로 나누었고, 그에 맞추어서 군사조직을 설립했다. 즉 '궤'
에는 '오伍'를, '리'에는 '소융小戎'을, '련'에는 '졸卒'을, '향'에는 '려旅'를 설립
했다. 이렇게 해서 5개의 향에는 5개의 려가 있었으며, 5개의 려가 하나
의 '군軍'이 되었다. 주도면밀하게 짜인 행정조직에 이미 방대한 군사조직
이 내포되어 있었음을 알 수 있다. 이것이 바로 "백성들에게 병사를 숨
겨둔다"는 사상이며 후에 광범위하게 본보기가 되었던 이념이기도 하
다. '국민개병'의 개념이 관중 당시의 향촌 변혁에 이미 내포되어 있었던
것이다.

공인과 상인 계층의 경우 군인이 되어 전쟁에 참가할 필요가 없었다.
관중이 기획한 공사 성격의 조직 체계의 의의는 주로 농민을 통해 구현
되었다. 병사 공급원이 확보되고 식량 문제가 해결된 다음, 관중은 그

가 가장 잘 알고 있으며 가장 중시한 일을 마음 놓고 벌일 수 있게 되었다. 그것은 바로 국가 전체를 위해 부를 쌓는 일이었다. 부를 쌓기 위해 그가 주로 기댄 것은 농업이 아니라 상공업이었다. 이는 그 당시 모든 나라에서 처음 시도된 것이었다. 오직 제나라에만 어업·염업·제철업·방직업 등 탄탄한 공업 기초가 있었다. 이 기초는 동이의 내나라에서 처음으로 다져졌으며 나중에 수도 임치 일대로 확장된 것이다. 공업의 기초와 상업 교류의 원천이 확보되어 있었으므로, 물자의 교환과 유통을 강력히 촉진시키는 일이 급선무가 되었다. 그래서 관중은 임치성을 상업 무역의 중심으로 삼아 천하의 상인들을 두루 모았다. 그리고 대상인들이 이곳에 머물러 놀도록 하면서, 올 때는 돈이 가득했던 그들의 주머니가 돌아갈 때에는 텅텅 빈 상태가 되도록 온갖 방법을 다 썼다. 이로써 볼 때 그 당시 관중이 상업을 일으키고 상인을 모은 행위가 오늘날과 그다지 다르지 않았음을 알 수 있다. 이는 예나 지금이나 인성은 비슷하기 때문이다.

관중의 통제 방식과 공사 사상에는 그야말로 동원할 수 있는 모든 방법들이 다 사용되었다. 사·농·공·상의 네 가지 업종에 따라 각각 따로 모여서 살도록 관리했던 것에서뿐만 아니라 서비스업과 유흥업에 있어서도 마찬가지였다. 기녀들을 모두 '여려女閭'로 편성하여 총 700개의 '려'가 있었으며, 각 려는 25집으로 구성되어 있었다. 이 '여려'는 사실 공영 기업에 속한 부분으로 도성 안에 설치되어 있었고, 속성상 나라에서 관기官妓를 관리하는 것이었다. 관중이 처음에 이것의 설치를 제의하면서 내세운 구실은, 성안에 시집가지 못한 여자들이 많고 그토록 많은 독신 남자들이 임치성 안에서 왔다 갔다 하니 이들의 괴로움을 고려해야만 한다는 것이었다. 이러한 관중의 제의에 이제껏 이를 바라 마지않았던 환공은 즉시 "좋다"고 동의했다.

이렇게 해서 임치는 전국에서 '가장 좋은 곳'이 되었다. 실질적일 것, 대세에 따를 것, 사람들의 마음에 들 것, 지혜롭고 안목이 있을 것, 이는 관중의 개혁이 지닌 주요 특징들이다. 이런 조치를 취하면서 한 나라의 경제를 진흥시키지 못할 리가 없다. 마찬가지로 이런 조치를 취하면서 한 나라 민중의 정신을 해이하지 않게 하고 전통대로 지켜온 윤리를 전복시키지 않도록 하는 것 역시 불가능한 것이었다. 상앙이 냉혹한 실용주의로 진나라를 강대하게 만들었다고 한다면 관중은 뜨거운 실용주의로 제나라를 번영시켰다. 전자의 결과는 더 냉혹한 되돌림이었고 끝내 진나라의 멸망을 초래했다. 후자는 제나라의 부패와 붕괴를 심화시켰고 환공의 말로를 재촉했다.

우리가 관중의 개혁을 전면적으로 숙고할 때면, 그 탁월한 총명함과 세밀하고 철저한 치국사상에 늘 탄복하게 된다. 관중만 한 재상을 얻기란 정말로 어려운 일이다. 그는 환공이 멋대로 교만을 부릴 때마다 계속해서 충고하며 일깨워주었다. 그리고 만년에는 간신들을 가까이하면 안 된다고 환공에게 여러 차례 경고했다. 이는 사리에 밝고도 앞날을 헤아리는 깊은 생각이었으며, 그 당시 정치의 전체 국면을 고려한 것이기도 했다. 하지만 제나라의 강렬한 물질적인 추구는 이미 모든 것을 압도하고 있었다. 이런 상황에서 전통적인 자제력과 윤리와 금기는 이미 모두 붕괴되고 말았다. 이는 어느 누가 만회할 수 있는 것이 결코 아니었다.

이렇게 해서 과연 앞으로 어떤 위험과 재난이 발생할지 전망하기 어렵게 되었다. 이런 의미에서 말하자면, 제나라의 흥성과 제나라의 멸망은 모두 관중에게 적지 않은 책임이 있다고 할 수 있겠다.

여색을 좋아한 왕

여색을 좋아한 왕에 대해 말한다고 하면, 어떤 사람은 또 환공을 말하는 것이라 생각할 것이다. 사실 이번에는 그를 말하려는 것이 아니다. 여색을 좋아하고 스스로 거리낌 없이 이를 솔직히 말할 수 있었던 왕은, 강씨 제나라가 전씨 제나라로 대치된 이후 또 한 명의 성세 명군이다. 그는 바로 명성이 자자했던 선왕이다. 선왕과 그의 아버지 위왕, 그리고 더 이전의 환공, 이 세 사람 모두 재미있는 사람인 동시에 제나라의 눈부신 역사를 창조한 사람들이다. 보아 하니 '재미있는' 사람이 된다는 것은 결코 쉽지 않다. 풍부한 인성은 물론 재능과 기개, 그리고 창조력까지 갖추어야만 하기 때문이다.

춘추전국시대의 많은 대화들, 유명하고 인구에 회자하는 대화들은 모두 지자와 왕들 사이에서 전개된 것이다. 대화하는 쌍방 가운데 한쪽은 지력이 탁월했고 다른 한쪽은 막강한 권력을 지녔다. 이처럼 서로 너무나 다르면서도 너무나 비슷한 인물들이 대화를 전개했으니 특별한 재미가 있었음이 분명하다. 양자의 다른 점은 분명하다. 양자의 비슷한 점은, 한쪽은 사회를 다스리는 데 거대한 권력을 지니고 있었고 다른 한쪽은 거대한 지혜와 지식을 지니고 있었다는 것, 요컨대 모두가 '거대함'을 지니고 있었던 인물이라는 사실이다. 거대함으로써 거대함을 대하니, 양자가 대화할 때에 겉으로는 느슨해 보여도 안으로는 팽팽하여 충돌에 이를 정도의 마찰이 존재했다. 인간의 서로 다른 감정과 도량을 드러내 보이는 이들의 대화는 무척 흥미롭다. 그들이 남긴 말은 핵심을 찌르는 계몽성을 지니고 있기에 그 당시는 물론 후세에까지 깊은 영향을 주고 있다.

선왕과 맹자도 이야기를 주고받은 적이 있다. 당시는 아마도 맹자가 막 직하학궁을 관장했거나 직하로 유학 왔을 즈음이었을 것이다. 어쨌든 선왕은 이 이름난 사상가에게 예의 바르게 가르침을 청했고, 두 사람은 단숨에 많은 대화를 나누었다. 이때 맹자는 이미 여러 제후국에 이름이 널리 알려진 인물이었다. 맹자가 이번에 제나라를 찾아올 때 수행한 수레 역시 기세가 웅장했으며 선왕이 직접 그를 맞이하러 나오기까지 했다. 맹자가 제나라에 온 것은 직하학궁의 '상대부'들과는 달리 이미 경상卿相이라는 높은 지위에 해당하는 관직을 받았기 때문이라고 하는 사람도 있다. 어쨌든 그들은 왕과 학자라는 신분으로 만나서 이야기를 주고받았던 것이다.

맹자는 몇 세대 이전의 명재상 관중이 제나라를 다스렸던 방법을 결코 인정하지 않았다. 그래서 맹자가 선왕과의 만남에서 말한 것은 '왕정王政', 즉 왕도王道와 인정仁政이었다. 여기서 '왕'이란 물론 공자가 말한 '내성외왕內聖外王', 즉 안으로는 성인의 덕과 밖으로는 왕의 능력을 갖춘 이를 가리킬 때의 '왕'이다. 맹자의 치국 이상에 대해, 선왕은 그것이 아주 높은 목표이고 대단한 사상이라고 칭찬하는 한편 자신을 상당히 책망하는 모양새를 보였다. 실제로 선왕은 맹자 앞에서 얼버무리려 했던 것이다. 선왕은 자신이 그 사상을 관철하여 실현시키는 것이 곤란하다고 말했다. 왜일까? 그는 "과인에게는 병폐가 있소"라고 말했다. 그는 자신에게 결점이 있다고 말한 뒤 자신의 몇 가지 큰 결점들을 나열했다. 음악을 좋아하고 용맹을 좋아하고 여색을 좋아하고 재물을 좋아한다는 것이었다. 음악을 좋아한다는 것은 연회와 춤과 음악 등의 향락을 좋아한다는 의미로도 볼 수 있다. 용맹을 좋아한다는 것은 무력을 과시하길 좋아하다는 의미이고, 여색을 좋아한다는 것은 물론 아름다운 여자들을 좋아한다는 의미이며, 재물을 좋아한다는 것은 부를 좋아한다는 의미이다. 선왕 당시 제나라는 선왕의 아버지 위왕의 번영기를 거쳐 이미 천하에서 가장 강대한 나라였다. 연燕나라 사신 소진의 찬양은 바로 선왕 때의 제나라를 두고 한 말이다. 이때 임치는 이미 "옷깃과 소매가 이어지면 장막을 이룰 정도"였다.

'음악을 좋아하는 것'에 대해 말하자면, 제나라에는 '소악'이 있었고 일반 시민들조차 "모두 우를 불거나 슬을 연주하거나 축을 두드리거나 거문고를 탔다." '재물을 좋아하는 것'에 대해 말하자면, 제나라는 이미 "양식이 산처럼 쌓여 있었다." '용맹을 좋아하는 것'에 대해 말하자면, 제나라 군대는 "다섯 집이 한 단위로 조직된 병사는 예리하기가 빠른 화살과 같고 싸울 때에는 천둥과 번개 같으며 흩어질 때에는 비바람과 같았다." 이로써 볼 때 그 당시 선왕은 자부할 만한 밑천이 이미 충분했다. 이로 인해 선왕은 대학자 맹자 앞에서도 전혀 거리낌 없이 "과인은 여색을 좋아하오"라고 말할 수 있었던 것이다. 제나라의 사치스럽고 방탕하고 흥청망청하는 기풍을 통해 볼 때, 환공이 자신의 병폐라고 계속 지적했던 여색을 좋아하는 것은 흔한 일이었다. 또한 음란함과 방탕함에 있어서 사람들이 깜짝 놀랄 만한 행동을 했던 왕들 역시 대대로 많았으므로, 상대적으로 선왕이 '여색을 좋아한 것'은 두드러지거나 이름날 정도는 결코 아니었다.

　주의할 만한 점은, 널리 인용되는 맹자와 선왕의 이 대화가 '설궁雪宮'이라는 곳에서 이루어졌다는 사실이다. '설궁'은 러시아 차르의 '여름궁전'을 연상시키는데, 피서를 위한 왕실용의 화려한 궁전이었을 것이다. 그래서 선왕이 맹자에게 약간은 거만하게 "현자에게도 이런 즐거움이 있소?"라고 물었던 것이다. 이 질문에는 천진하고도 얕은 태도가 드러난다. 득의만만한 선왕은 이때 기분이 굉장히 좋았을 것이다. 그는 천하에서 가장 명성이 자자한 학자를 이곳에 오도록 초청해서 함께 미색을 즐기고 한가히 한담을 나누는 것도 즐거운 일이라고 여겼다. 문제는 맹자와 같은 성현은 어쨌든 보통 사람과는 달라서, 왕의 예우와 매력적인 화려한 거처 같은 것들에 마음이 흔들리지 않았다는 사실이다. 맹자는 담담하게 처신했다. 뿐만 아니라 그는 종전과 마찬가지로 이 기회를 통해 왕을 차근차근 일깨우며, 부드럽고 구체적이면서도 면밀하고 세밀하게 치국의 이치를 설명했다.

본래 선왕이 말한 자신의 모든 '결점', 즉 '병폐'는 진지하게 대답할 만한 유익한 말은 아니었다. 맹자처럼 총명하고 민첩한 이가 어찌 이를 알아차리지 못했겠는가! 하지만 맹자의 가장 재미있고도 교묘한 점은, 이렇게 공공연한 장난과 저항에 책망의 말을 조금도 하지 않았을 뿐만 아니라 죄다 "좋습니다"라고 말하면서 긍정했다는 것이다. 이는 아마도 선왕의 예상을 크게 벗어난 일이었을 것이다. 이렇게 해서 선왕의 마음속에 있던 득의만만함은 좌절되었다. 설령 천시天時와 지리地利의 지지를 얻고 있었던 권력자라 하더라도, 기지를 다투는 이러한 말 속에서는 결국 열세에 처해 있었던 것이다. 맹자는 왕의 말에 찬탄을 내뱉고 요령 있게 그 뒤를 이어서 옛일을 오늘에 빗대어 많은 예를 열거하며 선왕의 치명적인 '결점'을 도리어 '인정仁政'을 실행할 수 있는 장점과 조건으로 바꾸어놓았다. 맹자의 말은 문맥이 매끄럽고 논리가 엄밀하며 빈틈이 없었다.

맹자와 선왕이 나눈 대화의 재미와 의의는 지금까지의 논의에서 거의 다 말했다.

제나라가 부강해진 이래 선왕 시기에 이르렀을 때에는, 정권을 가진 자가 교만하고 사치스럽지 않을 수 없었다. 하지만 이상과 경계가 맹자처럼 높은 경지에 다다른 이로서는, 당시 제나라의 풍족함과 강대함에 만족하기 어려웠다. 아마도 맹자가 보기에는 제나라의 모든 것들이 인정과 거리가 멀어도 한참 멀었을 것이며, 강성하다는 제나라 수도의 사방에는 위기가 도사리고 있었을 것이다. 맹자의 통찰과 우려는 결국 사실로 드러났다. 선왕 본인은 환공 때처럼 무절제하게 음란하고 방탕하지는 않았고 국정 역시 환공의 만년 때처럼 위험한 징후는 전혀 없었다. 하지만 나라에 누적된 문제들은 허다했다. 상층계급의 사치와 부패는 하층계급의 민생고와 뚜렷하게 대비를 이루었다. 이런 상황이 끊임없이 이어지며 심화되다가 선왕의 다음 대인 민왕 때에 이르러서는 모든 것들이 더욱 두드러지더니 결국 만회할 수 없는 지경에 이르고 말았던 것이다.

맹자의 '인정' 사상은 물론 공자로부터 왔다. 맹자는 공자의 기초 위에서 자신만의 새로운 사유를 펼쳐나갔다. 노나라에서 나온 유학은 제나라와 융합되기가 극히 어려운 요소를 지니고 있었다. 서주 정통의 예와 의를 계승한데다 내륙 평원에서 성장한 노나라의 유학이 풍토가 전혀 다른 제나라에서 뿌리를 내리기란 결코 쉬운 일이 아니었을 것이다. 옛날 제나라와 노나라는 함께 제후국에 봉해졌으며 모두가 주 왕실의 적통이었다.

서주 왕실은 영원히 서로 충돌하지 말 것을 양국에 신신당부했다. 하지만 나중에 노나라는 점점 약소해졌고 제나라는 이 딱한 처지의 친척을 업신여겼다. 양국 간에 논쟁도 있었고, 제나라는 노나라의 토지를 약탈하는 불의한 일을 저지른 적도 있다. 제나라에게 유학이란 '소국의 대언'에 불과했기에 그것은 제나라의 마음을 전혀 움직이지 못했다.

선왕이 여색을 너무나 좋아했던 왕은 결코 아니다. 본질적으로 말하자면, 그가 가장 좋아한 것은 중원에서 패자라 칭하는 것이었으며 중국을 통일하는 것이었다. 선왕은 옛날 서주와 같은 지위를 획득하길 늘 꿈꾸었다. "여색을 좋아한다"는 것은 그 자신이 말한 것으로 이런 말들은 종종 믿을 수가 없다. 도리어 선왕은 "문학가와 유세가를 좋아했다"라고 정사에 분명하게 기록되어 있다. 때문에 선왕 때에 이르러서 직하학궁이 최고의 전성기에 도달할 수 있었던 것이다.

환락의 집단

일반 백성들에게 두꺼운 궁궐 담장 안의 생활이란 언제나 신비에 휩싸여 있게 마련이다. 그래서 '비밀을 폭로'하는 종류의 글들이 여태껏 잘 팔려 나가는 것이다. 일반적으로 말하자면, 국운이 쇠퇴했던 시기의 권력층의 거만과 사치와 음란과 안일에 대해서는 특히 사람들이 원망을 나타내는 반면 상대적으로 번영기에 있었던 왕과 왕공에 대해서는 굉장히 너그럽다. 이처럼 상반된 잣대를 이해할 수는 있지만, 궁궐 안에서 살았던 이들의 생활을 자세히 따져보아야만 할 것이다. 또한 궁궐 생활의 성격 역시 평가해볼 필요가 있다. 춘추시대의 역사에 있어서 '성세'라는 것은, 전란이 빈번하여 백성들이 편안히 살아갈 수 없었던 시대와 비교했을 때 그렇다는 말이지 실제 상황은 전혀 그렇지 않았다. 백성들은 여전히 병이 날 정도로 노동해야 했고 빈부 격차는 극심했으며 많은 지역에서 심각한 재난이 발생했고 굶어죽은 사람이 도처에 널렸다. 몸을 가릴

변변한 옷도 없고 굶주린 배를 채울 음식도 없었으며 무거운 부역의 의무까지 떠안았다. 평안하고 번창한 시기는 그토록 짧았으나 그 대가는 늘 그토록 컸다. 세상이 크게 어지러운 뒤에 찾아오는 치세를 '성세'라 부르지만, 이제 막 시작된 그 치세는 오래가지 않을 가능성이 매우 컸다. "왕성함이 극에 달하면 쇠퇴한다"는 이치대로, 더 큰 혼란과 암흑의 국면이 그들을 기다리고 있었던 것이다.

춘추전국시대를 비롯해 많은 시기 많은 나라들에 대해 총괄적으로 말하자면, 난세는 많았으나 치세는 적었다. 치세라 하더라도 상층계급만의 허위적인 번영에 불과했다. 중심 성곽의 번화함으로 국토 대부분의 쇠락함을 숨겼던 것이다. 백성들 내부는 과연 어땠는가? 가장 널리 분포해 있던 가장 많은 수의 노동자들은 번영과 창성의 수혜자가 아니었을 뿐더러 도리어 이 피상적인 성세를 위하여 가장 많은 대가를 치러야 했던 불행한 이들이다. 도처에서 신음소리가 흘러나왔지만, 관청은 벽으로 겹겹이 둘러쳐져 있었기 때문에 그 소리는 마치 강으로 가로막혀 있는 외진 곳에서 나는 것처럼 당최 중심 지역까지 전해지지 않았으며 궁궐 담장 안의 생활에는 더더욱 영향을 끼칠 수 없었다. 이런 상상을 해볼 수 있을 것이다. 고생하는 무수한 백성들의 괴로움과 부르짖음이 이토록 들끓고 있는데 상층계급의 술자리가 지척에서 벌어진다면, 과연 그 사치스러운 밤의 환락을 어떻게 이어갈 수 있었겠는가? 예로부터 '궁궐의 장막을 두껍게 하는 것'에 주의를 기울였던 이유는 소리를 차단하기 위한 것이자 안온함을 위한 것이었다. 이렇게 해야 눈에 보이지 않고 마음도 성가시지 않으며 안팎이 구별되어 방해받지 않을 수 있었다.

춘추전국시대의 성세였든 말세였든, 천하의 백성들과는 서로 다른 궤도를 따라 살았던 집단이 늘 존재했음을 짐작할 수 있을 것이다. 행정기구라 하지 않고 '집단'이라 표현한 이유는, 대부분의 경우 그들은 단지 이익만을 따졌지 이상 같은 것은 결여되어 있었기 때문이다. 자신의 이익을 위해 온갖 궁리를 다하고 애쓰는 것은, 백성들을 위해 좀더 먼 앞날의 계획을 세우고 포부를 갖는 것과는 완전히 다르다. 그 당시에는 아직 '국가'가 아니라 혈통으로 이어지는 '가국家國'이었기 때문에, 훌륭한 재상과 신하라 하더라도 그 능력은 단지 한 집안을 지키는 데 이용되었을 뿐이다. 그보다 더 나은 경우라고 해봐야 한 집안을 지키는 동시에 백성들의 처지를 좀더 동정해주는 정도였다. 백성들은 매우 쉽게 은혜에 감사하고 상층계급의 장점을 마음에 담아두기 때문에, 그들이 조금만 자신들을 돌보아주거나 몇 마디 빈말만 해놓고 실제로는 그 은혜를 채 베풀지 않더라도 거듭 감격스러워한다. 역사학자들은 상층계급이 백성들에게 베푼 갖가지 은택을 기록하길 즐긴다. 그들이 실행하고자 했던 은택들, 말과 희망 등을 포함해서 말이다.

노예사회와 봉건사회의 깊은 죄악은 실로 너무 많아서 다 말하기가 힘들다. 그 죄악은 책이나 기록들을 펼쳐볼 필요도 없이 무덤에서 출토된 것들만 보아도 분명하다. 일국의 왕에게는 성대한 지하궁전이 반드시 있었다. 극소수의 왕이 수십만 명의 노동력과 수십 년의 시간을 들여서 사후궁전을 만들 수 있었던 것이다. 가장 사치스러운 진귀한 보물 말고도 생으로 죽임을 당한 준마를 비롯해 소녀와 소년, 궁녀, 무수한 청장년들이 땅속에 매장되었다. 아마도 그들은 자신을 위해 국토를 송두리

째 함께 매장하길 간절히 원했을 것이다. 이 환락의 집단은 일찍이 살아 생전 민족 전체의 앞날을 파멸시켰다. 그들의 저 음침하고 으스스한 스산함을 통해 우리는 그들 정권의 냄새와 빛깔을 금세 알아차릴 수 있다. 그것은 캄캄한 죽음과 절망이며 영원히 감당해야 할 저주이다.

이들 집단 가운데 설령 후대 사람들의 칭송을 받는 성군聖君과 명군明君이 있다 하더라도, 그들은 여전히 환락의 주재자였으며 백성이나 이상과는 영원히 멀리 떨어져 있던 이들이다. 그 당시에는 '이상'이라는 어휘가 아직 없었고 '인정'이 바로 그때의 이상이었다. 환락을 즐기기 위해서는 주재자 외에 가담자도 있어야 했다. 가담자는 일반적으로 세습 왕공 귀족이었고 그다음으로는 능력 있는 여러 신하들이었다. 어쨌든 시대를 막론하고 성대한 연회에는 사람들이 많이 모여야 하는 법, 굉장히 적은 몇몇 사람들만으로는 자리가 만들어지지 않는다. 그래서 다시 한번 제나라 환공과 관중을 이야기해야겠다. 그들의 관계가 여러 문제들을 잘 말해주기 때문이다. 분명히 알 수 있는 것은, 환공이 주재자였고 관중은 새로운 가담자였다는 사실이다. 관중은 세습귀족이나 기존의 측근 신하가 아닌 천거를 받은 일개 상인이었기 때문이다.

관중은 전심전력으로 이 집단을 위해 많은 일들을 했다. 그가 재상의 자리에서 40여 년을 지내면서 세운 공로는 첫 번째로 손꼽힐 만하다. 그는 당시의 제나라는 물론 후대의 역대 통치자들에게 매우 귀중한 경험을 제공했다. 하지만 만약 누군가 그를 흠잡을 데 없는 완벽한 귀감으로 간주하고자 한다면, 이에 대해서는 토론이 필요하다. 관중의 공헌과 주도면밀함을 부인하거나 그의 근면한 정치활동을 부인하는 것은 착오이자 편견이다. 그러나 어쨌든 그는 '가국'의 재상이었고 이 환락의 집단의 일원이었으며 평생 이 환락에 참여했다. 이것 역시 부인해서는 안 될 사실이다. 이 문제를 분명히 정리하면 다른 것들은 정리하기가 어렵지 않다.

과거에는 어떤 일을 논의할 때 계급을 따졌지만, 이제는 근거와 입장을 따져야 한다. 본질적으로 관중의 입장은 환공 편이었다. 즉 그는 환공의 시대에 서 있었던 것이지, 제나라의 미래에 서 있었던 것은 아니다. 환공의 궁궐 담장 안에 서 있었던 것이지, 백성들이 사는 골목에 서 있었던 것은 아니다. 관중이 부지런히 애쓴 모든 것은 다른 것들이 아닌 바로 이러한 입장에서 나온 것이다. 그가 지불한 노력에 환공은 일일이 답례해주었다. 이러한 답례 이전에 이미 관중은 사람들이 놀랄 정도의 풍성한 하사품을 받았다. 따라서 관중은 전심전력을 다하지 않을 수 없었던 것이다.

환공은 관중을 재상으로 삼으면서 그가 평민 출신이기 때문에 사람들이 잘 따르지 않아 권위를 행사하지 못할까 걱정이 되었다. 그래서 환공은 뜻밖에도 관중에게 '중부'라는 존호를 내리고 공개적으로 중부라고 불렀다. 환공은 그에게 최고의 칭위와 지위를 주었다. 관중의 모든 것들은 심지어 제나라의 세습 상경上卿의 것보다 훨씬 더 우위에 있었다. 상경은 제나라 왕실 다음으로 가장 큰 권세를 지닌 귀족이었다. 이렇게 해서 관중은 환공 바로 다음가는 지위를 갖게 되었다. 관중은 명성과 지위와 더불어 실리도 챙겼다. 환공은 그에게 7500호의 상업세 수입을 가져가게 했다. 그 이후에 내린 큰 포상들 역시 헤아릴 수 없을 만큼 많다. 역사서에 따르면 관중의 부는 제나라 왕실에 견줄 만했다. 왕실의 수입은 어느 정도였을까? 그 당시 제나라가 거둬들인 세금의 절반 이상이 왕실의 수입이었다. 환공은 관중에게 큰 부를 하사했던 것은 물론이고 귀족과 공신들에게도 거금을 하사했다. 이렇게 해서 굉장히 부유하고도 높은 지위를 가진 특권계층, 즉 환락의 집단이 형성되었다. 이 집단이 누렸던 온갖 사치와 향락은 이미 비중 있게 다루었으므로 여기서 다시 또 말할 필요는 없겠다.

이런 상황이었으니 관중이 어찌 정치에 혼신의 힘을 다 쏟아 붓지 않을 수 있었겠는가? 관중의 재능이 유감없이 발휘될 수 있었기에 제나라의 재력과 물적 자원 역시 전대미문의 경지까지 증가할 수 있었다. 환공은 '여색을 좋아한 것' 말고도 훗날 성세의 왕이었던 선왕과 같은 점이 있었는데, 바로 '재물을 좋아하는 것'이었다. 사람이 어찌 '재물을 좋아하'지 않을 수 있겠는가? 관중은 물질과 재부의 증가를 가장 중요한 것으로 여겼는데, 심지어는 모든 것을 초월하는 현실 목표로 삼았다. 오늘날 보기에 관중의 공적과 결함은 모두 여기에 집중되어 있는 듯하다. '인정'을 위해 평생 힘쓴 맹자는 그러한 방식에 찬성하지 않았다. 나중에 실용주의를 대대적으로 흡수 융합하고 한비자韓非子와 이사를 배양한 '법가'의 대표 인물 순자라 할지라도 관중의 극단적인 실용주의에는 찬성하지 않았다. 순자는 관중이 "위로는 왕에게 충성하고 아래로는 백성을 아끼며 게으르지 않았다"며 긍정했다. 순자는 또 이렇게 말했다. "가장 충성스러운 신하가 있으며, 그다음으로 충성스러운 신하가 있고, 그 아랫단계의 충성스러운 신하가 있으며, 나라에 해를 끼치는 신하도 있다. 덕으로 군주를 감화시키는 이가 가장 충성스러운 신하이고, 덕으로 군주를 보조하는 이가 그다음으로 충성스러운 신하이다." "환공에게 관중은 그 다음으로 충성스러운 신하였다고 할 수 있다." 관중에 대한 순자의 최종 적인 결론은 다음과 같다. "관중의 됨됨이는 공功에 힘쓰되 의엔 힘쓰지 않았으므로", "야인野人이지 천자의 대부大夫가 될 수는 없다." 순자는 최종적으로 관중을 "소인 가운데 출중한 자"로 규정했다.

여기서 말하는 '소인'은 '대인'과 대응하는 것으로, 오늘날 우리가 알고 있듯 '속 좁은 소인배'나 '간사한 소인배'의 의미가 아니라 사람의 기량에 주안점을 둔 것이다. 통속적으로 말하자면, 순자가 생각하기에 관중은 지나치게 실용주의적인 출중한 인재로서 보다 높은 이상이 결여되어 있었으며 당대의 '공'만 중시하고 장기적인 '의'를 마음에 품지 못했다. 제나라의 멸망에 대한 순자의 총결은 상당히 정확하게 정곡을 찌른다. 순자는 제나라 멸망의 원인이 통치자가 "예와 의에 힘쓰지 않았"던 데 있다고 여겼다. 다른 것에는 전혀 관심을 두지 않은 채 이익만 꾀하고 권모술수만 부렸기 때문에 나라의 미래가 사라졌다는 것이다. 맹자와 순자의 요청은 일부 사람들에게 마지노선을 제시한 것이다. 즉 재상의 능력을 지닌 이라면, 왕으로부터 아무리 많은 이익을 얻었더라도 그 집단에 가담해서는 안 되며 함께 환락을 즐겨서도 안 된다는 것이다.

이러한 환락은 사실 물욕이 연소하는 것으로, 한 집단의 내부로부터 타오르기 시작해서 점차 제어할 수 없이 거센 불길로 타오르다가 마침내 온 대지를 까맣게 태워버리고 만다.

방종의 대가

역대로 권력층이 자신의 통치 집단을 형성하려면, 그 시기의 특정한 사회적 역량과 결합해야만 했다. 제나라 환공 시기에는 세습귀족이 관중을 대표로 하는 상공업 세력과 연합했다. 이 연합에서는 전통적인 정치적 권위와 사회 대부분의 부가 집중되었기 때문에 그 당시 제나라에서 가장 강한 세력의 조합이었으며, 국내에서 이에 필적할 제2의 역량이 출현하기란 불가능했다. 단지 숫자만으로 논하자면, 상공업 계층은 당연히 농업 인구에 훨씬 못 미쳤다. 그러나 제나라에서 그들은 엄청난 힘과 역사를 지니고 있는 특수한 집단이었다. 그들은 염업·제철업·어업·방직업 및 모든 상품의 유통을 통제했는데, 이는 한 나라 경제의 명맥을 쥐고 있는 것과 같았다. 관중의 개혁으로 염업과 제철업을 관영으로 바꾸긴 했지만, 원래의 생산과 판매 체계를 철저하게 뜯어내고 무너뜨릴 수는 없었으며 단지 기존 체계를 개조하고 이용할 수 있었을 뿐이다.

관중 시기의 치국 패턴과 경영 이념은 제나라 후대에 커다란 영향을 주었다. 강대한 물질의 축적은 패업을 도모하는 왕들이 간절히 바라던 바인데, 관중의 가장 큰 공적은 바로 이 축적을 완성한 것이다. 위왕의 아들 선왕과 손자 민왕을 막론하고 기본적으로 이러한 발전 패턴을 이어나갔다. 제나라 전체 산업에서 상공업이 차지하고 있던 비중은 일찌감치 모든 제후들 가운데 최대였으며, 이것이 바로 제나라의 특수한 국가 상황이자 현실이 되었다. 제나라와 비교했을 때 가장 다른 양상이었던 나라는 바로 서쪽의 진나라이다. 진나라에서는 상앙으로부터 이사에 이르기까지 그 어떤 재상도 감히 관중의 길을 갔던 이가 없었다. 그들은 도리어 준엄한 법률을 제정하여 상공업의 발전을 전면적으로 제한했다. 그래서 진나라의 통치 집단 내부에서는 상공업의 이익을 대표하는 계층이 형성될 수 없었으며, 단지 신흥 지주세력과 왕실 권력의 연합만이 가능했다. 제나라와 진나라 정권의 서로 다른 조합 형식은, 서로 다른 정치 내용과 정책 방향을 반영하는 것이자 향후 통일의 경로를 결정하는 가장 큰 요소였다.

비교하자면 제나라는 현대 국가에 더욱 가까웠다. 물질이 풍부하고 모든 산업이 동시에 발달했으며 천하 일류의 학술과 예술을 한동안 보유하고 있었다. 조금 더 상상의 나래를 펼쳐보기로 하자. 만약 냉병기 시대의 전국시대가 아니었다면, 군사 방면에 있어서 제나라는 과학 연구를 확대하고 가장 현대화된 무기를 구매하고 연구·제작할 충분한 경제적 능력을 지니고 있을 수 있었던 만큼 국방은 전혀 문제가 되지 않았을 것이다. 제나라의 공업 역량과 제조기술은 천하에 대적할 만한 상대가 없었고, 군사 확장을 지원할 수 있는 물질적 기초가 굉장히 튼튼했기 때문이다. 하지만 이것은 일종의 가설에 불과하며 오늘날의 생각일 뿐이다. 그 당시의 현실은, 일곱 개의 제후국이 모두 서로 비슷한 군사기술 수준에 머물러 있었다. 즉 모두가 냉병기 시대에 있었으며, 전쟁무기에 있어서 과학기술 정도의 차이가 승패를 결정짓는 핵심 요소가 되기엔 불충분했다. 그렇기에 모든 이야기가 달라진다. 즉 상대적으로 '개방적'이고 '현대적'인 나라가 될 가능성이 매우 높았기 때문에 도리어 전쟁에서는 열세의 난처한 상황에 처하고 말았던 것이다. 이는 고대에 일상적으로 발생했던 상황이다.

아무튼 미래의 결전은 현재의 향락과 별개의 일이었다. 제나라 왕과 그의 집단은 전력을 다해 현재 주어진 풍족한 물질을 향유했다. 춤과 노래와 여자, 애견 기르기와 승마는 말할 필요도 없고 보다 더 기이한 추구가 끊임없이 이어졌다. 환공은 세상의 모든 향락을 이미 다 맛보았는데 오로지 인육만 먹어보지 못했다고 공공연하게 말했다. 그러자 역아가 자신의 아들을 삶아서 바쳤다는 놀랍고도 믿기 힘든 기록까지 있다. 왕에게는 궁전도 많았고 총애하는 여자들도 많았지만 관에서 설치한 기생집까지 돌아다니고자 했다. 근면하고 지혜로웠던 관중은 부를 모으는 능력에 있어서도 일류였으며, 왕을 보살피는 면에 있어서도 아무 문제없이 주도면밀했다. 윗사람이 좋아하는 것은 아랫사람도 모방하는 법, 수년 뒤에 소진이 묘사한 임치성의 '성대한 분위기'에서 드러나는 시민들의 향락주의 역시 이상할 게 없다.

한 시대의 패자였던 환공은 자신이 이런 말로를 맞게 될 줄은 아마 꿈

속에서도 생각조차 못했을 것이다. 환공은 만년에도 천하에서 가장 강대한 군대를 보유하고 있었지만, 뜻밖에도 높은 장벽에 갇혀 밖으로 나갈 수 없는 처지에 놓이고 말았다. 몇몇의 간신들이 혼란을 틈타 궁궐 사방에다 높은 벽을 쌓아놓고 환공을 그 안에 가둔 채 외부와 소통하지 못하도록 했던 것이다. 위대한 패자가 이제 천하를 호령하지 못하게 되었을 뿐만 아니라 먹고 마시는 것조차 문제가 되고 말았다. 환공이 곁에 있던 부인에게 먹고 마실 것을 달라고 하자 부인이 대답하길, "먹고 마실 게 어디에 있습니까!"라고 했다. 환공은 놀랍게도 생으로 굶어죽었으며, 죽은 뒤 거의 70일 동안이나 아무도 돌보지 않아 시신에서 생긴 구더기가 문밖까지 기어 나왔다.

선왕 시기는 더 유명한 '성세'로, 향락의 자본 역시 더 많았던 듯하다. 그 당시 어떤 이가 선왕에게 이렇게 말했다. "세상에 없는 좋은 말과 좋은 개, 그리고 왕장王嬙과 서시西施 같은 최고의 미녀들을 지금 모두 갖고 계십니다." 선왕은 면적이 백 무畝에 달하는 궁궐을 짓고자 했는데, 삼백 가구가 들어설 수 있을 정도의 커다란 궁궐을 짓기 위해 삼 년 동안 전국의 인력과 물자가 동원되었다. 제나라에는 설궁雪宮을 비롯해 점대漸臺·제대祭臺·요대瑤臺·백침대柏寢臺 등이 있었으며 곳곳에 화려한 궁전이 있었다. 이것들은 오로지 왕의 행락을 위한 것이었다.

민왕은 위왕과 선왕 양대의 강성함을 거친 뒤라, 다른 제후국들을 훨씬 능가하는 세력을 갖고 있었으며 스스로를 최고라 여길 정도로 교만했다. 민왕은 스스로를 제왕이라 칭하면서 사방을 정벌하여 사람들로부터 끓어오르는 원성을 샀다. 이때 직하학궁은 이미 겉치레용 장식으로 완전히 변질되었다. 학자들이 감히 정사를 비평할 경우, 크고 작은 질책이 뒤따랐다. 심지어 어떤 이는 거리에서 잔인하게 도륙되기도 했다. 그 결과 가장 중요한 학자들은 잇따라 제나라를 떠났다. 어떤 이는 피살의 위험을 무릅쓰고 급히 도망갔다. 제나라는 이때 이미 상류층은 마음껏 향락을 누리는 반면 하층계급은 절망하여 아무것도 할 수 없었던 탓에 국세는 허약해지고 민심은 와해되었다. 일찍이 견줄 만한 대상이 없을 정도로 강대했던 제나라 군대는 필사적으로 전진해오는 적군 앞에서 뜻밖에도 순식간에 우왕좌왕 흩어졌으며 한동안 웃음거리가 되고 말았다.

얼마 전까지만 해도 최고를 자부하며 오만했던 민왕은 쳐들어온 적에 의해 단숨에 임치성에서 쫓겨났다. 비길 데 없이 화려한 궁전은 남김없이 털렸고, 진기한 보물을 옮겨 나르느라 적군의 수레는 밤낮으로 바빴다. 민왕은 동쪽의 작은 나라로 도망갔다가 결국엔 뜻밖에도 자신을 구원하러 달려온 장군에 의해 가장 잔인한 방법으로 죽임을 당했다.

민왕을 이은 양왕襄王이 몇 차례의 역경을 겪으며 그럭저럭 나라를 다시 회복하고자 했지만 제나라의 운명은 이미 거의 다 끝나가고 있었다. 이렇게 해서 동쪽 바다에 접해 있던 천하에서 가장 부유하고 세력이 강했던 대국은 너무도 빨리 최후의 여정을 향해 달려갔다. 이때 제나라 왕이었던 전건은 다시 강대해지기 위하여 변혁을 꾀했다. 그는 직하학궁을 다시 진흥시키기 위하여 심지어는 다른 나라로 떠났던 대학자 순자까지 불러들여 그가 세 번째로 학궁의 '좨주祭酒'를 맡도록 했다. 하지만 애석하게도 모든 것이 너무 늦었다. 부가 어느 정도까지 축적되고 물질주의가 천지를 진동시킬 정도로 기세등등하던 시대에, 제나라 왕들이 몇 세대에 걸쳐 조금도 절제하지 않고 낭비하면서 일찌감치 모든 정기가 소모되고 말았던 것이다. 이 나라는 이미 물질에 의해 피로해지고 사치에 의해 손상되어, 독이 골수에까지 미쳐 병이 완치될 가망은 전혀 없었다. 이렇게 해서 몇 세대 동안 제멋대로 방종하게 지낸 뒤 끝내 전건에 이르러서 모든 상황은 끝이 났고, 제나라는 마침내 영원한 마침표를 찍었다.

상대와 함께 절벽에서 뛰어내리다

수천 년이 지난 지금 그 옛날 급변하던 역사를 다시 돌아보면 마음을 진정시키기가 힘들다. 그 당시에는 기적도 많이 일어났고, 출중한 인물도 많이 나타났다. 군사·경제·문화·예술을 막론하고 모든 분야에서, 놀라서 어안이 벙벙해질 정도의 순간들이 있었다. 그야말로 굉장히 뛰어난 시대였다. 우리는 참지 못하고 마음속으로부터 캐묻게 된다. 그랬던 시대가 이렇게 지나갔단 말인가? 이렇게 쏜살같이 휙 지나갔단 말인가? 어쨌든 그것은 이삼천 년에 달하는 축적임을 알아야만 한다. 적어도 그 안에는 깊은 느낌과 경험들, 그리고 깜짝 놀랄 만한 이야기들도 함께 쌓여 있다. 우리 현대인이 느끼는 시간 좌표는 너무 협소하기 마련이다. 우리가 직접적으로 혹은 간접적으로 경험할 수 있는 사물은 대개 백 년을 넘지 않는다. 우리가 직접 참여해온 이 현대의 축적과 모든 이야기들은 이제 막 시작되었을 뿐이다.

하지만 어느 정도 확실한 것은, 우리의 이야기와 수천 년 전의 이야기가 적어도 형식상에 있어서는 완전히 다르다는 사실이다. 그러나 다른 측면에서 보자면, 우리의 이야기도 여전히 인간에 관한 이야기이기 때문에 양자의 차이가 본질적인 차이는 아닐 것이다. 즉 우리는 인간적인 의미에서 여전히 이삼천 년 전의 여러 이야기들을 서술하고 있는 것이다. 단지 우리의 복장이 이미 바뀌었기 때문에 마치 너무나 다른 것처럼 보일 뿐이다. 이 이야기의 실질은 여전히 국가의 흥성과 쇠락이다. 어떤 나라는 멸망했고 어떤 나라는 쇠락했으며 어떤 왕은 감금되어 죽임을 당했다. 뛰어난 인물들은, 탁월한 통치로 인해 혹은 사방으로 빛을 발한 사상과 예술로 인해 혹은 외교적 수완으로 인해 결국 사람들에게 잊히지 않는다. 어쨌든 나라와 민족과 인물이 있으면 이런 이야기들이 있게 마련이다. 단지 이야기에 나오는 사물들의 명칭이 바뀔 뿐이다. 예를 들자면 오늘날과 관련된 어휘로서 '달 착륙', '화성 탐사', '나노미터', '네트워크' 등과 같은 어휘들이 등장했고 이는 기록으로 남아 후대에 전해지게 되었다. 어휘는 바뀔 수 있지만 '인간'이라는 배역은 바뀌지 않으며 인간의 사유 방식 역시 바뀔 리가 없다.

수천 년의 세월을 살펴봄으로써 우리는 어떤 결론을 얻어낼 수 있다. 즉 인류사회의 규율과 같은 것을 찾아낼 수 있다. 예를 들면 '축적'과 '유지'라는 측면에서 우리는 어떤 비밀들을 발견할 수 있다. 이것이야말로 가장 중요한 것이다. 수천 년 수만 년이 지나고 인류가 계속해서 이어져 나가면서 경험이 남겨진다. 따라서 역사를 총결함으로써 우리는 다음과 같은 사실을 발견하게 될 것이다. 이 세계에서 가장 쉽게 빨리 축적할 수 있는 것은 부이지만 그것은 유지하기 힘들다. 웬만해서는 쉽게 중단되지 않는 축적은 과학기술이지만 그것은 해를 초래할 수 있으며 재난에 이르기도 한다. 가장 축적하기 어려운 것은 아름다운 사상과 감정 및 이 세계를 관리하는 방법이다.

이것이 바로 우리의 이 세계에 관한 결론이다. 애석하게도 이 결론은 비극적이다.

이러한 비극을 근본적으로 변화시키기 위하여 수천 년 동안 많은 이들이 많은 방법을 강구했다. 생각의 기계를 가동시켜 최대한의 노력을 기울였다고 할 수 있다. 춘추전국시대는 매우 특수한 역사 시기였다. 당시에는 여러 국가들이 각자 강대함을 추구했다. 온갖 발견과 가능성이 쏟아져 나왔으며, 사람들은 고난과 풍요의 대지 위에서 자유롭게 내달렸다. 그토록 많은 연설가와 사변가들이 시대에 발맞추어 생겨나 글을 통해 학설을 세웠고 문을 열어 제자들을 받아들였으며 오래도록 이어질 학궁 역시 때맞추어 생겨났다. 학자들은 이상의 실현을 위해 한 나라에서 다른 나라로 갈 수 있었고, 심지어는 여러 나라를 옮겨 다닐 수도 있었다. 이 같은 극도의 활기참, 큰 폭의 시도와 선택이 있었기에 학술과 사상이 극도로 번영할 수 있었고 제자백가諸子百家가 출현할 수 있었다. 아름다운 사상과 감정의 측면에서, 우리는 공자·맹자·순자를 얻었고 굴원·이백·두보를 얻었다.

이 세계를 관리하는 방법에 있어서 제자백가는 많은 아이디어를 내놓았다. 가장 깊은 인상을 주면서도 가장 믿고 따를 만한 이는 그래도 공자·맹자·순자 세 명을 꼽을 수 있을 것이다. 그들은 집대성자이자 진정 뛰어난 인물이다. 그들 사이에 상당한 차이가 존재하긴 하지만 근본적인 성질에 있어서는 대체로 일치한다. 그들 세 명은 유가의 '왕도'와 '인정'의 사상을 조금씩 심화시켰고 실제적인 작용을 하는 지점까지 그 사상을 끌고 나갔다. 그들은 이어달리기 방식으로, 이전 사람이 숙고했던 지점에서 다시 각자의 사상을 펼쳐나갔다.

'왕도'와 '인정'이라는 어휘를 말하면 현대인들은 으레 공허한 수식어쯤으로 여기기 마련이다. 그런데 사실은 그와 반대이다. 그것은 상당히 체계적이고 구체적이며 정연하고도 치밀하며, 구체적으로 다룰 수 있는 사상체계이다. 학자들이 이러한 사상체계를 생활에 실현시키고자 할 때에는 기록에서 볼 수 있는 것처럼 왕들과 교류하며 이야기를 주고받았다. 그들의 대화는 대체로 흥미롭고도 유익했지만 최종적인 결과는 실망스러운 것이었다. 왕과 그 밖의 집정자들이 그러한 사상체계를 받아들일 리가 없었다. 경청하던 왕이 끝내 찬탄할 수밖에 없었던 때도 있긴 했지만 찬탄한 뒤엔 결국 평소 자신의 방법을 그대로 따랐다.

확실하되 장기적인 계획에 비하여 실용주의는 더 많은 흡인력을 갖고 있었다. 역사적으로 볼 때, 근면성실하고 다부지며 고효율적인 실용주의자를 만나게 되면 그 당시 왕뿐만 아니라 후세 사람들 역시 "위대한 인물의 성세"를 크게 외치며 칭찬을 그치지 않는다. 상앙과 관중 두 재상의 경우가 가장 좋은 예이다. 그들은 서로 다른 방식으로 대대적인 변혁을 추진했으며, 두 사람 모두 자신의 나라를 약한 상태에서 강하게 만들어 세상에 군림하도록 했다. 그들의 방식은 달랐지만, 두 사람 모두 극단적인 실용주의 정책을 채택하여 고효율적으로 신속히 물질적 이익을 얻음으로써 국가기계를 강화하는 동시에 사회의 윤리질서를 경시하고 파괴했으며 '인정'에서 멀어졌다는 점에 있어서는 동일했다.

우리 모든 인간은 결과가 얼마나 좋든 관계없이, 오랜 뒤의 결과 속에서 살아가는 것이 아니라 지금 이 시점에서 살아가고 있다. 그런데 오래 유지하기 위해서, 그리고 오랫동안의 안정을 위해서는 눈앞의 절실한 욕망을 자제해야 한다. 자제하는 것은 늘 고통스럽기 마련이다. 그 옛날 어떤 왕이라도 고효율적인 실용주의를 포기할 수는 없었으며, '공功'과 '의'를 함께 중시하는 장기적인 큰 계획을 시행하지 못했다. 강국과 강군을 위한 상앙의 준엄한 법제, 그리고 이성과 욕망을 따르는 관중 식의 부의 축적이 어찌 단시간 내에 나라를 진작시켜 강대하게 만들지 않을 수 있었겠는가? 이것이 단지 역사의 어느 한 단계에 불과한 것이라 할지라도, 국가가 직면하게 되는 위기란 언제나 역사의 특정 단계에서 출현하는 법이다. 따라서 우리는 충분히 짐작할 수 있다. 장기적인 대업을 아직 시작조차 하지 않은 시점에서 국가가 역사의 어느 한 단계에서 멸망할지도 모른다면, 정권을 쥐고 있는 그 어떤 왕이라도 두려움을 느낄 수밖에 없었음을 말이다.

고대에는 상앙과 관중이 있었고, 근대 서양에는 케인스 같은 인물이 나왔다. 케인스는 관중처럼 인성의 비밀을 잘 알고 있었을 뿐만 아니라 소비와 생산의 전체적인 관계도 잘 알고 있었고 서양의 수리논리학을 운용할 수도 있었다. 그는 치밀한 해석과 논증을 통해 소비주의의 이론적 기초를 한층 더 다져놓았다. 소비주의와 물질주의의 학술화는 '공에만 힘쓰고 의에는 힘쓰지 않는' 이 세계가 더 당당하게 말할 수 있도록 해주었고, 그 뒤로는 필적할 만한 상대가 더더욱 없게 되었다.

그렇다. 세상이 오늘날까지 발전해오는 과정에서, 현대화는 이미 전대미문의 도전에 직면했다. 이러한 도전은 각기 대자연으로부터, 그리고 세계 윤리질서의 혼란으로 초래된 도덕의 상실로부터 비롯되었다. 하지만 본질적으로 말하자면 모든 문제는 '인간' 자체에서 생겨난 것이다. 소비주의와 물질주의는, 갈수록 결과를 따지지 않는 부분적이고도 단계적인 승리를 추구하는 경향을 나타내고 있으며 이는 사람들을 두렵게 만든다. 오늘날 소비와 욕망이라는 거인이 줄곧 동쪽을 향해 다가오고 있다. 공자·맹자·순자 등의 아름다운 기획, 수천 년 전에 나타난 동방의 통치사상은 도무지 그것에 저항할 방법이 없다.

우리 앞에 놓인 난제는 바로 여기에 있다. 말하기엔 간단하다. 즉 당장 실패하느냐, 먼 훗날에 실패하느냐의 문제이다. 하지만 어떤 실패이든 간에 종결을 의미한다.

물론 종결할 방법도 없고 종결할 수도 없다. 그래서 상앙과 관중을 되뇌고 케인스를 들출 수밖에 없는 것이다. 이는 자아의 생존과 발전을 추구하기 위하여 상대의 방법으로 상대에 대처하는 것이다. "짝이 아닌 줄 잘 알지만 상황이 다급하여 따를 수밖에 없다"는 중국 통속소설에 늘 나오는 말처럼, 이렇게 하면 앞날이 없음을 알지만 더 나은 방법이 없을 때가 있다. 이렇게 한다는 것은 바로 상대와 함께 절벽에서 뛰어내린다는 말이다. 상대를 꽉 붙들고 뒤엉켜 싸우면서 함께 절벽 끝을 향해 가는 것이다.

양화와 음독

‘음양’ 학설은 중국 전통문화의 가장 기본적인 서술 방식과 사유 방식을 구성하고 있다. 그것은 동양의 지혜이자 철학으로, 심오하고도 통속적이다. 만물은 모두 음과 양으로 나뉜다. 음양 이론과 사유의 패턴 속에서 만물을 이해함으로써 종합적이고 깊이 있는 사상을 향해 나아갈 수 있다. 세상 사람들이 일반적으로 생각하기에는, ‘음양’설이란 가장 소박하고도 구체적인 자연관에서 비롯되어 사물의 내부 규율을 드러내 보여주는 심오한 사유로 나아간 것이다. 이는 그야말로 대단한 문명의 지혜가 낳은 결과인 것이다. 다른 이론과 다른 문명을 말할 때에는 ‘음양’을 전혀 언급하지 않을 수도 있다. 하지만 음양을 언급하지 않는다 하더라도 그것은 여전히 존재한다. 음과 양은 마치 인류가 인지하기 전부터 그 자리에 놓여 있었던 듯하다. 가장 직관적이고 소박한 시선으로 볼 때, 세상의 어떤 사물에 음양이 없을 수 있겠는가? 거대한 것에서부터 미세한 것에 이르기까지 어떻게 음양이 드러나지 않을 수 있겠는가?

우리가 이미 알고 있는 서양 문명에는 이러한 인식과 서술이 없는 듯하다. 그들은 아마도 음양의 개념을 다른 술어로 대체했을 것이다. 혹은 사유 방법 전체가 완전히 달랐을 것이다. 마치 서의와 중의가 근본적으로 다른 시스템인 것처럼 말이다. 중의와 서의는 단지 의학 자체의 차이가 아니라 동양과 서양의 서로 다른 인식 방향, 서로 다른 두 문명을 집중적으로 대표한다는 것을 우리는 알고 있다. 오늘날 의료계에서는 신체의 치료라는 중요한 일에 있어서, 중의를 완전히 믿는 사람이 있는가 하면 이와 반대 입장인 사람도 있다. 또 양자를 겸한 이도 있다. 하지만 분명한 점은 어느 한쪽을 철저히 버린다는 것이 오늘날엔 이미 극히 힘든 일이라는 사실이다.

만약 서양과 동양의 문화를 '음양'이라는 틀 속에 직접 넣어본다면, 서양은 '양'에 속하고 동양은 '음'에 속할 것이다. 서양이 지닌 물질 위주의 성질, 직관적이고 통속적인 논리 틀은 모두 '양'의 느낌을 준다. 그러니까 비교적 강건하다. 반면에 동양의 심오한 생각, 정신의 내재성과 치우치지 않음은 확실히 '음'의 성격을 지니고 있으며 상대적으로 온유하다. 이런 구분이 엄격히 계량화된 과학적인 평가로부터 나온 것은 결코 아니다. 동양과 서양의 문화는 모두 복잡한 구조를 지니고 있다. 따라서 두 문화의 기초 및 성립에 대해 말하자면 극히 복잡해지기 마련이다. 여기서 음양을 가지고 논의하는 것은, 단지 설명상의 편의를 위해서이다. 즉 대략적으로 간략히 말하기 위한 방법일 뿐이다.

두 문화는 각기 장단점을 지니고 있으며 서로 대체될 수 없다. 온화한 현대인들은 서로 배워야 한다고 현명하게 말한다. 서로 멀리 떨어져 있는 동양과 서양의 경우에만 해당되는 것은 아니다. 구미 각국을 놓고 볼 때도 그러한데, 그들은 비록 문화적 혈연관계가 깊긴 하지만 서로 다른 점 역시 많다. 그들은 늘 이 다른 점들을 표방하는데, 결국엔 "서로 배우자"라는 말로 마무리한다. 하나의 문명으로 다른 문명을 대체하는 것은 언제나 무지막지한 일이며 지혜의 측면에서 보더라도 극히 어리석은 일이다.

문명의 선진성과 우월성 여부는, 과학기술 수준이나 과학기술 성과의 보급이라는 항목으로 결정할 수 있는 것이 결코 아니며 경제 발달의 여부로 결정할 수 있는 것은 더더욱 아니다. 예를 들어 누군가 가장 먼저 대포를 만들어서, 편안하게 생활하고 있는 민족을 그 도구로 정복하고 약탈했다 치자. 과학기술은 선진적일지 모르겠지만 그런 행동은 명백히 저급한 문명에 해당한다. 저급할 뿐만 아니라 매우 야만적이다. 그것은 야만인의 행위이다. 문명이란, 말하는 태도나 차림새의 문제가 결코 아니며 새옷과 헌옷의 문제도 아니다. 어떤 사람이 손목시계를 차고 안경을 쓰고 양복을 입고 가죽구두를 신고 넥타이를 매고서 손에 여행가방을 들고 가볍고 힘찬 발걸음으로 어떤 곳에 도착했다. 도착한 즉시 그는 이곳 사람들이 위생 관념 없이 아무 데나 가래를 뱉고 문명스럽지 못하다며 책망한다. 그런데 그가 온 목적은, 아주 넓은 비옥한 전답들을 못 쓰게 만들 방도를 강구하기 위한 것이다. 가장 오염된 서양의 도태 산업을 이곳으로 이전하여, 삼천 년을 이어온 이곳의 아름나운 전원을 못 쓰게 만들려는 것이다. 이를 찬찬히 살펴보면 우리는 곧 알게 될 것이다.

손에 여행가방을 들고 문명을 자처하는 원고原告가 원래는 더 야만스럽다는 사실을 말이다. 그의 마음에는 강탈하고자 하는 더 큰 야심이 있음을 말이다. 썩 괜찮아 보이는 그의 복장은 야만스러운 몸을 가리기 위한 도구인 것이다. 그것은 마치 화장과 같은 역할을 한다고 할 수 있다.

따라서 한 민족과 개인이 문명에 이르렀는지의 여부를 판단하기 위한 기준은 결코 너무 단순하거나 표피적이어서는 안 된다. 그 옛날 공자가 낡은 나무수레를 타고 사방으로 돌아다니던 시절, 때로는 극도로 빈곤함에 시달리며 길을 가던 중에 밥을 지어 먹어야 했을 정도로 의식조차 변변치 않았다. 하지만 그가 유세했던 대상인 왕과 왕공귀족은 저마다 호화로운 수레와 화려한 집들에 둘러싸여 있었으며 입고 있는 옷들도 전부 화려했다. 그러나 공자와 그의 제자들이 훨씬 더 문명적이었음을 우리는 안다.

땅 위에 살고 있는 한 민족의 생존을 침략하고자 할 때 열강이 내세우는 구실은 언제나 문명으로써 야만의 땅을 구제한다는 것이다. 그들은 탐험을 위한, 그리고 뒤이어 이어질 대대적인 상륙을 위한 준비작업을 했다. 한 대륙에서 다른 대륙으로 이주할 때 그 첫걸음은 누군가 이곳을 '발견'하는 것이다. 전형적인 예가 바로 콜럼버스의 '신대륙 발견'이다. 신대륙의 거주민들은 이곳에서 이미 수천 년을 생활했기에 결코 '발견'이라고 할 수 없다. 그래서 '발견'이라는 말은 부끄러운 것이다. 콜럼버스는 기껏해야 이 대륙에 온 새로운 손님에 불과하다. 그런데도 그는 마치 사람이 없는 지역에 첫발을 내디딘 듯한 '발견'자가 되어버렸다.

서양인은 일찍이 아프리카 흑인을 동물로 간주하여 배에다 싣고 가서 팔았다. 이것이 바로 더 우월하다는 '문명인'의 행태였다. 기선을 운전하고 무기를 든 사람들이야말로 팔려간 사람들보다 훨씬 더 명백한 야만인이다. 야만인이 줄곧 문명인 행세를 하며 오랫동안 본래의 모습을 위장해왔던 것이다. 그런데 결국 그 피해를 심각히 입은 아프리카인과 동양인 당사자마저도 얼떨결에 운명을 받아들이며 그들을 진정한 문명의 대표로 여기게 되었다.

사실 부나 과학기술의 수준이 문명을 측정하는 주요 지표이자 최고 지표가 될 수는 없다. 이런 계량화된 지표를 받아들인다면, 훤한 대낮에도 야만적인 행위가 널리 보급될 수 있기 때문이다. 본질적으로 말하자면, 문명의 지표는 인간과 객관세계, 인간과 타인, 인간과 자연만물이 함께 살아가는 방식에 달려 있다. 함께 살아가는 방식이 다르면 그에 따른 결과 역시 달라진다. 만약 함께 살아가는 방식이, 타인을 약탈하고 타인에게 고통을 초래하는 것이 전제가 된다거나 자연계를 극도로 파괴하여 인간이 제대로 살아갈 수 없게 되는 것이라면, 이는 일종의 야만인 것이다. 다른 측면에서 말하자면, 이러한 야만적인 행위를 지지하고 조장한 문화가 바로 야만적인 문화이다. 우리가 문화와 문명을 판단하는 본질적인 지표 역시 이와 같을 수밖에 없다.

이렇게 대략적으로만 비교해보더라도, 문명이 부자에게 속한 것이라고 간단히 인정할 수는 없을 것이다. 국가와 민족의 운명은 변덕스럽게 바뀔 수도 있지만 문명은 영원히 존재하는 것이다. 어찌 몇 세대 동안 좀 가난했다고 해서 자신의 문명을 저주할 수 있단 말인가? 현대 자본을 발전시키고 확장시킨 추진기 속에 채워진 것은 이미 석유나 액화수소가 아니라 욕망의 농축제이며 고효율의 유사 고체연료이다. 이것이 가져다 줄 속도는 견줄 상대가 없을 것이다. 이 속도 앞에서 동양 문화의 온유함과 온화함은 그 뒷모습조차 바라볼 수 없게 사라지고 말 것이다.

모든 것을 휩쓸어버릴 정도의 이 격렬한 추진력은 거센 불길과 확실히 닮았다. 그것은 모든 것을 불태워 없앤다.

서양문화를 '양'이라고 한다면 그것은 '양화陽火'를 지니고 있다. '양화'에 대하여 중의는 아마도 음을 보강하는 처방을 쓸 것이다. 이렇게 말한다고 해서 동양의 전통문화가 흠잡을 데 없이 완벽하다는 것은 결코 아니다. 어떤 문화이든 일단 기형적으로 나아가게 되면 무시무시한 결과를 낳게 된다. 양에는 양화가 있듯 음에는 음독陰毒이 있기에 경각심을 갖고 스스로를 되돌아보지 않을 수 없는 것이다. 어쨌든 '음'과 '양'이 반드시 각자 정상적인 상태를 지켜야만 한다는 중의의 말에 따르면, 그들 양자는 동일한 하나의 세계에 존재하며 서로 의존하는 관계이자 하나라도 없어서는 안 되는 관계에 있다. 이래야만 세계는 비로소 완전하게 존재할 수 있다.

역사상 동양이라는 온유한 문화는 깜짝 놀랄 정도의 화를 초래하곤 했다. 마음속으로 참고 견디는 것을 중시하면 권모술수가 출현하고, 질서를 중시하면 관등官等 위주의 가치관이 생겨나고, 정절을 중시하면 열녀비를 세웠다. 천지인 합일과 음양의 균형이 맞는 건강의 도를 중시하면, 성교를 통해 음양의 균형에 이르려는 방중술을 비롯해 초경이나 초유로 약을 만들어 먹는 요사스런 술법이 나타났다. 또한 능지처참이라는 형벌이 있었고, 민간에서는 다른 사람을 해치기 위한 주문과 저주가

圖壺歸藥採

天人合發之機　子母分胎之路　九靈鐵鼓　太玄關　尾閭穴

欲達未達意方開似悟未悟機正密
存存匪懈養靈根一朗圓明自家覺
真鉛出木少人知半是無為半有為
乍見西方一點月純陽疾走報鍾離

聞於不聞好溫存見於不見休驚怕
只在勿忘勿助間優而游之使自化
一陽動處泉陽來玄竅開時竅竅開
收拾蟾光歸月窟從茲有路到蓬萊

任督接交之處　陰陽變化之鄉　三足金蟾　藏金斗　生死穴

無象之前　陰也否　陽也

有象之後　陰也分　陽也

龍虎穴
虎骨　三岔路
河車路
上天梯

會陰路
人之陰路　鬼道
尪谷

地軸
陰蹻

坤女　復子

朝天嶺
氣海　曹溪路　三岔路　平
會陰　禁門　咸池穴　魄長強門

陰陽　易

「채약귀호도採藥歸壺圖」
동양 문화에서는 천지인 합일을 특히 중요시했는데, 이 그림은 하늘과 사람의 합치를 목적으로 하는 도가의 내련법內練法을 묘사한 것이다.

오대 돈황벽화에 그려진 환희불歡喜佛.
역사상 동양의 온유한 문화는 깜짝 놀랄 정도의 화를 초래하곤 했다. 음양의 균형을 중시했던 문화는, 남녀 간의 성교를 통해 그 균형에 도달하려는 종교문화로 나타나기도 했다.

있었으며, 죄 많은 환관이 권력을 휘두르는 등등 그 해로움이 아주 많았다. 이로써 볼 때 음독의 해는 결코 양화에 뒤지지 않는다는 것을 알 수 있다.

가장 희망이 없는 세계, 가장 의기소침한 시대는 동양과 서양의 교류가 더욱 편리해진 시기에 도래한다. 네트워크의 전파가 날로 왕성해지는 오늘날의 상황에서 양화와 음독이 한데 모일까 두렵지 않을 수 없다. 만약 이러한 불행이 정말로 닥친다면 그것은 대체 어떠한 순간이 될까?

오륙십 년 전 혹은 그보다 더 오래전에, 중국인은 쇠퇴와 부패의 책임을 죄다 공자와 맹자에게 떠맡기며 마음속에 있는 분노의 불길을 유학에다 쏟아 부었다. 하지만 냉정하게 생각하고 사실에 근거해 말한다면, 우리는 놀라운 발견을 하게 될 것이다. 이천여 년의 역사 가운데 공자·맹자·순자의 이론과 주장을 실행한 적이 언제 있었던가? 우리가 볼 수 있는 것이라곤 그저 이 세 명의 성현이 입이 닳도록 간곡히 충고했던 것과 평생 고생스럽게 유세했던 것, 그리고 위정자의 거절뿐이다. 동양 국가의 제왕은 한동안 유가의 상표를 치켜세우거나 이 상표를 부순 것 말고는 진정으로 일 년 아니 단 하루라도 유가 성현들의 주장을 진정으로 실현한 적이 없다. 제왕들은 기껏해야 제나라 선왕처럼 "얼마나 위대하고 원대한 사상인가!"라고 찬탄한 뒤에 좌우를 둘러보며 딴소리를 하거나, "과인은 여색을 좋아하오"라는 식의 경시하고 비웃는 말을 내뱉은 뒤 바로 그 사상을 한쪽에 내팽개쳤다. 그렇게 내팽개친 것이 바로 이천여 년이나 되었음을 알아야 한다.

아름다운 달빛

이 세상에서 달을 가장 많이 노래한 사람은 아마도 이백일 것이다. 하늘 높이 매달린 저 밝은 달은 시인의 무한한 상상을 불러일으켰다. 모든 것이 고요한 밤이 되면, 하늘에는 그윽한 보랏빛을 띤 남색이 나타나고 달이 천천히 공중으로 솟아올라 하늘 한가운데에 걸린다. 이백은 술잔을 들고 달을 맞이하며 가장 신기한 은빛 달의 경지 속으로 빠져들었다. 그리고 인간 세상과는 다른 선경 속의 세계와 생활을 마음껏 상상했다. 이렇게 도취되어 서글퍼지기 시작한 그는 길게 탄식하며, "영원한 우정을 맺어 아득한 은하수에서 만나길 기약하세"라고 달에게 말했다. '아득한 은하수'는 이백뿐만 아니라 많은 사람들의 마음속에 간직된 풀리지 않는 수수께끼였다. '아득한 은하수'에 있는 달 속 궁궐에 대한 이백의 끌림은, 바닷가에서 온 손님이 말해준 영주에 대한 감정과 같은 것이었다. 이백은 자신의 감정을 저 아득한 대상에다 기탁했던 것이다. 이백은 제나라 사람들이 먼 바다로 나갔던 일을 생전에 늘 생각하며 잊지 않았다. 이백은 서복이라는 사람을 늘 마음에 두었으며 과연 그가 원하던 것을 얻었는지 궁금해 했다. 어쨌든 이백은 하늘로 오르고 바다로 들어가기를 평생 동안 갈망했으며, 이 땅에서 사는 것을 바라지도 만족해 하지도 않았다. 이 땅은 그야말로 희비가 교차하는 인간 세상이었던 것이다.

20세기 중반 세계에서는 획기적인 큰 사건이 발생했다. 그것은 바로 인간이 잇달아 달에 착륙한 일이다. 그들은 달의 사진을 촬영했고 달에 관한 많은 소식을 전해왔다. 전 세계인이 숨을 죽이고서 오래도록 놀라고 감탄하며 희열을 느꼈다. 하지만 오직 우리 동양인들, 적어도 옛 등주 일대 사람들은 러시아와 미국 사람들이 착륙한 곳은 우리가 고개를 들면 볼 수 있는 밝은 달이 결코 아니라고 고집스럽게 생각했다. 그들이 착륙한 곳이 어느 별인지는 알 수 없지만, 그곳은 너무도 황량하고 건조하며 녹색의 식물도 없고 호수도 없으며 신선이 사는 세계는 더더욱 없다. 하지만 달은 수정水晶의 나라이다. 그 안에는 항아嫦娥와 옥토끼와 오강吳剛이 산다. 그래서 옛 등주 일대 사람들은 마음속으로 탄식하며 이렇게 말했다. "우리가 고전에 대해 많이 알고 있어서 그나마 다행이지. 그렇지 않다면 아마도 이 세상의 허다한 사람들처럼 서양 코쟁이들한테 감쪽같이 속았을 게 틀림없어."

정말 그렇다. 서양인이 달에 착륙한 것은 명백한 사실이다. 하지만 그들이 착륙한 곳은 이백이 가리켰던 그 달이 아니다.

그래서 우리는 알게 되었다. 하늘의 달은 본디 하나가 아니다. 만약 세상의 다른 한쪽이나 다른 방향에서 본다면 아마도 서로 다른 달을 찾

廣寒宮闕舊遊時鸞
鶴天香捧綉旂自是
嫦娥愛才子桂花折
與最高枝唐寅

「항아가 계수나무를 잡고」,
당인, 명, 종이에 채색.
항아가 한 손에 계수나무 가지를
잡고 눈을 들어 멀리 응시하고 있
다. 고대 사람들에게 달은 항아와
옥토끼와 오강이 사는 곳이었다.

을 수 있을 것이다. 애석하게도 그 가운데 하나의 달이 이토록 쓸쓸하고 황폐하지만, 이는 그곳에 착륙했던 사람들이 말한 것일 따름이다. 하지만 우리의 달은 그토록 아름답다. 그리고 우리에게도 증거가 있다. 즉 옛 책에서 늘 말하듯 우리에게는 "증거가 되는 시가 있다."

우리의 달은 술과 시, 그리고 꽃과 사랑과 떼어놓을 수 없다. 달이 전해주는 것은, 연인과 함께 달빛 아래서 천천히 걷고 있는 순간 벌레 울음소리가 흘러나오고 멀리서 피리 소리가 은은히 들려오는 바로 이런 정취이다. 이는 방심芳心이 싹트는 순간이자 인간이 가장 행복한 순간이다. 이 행복이 감당하지 못할 정도로 바짝 다가오면 달 속으로 도망갈 수밖에 없다. 정말 그렇다. 그 나이에 그러한 경험을 하고 있는 사람들 마음속에는 바로 이런 밝은 달이 있다. 두근두근 심장이 뛰는 그런 밤, 모든 것들은 은빛 달에 물든다.

우리는 무엇이 '방심'인지 이미 앞에서 말한 적이 있다. 이제 우리는 마침내 더 확실히 알게 되었다. 그것은 바로 휘영청 밝은 달빛 아래에서 두근거리는 마음이다. 그 마음은 달빛처럼 순수하고 아득하다. 또한 수줍어하는 겉모습 안에는 뜨거움이 내재되어 있다. 달빛 아래의 대지, 강물, 나무, 맑은 바람과 밤새, 하늘에 성기게 떠 있는 사파이어 같은 별, 이 모든 것들이 바로 방심과 서로 짝을 이룬다.

이런 달빛 아래에서라야만 그 마음은 비로소 이렇게 두근거릴 수 있다. 이는 사람이 살면서 만날 수 있는 가장 아름다운 세계이다. 사람은 아마도 바로 이 세계와 만나기 위해 다시 태어났을 것이다. 이 세계 속에서는 시기와 증오, 고난과 전쟁, 피와 눈물, 이 모든 불행들이 우리와는

「고사관월도高士觀月圖」, 작자미상, 비단에 채색, 22.7×17.2㎝, 경남대박물관.

아주 멀리멀리 떨어져 있다. 끝이 없는 탐욕에 휩싸여 벌어지는 필사적인 쟁탈 역시 이 세계 속에서는 사라져버린다. 이런 밝은 달이 존재하는한, 아름다운 날들은 변함없이 앞에서 우리를 기다리고 있을 것이다.

이렇게 말하고 나면, 옛 등주 지역 사람들은 어떤 이들을 동정하게 된다. 밝은 달이 없는 곳, 황량한 땅 위에서 살고 있는 이들을 말이다. 그들은 과연 어떻게 달 아래에서 천천히 거닐거나 홀로 술을 따라 마실 수있을까? 누군가를 깊이 사랑하게 되어 심장이 터질 듯 두근두근거려 그야말로 진정시킬 수 없을 때 그들은 과연 어디로 도망가야 할까? 옛 등주 지역 사람들은 정말 상상조차 할 수 없기에 그저 탄식할 뿐이다.

누군가 착륙했다는 그 달이 어째서 그토록 황량하게 변했는지, 다들아무리 생각해도 이해가 되지 않는다. 하지만 옛 등주 지역 사람들은 그달이 처음에는 분명 그렇지 않았을 것이라고 믿는다. 그 달은 분명 고개를 들면 볼 수 있는 저 밝은 달과 마찬가지로, 물처럼 깨끗했을 것이고 항아와 같은 미인도 살았을 것이고 약을 빻는 토끼 같은 동물들도 있었을 것이라고 말이다. 그런데 그 달이 이토록 참혹하게 변하여 마치 가장 잔인하고도 오랜 전쟁을 겪은 것처럼 만신창이가 되고 말았다. 그래서 그들은 춘추전국시대를 회상하고 떠올리지 않을 수 없는 것이다. 진나라와 제나라의 패권 다툼, 제후국들 간의 무수한 전쟁, 피가 흘러 강이 되었던 간담이 서늘한 날들을 생각하게 된다. 여기까지 생각하게 되면 모든 것들을 쉽게 이해할 수 있다. 그렇다. 수천 년의 쟁탈과 살육을겪은 뒤에야 비로소 이것이 대체 어떻게 된 일인지 알 수 있는 것이다. 제어할 수 없는 탐욕의 불길이 계속해서 타올라야만, 맑게 빛나는 밝은 달

「복희여와도伏羲女媧圖」, 당, 중국역사박물관.
중국 고대신화 중 인류의 시조로 불리는 복희와 여와를 그린 그림이다. 그림 위쪽의 해 속에는 세발 달린 새가 있고, 그림 아래쪽의 달 속에는 토끼와 계수나무와 두꺼비가 있다.

을 아무것도 남기지 않은 채 약탈하고 그토록 참혹한 아수라장으로 만들 수 있는 법이다.

옛 등주 지역 사람들이 놀란 마음을 진정시키면서 이렇게 아름다운 밤에 다른 이들에게 가장 이야기하고 싶은 것은 바로 수천 년 전 동방의 고국, 바로 제나라의 이야기이다. 제나라는 일찍이 그들의 모국이었다. 이 위대한 국가는 거대한 부와 거대한 탐욕을 지니고 있었다. 그리고 마침내 이 탐욕의 불길이 맹렬히 타올라 아름다운 강산을 단숨에 태워 재로 만들어버렸다. 이 커다란 불길은 이천여 년 동안 계속 타오르면서 아직도 꺼지지 않고 있다. 그 연기와 재가 공중으로 올라가 우리의 이 밝은 달을 점점 어둡게 만들고 있는 것이다. 이것이야말로 가장 두렵고도 유감스러운 일이다.

그렇다. 과연 우리 모두가 알아차렸듯이, 우리 머리 위에 있는 이 달은 정녕 더 이상 그다지 맑고 깨끗하지 않다. 이런 변화는 마음이 타들어가는 듯한 고통을 안겨준다. 만약 먼지와 연기가 계속해서 위로 치솟는다면, 결국 어느 날 이 달은 안개 속에서 꽃놀이를 하듯 아물아물하다가 완전히 사라지고 말 것이다. 이것은 감히 생각조차 할 수 없는 일이다. 그렇다면 우리 앞에 놓인 가장 중요하고 절박한 일은 바로 저 오래된 불을 완전히 진화하는 것이다. 이렇게 해야만 우리는 이 아름다운 달빛을 영원히 향유할 수 있다.

달빛 아래에서 사람들은 모두 방심을 갖게 된다. 그것은 뜨겁게 사랑하는 마음이며 격앙된 마음이며 그리워하는 마음이다. 그런데 방심은 불과 같아서 어느 날 활활 타버릴지도 모른다. 원래 방심이라는 것은 사랑의 마음이되, 뜨거움을 억제하고 자제하여 적절함과 온화함을 유지함으로써 제멋대로 불타오르지 않은 상태의 마음이다.

간혹 가다 한번쯤 타오르는 것은 아마도 불가피할 것이다. 하지만 계속해서 불타다가는 거센 들불이 되어 모든 것을 태워 재로 만들어버리고 말 것이다.

사람은 이 세상과 단 한 번의 오랜 연애를 한다. 처음 서로 알게 되고, 이후에 함께 지내게 되며, 열렬히 불타올랐다가, 불길이 꺼져 차가워지고, 최후에는 어쩔 수 없는 영원한 이별을 맞게 된다. 본디 사람은 '알고, 함께하고, 뜨거워지고, 차가워지고, 이별을 맞이하는' 상이한 다섯 단계를 거치는 법이다. 사람의 길고도 짧은 일생에서 가장 잊히지 않는 것은 아무래도 방심이다.

사람이든 그 밖의 다른 무엇이든 간에, 세상의 모든 일과 사물에는 모두 방심이 있다. 사람은 대자연의 방심, 지구의 방심, 하느님의 방심을 얻어야 한다.

고개를 들어 저 휘영청 밝은 달을 잘 응시해보라. 그것은 온 하늘의 방심이다.

2008년 7월 18일
2008년 9월 11일
상승촌常勝村 만송포萬松浦 서원에서

제齊나라(기원전 1046-기원전 221) 연표

제나라는 춘추시대의 춘추오패이자, 전국시대의 전국칠웅 중 하나로, 근거지는 현재의 산동 지역이다.

　제나라는 원래 주周 문왕文王이 나라를 건국할 때 재상 강태공姜太公에게 봉토로 내린 땅이었다. 이후 환공桓公 때 관중管仲을 등용하여 패자霸者의 자리에 오르게 된다. 기원전 386년 전화田和가 강공康公을 폐하면서 강姜씨에서 전田씨 왕조로 바뀌게 된다. 후에 위왕威王이 행정개혁을 행하여 국력을 증대하고 기원전 4세기에는 진秦과 중국을 양분하는 세력을 이루었다. 그러나 결국 기원전 221년 진시황秦始皇의 침공으로 폐왕廢王 전건田建이 항복하면서 멸망했다.

강씨 왕조

태공망 강상太公望 姜尙 (대략 기원전 1000년 이전)
정공 강급丁公 姜伋
을공 강득乙公 姜得
계공 강자모癸公 姜慈母
애공 강부진哀公 姜不辰(?-기원전 863)
호공 강정胡公 姜靜(기원전 862-기원전 860)
헌공 강산獻公 姜山(기원전 859-기원전 851)
무공 강수武公 姜壽(기원전 850-기원전 825)
여공 강무기厲公 姜無忌(기원전 824-기원전 816)
문공 강적文公 姜赤(기원전 815-기원전 804)
성공 강탈成公 姜脫(기원전 803-기원전 795)
장공 강구莊公 姜購(기원전 794-기원전 731)
희공 강록僖公 姜祿(기원전 730-기원전 698)
양공 강제아襄公 姜諸兒(기원전 697-기원전 686)
공손 무지公孫無知(기원전 686)
환공 강소백桓公 姜小白(기원전 685-기원전 643)

제후 무궤齊侯無詭(기원전 643)
효공 강소孝公 姜昭(기원전 642-기원전 633)
소공 강반昭公 姜潘(기원전 632-기원전 613)
제군 사齊君 舍(기원전 613)
의공 강상인懿公 姜商人(기원전 612-기원전 609)
혜공 강원惠公 姜元(기원전 608-기원전 599)
경공 강무야頃公 姜無野(기원전 598-기원전 582)
영공 강환靈公 姜環(기원전 581-기원전 554)
장공 강광莊公 姜光(기원전 553-기원전 548)
경공 강저구景公 姜杵臼(기원전 547-기원전 490)
안유자 도孺晏孺子 荼(기원전 489)
도공 강양생悼公 姜陽生(기원전 488-기원전 485)
간공 강임簡公 姜壬(기원전 484-기원전 481)
평공 강오平公 姜驁(기원전 480-기원전 456)
선공 강적宣公 姜積(기원전 455-기원전 405)
강공 강대康公 姜貸(기원전 404-기원전 379)

전씨 왕조

태공 전화太公 田和(기원전 386-기원전 384)
폐공 전염廢公 田剡(기원전 383-기원전 375)
환공 전오桓公 田午(기원전 374-기원전 357)
위왕 전인威王 田因(기원전 356-기원전 320)
선왕 전벽강宣王 田辟彊(기원전 319-기원전 301)
민왕 전지湣王 田地(기원전 300-기원전 284)
양왕 전법장襄王 田法章(기원전 283-기원전 265)
폐왕 전건廢王 田建(기원전 264-기원전 221)

_____

제나라는 왜 사라졌을까?

우리의 과거와 현재와 미래를 돌아보게 하는 이야기

1. 아주 색다른 독서 체험

이 책, 아주 특이하다. 아주 짧은 글들로 이루어진 이 책은 마치 복잡한 미로와 같다. 물론 미로를 헤쳐나가는 데 필요한 단서들이 여기저기 제시되어 있긴 하다. 하지만 그 단서들의 맥락은 절대 한눈에 금방 잡히지 않는다. 하지만 "평온한 마음으로 끝까지 찬찬히 읽어보셨으면 합니다"라는 말이 절대 빈말이 아니었음을 책의 마지막 장을 덮는 순간 느끼게 될 것이다. 이 느슨한 구성이 오히려 꽉 짜인 이야기 구조를 갖추고 있음에 놀라지 않을 수 없다. 음악에 비유한다면, 절묘한 대위법의 구사라고 할 수 있을 것이다. 독립적인 선율의 이야기들이 작가의 손을 통해 조화롭게 하나로 결합되어 더 큰 이야기를 끌어낸다. 한 번 보고 두 번 보고 그리고 또 한 번 다시 볼 수 있다면 이 책을 이해하는 데 더할 나위

없이 좋겠다.

2. 이야기

이 바쁜 현대사회에서 어떻게 같은 책을 보고 또 보란 말인가, 수험서도
아닌데……. 맞는 말이다. 그렇다고 처음부터 이 책 읽기를 포기하는
것은 너무 아깝다. 이 책에는 다른 어떤 곳에서도 들어보지 못한 재미난
이야기가 듬뿍 담겨 있기 때문이다. 너무도 정겨운 이야기 몇 꼭지를 건
져 읽을 수 있는 것만으로도 이 책의 가치는 충분하다고 감히 단언한다.
인간과 자연과 동물이 어우러져 지내던 시절의 이야기들, 그 이야기들
속에서 우리는 이 요란스러운 세계에서 흔들리거나 조급해 하지 않고 꿋
꿋하게 한 걸음 한 걸음 자신의 발걸음을 착실히 내딛을 수 있는 에너지
를 건져올릴 수 있다. "우리가 살고 있는 이 요란스러운 세계에서, 이 책
은 진정 우리의 생명을 촉촉이 적셔주고 우리의 영혼을 위로해주는 지혜
로운 안내자가 되어줄 것"이다. 이 책을 권하고자 하는 진짜 이유는 바
로 이것이다.

　산동 출신의 작가 장웨이는 산동반도에 전해져오는 옛 이야기들을 풀
어놓으면서 오늘날 우리가 잃어버린 것들, 잊고 사는 것들에 대한 무한
한 안타까움을 전달하고자 한다. 현대화가 물질적인 풍요를 가져다준
것은 사실이지만 우리가 과연 더 행복해졌는지는 의문이다. 자연과 교
감하는 능력의 상실, 이는 모든 불행의 근본 원인일지도 모른다. 경쟁과
욕망과 소비를 부추기는 현대사회 속에서 인간과 자연 모두 '존재의 소
외'라는 심각한 위험에 노출되어 있다. 그런데 우리는 이러한 위험에 너

무나 일상적으로 노출되어 있는 탓에, 생명에 반하는 위험을 감지하는 감각마저 무뎌져 있다. 다행히도 그러한 위험에 민감하게 반응하는 촉수를 가진 이들이 우리에게 위험을 감지하도록 경계신호를 보내준다. 그 신호가 선동적이거나 요란하지 않을 때 더욱 짙은 호소력을 발휘하기도 한다.

장웨이는 작가적 감수성으로 포착해낸, 구원의 메시지가 담긴 이야기들을 담담한 어조로 풀어내고 있다. 덕분에 우리는 정겹고 아름다운 이야기들과 더불어 흐뭇한 미소, 그리고 무엇인가 깨달음을 얻을 수 있을 것 같은 느낌까지 덤으로 선물받을 수 있을 것이다. 그런 다음에는 그 선물에 힘입어, 평온한 마음으로 끝까지 찬찬히 읽어보고 싶은 마음에 다시 한번 처음부터 책장을 넘기게 될 것이다. 작가가 정말 무엇을 말하고 싶은지 귀 기울이게 될 것이다. 누군가의 말에 귀 기울인다는 것, 놀라운 변화가 아닌가! 주제가 뭐지? 대체 뭘 말하고 싶은 거야? 처음의 당혹스러움과 약간의 짜증은 이제 관심과 기대로 변한다.

3. 제나라

작가 장웨이의 촉수는 산동반도 곳곳에 뻗어 있다. 이 땅에 대한 작가의 깊은 애정이 책 전반에 걸쳐 묻어난다는 것을 어렵지 않게 감지할 수 있을 것이다. 〈중화독서보中華讀書報〉와의 인터뷰에서 장웨이는 산동반도에서 나고 자란 경험이야말로 이 책을 써낼 수 있었던 원동력이라고 말한 바 있다. 그리고 그러한 경험을 '운명'이라고 표현했다. 또한 그는 산동반도에 대한 자신의 비판의식과 뜨거운 애정은 일체라고 하였다. 사실 그 누구도 자기가 태어날 곳을 선택할 수는 없다. 그냥 그곳에 던져질 뿐이다. 하지만 자기가 태어난 곳을 '운명적'으로 사랑할 수밖에 없다. 그리고 그 운명적인 사랑 때문에 그 땅에 대한 뜨거운 애정과 더불어 성찰적인 비판의식을 지닐 수밖에 없다. 그래서 작가는 산동반도 일대에 있었던 '제나라'를 이야기한다. 제나라는 어떻게 번영을 맞이했으며 왜 몰락하게 되었는지를 말이다.

장웨이는 역사를 비롯해 사상과 문화 등 제나라에 관한 전반적인 이야기를 쉽고도 맛깔스럽게 풀어내고 있다. 그런데 그가 풀어나가는 제나라 이야기, 예사롭지 않다. 제왕장상이나 전쟁이 아닌 방사 이야기를 먼저 꺼낸다. 정말 궁금하다. 왜일까? 번역하는 동안 읽었던 것은 제외하고도 번역을 마친 뒤 교정과 옮긴이의 말을 쓰기 위해서 정말 꼼꼼하게 다섯 번을 더 읽었다. 작가가 왜 방사 이야기를 실마리로 삼았는지 이해하게 된 이 순간, 끝까지 맞춰지지 않던 퍼즐조각이 마침내 제자리를 찾은 느낌이다. 키워드는 '욕망'이다! 주로 제나라 출신이었던 방사들은 불로장생과 신선에 대해 이야기했다. 불사의 욕망, 그것은 필멸의 존재인 인간이 지금도 끝까지 포기하지 못하고 있는 욕망이다. 물욕 역시 인간이 제어하기 어려운 욕망이다. 욕망에 대한 이야기에서만큼은 장웨이의 격앙된 목소리를 듣게 된다. 동서고금을 막론하고 인성은 동일하다는 것이 그의 생각이다. 따라서 욕망의 덫에서 자유로울 수 있는 사람은 아무도 없다. 그렇다고 해서 욕망에 면죄부가 주어지는 것은 결코 아니다. 장웨이는 욕망 자체는 자연스러운 것이라고 인정하지만 제어 불능의 상태에 빠진 욕망으로 인해 결국 이 세계가 파국으로 치닫고 만다는 사실에 비판의 목소리를 높인다. 그의 비판의 화살이 욕망을 부추기는 현대사회를 향해 쏟아지는 것도 바로 그 때문이다. 소박하고도 절제된 삶에 대한 찬양, 그리고 그런 삶을 살아가기가 훨씬 자연스럽고 용이했던 과거에 대한 동경 역시 같은 맥락에서 이해할 수 있을 것이다. 그런 삶 속에서는 사람이 사람답게 살아갈 수 있었다. 그렇다면 장웨이의 격앙된 목소리는 결국 사람답게 살고픈 바람이 깃든 절절한 외침인 것이다. 이런 이야기를 풀어나가기에 제나라는 안성맞춤인 소재라고 할 수 있다.

제나라는 산동반도 동쪽 연해 지역의 옛 등주 일대를 차지함으로써 그곳의 제철업·어업·염업·비단방직·도기 제작 등의 자원을 기반으로 천하에 제일가는 부국이 될 수 있었다. 제나라 도성 임치의 번영에 대해서 장웨이는 여러 번 언급하고 있다. 또한 환공을 패자로 만든 관중이 제나라의 물질적 기반을 어떻게 탄탄히 다졌는지에 대해서도 여러 번 말하고 있다. 그런데 물질적 기반이 탄탄했던 만큼 제나라에는 향락의 자원과 물질적 욕망 역시 넘쳐났다. 제어할 수 없는 물욕, 장웨이는 제나라 패망의 씨앗이 바로 여기에 있었다고 말한다.

산동반도의 바다 내음 물씬 풍기는 자유롭고 활달한 정신, 풍부한 물질적 기반, 그리고 이를 바탕으로 찬란히 피어난 제나라의 문화와 경제, 장웨이는 이것들에 무한한 애정을 갖고 있다. 그리고 그 애정에는 진심어린 비판이 담겨 있다. 그래서 그는 제나라의 사라짐에 가슴 아파한다. "서쪽으로 중원에 접해 있으면서 동쪽으로 바다까지 이어진 가장 부강했던 나라, 현대 자본주의의 다양한 관리 방식을 가장 먼저 융합했던 동방의 나라, 상업 시장의 운영을 시도하고 실행했던 소비의 나라, 백가 쟁명을 가장 먼저 부르짖었던 학술의 나라, 이 나라가 흥성하고 발달한 지 수백 년 뒤 뜻밖에도 하룻밤 사이에 흔적도 없이 사라져버렸고 변변 한 폐허조차 남아 있지 않다."

제나라는 왜 사라졌을까? 우리 역시 고민하지 않을 수 없다. 감수성 예민한 독자라면, 우리가 지금 살아가는 이 시공간이 또 다른 제나라임 을 감지해낼 것이다. 제나라에 넘쳐났던 향락의 자원과 물질적 욕망이 지금은 더 넘쳐나고 있다. 제나라의 소멸은 그저 그 옛날 산동반도에 있 었던 사건에 그치는 것이 아니다. 그것은 다른 시공간에서 반복되어왔 고, 현재와 미래에도 똑같이 반복될 수 있는 사건인 것이다. 장웨이는 절망적인 '주기율'을 말하면서 동시에 인간이 반복적으로 저질러온 잘못 을 치유할 수 있다는 희망의 끈을 놓지 않는다. 그래서 그는 욕망의 충 족을 위해 열심히 달려온 인간이 정작 놓쳐버린 소중한 것이 무엇인지, 인간다운 삶이 과연 어떤 것인지 이 책을 읽으면서 한번 생각해보길 요 청하는 것이다. 영화 〈롤라 런〉에서처럼 우리가 어떤 선택을 하느냐에 따라 전혀 다른 결말을 맺을 수 있다. 뭔가 잘못된 이 현실을 바꾸고 싶 다면 롤라처럼 열심히 뛰어야 한다. 단, 이 현대 소비사회가 달려가고 있 는 방향과는 완전히 다른 방향으로 말이다.

4. 인간

기원전 221년 진시황제가 제나라를 평정하였다. 제나라는 왜 사라졌을 까? 진나라 때문에 제나라가 사라진 것일까? 그렇다면 진나라는 왜 사라졌을까? 장웨이는 이렇게 말한다. "상앙이 냉혹한 실용주의로 진나라를 강대하게 만들었다고 한다면 관중은 뜨거운 실용주의로 제나라를 번영시켰다. 전자의 결과는 더 냉혹한 되돌림이었고 끝내 진나라의 멸망을 초래했다. 후자는 제나라의 부패와 붕괴를 심화시켰고 환공의 말로를 재촉하였다." 진나라도 제나라도 번영 속에 이미 멸망의 씨앗이 뿌려져 있었던 것이다.

모든 왕조가 번성에서 멸망의 길을 걸어왔고, 이 가증스러운 '주기율'에서 벗어난 예외가 없었던 사실을 장웨이는 강조한다. 그렇다면 어떻게 주기율에서 벗어날 수 있을까? 부와 과학기술로 강대한 국가를 이루면 주기율에서 벗어날 수 있을까? 장웨이는 단호하게 이를 부정한다. 부와 과학기술은 인류가 절멸되지만 않고 사회가 안정을 이룬다면 계속 축적될 것이다. 그런데 우리는 정작 사회를 안정시킬 방법은 아직 효과적으로 축적하지 못했다. 물질의 축적을 마지막까지 확실히 보증해줄 만한 사상과 문화는 과연 어떻게 축적할 수 있을까? 장웨이는 이렇게 말한다. "인류의 흔들림 없는 꿋꿋함과 관용, 물질주의에 대한 경계와 반성이야말로 사상과 문화의 축적을 확실히 보증해주는 가장 기본적인 전제일 것이다." 주기율에서 벗어날 수 있는 방법은 바로 '인간의 마음'에 관한 학문에 속하는 것이라고 그는 말한다. 그렇다. 문제는 인간이다.

5. 방심方心

「방심이란?」에서 시작한 이야기는 「아름다운 달빛」으로 끝을 맺는다. 미로의 입구에 이미 답이 있었고 그 출구에서 답은 더 분명해진다. 제나라

이야기를 화두로 삼아 우리 인간의 과거와 현재와 미래를 돌아보게 하는 이 책은, 마음이 오래도록 향기를 유지할 수 있도록 하라고 주문한다.

방심, 말 그대로 향기로운 마음이다. 사랑에 빠진 마음은 정말로 향기롭다. 자기 자신조차 잊게 만드는 절절한 갈망, 죽음조차 마다하지 않도록 만드는 '방심'을 평생 유지할 수 있다면 얼마나 큰 행복이겠는가! 그런데 이 역시 앞서 말한 '주기율'에서 벗어나지 못한다. 사랑의 마음 방심은 꽃과 같다. 꽃봉오리에서 흐드러지게 피어났다가 최후에는 시들어서 우수수 떨어지고 만다. 작가의 직관은 남녀 사이의 사랑의 마음을 인간과 이 세상의 연애로 연결짓는다. "사람은 이 세상과 단 한 번의 오랜 연애를 한다. 처음 서로 알게 되고, 이후에 함께 지내게 되며, 열렬히 불타올랐다가, 불길이 꺼져 차가워지고, 최후에는 어쩔 수 없는 영원한 이별을 맞게 된다."

우리는 이 지구에 태어났기에 이 지구와 사랑할 수밖에 없는 운명이다. 어떻게 하면 제대로 사랑할 수 있을까? 두 마음이 활활 타오르기 '직전', 바로 그 순간을 오래도록 유지하는 것이야말로 방심을 오래도록 지킬 수 있는 관건이라고 장웨이는 거듭 강조한다. 발화점에 근접해서 타오를 듯 뜨겁지만 결국은 활활 타오르지 않는 그 순간의 마음을 유지하는 것이 중요하다는 것이다. 물론 활활 타오르고 싶지만 그랬다가는 방심이 모두 타버리고 결국 기다리고 있는 것은 이별이라는 것을 알기에 말이다. 그래서 방심은 단순히 뜨겁고 격앙된 마음이 아니다. "방심이라는 것은 사랑의 마음이되, 뜨거움을 억제하고 자제하여 적절함과 온화함을 유지함으로써 제멋대로 불타오르지 않은 상태의 마음이다."

제나라는 왜 사라졌을까? 우리가 살고 있는 이 시대는 왜 위험에 처해 있는 것일까? 방심이 제멋대로 불타오르지 않도록 절제할 수 있는 능력이 부족한 탓에 모든 것들을 태워 재로 만들어버릴 것인가? "고개를 들어 저 휘영청 밝은 달을 잘 응시해보라. 그것은 온 하늘의 방심이다." 이 책은 이렇게 마무리된다. 아름다운 달빛을 보며 우리는 배워야 할 것 같다. 그 절제된 뜨거움을 말이다.

2011년 2월
이유진

제나라는 어디로 사라졌을까

1판 1쇄 2011년 3월 7일
2판 1쇄 2025년 1월 20일

지은이 장웨이
옮긴이 이유진
펴낸이 강성민
기획 노승현
마케팅 정민호 박치우 한민아 이민경 박진희 황승현
브랜딩 함유지 함근아 박민재 김희숙 이송이 박다솔 조다현 배진성 이서진 김하연
제작 강신은 김동욱 이순호

펴낸곳 ㈜글항아리 | **출판등록** 2009년 1월 19일 제406-2009-000002호
주소 10881 경기도 파주시 심학산로 10 3층
전자우편 bookpot@hanmail.net
전화번호 031-955-2689(마케팅) 031-941-5161(편집부)
팩스 031-941-5163

ISBN 979-11-6909-349-1 03900

잘못된 책은 구입하신 서점에서 교환해드립니다.
기타 교환 문의 031-955-2661, 3580

www.geulhangari.com